史記

全本　全注　全评

[西汉]司马迁 著
韩兆琦 评注

评注版

二

年表 书

岳麓書社·长沙

目　录

秦楚之际月表第四

太史公读秦楚之际①，曰：初作难，发于陈涉；虐戾灭秦，自项氏②；拨乱诛暴，平定海内，卒践帝祚，成于汉家。五年之间，号令三嬗③。自生民以来，未始有受命若斯之亟也。④

昔虞、夏之兴，积善累功数十年，德洽百姓，摄行政事，考之于天，然后在位。汤、武之王，乃由契、后稷修仁行义十余世，不期而会孟津八百诸侯，犹以为未可，其后乃放弑。⑤秦起襄公，章于文、缪，⑥献、孝之后，稍以蚕食六国，⑦百有余载，至始皇乃能并冠带之伦⑧。以德若彼，用力如此，⑨盖一统若斯之难也。

秦既称帝，患兵革不休，以有诸侯也，于是无尺土之封⑩，堕坏名城，销锋镝，锄豪桀，维万世之安。⑪然王迹之兴，起于闾巷，合从讨伐，轶于三代，⑫乡秦之禁，适足以资贤者为驱除难耳。⑬故愤发其所为天下雄，安在无土不王？⑭此乃传之所谓大圣⑮乎？岂非天哉，岂非天哉！非大圣孰能当此受命而帝者乎⑯？

①读秦楚之际——“秦楚之际”指记载秦末、楚汉之际的历史资料。秦：实指二世胡亥与秦王子婴。楚：指陈涉、项梁、项羽。　②虐戾灭秦，自项氏——实际率先入关灭秦，接受秦王子婴投降的是刘邦，但司马迁归功于项氏，其原因是项羽在巨鹿击败了章邯、王离等率领的秦

国军队,是巨鹿大捷引发了秦国的宫廷政变,并奠定了刘邦入关破秦的基础。在灭秦的过程中项氏一直是实际的诸侯盟主。虐戾:指项羽在破秦过程中的好屠戮,以及入关后的杀子婴、烧咸阳等。项氏:指项梁、项羽,叔侄二人相继为诸侯盟主。 ③五年之间,号令三嬗(shàn)——《太史公自序》云“八年之间,天下三嬗”,此处“五年”应作“八年”。嬗:通“禅”,更替;禅让。“三嬗”指号令天下之权一由秦二世转至陈涉,再由陈涉转至项羽,三由项羽转至刘邦。 ④受命——禀承天命即位为帝王。 若斯之亟(jí)——像秦楚之际变得这样快。亟:急促,快速。 ⑤契、后稷——契为商朝祖先,后稷为周朝祖先。 放弑——“放”指夏桀的逃亡,“弑”指殷纣的身死。 ⑥秦起襄公——秦国君主之成为诸侯自襄公开始。 章于文、缪——至文公、缪公时代,秦国在诸侯间显露头角。章:显著。 ⑦献——秦献公,战国前期的秦国国君,公元前384—前362年在位。 孝——秦孝公,献公之子,公元前361—前338年在位,任用商鞅实行变法,秦国自此强大。 稍以蚕食六国——稍:逐渐。六国:指齐、楚、燕、韩、赵、魏。 ⑧并冠带之伦——指统一中原地区的各个诸侯国。冠带:戴帽子、系腰带,与周边民族的披发椎结相对。 ⑨以德若彼——指舜、禹、汤、武的改朝换代。 用力如此——指秦始皇的灭六国称帝。 ⑩无尺土之封——意即不再分封任何诸侯,使尺寸之地皆为朝廷所有。 ⑪堕坏名城——意即将东方各地区的大都邑之城郭都通通铲掉,以防止再有人据城造反。 销锋镝——将消灭六国所收缴的兵器都集中起来予以销毁,熔铸成钟虡铜人等,使意欲图谋不轨者无兵器可用。 锄豪桀——将东方有威望、有号召力的人士通通诛灭。 维——通“惟”。考虑;计度。 ⑫王迹——王者的迹象,指刘邦的活动。 闾巷——泛指乡间、民间。 合从讨伐——联合起来共同推翻秦王朝。合从:即“合纵”,联合作战。从:“纵”的古字。 轶于三代——比以往的夏、商、周任何一个时代都快。轶:快速,超越。 ⑬乡秦之禁——当初秦朝所采取的那些防备措施。乡:通“向”,过去。 以资贤者——给后来起义的圣贤帮忙。资:资助,帮忙。 为驱除难——语气不顺,似应作“为驱除患难”,意即为刘邦、项羽等扫除障碍。 ⑭愤发其所为天下雄——让刘邦得以发挥才能,成为天下的雄强。　⑭安在无土不王——哪里有那种“没有领地就不能称王”的道理呢?按:《集解》引《白虎通》曰:“圣人无土不王,使舜不遭尧,当如夫子老于阙里也。”这里对过去流行的传统说法提出了质问。　⑮传之所谓大圣——有些书上所说的“大圣人”。按:汉代对儒家“六经”以外的各家各派的著作都称作“传”,汉代初期有许多书把刘邦称作“真人”“圣人”。　⑯岂非天哉,岂非天哉!非大圣孰能当此受命而帝者乎——这里前后的几句话究竟是褒是讽,历来理解不一。

前 209

秦	二世元年 （二世名胡亥，始皇帝少子，篡改始皇遗诏，自立为皇帝。）	七月	八月	九月 楚兵至戏。 （戏：水名，源于骊山，即今陕西西安临潼区东戏河。梁玉绳曰："此即周文至戏之兵也，当在二年冬十月。"周文，亦名周章，陈涉的部将。）
楚		楚隐王陈涉起兵入秦。 （陈涉等在此年七月起义于大泽乡，攻下陈县后自立为王，国号张楚。隐：《谥法解》："不显尸国曰隐"原注："以间主国。"）	二 葛婴为涉徇九江，立襄彊为楚王。 （襄彊：事迹不详，疑是六国时楚王之后代。九江：秦郡名，郡治寿春，在今安徽寿县。）	三 周文兵至戏，败。而葛婴闻涉王，即杀彊。 （梁玉绳曰："文至戏在二年十月。"）
项				项梁号武信君。 （项梁、项羽叔侄于此年九月起兵于会稽，十二月陈涉失败后始渡江而西。又过六个月立楚怀王后，项梁始号武信君。）
赵			武臣始至邯郸，自立为赵王，始。 （武臣是陈涉的部将，受陈王命略地河北，到邯郸后自立为赵王。）	二

齐				齐王田儋始。儋，狄人。诸田宗强。从弟荣，荣弟横。 （田儋是六国时齐国王室的同族。狄：秦县名，县治在今山东高青东南。田儋等于此年九月起兵，攻下狄县后，自立为齐王。）
汉				沛公初起。 （刘邦于此年九月起兵，攻下沛县后，被拥立为沛县县令，故人们尊称之曰“沛公”。）
燕				韩广为赵略地至蓟，自立为燕王始。 （韩广原是武臣的部将，受武臣命略定燕地，被当地豪杰拥立为燕王。）
魏				魏王咎始。咎在陈，不得归国。 （魏咎是六国时魏国王室的后代，陈涉起义后，魏咎追随陈涉而起。魏人拥立魏咎为魏王，陈涉将其扣留，不准其赴魏即位。）
韩				

前 208

秦	二年十月 （二世二年之十月。秦朝历法以十月为岁首。）	十一月	十二月
楚	四 诛葛婴。 （因其擅自拥立襄彊为王。）	五 周文死。 （周文率军抵达离咸阳不远之戏水后，被秦将章邯打败。周文溃败出函谷关，又连续被打败于曹阳、渑池，周文最终自杀。）	六 陈涉死。 （章邯破杀周文后，进兵至陈，破陈涉于陈西。陈涉败逃，被车夫所杀。按：陈涉起义首尾共六个月，但跨着两个年头。起于二世元年七月，尽于二世二年十二月。秦历以十月为岁首。）
项	二	三	四
赵	三	四 李良杀武臣，张耳、陈馀走。 （李良是武臣的部将，受秦之反间，且不满武臣姊之傲慢，袭杀武臣，张耳、陈馀得讯逃脱。后来李良被张耳、陈馀打败，降秦。按：武臣为赵王前后共四个月。）	
齐	二 儋之起，杀狄令自王。 （梁玉绳曰："儋自王事在二世元年九月，此误后一月。"）	三	四

汉	二 击胡陵、方与，破秦监军。 （胡陵、方与皆秦县名，胡陵在今山东鱼台东南；方与在今山东鱼台西。秦监军：秦朝泗水郡郡监平的军队。沛县即属泗水郡。按：秦朝郡里的行政长官有三，即郡守、郡尉、郡监。郡监由朝廷派御史担任。）	三 杀泗水守，拔薛西。周市东略地丰、沛间。 （刘邦军破杀秦泗水郡郡守壮于薛县，率兵继续西进。薛：秦县名，在今山东滕州南。魏咎的支持者周市奉陈涉之命率军到丰沛一带活动。在秦朝时丰是沛县的一个乡邑，刘邦建国后，将丰邑升格为县。刘邦即沛县丰邑人。）	四 雍齿叛沛公，以丰降魏。沛公还攻丰，不能下。 （雍齿是刘邦的部将，为刘邦守丰。周市诱使雍齿率丰邑背叛刘邦，归附于魏，刘邦失去根本，大为恼火，但攻之不胜。）
燕	二	三	四
魏	二	三 齐、赵共立周市，市不肯，曰“必立魏咎”云。 （周市的来历不详，看情形是六国时魏国的大臣之后，故一心忠于魏咎。魏咎被陈涉留在陈县时，各地曾共举周市为魏王，周市不应，必虚位以待魏咎。）	四 咎自陈归，立。 （魏人一再向陈涉请求放归魏咎，陈涉无奈，五请后使之赴魏为王。）
韩			

秦	端月 （梁玉绳曰："始皇名'正'，秦人讳之，故改'正月'为'端月'。"）	二月	三月	四月
楚	楚王景驹始，秦嘉立之。 （景驹是六国时楚国王族的后裔，故秦嘉在陈涉败死，群龙无首之时立以为王。）	二 嘉为上将军。 （景驹任命秦嘉为上将军。）	三	四 （景驹、秦嘉被项梁所杀。按：景驹为楚王共四个月。）
项	五 涉将召平矫拜项梁为楚柱国，急西击秦。 （时项梁、项羽还在江东，尚未确知陈涉已死。矫拜：假传王命以任之。柱国：楚官名，仅次于令尹、相国。）	六 梁渡江，陈婴、黥布皆属。 （陈婴：原为东阳县的小吏，陈涉起义后，婴亦聚众而起。黥布：曾为骊山刑徒，后逃至江上为盗贼。）	七	八 梁击杀景驹、秦嘉，遂入薛，兵十余万众。 （项梁欲立自己所欲立者，故连秦嘉、景驹也一并杀之，不欲受制于人也。）
赵	赵王歇始，张耳、陈餘立之。 （赵歇是六国时赵国王族的后代，武臣死后，被张耳、陈餘拥立为赵王。）	二	三	四

齐	五 让景驹以擅自王,不请我。 (秦嘉立景驹后,使公孙庆约齐国共同出兵击秦,田儋责问公孙庆,秦嘉立景驹为王缘何不向齐国请示。)	六 景驹使公孙庆让齐,[齐]诛庆。 (公孙庆反问齐国立王缘何不向楚国请示。齐人怒杀公孙庆。梁玉绳曰:“本一时事,不得分为两月。”按:中华本“诛庆”上无“齐”字,今补。)	七	八
汉	五 沛公闻景驹王在留,往从,与击秦军砀西。 (时刘邦因雍齿叛变,攻之不胜,左右无依,故往投景驹,与之联合击秦。留:秦县名,在今江苏沛县东南。砀:秦县名,在今河南永城北。)	六 攻下砀,收得兵六千,与故凡九千人。 (凡:总共。)	七 攻拔下邑,遂击丰,丰不拔。闻项梁兵众,往请击丰。 (刘邦攻拔下邑后,回军攻丰,不克。闻项梁屯驻于薛,遂往投之。下邑:秦县名,县治在今安徽砀山县。)	八 沛公如薛见项梁,梁益沛公卒五千,击丰,拔之。雍齿奔魏。 (按:此项氏之第一次救助刘邦。又,雍齿之如此行为,使刘邦永远记恨在心。)
燕	五	六	七	八
魏	五 章邯已破涉,围咎临济。 (临济:古邑名,在今河南封丘东。)	六	七	八 临济急,周市如齐、楚请救。 (周市:市,音 fú,周市为忠于魏氏的将领。如:往。)
韩				

秦	五月	六月	七月	八月	九月
楚		楚怀王始，都盱台，故怀王孙，梁立之。 （此楚怀王名心，六国时的楚怀王之孙，项梁为号召群众，立以为王。为鼓楚人亡国之痛，仍称之曰“怀王”。盱台：秦县名，在今江苏盱眙东北。）	二 陈婴为柱国。 （陈婴始归项梁，今则侍楚怀王，受怀王信任。）	三	四 徙都彭城。 （楚怀王见项梁败死，自盱台移都至彭城，并项羽、吕臣军自将之，有不信任项氏意。）
项	九	十 梁求楚怀王孙，得之民间，立为楚王。 （求：访察。楚怀王孙名心，时在民间为人牧羊。）	十一 天大雨，三月不见星。 （按：此八字应书于秦格。）	十二 救东阿，破秦军，乘胜至定陶，项梁有骄色。 （时齐王田儋为救魏咎被章邯破杀于临济下，田荣被章邯围困于东阿。项梁击败章邯救出田荣，追秦军至定陶，有轻秦意。）	十三 章邯破杀项梁于定陶，项羽恐，还军彭城。 （章邯破杀项梁于定陶，楚军震惊，项羽、刘邦等皆引军东退至彭城一线。定陶：在今山东菏泽定陶区西北。彭城：在今江苏徐州。按：项梁率军反秦前后共十三个月。）
赵	五	六	七	八	九

齐	九	十 儋救临济，章邯杀田儋。荣走东阿。 （田儋为救魏咎被章邯破杀于临济下，其弟田荣引兵东退至东阿。按：田儋为齐王共十个月。）	齐立田假为王，秦急围荣东阿。 （齐地闻田儋死，立六国时齐王建之弟田假为齐王。秦将章邯追围田荣于东阿。）	楚救荣，得解归，逐田假，立儋子市为齐王，始。 （项梁破章邯于东阿，追击章邯至定陶。田荣回齐地驱逐田假，立田儋之子田市为王，自己为相，其弟田横为将。）	二 田假走楚，楚趋齐救赵。田荣以假故，不肯，谓“楚杀假乃出兵。”项羽怒田荣。 （趋：音 cù，催促。项羽催促田荣出兵共同救赵。田荣以田假逃于项羽处，要挟项羽杀田假，齐始出兵。项羽由此恨田荣。）
汉	九	十 沛公如薛，共立楚怀王。 （刘邦与项梁等共同拥立楚怀王。）	十一 沛公与项羽北救东阿，破秦军濮阳，东屠城阳。 （濮阳：秦县名，在今河南濮阳西南。城阳：在今山东菏泽东北。）	十二 沛公与项羽西略地，斩三川守李由于雍丘。 （李由是秦丞相李斯之子，时为三川郡的郡守。三川郡的郡治在今河南洛阳东。雍丘：在今河南杞县。）	十三 沛公闻项梁死，还军，从怀王，军于砀。 （时怀王封刘邦为武安侯，为砀郡长，统领砀郡兵。与项羽之受怀王疏斥形成反照。）
燕	九	十	十一	十二	十三
魏	九	十 咎自杀，临济降秦。 （魏咎先与秦军约降，而后自杀。按：魏咎为魏王共十个月。）	咎弟豹走东阿。 （梁玉绳曰：“应书‘咎弟豹走楚’五字于咎之十月。”）		魏豹自立为魏王，都平阳，始。 （平阳：秦县名，在今山西临汾西南。）
韩		韩王成始。 （韩成是六国时韩王的后裔。张良说项梁立之为韩王。）	二	三	四 （梁玉绳引《史诠》曰：“缺‘韩成奔怀王。’”）

前207

秦	后九月 （即闰九月。当时的历法，闰月置于一年的最后。）	三年十月 （《秦始皇本纪》曰：“冬，赵高为丞相，竟案李斯杀之。”）	十一月	十二月
楚	五 拜宋义为上将军。 （宋义是楚怀王的部下，以预见项梁必败知名，怀王命以为上将军率兵救赵。）	六	七 拜籍上将军。 （在北进途中，次将项羽杀宋义，夺其兵权，怀王只好命项羽为上将军。怀王与项羽的矛盾愈演愈烈。）	八
项	怀王封项羽于鲁，为次将，属宋义，北救赵。 （怀王夺项羽之兵权，封之为鲁公，使之为次将，随宋义北救赵。）	二	三 羽矫杀宋义，将其兵渡河救巨鹿。 （矫杀：假传王命以杀之。巨鹿：秦郡名，郡治在今河北平乡西南，时赵王歇与其相张耳被秦军围困在城内。）	四 大破秦军巨鹿下，诸侯将皆属项羽。 （项羽大破秦军于巨鹿城下，杀苏角、虏王离，这是起义军推翻秦王朝的关键一战。奠定了项羽的诸侯盟主地位。）
赵	十 秦军围歇巨鹿，陈餘出救兵。 （时赵王歇与其相张耳被围城内，将军陈餘驻兵城外，因力小无法解围。）	十一 章邯破邯郸，徙其民于河内。 （邯郸原是赵国的都城，章邯攻下邯郸后，平其城，迁其民，邯郸一时成为丘墟。河内：秦郡名，郡治怀县，在今河南武陟西南。）	十二	十三 楚救至，秦围解。 （其功全在项羽率领的楚军，其他各路来救者皆不敢出战，作壁上观。）

齐	三	四 齐将田都叛荣，往助项羽救赵。 （田都原是田荣的部下，项梁在东阿解救田荣后，田、项两家因故再度失和。田荣不肯随项羽北救赵，而田都随项羽前往。）	五	六 故齐王建孙田安下济北，从项羽救赵。 （齐王建：战国时齐国的末代君主，前264—前221年在位。济北：秦郡名，郡治博阳，在今山东泰安东南。）
汉	十四 怀王封沛公为武安侯，将砀郡兵西，约先至咸阳王之。 （怀王命宋义、项羽等北上救赵时，同时命刘邦率军西进，并与众人约定，先入关破秦者为关中王。）	十五 攻破东郡尉及王离军于成武南。 （东郡尉：东郡的郡尉。东郡的郡治在今河南濮阳。王离：秦国名将王翦之孙，此时正统秦军与起义军作战。成武：在今山东成武。）	十六	十七 至栗，得皇䜣、武蒲军。与秦军战，破之。 （栗：秦县名，在今河南夏邑。皇䜣：魏国的将领。武蒲：魏国的司徒。二人率军归附刘邦，与刘邦共同打败秦军。按：《高祖本纪》于此作“并攻昌邑，昌邑未拔”。）
燕	十四	十五 使将臧荼救赵。 （臧荼：韩广之将。）	十六	十七
魏	二	三	四	五 豹救赵。 （魏豹亲自率军往救。）
韩	五	六	七	八

秦	端月	二月	三月	四月
楚	九	十	十一	十二
项	五 虏秦将王离。 （守甬道与围巨鹿者为王离军，亦即巨鹿之战被项羽所破者。梁玉绳曰：“虏王离当移前一月，误在此月也。”）	六 攻破章邯，章邯军却。 （《项羽本纪》作“相持未战，秦军数却。”）	七	八 楚急攻章邯，章邯恐，使长史欣归秦请兵，赵高让之。 （长史欣：长史司马欣，章邯的部属。长史：官名，秦置，掌顾问参谋。让：责备。）
赵	十四 张耳怒陈餘，[餘]弃将印去。 （张耳怒陈餘当初不救巨鹿，且怀疑陈餘杀出城求救者，陈餘怒弃印出，张耳收其印，从此二人成仇。）	十五	十六	十七

齐	七	八	九	十
汉	十八	十九 得彭越军昌邑，袭陈留。用郦食其策，军得积粟。 （彭越：原在巨野泽中为盗。昌邑：秦县名，在今山东巨野南。陈留：秦县名，在今河南开封祥符区东南。郦食其：以谋略见称，刚刚归于刘邦，建议刘邦取陈留。）	二十 攻开封，破秦将杨熊，熊走荥阳，秦斩熊以徇。 （开封：秦县名，在今河南开封祥符区西南。荥阳：秦县名，在今河南荥阳东北。徇：巡行示众。）	二十一 攻颍阳，略韩地，北绝河津。 （颍阳：秦县名，在今河南许昌西南。绝河津：断绝黄河上的渡口，不使河北的义军南下与之争功。）
燕	十八	十九	二十	二十一
魏	六	七	八	九
韩	九	十	十一	十二

秦	五月	六月	七月	八月 赵高杀二世。 （赵高害怕二世追究秦军失败的责任，令阎乐杀二世。）
楚	二年一月 （怀王之二年一月。梁玉绳曰："此既称'月表'，皆当纪月，而忽纪以年，是自乱其例矣。"）	二	三	四
项	九 赵高欲诛欣，欣恐，亡走告章邯，谋叛秦。 （司马欣从别路逃回，劝章邯叛秦。陈馀亦致书章邯，招之使叛。章邯动摇。）	十 章邯与楚约降，未定，项羽许而击之。 （章邯与项羽约降，心尚犹豫，项羽起兵击之，大破秦兵汙水上。）	十一 项羽与章邯期殷虚，章邯等已降，与盟，以邯为雍王。 （期殷虚：约好在殷虚会见。殷虚：即"殷墟"，殷朝的故都之墟，在今河南安阳小屯村。雍王：都废丘，在今陕西兴平东南。）	十二 以秦降都尉翳、长史欣为上将，将秦降军。 （都尉翳：董翳，章邯的属下，任都尉之职。又"上将"下应有"军"字。）

赵	十八	十九	二十	二十一 赵王歇留国。陈餘亡居南皮。 （留国：留在赵国。南皮：秦县名，在今河北南皮东北。《张耳陈餘列传》称陈餘“与麾下所善数百人之河上泽中渔猎”。南皮即在当时黄河之东侧。）
齐	十一	十二	十三	十四
汉	二十二	二十三 攻南阳守齮，破之阳城郭东。 （南阳守齮：南阳郡守名齮，史失其姓。阳城：秦县名，在今河南方城东。郭：外城。）	二十四 降下南阳，封其守齮。 （刘邦听陈恢建议，接受南阳守齮投降，封之为殷侯，令其继续镇守南阳。刘邦引兵西，诸城无不下者。）	二十五 攻武关破之。 （武关：在今陕西丹凤东南，是秦国东南部的重要门户。）
燕	二十二	二十三	二十四	二十五
魏	十	十一	十二	十三
韩	十三	十四	十五 申阳下河南，降楚。 （申阳是张耳的嬖臣，率众攻下了洛阳一带，迎接项羽渡河，助项羽入关。）	十六

前206

秦	九月 子婴为王。 （赵高杀二世后，先欲自立，群臣不服，乃立子婴，子婴去帝号而称秦王。子婴：或谓“始皇侄”，或谓“二世兄子”，即始皇之孙。）	十月 （梁玉绳曰：“此汉元年十月也，时秦已亡矣，为谁之十月乎？此与下‘十一月’‘十二月’皆当衍之。”）	十一月 （三字应删）	十二月 （三字应删）
楚	五	六	七	八 分楚为四。 （梁玉绳引《续古今考》曰：“当书‘分楚为五’，盖义帝之长沙郴亦楚地也。”）
项	十三	十四 项羽将诸侯兵四十余万，行略地，西至于河南。 （有张耳之嬖臣申阳迎接之。）	十五 羽诈坑杀秦降卒二十万人于新安。 （章邯之降卒不满东方士兵之虐待，又担心攻秦不胜，秦人杀其家小，有疑虑埋怨之言，项羽令黥布等击坑之于新安城南。）	十六 至关中，诛秦王子婴，屠烧咸阳，分天下，立诸侯。 （项羽入关后，先有所谓“鸿门宴”欲杀刘邦，结果被刘邦化解；接下来项羽杀子婴，烧咸阳，火三月不熄；而后项羽主持分封诸侯为王。）
赵	二十二	二十三 张耳从楚西入秦。 （张耳与陈餘分道扬镳后，遂投靠项羽，跟随项羽入关。）	二十四	二十五 分赵为代国。 （将赵国分为两块，南部为赵，北部为代。）

齐	十五	十六	十七	十八 项羽怨荣，分齐为三国。 （将原来的齐国分为临菑、济北、胶东三国。）
汉	二十六 攻下峣[关]及蓝田。以留侯策，不战皆降。 （峣关：在今陕西商洛西北。蓝田：秦县名，在今陕西蓝田。）	二十七 汉元年，秦王子婴降。沛公入破咸阳，平秦，还军霸上，待诸侯约。 （霸上：古地名，在今陕西西安东。刘邦始欲入居秦宫，后经樊哙、张良等规劝，方回军霸上。）	二十八 沛公出令三章，秦民大悦。 （三章的内容是："杀人者死，伤人及盗抵罪。"按：此仅当时一说而已，刘邦建国后基本实行秦法。）	二十九 与项羽有郄，见之戏下，讲解。羽倍约，分关中为四国。 （郄：同"郤"。指嫌隙。戏下：戏水边上的鸿门，在今陕西西安临潼区。讲解：讲和。以上即所谓"鸿门宴"之事。倍：通"背"。"背约"指不使刘邦当关中王，将关中分成雍、塞、翟、汉四国。）
燕	二十六	二十七	二十八	二十九 臧荼从入[关]，分燕为二国。 （将燕地分成燕与辽东。梁玉绳认为臧荼从入关事应书于燕二十七月。）
魏	十四	十五 从项羽略地，遂入关。 （魏豹原在今山西一带活动，巨鹿战后随项羽入关。）	十六	十七 分魏为殷国。 （将故魏地分成西魏与殷二国。）
韩	十七	十八	十九	二十 分韩为河南国。 （将故韩地分成韩与河南二国。）

楚	九　义帝元年 诸侯尊怀王为义帝。 （按：怀王称王共二十个月，至此改称帝。）	二 徙都江南郴。（江南郴：在今湖南郴州。梁玉绳曰："羽徙义帝在四月，此误书于二月也。"）	三
项	十七 项籍自立为西楚霸王。（孟康曰："旧名江陵为南楚，吴为东楚，彭城为西楚。"）	西楚主伯，项籍始，为天下主命，立十八王。（主伯：霸主，诸侯之盟主。主命：主持分封诸侯之事。）	二 都彭城。 （在今江苏徐州。）
	分为衡山。 （分故楚地建立衡山国。）	王吴芮始，故番君。 （吴芮原是秦朝的番县县令，随诸侯起义反秦，且派将领梅锘随项羽入关。番：在今江西鄱阳县。）	二 都邾。（邾：秦县名，在今湖北黄冈西北。）
	分为临江。 （分故楚地建立临江国。）	王共敖始，故楚柱国。 （共敖原为怀王柱国，且以兵取南郡。）	二 都江陵。（在今湖北荆州。）
	分为九江。 （分故楚地建立九江国。）	王英布始，故楚将。 （英布：即黥布，项羽的部将。）	二 都六。（在今安徽六安东北。）
赵	二十六 更名为常山。 （将赵国改称常山国。）	王张耳始，故楚将。 （张耳自与陈餘分手后，一直追随项羽，故称楚将。）	二 都襄国。 （在今河北邢台。）
	分为代。 （分赵国的北部地区，建立代国。）	二十七 王赵歇始，故赵王。 （因赵歇未随项羽入关，故将其移于代。）	二十八 都代。（代：秦县名，在今河北蔚县东北。）
齐	十九 更名为临菑。（将齐国改名临菑国。）	王田都始，故齐将。 （因田都随项羽北救赵、西入关。）	二 都临菑。（在今山东淄博。）
	分为济北。 （分齐国之西北部地区建立济北国。）	王田安始，故齐将。（田安是六国时齐王建的孙子，曾攻下济北郡，率兵投项羽。）	二 都博阳。（在今山东泰安东南。）
	分为胶东。 （分齐国之东部建立胶东国。）	二十　王田市始，故齐王。 （田市因不随项羽入关，故将其东移。）	二十一　都即墨。 （在今山东平度东南。）

汉	正月 分关中为汉。 （分关中的秦岭以南地区为汉国。）	二月 汉王始，故沛公。 （刘邦在称汉王前一直被称作沛公。）	三月 都南郑。 （在今陕西汉中。）
	分关中为雍。 （分关中的西部地区为雍国。）	王章邯始，故秦将。	二 都废丘。（在今陕西兴平东南。）
	分关中为塞。 （分关中地区的东部为塞国。）	王司马欣始，故秦将。 （司马欣在秦时对项氏有恩，又随章邯降楚。）	二 都栎阳。（在今陕西西安阎良区。）
	分关中为翟。 （分关中地区的北部为翟国。）	王董翳始，故秦将。	二 都高奴。（在今陕西延安东北。）
燕	三十 燕	王臧荼始，故燕将。 （臧荼原是韩广的部将，随项羽救赵并入关。）	二 都蓟。 （在今北京。）
	分为辽东。 （分燕国的辽东地区另建辽东国。）	三十一 王韩广始，故燕王。	三十二 都无终。（在今天津蓟州区。）
魏	十八 更为西魏。（战国之魏本都大梁，今项羽封魏豹于山西，故称西魏。）	十九 王魏豹始，故魏王。	二十 都平阳。 （在今山西临汾西南。）
	分为殷。 （划河内郡等地建立殷国。）	王司马卬始，故赵将。 （司马卬率军定河内，又随项羽入关。）	二 都朝歌。 （在今河南淇县。）
韩	二十一 韩	二十二 王韩成始，故韩将。（应曰“故韩王”。）	二十三 都阳翟。（在今河南禹州。）
	分为河南。 （划三川郡等地建立河南国。）	王申阳始，故楚将。 （申阳是张耳的嬖臣，攻下河南以迎项羽。）	二 都雒阳。（在今河南洛阳。）

楚	四	五	六	七
西楚	三　诸侯罢戏下兵，皆之国。（戏下：同“麾下”。之国：到各自的封国上任。）	四	五	六
衡山	三	四	五	六
临江	三	四	五	六
九江	三	四	五	六
常山	三	四	五	六
代	二十九	三十	三十一	三十二
临菑齐	三	四 田荣击都，都降楚。 （田都到临菑上任，田荣将其击败，田都往投项羽。）	齐王田荣始，故齐相。 （田荣击走田都后，田市偷偷去胶东上任，被田荣击杀，荣自立为齐王。）	二 （田荣统一全齐。）
济北	三	四	五	六 田荣击杀安。 （田荣击杀田安，统一齐地。）
胶东	二十二	二十三	二十四 田荣击杀市。 （田市惧怕项羽，偷偷去胶东上任，被田荣击杀。）	属齐。 （胶东国地属齐。按：田市为齐王共二十四个月，被田荣所杀。）

汉	四月 （刘邦赴汉中，途中得韩信。）	五月 （刘邦拜韩信为大将。）	六月	七月
雍	三	四	五	六
塞	三	四	五	六
翟	三	四	五	六
燕	三	四	五	六
辽东	三十三	三十四	三十五	三十六
西魏	二十一	二十二	二十三	二十四
殷	三	四	五	六
韩	二十四	二十五	二十六	二十七 项羽诛成。 （项羽封韩成为韩王，不令其赴任，至此遂杀之。按：梁玉绳认为项羽杀韩成当在下月刘邦杀回关中时。）
河南	三	四	五	六

前205

楚	八	九	十　项羽灭义帝。 （项羽迁义帝于郴，途中令黥布等杀之于江中。按：怀王称义帝共十个月。）	
西楚	七	八	九	十
衡山	七	八	九	十
临江	七	八	九	十
九江	七	八	九	十
常山	七	八	九　耳降汉。（张耳到常山上任，被陈餘击败，张耳往投刘邦。时刘邦已定三秦。）	
代	三十三	三十四	三十五　歇复王赵。 （陈餘击走张耳，将赵歇从代国接回。赵歇仍为赵王，封陈餘为代王，留佐赵歇。）	三十六
齐	三	四	五	六
济北	属齐。 （济北国地被田荣所并。）			
汉	八月 （刘邦用韩信计策由汉中杀回关中。）	九月	十月（汉二年十月。） 王至陕。 （刘邦大体平定关中，于是引兵东出。）	十一月

雍	七　邯守废丘，汉围之。（章邯自此坚守孤城长达十一个月。）	八	九	十　汉拔我陇西。（刘邦攻得雍国的陇西郡，约当今之甘肃东南部。）
塞	七 欣降汉，国除。（司马欣降汉，塞国灭亡。）	属汉，为渭南、河上郡。（渭南：汉郡名，治今陕西西安。河上郡：治今陕西西安。）		
翟	七　翳降汉，国除。（董翳降汉，翟国灭亡。）	属汉，为上郡。（郡治肤施，今陕西榆林东南。）		
燕	七	八	九	十
辽东	三十七　臧荼击广无终，灭之。（臧荼逐韩广去辽东，韩广不从，于是臧荼击杀韩广于无终，遂并全燕。无终：在今天津蓟州区。）	属燕。（辽东国遂被臧荼所灭。）		
西魏	二十五	二十六	二十七	二十八
殷	七	八	九	十
韩	韩王郑昌始，项羽立之。（项羽立吴县县令郑昌为韩王，以拒刘邦。）	二	三 （梁玉绳曰："是月当有'汉击昌破之'五字，《史》缺也。"）	韩王信始，汉立之。（韩王信是六国时韩国的后代，先随刘邦破秦，现又击虏郑昌，被刘邦立为韩王。）
河南	七	八	九 （梁玉绳曰："此当有'申阳降汉'四字，《史》缺。"）	属汉，为河南郡。（申阳降汉，汉以河南国为河南郡。）

西楚	十一	十二	二年一月 （项羽之二年一月。）	二
衡山	十一	十二	二年一月 （吴芮之二年一月。）	二
临江	十一	十二	十三	十四
九江	十一	十二	二年一月 （黥布之二年一月。）	二
代	歇以陈餘为代王，故成安君。 （陈餘命夏说为代相守代，自己留赵佐赵歇。）	二	三	四
赵	三十七	三十八	三十九	四十
齐	七	八 项籍击荣，走平原，平原民杀之。 （田荣首倡反项羽，故项羽往击之。平原：齐县名，在今山东平原西南。按：田荣为齐王共八个月。）	项籍立故齐王田假为齐王。 （前被田荣打败逃归项羽者。）	二 田荣弟横反城阳，击假，走楚，楚杀假。 （成阳：也作城阳，在今山东菏泽东北。按：田假为齐王不到两个月。）

汉	十二月	正月	二月	三月 王击殷。 （刘邦击灭殷，虏殷王司马卬。）
雍	十一	十二 汉拔我北地。 （刘邦攻取雍国的北地郡。北地郡的郡治义渠，在今甘肃庆阳西南。梁玉绳曰：“在邯之七月。”）	二年一月 （章邯为雍王之二年一月。）	二
燕	十一	十二	二年一月 （臧荼为燕王之二年一月。）	二
西魏	二十九	三十	三十一	三十二 降汉。 （刘邦定三秦后渡河入魏，魏豹不战而降。）
殷	十一	十二	十三	十四 降汉，卬废。 （刘邦虏司马卬而废之，以其地为河内郡。）
韩	二	三	四	五

西楚	三 项羽以兵三万破汉兵五十六万。 （项羽闻知刘邦攻入彭城，率三万骑兵驰回，大破刘邦军五十六万。）	四	五	六
衡山	三	四	五	六
临江	十五	十六	十七	十八
九江	三	四	五	六
代	五	六	七	八
赵	四十一	四十二	四十三	四十四
齐	齐王田广始。广，荣子，横立之。 （田横驱逐田假后，立田荣子田广为齐王。）	二	三	四

汉	四月 王伐楚至彭城，坏走。 （刘邦乘项羽北击田荣之机率军五十六万攻入彭城，置酒高会，项羽率骑兵三万驰袭刘邦，刘邦溃败而逃。）	五月 王走荥阳。 （刘邦西逃至荥阳，在荥阳构筑防线，从此形成楚汉对峙的局面。荥阳：秦县名，在今河南荥阳东北。）	六月 王入关，立太子。复如荥阳。 （刘邦于溃退中遇到两个儿女，于是将儿子刘盈送入关中立为太子，而后返回前线。）	七月
雍	三	四	五 汉杀邯废丘。 （章邯坚守孤城十一个月，至此城破被杀，雍国灭亡。章邯为雍王共十七个月。）	属汉，为陇西、北地、中地郡。 （陇西、北地皆前已设郡，此时所设只有中地郡。中地郡治废丘，在今陕西兴平东南。）
燕	三	四	五	六
西魏	三十三 从汉伐楚。 （魏豹降汉后，随刘邦攻入彭城。）	三十四 豹归，叛汉。 （刘邦自彭城溃败后，魏豹又叛离刘邦，回国坚守。）	三十五	三十六
殷	为河内郡，属汉。 （汉在殷地设立河内郡。）			
韩	六 从汉伐楚。 （韩王信随同刘邦攻入彭城。）	七	八	九

				前204	
西楚	七	八	九	十	十一
衡山	七	八	九	十	十一
临江	十九	二十	二十一	二十二	二十三
九江	七	八	九	十	十一
代	九	十	十一 （韩信破代，擒夏说于阏与。）	十二 汉将韩信斩陈餘。 （韩信破赵于井陉，斩陈餘，虏赵王歇。按：陈餘为代王共十二个月。）	属汉，为太原郡。 （太原郡：郡治晋阳，在今山西太原西南。）
赵	四十五	四十六	四十七	四十八 汉灭歇。 （韩信破赵兵于井陉，斩陈餘，虏赵王歇，赵国灭亡。按：赵歇为赵王共四十八个月。）	属汉，为郡。 （据《汉书·高帝纪》，汉灭赵设常山、代郡。）
齐	五	六	七	八	九

汉	八月	九月 （将军韩信灭西魏，虏魏豹。）	后九月 （将军韩信灭代，虏夏说。）	三年十月 （将军韩信灭赵，斩陈餘，虏赵王歇。）	十一月 （将军韩信用李左车谋，招燕王臧荼降汉。）
燕	七	八	九	十	十一 （燕王臧荼降汉。）
西魏	三十七	三十八 汉将韩信虏豹。 （韩信自夏阳渡黄河袭西魏，虏魏豹，西魏灭。魏豹为魏王及西魏王共三十八个月。）	属汉，为河东、上党郡。 （汉灭西魏，在西魏地设河东、上党二郡。河东郡郡治安邑，在今山西夏县西北。上党郡郡治长子，在今山西长子西南。）		
韩	十	十一	十二	二年一月 （韩王信之二年一月。）	二

西楚	十二	三年一月（项羽之三年一月。）	二	三	四	五	六
衡山	十二	三年一月	二	三	四	五	六
临江	二十四	二十五	二十六	二十七	二十八	二十九	三十
九江	十二 布身降汉，地属项籍。 （刘邦令随何说黥布反楚，黥布反后被楚军击败，遂往投刘邦。）						
赵							
齐	十	十一	十二	十三	十四	十五	十六

汉	十二月	正月	二月	三月	四月 楚围王荥阳。（项羽围刘邦于荥阳。）	五月	六月
燕	十二	三年一月（燕王臧荼之三年一月。）	二	三	四	五	六
韩	三	四	五	六	七	八	九

前203

西楚	七	八	九	十	十一 汉将韩信破杀龙且。 （龙且率兵救齐，被韩信破杀于潍水。）	十二
衡山	七	八	九	十	十一	十二
临江	三十一 王敖薨。 （共敖为临江王三十一个月，去世。）	临江王驩始，敖子。 （共敖的儿子共驩继位为王。梁玉绳曰："'驩'当作'尉'。"）	二	三	四	五
赵					赵王张耳始，汉立之。 （张耳随韩信灭赵后，韩信请刘邦封张耳为赵王。）	二

齐	十七	十八	十九	二十	二十一 汉将韩信击杀广。 （韩信破齐楚联军于潍水，杀田广、龙且，齐国灭亡。田广为齐王共二十一个月。）	属汉，为郡。 （按：在韩信定齐但未称齐王前的几个月中，齐地究竟设了几个郡，史无明载。）
汉	七月 王出荥阳。 （用陈平之谋，纪信扮作刘邦出东门降楚，刘邦与陈平等从西门逃出。梁玉绳认为刘邦出荥阳时间应在五月。）	八月 周苛、枞公杀魏豹。 （刘邦留魏豹与周苛等共守荥阳，周苛等骂魏豹是“反复之臣”，故杀之。）	九月	四年十月 （刘邦为汉王之第四年。）	十一月	十二月
燕	七	八	九	十	十一	十二
韩	十	十一	十二	三年一月 （韩王信之三年一月。）	二	三

西楚	四年一月 （项羽之四年一月。）	二	三 汉御史周苛入楚，[死]。 （周苛、枞公坚守荥阳，项羽拔荥阳，周苛等被俘，骂项羽，被项羽所杀。周苛时任御史大夫。）	四	五	六
衡山	四年一月 （吴芮之四年一月。）	二	三	四	五	六
临江	六	七	八	九	十	十一
赵	三	四	五	六	七	八

齐		齐王韩信始，汉立之。	二	三	四	五
汉	正月	二月 立信王齐。	三月 周苛入楚。 （周苛守荥阳，城破被俘，骂项羽被杀。）	四月 王出荥阳，豹死。 （梁玉绳曰：“事在三年五月，且表已书之，此六字为误重。当衍。”）	五月	六月
燕	四年一月 （燕王臧荼之四年一月。）	二	三	四	五	六
韩	四	五	六	七	八	九

前202

西楚	七	八	九	十	十一	十二 诛籍。 （韩信等破项羽于垓下，项羽自刎于乌江。）
衡山	七	八	九	十	十一	十二
临江	十二	十三	十四	十五	十六	十七 汉虏驩。 （汉将刘贾、卢绾攻共驩，不克，又命靳歙辅助，虏之。临江国灭。共驩为临江王十七个月。“驩”字应作“尉”。）
淮南	淮南王英布始，汉立之。 （黥布投刘邦后，至此封为淮南王。）	二	三	四	五	六

赵	九	十	十一	十二	二年一月 （张耳为赵王之二年一月。）	二
齐	六	七	八	九	十	十一
汉	七月 立布为淮南王。 （黥布投刘邦后，至此封为淮南王。）	八月	九月 太公、吕后归自楚。 （刘邦、项羽订鸿沟之约后，项羽放回已被俘两年零五个月的刘邦之父与吕后。）	五年十月 （刘邦为汉王之五年十月。）	十一月	十二月 （汉灭项羽。）
燕	七	八	九	十	十一	十二
韩	十	十一	十二	四年一月 （韩王信之四年一月。）	二	三

楚	齐王韩信徙楚王。 （垓下之战一结束，刘邦立刻剥夺了韩信的军权，并将韩信由齐王改封为楚王，都下邳。）	二	三	四	五	六
衡山	十三 徙王长沙。 （吴芮由衡山王改封为长沙王。国都临湘，在今湖南长沙市。梁玉绳曰：“衡山表已纪年，当书‘五年一月’。”）	属淮南国。 （原来的衡山国地盘划归淮南王黥布。）				
临江	属汉，为南郡。 （灭掉临江国，在其地设立南郡。）					
淮南	七 淮南国。 （前封黥布为淮南王时，其地尚被项羽所占，此时始实际建立淮南国，黥布实有封地。）	八	九	十	十一	十二
赵	三 赵国。 （张耳虽已为赵王多时，现在刘邦称帝，故对过去所封再确认一次。或以为“赵国”二字为衍文。）	四	五	六	七	八

齐	十二 徙王楚，属汉，为四郡。 （原齐王韩信改封为楚王，原来的齐国分为齐郡、千乘郡、东莱郡、平原郡。）					
汉	正月 杀项籍，天下平，诸侯臣属汉。 （梁玉绳曰：“‘杀项籍’三字当书于十二月。”）	二月 甲午，王更号，即皇帝位于定陶。（甲午：二月初三。定陶：在今山东菏泽定陶区。刘邦从此称皇帝。）	三月	四月	五月	六月 帝入关。 （指刘邦接受娄敬的建议，迁都到关中。开始在栎阳，后来迁入长安城。）
燕	五年一月 燕国。 （臧荼虽已为燕王四年多，现在刘邦称帝，故对过去所封再确认一次。或以为“燕国”二字为衍文。）	二	三	四	五	六
梁	复置梁国。 （都定陶，在今山东菏泽定陶区。）	梁王彭越始。 （梁玉绳曰：“越之王在汉正月。”）	二	三	四	五
韩	四 韩王信徙王代，都马邑。 （韩王信之韩国改都马邑，非“徙王代”。马邑：在今山西朔州。）	五	六	七	八	九
长沙	分临江为长沙国。 （在原临江国所辖的国土中分出临湘一带设立长沙国。）	衡山王吴芮为长沙王。 （都临湘，在今湖南长沙市。）	二	三	四	五

楚	七	八	九 王得故项羽将钟离眛，斩之以闻。 （项羽的故将钟离眛乃韩信之友，项羽灭亡后逃匿于韩信处，刘邦令韩信交出钟离眛，韩信迟迟不奉诏。此谓“斩之以闻”，大误。）	十
淮南	二年一月 （黥布为淮南王之二年一月。）	二	三	四
赵	九 耳薨，谥景王。 （张耳去世。按：张耳为赵王共九个月。）	赵王张敖始，耳子。 （张耳子张敖继其父位为赵王。张敖是刘邦女鲁元公主之夫。）	二	三
齐				

汉	七月	八月 帝自将诛燕。 （刘邦率军讨伐臧荼。梁玉绳曰："'诛'字乃'击'之误。而击燕是七月，盖臧荼以七月反，即以七月击之。……此书于八月，与燕表书反汉于九月，同误。"）	九月	后九月
燕	七 （燕王臧荼起兵反汉，很快被消灭。）	八	九 反汉，虏荼。 （臧荼反汉在此年之七月。此书于九月，误。）	燕王卢绾始，汉太尉。 （卢绾是刘邦儿时的伙伴，也是刘邦的亲信将领。刘邦讨灭臧荼后，立卢绾为燕王。）
梁	六	七	八	九
韩	十	十一	十二	五年一月 （韩王信为韩王之五年一月。）
长沙	六 薨，谥文王。 （梁玉绳引《史诠》曰："'薨'上缺'王芮'二字。"）	长沙成王臣始，芮子。 （吴芮之子吴臣继其父位为长沙王。）	二	三

［**简评**］ 秦楚之际诸事纷繁，且变化极快，史公以“月表”纪序其事，可谓十分必要。至于为何称“秦楚”而不称“秦汉”，我想主要原因在于突出肯定陈胜、怀王、项梁、项羽这一群“楚人”的灭秦之功。如果让班固写这段历史，我想他是会写成“秦汉之际”的，试看其《汉书》对刘邦与陈胜、项羽的安置可以得知。

表序的中心在于感慨六国以来，尤其是感慨陈胜起义到刘邦称帝的八年之间的时局变化之快，以及刘邦取得帝位的轻而易举。作者注意到了当时的客观形势给刘邦提供的有利条件，也看到了刘邦所采取的种种政策、措施、战略、战术正好适应了当时客观形势的要求。从这个意义上讲，刘邦的确是天才、是英雄、是圣人，项羽在刘邦面前是注定要失败的，这并不是说谁有德，谁无德，谁淳厚，谁狡猾，而关键在于看清形势，把握时机，有效地采取顺应人心、顺应社会潮流的决策，而且要有心胸、有手段地把一切人才都团结在自己身边，从而组成浩浩荡荡的改造现实社会的大军。

机遇对任何人都是平等的，关键就看你的行动如何。刘邦能从千百支起义队伍中脱颖而出，终于打败群雄一统天下，他不是“天才”“圣人”是什么？司马迁所不同于其他史家的地方在于，他对刘邦并不迷信、并不神化、并不是一味痴迷地唱赞歌，而是清醒地看出了当时那种特定的客观历史形势。刘邦因为能顺应、能驾御这种形势，因此他成功、他是“圣人”，你说这是“天命”也可以；但刘邦还是刘邦，一个政治家加流氓的泗上亭长。你说“德”么，他无法与商汤、周武王相比（至于商汤、周武王究竟有什么“德”，也只是相沿都这么说）；你说“力”么，他也无法与秦朝的历代先公先王比，但是他比过去那些用“德”、用“力”的一切人们所取得的成功更辉煌，而时间、手段却又极其短暂、极其简便。

对许多人来说，这简直无法理解，只能说这是“受命”，是“天所助”。司马迁在这里作的评价是“乡秦之禁，适足以资贤者为驱除难耳。故愤发其所为天下雄，安在无土不王？此乃传之所谓大圣乎！岂非天哉，岂非天哉！非大圣孰能当此受命而帝者乎？”含蓄悠游的唱叹较多，对于客观形势的作用明确标举不够。百年之后班固写作《汉书·异姓诸侯王表序》时几乎全部袭用了司马迁的《秦楚之际月表序》，只在说明刘邦取天下为何如此之迅捷时加进了两句话，他说：“镌金石者难为功，摧枯朽者易为力。”于是意思一下子豁然明朗。班固所补充的这两句，大概也正是司马迁当时想说但出于种种原因而还不便于这么说的话吧。又过了一百余年，晋朝的阮籍在登广武山观看刘、项古战场的时候口吐狂言说：“时无英雄，使竖子成名。”我不是说司马迁、班固在写作他们的文章时也有阮籍那样的瞧不起刘邦的思想，我只是说阮籍的这种“狂言”正是从《秦楚之际月表序》与《汉书·异姓诸侯王表序》中推导出来的。

［**集评**］《太史公自序》：“秦既暴虐，楚人发难，项氏遂乱，汉乃扶义征伐；八年之间，天下三嬗，事繁变众，故详著《秦楚之际月表》第四。”

张晏曰：“时天下未定，参错变易，不可以年纪，故列其月。”（《史记索隐》引）

陈仁锡曰：“史表或以‘世’，或以‘年’，或以‘月’者何？三代远矣，远则略，略故‘世’也。‘月’者何？秦楚之际近焉，近则详，详故‘月’也。若十二诸侯、六国，远不及三代，近不及秦楚，故记其年而已。”（《补标史记评林》引）

又曰：“《秦楚月表》首尾八年事，诸侯王自立者六国，项王所立者十四国，汉王所立者七国。故楚一也，若陈涉，若襄彊、景驹，若怀王，若项羽，若韩信，凡五易姓也。齐一也，若田儋，若韩信，凡二易姓也。赵一也，若五（武）臣，若赵歇，若张耳，凡三易姓也。燕一也，若韩广，若臧荼，若卢绾，凡三易姓也。韩一也，若韩成，若郑昌，凡二易姓也。魏梁一也，若魏咎，若彭越，凡二易姓也。又有国亡而复封者，若张耳，若英布；国徙而更封者，若吴芮，若韩信。其兴废存亡岁月不啻旦暮者，有国者监之。”（《汇评精注史记》引）

徐文靖曰：“秦楚之际世更运促，陈涉起陈凡六月，武臣起赵凡四月，皆系以‘月’而不‘年’，是矣。而其中有四十八月、三十八月者何以不‘年’？其时统无所属，不得以‘正’‘元’起数，则直曰‘一月’‘二月’云耳。按《古公緘鼎铭》云‘惟十有四月’，《戊命尊》云‘十九月’，《管子》书云‘二十四月’‘二十八月’，书法古有是例，不始龙门乎！”（《史记汉书诸表订补十种》）

董份曰：“前言商、周以德，秦用力，皆历十余世，积数君而后一统，可谓甚难；汉独五年而成帝业，乃复甚易，盖由秦无尺土之封，败坏既极，而汉为大圣受天命而兴，故其难易顿殊耳。然不明言其故，使读者自得之，所以深妙。”（《史记评林》引）

茅坤曰：“读《秦楚月表》，而海内土崩鼎沸之始末甚矣，其可累欷而太息也。而彼真人者翱翔其间，一切拨乱反之正若转圜然，岂非神武而圣者乎？”（《史记评林》引）

张大可曰：“表序追溯三代以来天下一统的艰难历程，分析刘邦得天下的原因是由于秦政暴虐，替兴起于民间的天子开辟了道路。序中司马迁强调了民心向背和客观形势对历史进程的决定性作用，具有独到的见解。”“司马迁赞刘邦诛暴而成帝业与赞陈涉、项羽之反暴秦的立场、观点是一致的，即肯定人民的反暴斗争，大声赞美革命行动。所谓‘革命’，即革膺天命，有道伐无道。秦楚之际的‘三嬗’，乃有道胜无道，刘邦理应得到赞颂，称为‘大圣’，当之无愧。”（《史记新注》）

吴汝纶曰：“‘故愤发其所为天下雄’，以下语语转变，神气怪骇，读之但见颂扬耳，是谓雄奇。”（《吴汝纶日记》）

刘咸炘曰:“封建时皆有土乃王,变为郡县,乃莫之为而为,故以为‘天’。既云‘天’,则非以‘圣’矣。其两言‘圣’,皆止作疑词。本非‘圣’而不得不言‘圣’,以杜效尤。后世郡县之天下,立言多异于古,即以此故。史公于此尽吞吐抑扬之妙,后人鲜能识之。”(《太史公书知意》)

汉兴以来诸侯王年表第五

太史公曰:殷以前尚矣[①]。周封五等:公、侯、伯、子、男。然封伯禽、康叔于鲁、卫,地各四百里,亲亲之义,褒有德也;[②]太公于齐,兼五侯地,尊勤劳也。[③]武王、成、康所封数百,而同姓五十五,地上不过百里,下三十里,[④]以辅卫王室。管、蔡、康叔、曹、郑,或过或损。[⑤]厉、幽之后,王室缺,侯伯强国兴焉,[⑥]天子微,弗能正。非德不纯,形势弱也。

汉兴,序二等[⑦]。高祖末年,非刘氏而王者,若无功上所不置而侯者,天下共诛之[⑧]。高祖子弟同姓为王者九国,唯独长沙异姓,而功臣侯者百有余人。自雁门、太原以东至辽阳,为燕、代国;常山以南,大行左转,度河、济,阿、甄以东薄海,[⑨]为齐、赵国;自陈以西,南至九疑,东带江、淮、谷、泗,薄会稽,[⑩]为梁、楚、吴、淮南、长沙国:皆外接于胡、越。而内地北距山以东[⑪]尽诸侯地,大者或五六郡,连城数十,置百官宫观,僭于天子。汉独有三河、东郡、颍川、南阳,[⑫]自江陵以西至蜀,北自云中至陇西,[⑬]与内史凡十五郡,[⑭]而公主列侯颇食邑其中[⑮]。何者?天下初定,骨肉同姓少,故广强庶孽,以镇抚四海,用承卫天子也。

汉定百年之间,亲属益疏,诸侯或骄奢,忕邪臣计谋为淫乱,[16]大者叛逆,小者不轨于法,以危其命,殒身亡国。天子观于上古,然后加惠,使诸侯得推恩分子弟国邑,故齐分为七,赵分为六,梁分为五,淮南分三,及天子支庶子为王,王子支庶为侯,[17]百有余焉。吴楚时,前后诸侯或以適削地,[18]是以燕、代无北边郡,吴、淮南、长沙无南边郡[19],齐、赵、梁、楚支郡[20]名山陂海咸纳于汉。诸侯稍微,大国不过十余城,小侯不过数十里,上足以奉贡职,下足以供养祭祀,以蕃辅京师。而汉郡八九十,形错诸侯间,[21]犬牙相临,秉其阸塞地利[22],强本干、弱枝叶之势,尊卑明而万事各得其所矣。

臣迁谨记高祖以来至太初诸侯,谱其下益损之时,[23]令后世得览。形势虽强,要之以仁义为本[24]。

①尚矣——年代很久远啦。尚:这里是久远的意思。 ②伯禽——周公之子,因周公辅佐武王灭殷建周功大,被封为鲁国的开国之君;又因为周公需要留在京师继续辅佐天子,故封伯禽为鲁公,到鲁国就任,因此鲁国实际的首封之君是伯禽。 康叔——名封,武王之弟,是卫国的首封之君。 亲亲——对血缘关系近的要表现出亲近。 褒有德——对德行高的要进行褒奖。周公与康叔在武王的兄弟中都是道德高尚的。因为以上两条,所以才特地封给他们"四百里"的领土。 ③太公——姜尚,也称"吕尚""吕望"。辅佐武王灭殷的开国功臣,被封在齐国,国都营丘,在今山东淄博临淄区北。 兼五侯地——占有五个侯爵的领地。 尊勤劳——这是为了特别褒奖太公佐周的功劳。 ④成——周成王,名诵,武王之子,公元前1042—前1021年在位。 康——周康王,名钊,成王之子,公元前1020—前996年在位。 同姓五十五——《左传·昭公二十八年》有所谓"武王克商,光有天下,其兄弟之国者十有五人,姬姓之国者四十人",正合此"同姓五十五"之数。

上不过百里,下三十里——冈白驹曰:"鲁、卫与齐皆有故而大,其他上不过百里。" ⑤管、蔡、康叔、曹、郑——"康叔"二字衍文。管、蔡:管叔鲜、蔡叔度,都是周武王之弟,前者名鲜,因被封于管,故称管叔;后者名度,因被封于蔡,故称蔡叔。曹:曹叔,名振铎,也是周武王之弟,因被封于曹,故称曹叔。郑:郑桓公,名友,周宣王之弟,被封于郑(今陕西渭南华州区东)。　或过或损——有的超过百里,有的不够三十里。⑥厉、幽之后——意即自西周腐败、衰落以来。厉:周厉王,公元前877—前841年在位。最后因残暴且实行高压政策而引发国人暴动,逃死于外。幽:周幽王,公元前781—前771年在位,因荒淫腐败,被犬戎攻杀,西周从此灭亡。　侯伯强国——诸侯霸主一类的强大之国,如齐、晋、楚等。伯:方伯,一方的诸侯之长。又"伯"字也通"霸",即霸主。　⑦汉兴,序二等——汉朝建国后的诸侯只分王、侯两个等级。王者的封土略当于一个郡,侯者的封土略当于一个县。　⑧非刘氏而王者,若无功上所不置而侯者,天下共诛之——若:或。按:刘邦在称帝前与刚刚称帝之时,曾封过几个异姓功臣为王,如韩信、彭越以及稍晚的卢绾等。但这几个异姓王除了地处偏远且很弱的长沙王吴芮外,很快就被消灭了。而且刘邦还由此总结出异姓人靠不住的结论,规定今后"非刘氏不得封王,非有功者不得封侯"。《吕太后本纪》王陵有所谓"高帝刑白马盟曰:'非刘氏而王,天下共击之。'"　⑨常山——即今之恒山,界于今河北与山西中北部之间的大山。汉人为避文帝刘恒之讳,故称"常山"。　大行左转——意即太行山往东。大:通"太"。太行山盘踞于今河北、山西、河南三省交界处。　河、济——黄河、济水。当时的黄河自河南洛阳、荥阳流来,至濮阳北折,东北流经山东之德州,到河北沧州东北入海。济水在河南荥阳北由黄河分出,流经原阳南、封丘北,经山东菏泽定陶区西,东北流入巨野泽,又东北经梁山县东、平阴西,大致沿今之黄河河道入海。　阿、甄——汉代二县名,阿县也称东阿,县治在今山东阳谷东北阿城镇。甄:即"鄄"(juàn),县治在今山东鄄城北。　薄海——直到海边。薄:迫,挨近。　⑩陈——汉县名,县治在今河南周口淮阳区。　九疑——山名,在今湖南宁远南。　江、淮、谷、泗——长江、淮河、谷水、泗水。　会稽——山名,在今浙江绍兴、嵊州、诸暨、东阳等市县间。　⑪北距山以东——词语不顺,意即北至太行山与其向东的延长线以南,西起汉王朝直辖的三川郡以东地区。"北距山以东"与前"大行左转"相呼应。　⑫三河——指河东、河内、河南三郡。　东郡——郡治在今河南濮阳。　颍川——郡治在今河南禹州。 南阳——郡治在今河南南阳。 ⑬江陵——汉县名，县治在今湖北荆州市荆州区，此地也是当时南郡之郡治所在地。 蜀——汉郡名，郡治在今四川成都。 云中——汉郡名，郡治在今内蒙古托克托东北古城镇。 陇西——汉郡名，郡治狄道，在今甘肃临洮。 ⑭内史——后来分设京兆尹、左冯翊和右扶风，即首都所在的郡。 凡十五郡——汉朝建国之初总共有六十二个郡，诸侯们所占有的共四十七郡，朝廷所有只十五郡，即上述的河东、河内、河南、东郡、颍川、南阳、南郡、汉中、巴郡、蜀郡、陇西、北地、上郡、云中、内史。 ⑮公主列侯颇食邑其中——在这仅有的十五个郡里，还有许多公主与列侯的食邑。这些食邑有的为一个县，有的为一个乡，各自归所在的郡县管辖。 ⑯亲属益疏——当时受封的那些人大多与刘邦是兄弟、父子、叔侄关系，相当亲近；可是到百年之后的武帝时期，那些受封者的子孙与汉武帝的关系就相当疏远了。益疏：越来越疏远。 忕（shì）邪臣计谋为淫乱——诸侯们听信邪佞之臣的怂恿而胡作非为。忕：习惯，惯于。 ⑰天子支庶子为王——皇太子以外的其他皇子为王，如文帝有三王、景帝有十三王等。 王子支庶为侯——王的嫡子继位为王，其他王子则一例封侯。 ⑱吴楚时——吴楚七国对中央发动叛乱时。事在景帝三年（前154）。 或以適削地——因与吴楚七国有牵连而被削减封地。適：通“谪”。 ⑲燕、代无北边郡，吴、淮南、长沙无南边郡——鉴于诸侯王谋反往往与境外敌国相勾结，故平定七国之乱后，朝廷遂将沿边诸郡都收归朝廷管辖，使诸侯国不再与境外民族相邻。 ⑳支郡——国都所在郡以外的其他郡，如齐国的都城临菑在齐郡，齐国管辖的其他郡就是支郡。 ㉑汉郡八九十——至武帝时，一方面开边四夷，获得了大片领土；另一方面也从各诸侯王手里收回了大片领土。当时全国总共有一百零三个郡，归朝廷管辖的八十三个，归诸侯王管辖的二十个。 形错诸侯间——各诸侯国都处于朝廷各郡的交错包围之中。 ㉒秉其阸塞地利——从地理形势上各诸侯国都处于朝廷各郡的监控之下。秉：持，控制。阸塞：险要关塞。 ㉓臣迁谨记高祖以来至太初诸侯——从此司马迁自述语，可以明确得知《史记》记事的下限是至太初年间。 其下益损之时——各个诸侯后代削弱或隆盛的情景。或谓“益损”乃指所封诸侯的总体而言，意即或增或减，或多或少的变化。 ㉔形势虽强，要之以仁义为本——当前朝廷与众诸侯这种尊卑分明、秩序稳定的局面之所以形成并得以维持，一方面是因为客观形势有利于朝廷，但更重要的还是由于朝廷的做法合乎仁义之道。吴汝纶曰："此文以末二语为主，此非真颂美也，探其削弱诸侯之意而为之词耳。"

前206	前205	前204	前203	前202
[汉]高祖元年 (是年十月,刘邦入关灭秦,鸿门宴后被项羽封为汉王。)	二 (刘邦为汉王之二年。)	三 (刘邦为汉王之三年。)	四 (刘邦为汉王之四年。)	五 (刘邦为汉王之五年十二月,汉灭项羽,同年之二月,刘邦称皇帝。五月,入都关中。按:当时汉用秦历,以十月为岁首。)
楚	都彭城 (项羽为西楚霸王都彭城;后来之刘交为楚王亦都彭城。彭城:在今江苏徐州,然韩信之为楚王乃都下邳,非彭城。)			齐王信徙为楚王,元年。反,废。 (韩信于此年十二月,协助刘邦灭掉项羽,于此年之一月,被徙为楚王。韩信被废乃次年事。)
齐	都临菑 (临菑旧城在今山东淄博东北齐都镇。)		初王信元年。故相国。 (此年之十一月韩信灭齐王田广,同年之二月,被刘邦封为齐王。按:所谓"相国"只是刘邦给韩信的虚衔,并无实际职权,刘邦的相国始终是萧何。)	二(韩信为齐王的第二年) 徙楚。(此年之十二月,韩信助刘邦灭项羽。灭项后,韩信旋即被刘邦夺去兵权,并被改封为楚王,都下邳。韩信为齐王共十个月。)
荆	都吴 ("吴"在今江苏苏州。然刘贾为荆王,与后来刘濞为吴王皆都广陵,在今江苏扬州,非苏州。)			
淮南	都寿春(英布为淮南王乃都六县,在今安徽六安。英布灭后刘长为淮南王始都寿春,在今安徽寿县。)		十月乙丑,初王英布元年。 (十月乙丑:十九无乙丑日,梁玉绳以为"十"为"七"字之误,即七月初一日。)	二

燕	都蓟 （在今北京。）			后九月壬子，初王卢绾元年。 （后九月壬子即闰九月二十五。时初灭燕王臧荼，即封卢绾为燕王。）
赵	都邯郸 （在今河北邯郸。）		初王张耳元年，薨。 （张耳随韩信于汉三年十月灭赵后，于本年十一月被刘邦立为赵王。张耳之死在高祖五年，今书于四年，误。）	王敖元年。敖，耳子。 （张耳之子张敖为刘邦女鲁元公主之夫。张耳死于此年之七月，其子张敖之元年在高祖六年，此年应作"张耳二年"。）
梁	都淮阳（按："淮阳"二字误。彭越为梁王时都定陶，日后之梁孝王都睢阳，亦非淮阳。）			初王彭越元年 （彭越为梁王，都定陶。）
淮阳	都陈（在今河南周口淮阳区。）			
代	十一月，初王韩信元年，都马邑。（按：韩王信于高祖二年被刘邦封为韩王，都阳翟。至高祖六年，刘邦将韩王信之韩国北移至太原，韩王信乃自请北都马邑，此处说法有误。马邑：在今山西朔州。）	二	三	四 降匈奴，国除为郡。 （韩王信之北移都马邑，与降匈奴皆高祖六年事，此误。）
长沙 （此年一月项羽封吴芮为衡山王。都邾，在今湖北黄冈西北。）	（吴芮为衡山王之第二年。）	（吴芮为衡山王之第三年。）	（吴芮为衡山王之第四年。）	二月乙未，初王文王吴芮元年。薨。 （刘邦称帝后，将吴芮改封为长沙王，都临湘，在今湖南长沙市。二月乙未：二月初四。）

	前201	前200	前199	前198
汉	六 （刘邦于此年十二月袭捕韩信，将其降为淮阴侯。）	七	八	九
楚	正月丙午，初王交元年。交，高祖弟。 （此年之十二月，楚王韩信被刘邦以“谋反”的罪名袭捕，带回长安，降为淮阴侯。转月刘邦封其弟刘交为楚王，都彭城。正月丙午：正月二十一。）	二	三	四 来朝。 （进京来见皇帝。）
齐	正月甲子，初王悼惠王肥元年。肥，高祖子。 （正月甲子：正月无“甲子”日，此必有误。《汉书》作“壬子”。“正月壬子”为正月二十七。刘肥是刘邦的私生子，为惠帝之兄。于本年正月被封为齐王。）	二	三	四 来朝。
荆	正月丙午，初王刘贾元年。 （刘贾是刘邦的本村同族，随刘邦起义，为刘邦的部将。刘邦因亲属稀少，故封之为荆王，都广陵。）	二	三	四
淮南	三	四	五	六 来朝。

燕	二	三	四	五
赵	二 （去年张耳死，今年是张敖之元年。）	三 （应是张敖之二年。）	四（应是张敖之三年）废。 （高祖八年，赵相贯高等谋杀高祖未遂，九年其事始泄，此年书张敖“废”者误。）	初王隐王如意元年。如意，高祖子。 （高祖九年，贯高谋刺高祖之事泄，张敖被牵连降为宣平侯，刘邦移代王刘如意为赵王。“隐”字是刘如意的谥。）
梁	二	三	四	五 来朝。
淮阳				
代	（此年韩王信北都马邑，秋，马邑被匈奴所围，信遂降匈奴，引匈奴攻汉。又，此格中华本失书“初王喜元年”，意即刘邦封其次兄刘喜为代王之元年。刘喜亦即“刘仲”。）	（刘喜王代之第二年，匈奴攻代，刘喜弃其国逃归汉。刘邦不诛，降为合阳侯。改立戚姬子如意为代王。）	[二] （刘如意为代王之第二年。）	（刘如意改封赵王。）
长沙	成王臣元年 （吴芮子吴臣之元年。“成”字是吴臣的谥。）	二	三	四

	前197	前196	前195
汉	十	十一 （此年正月，杀韩信；三月，杀彭越；七月，破杀英布。）	十二 （此年之四月二十五，刘邦卒。）
楚	五 来朝。	六	七
齐	五 来朝。	六	七
荆吴	五 来朝。	六 为英布所杀，国除为郡。 （英布起兵后，先东进破杀刘贾，灭荆。）	更为吴国。十月辛丑，初王濞元年。濞，高祖兄仲子，故沛侯。 （刘邦于十一年破杀英布，十二年初，立刘仲子刘濞为吴王，仍都广陵。刘仲即刘喜。十月辛丑：十月十九。）
淮南	七 来朝。反，诛。 （英布"反，诛"在下年，书于此年误。）	十二月庚午，厉王长元年。长，高祖子。 （此年韩信、彭越相继被杀，英布恐惧，遂于七月造反，被刘邦破杀。刘邦随即立其子刘长为淮南王，改都寿春。"厉"字是刘长的谥。十二月庚午："十二"应作"七"，即七月十六。）	二
燕	六 来朝。	七	二月甲午，初王灵王建元年。建，高祖子。 （高祖十二年十二月，燕王卢绾因遭怀疑害怕被诛逃入匈奴。刘邦遂于二月立其子刘建为燕王。二月甲午：二月十四。）

赵	二	三	四 死。 （按：此年刘如意未死，此误书。）
梁	六 来朝。反，诛。 （彭越之“反，诛”在下年，此误。）	二月丙午，初王恢元年。恢，高祖子。 （三月，彭越被吕后强加罪名杀害。刘邦乃封其子刘恢为梁王。“二月丙午”四字必有误，刘恢受封不应在彭越被杀前。）	二
淮阳		三月丙寅，初王友元年。友，高祖子。 （初置淮阳国，刘邦封其子刘友为淮阳王，都陈县，在今河南周口淮阳区。）	二
代	复置代，都中都。 （中都：汉县名，县治在今山西平遥西南。）	正月丙子，初王元年。 （刘邦于其十一年正月复置代国，立其子刘恒为代王，领太原、雁门、定襄、代郡四郡之地。正月丙子：正月二十。）	二
长沙	五 来朝。	六	七

	前194	前193	前192	前191	前190	前189
汉	孝惠元年 （孝惠：名盈，刘邦之子，吕后所生，公元前194—前188年在位。）	二	三	四	五	六
楚	八	九 来朝。	十	十一 来朝。	十二	十三
齐	八	九 来朝。	十	十一 来朝。	十二	十三 薨。 （齐悼惠王刘肥卒。）
吴	二	三	四	五	六 来朝。	七
淮南	三	四	五	六 来朝。	七	八
燕	二	三	四	五	六 来朝。	七

赵	淮阳王徙于赵，名友，元年。是为幽王。 （孝惠元年，赵王刘如意被吕后所杀，吕后移原淮阳王刘友为赵王，“幽”字是刘友的谥。）	二	三	四 来朝。	五	六
梁	三	四	五	六	七	八
淮阳	为郡。 （原淮阳王刘友移封赵王，淮阳国废除，复为郡。）					
代	三	四	五	六	七	八
长沙	八 （长沙王吴臣卒。）	哀王回元年 （吴臣之子吴回之元年。“哀”字是谥。）	二	三	四	五

	前188	前187	前186	前185
汉	七 (此年之八月孝惠帝卒。孝惠帝之子继位,但只是傀儡,吕后自己执政。)	高后元年 (高后:吕雉,惠帝之母,在高帝死后掌握政权十六年。)	二	三
楚	十四 来朝。	十五	十六	十七
鲁	初置鲁国。 (国都鲁县,在今山东曲阜。)	四月　元王张偃元年。偃,高后外孙,故赵王敖子。 (张敖因贯高谋刺刘邦被降为宣平侯。今吕后当权,遂封张敖子,即鲁元公主所生者张偃为鲁王。)	二	三
齐	哀王襄元年 (刘肥之子刘襄继位为齐王。"哀"字是刘襄的谥。)	二	三	四 来朝。
吴	八 来朝。	九	十	十一
淮南	九 来朝。	十	十一	十二
燕	八 来朝。	九	十	十一

赵	七 来朝。	八	九	十
常山	初置常山国。 （割赵国的常山郡以立常山国。国都真定，在今河北正定南。）	四月辛卯，哀王不疑元年。薨。 （吕后为封诸吕作铺垫，先封惠帝诸子为王，故封刘不疑为常山王。“哀”字是刘不疑的谥。刘不疑之卒在下年，今书“薨”于此，误。）	七月癸巳，初王义元年。哀王弟。义，孝惠子，故襄城侯，立为帝。 （哀王刘不疑此年死，吕后复立哀王之弟刘义为常山王。刘义，原名刘山，此前为襄城侯，后来被立为皇帝。）	二
梁	九 来朝。	十	十一	十二
吕	初置吕国。 （割齐国之济南郡以建立吕国。国都东平陵，在今山东济南章丘区西。）	四月辛卯，吕王台元年。薨。 （吕台是吕后长兄吕泽之子，吕泽先死事，吕台被封郦侯，今被吕后封为吕王。吕台死在下年，今书“薨”于此，误。）	十一月癸亥，王吕嘉元年。嘉，肃王子。 （此年之十一月吕台死，吕台之子吕嘉继其父位为吕王。“肃”为吕台之谥。）	二
淮阳	复置淮阳国。 （都城陈县，在今河南周口淮阳区。）	四月辛卯，初王怀王彊元年。彊，惠帝子。 （惠帝子刘彊为淮阳王。）	二	三
代	九	十	十一	十二
长沙	六	七 （此年哀王吴回卒。）	恭王右元年 （吴回之子吴右继位为长沙王。“右”字《汉书》或作“若”，或作“右”。）	二 来朝。

	前184	前183	前182	前181
汉	四 （吕后于此年五月幽杀傀儡皇帝，改立惠帝子常山王刘义为帝。）	五	六	七 （吕后于此年正月饿死刘邦子赵王刘友，改封刘邦子梁王刘恢为赵王，刘恢不堪忍受而自杀，于是吕后遂封吕禄为赵王。）
楚	十八	十九	二十	二十一
鲁	四	五	六	七
齐	五	六	七	八
琅琊			初置琅琊国。 （割齐国之琅琊郡设立琅琊国，都城在今山东青岛黄岛区。）	王泽元年。故营陵侯。 （吕后为封诸吕，故封一个刘姓人为陪衬。刘泽是刘邦的族人，原为营陵侯，今吕后封之为琅琊王。）
吴	十二	十三	十四	十五
淮南	十三	十四 来朝。	十五	十六
燕	十二	十三	十四	十五　绝。 （此年刘邦子燕王刘建卒，吕后鸩杀其庶子，谎称刘建无子，以燕国封吕通。）
赵	十一	十二	十三	十四　幽死（此年梁王刘恢移封赵王，旋自杀，吕后遂封吕禄为赵王。）

常山	五月丙辰，初王朝元年。朝，惠帝子，故轵侯。 （此年五月吕后杀了原来的傀儡皇帝，另立常山王刘义为傀儡，故又立惠帝子刘朝为常山王。）	二	三	四
梁 吕	十三	十四	十五	徙王赵，自杀。王吕产元年。 （吕后杀死赵王刘友后，迁刘恢为赵王，刘恢至赵后，不堪忍受而自杀。吕后遂立吕产为梁王，并改梁国为“吕国”，都睢阳，在今河南商丘南。）
吕 济川	三	四	嘉废。七月丙辰，吕产元年。产，肃王弟，故洨侯。（吕台之子吕嘉因骄恣不法被吕后所废，改立吕台之弟吕产为吕王。七月应作“十月”。）	吕产徙王梁。二月丁巳，王太元年。惠帝子。 （梁王刘恢迁赵自杀，吕后徙吕王吕产为梁王，继而又封惠帝子刘太为吕王，并改吕国为“济川国”。）
淮阳	四	五　无嗣。 （惠帝子刘彊无子绝嗣，吕后改封惠帝子刘武为淮阳王。）	初王武元年。武，孝惠帝子，故壶关侯。	二
代	十三	十四	十五	十六
长沙	三	四	五	六

	前 180	前 179	前 178
汉	八(吕后于此年之七月辛巳卒,齐王刘襄起兵,朝内大臣诛诸吕,于是年闰九月拥立代王刘恒为帝。)	孝文前元年 (孝文:名恒,刘邦之子,薄后所生,公元前 180—前 157 年在位。)	二
楚	二十二	二十三(是年三月刘邦弟楚元王刘交卒,其子刘郢客袭其父位为楚王。)	夷王郢[客]元年(夷王名“郢客”,此与《楚元王世家》《孝文本纪》皆脱“客”字。)
鲁	八 (此年之九月,大臣废鲁王张偃。)	九　废为侯。(梁玉绳曰:“偃无九年,已于前年九月废矣。……此宜移‘废为侯’三字于前年,而衍去‘九’字。”)	
齐	九 (齐王刘襄于是年八月起兵讨诸吕,朝内大臣始得从中起事诛诸吕。)	十　薨。(朝内大臣诛诸吕罢,畏恶刘襄之强,暗中立代王刘恒为帝,刘襄有讨吕大功,不仅未蒙封赏,反而遭到压抑,故郁郁死。其子刘则袭位为齐王。)	文王则元年
城阳		初置城阳(郡)[国]。 (割齐之城阳郡立以为城阳国,以封刘章。都莒,在今山东莒县。按:“国”字中华本原作“郡”,梁玉绳曰:“‘国’讹作‘郡’。”今据改。)	二月乙卯,景王章元年。章,悼惠王子,故朱虚侯。(刘章是齐悼惠王刘肥之子,齐哀王刘襄之弟,在诛灭诸吕中有大功,原说封之为赵王,后加裁抑封之为城阳王。刘章此前为朱虚侯,“景”字是其之谥。)
济北		初置济北[国]。 (割齐国之济北郡立以为济北国,以封刘兴居。都卢县,在今山东济南长清区西南。中华本原文无“国”字,今依陈仁锡说补“国”字。)	二月乙卯,王兴居元年。兴居,悼惠王子,故东牟侯。 (刘兴居是齐悼惠王刘肥之子,齐哀王刘襄之弟,灭诸吕罢,原说封之为梁王,后加裁抑封以为济北王。此前刘兴居为东牟侯。)
琅琊	二(刘泽原是亲吕势力,齐王刘襄起兵讨诸吕,刘泽之国被刘襄所并。后刘泽哄骗刘襄得脱入朝廷,参与立孝文帝,遂得改封燕王。)	三　徙燕。 (文帝即位后,改封刘泽为燕王,都蓟,在今北京。)	国除为郡。 (琅琊国被废除,设琅琊郡,属齐。)

吴	十六	十七	十八
淮南	十七	十八	十九
燕	十月辛丑，初王吕通元年。肃王子，故东平侯。九月诛，国除。 （此年九月大臣诛诸吕，吕后所封之燕王吕通被杀。）	十月庚戌，琅邪王泽徙燕元年。是为敬王。 （刘泽于文帝元年十月被改封燕王。）	二 薨。 （刘泽死，其子刘嘉袭其父位为燕王。）
赵	初王吕禄元年。吕后兄子，胡陵侯。诛，国除。（此年九月大臣诛诸臣，吕后所封之赵王吕禄被杀。）	十月庚戌，赵王遂元年。幽王子。 （大臣灭诸吕罢，立原赵王刘友之子刘遂为赵王。）	二
河间		分为河间[国]，都乐成。 （割赵国之河间郡立为河间国，以封刘辟彊。都乐成，在今河北献县东南。中华本原无“国”字，依梁玉绳说补。）	二月乙卯，初王文王辟彊元年。辟彊，赵幽王子。 （分赵王刘遂之地立其弟辟彊为河间王。）
常山 太原	五　非子，诛，国除为郡。 （大臣灭诸吕罢，诬蔑惠帝的所有儿子都不姓刘，通通予以诛戮。废常山国，设立常山郡。）	初置太原[国]，都晋阳。 （新设太原国，以封文帝之子刘参。国都晋阳，在今山西太原西南。中华本原无“国”字，依梁玉绳说补。）	二月乙卯，初王参元年。参，文帝子。 （文帝子刘参为太原王。）
吕 梁	二　有罪，诛，为郡。 （吕后封吕产为梁王，改国号曰“吕”。大臣灭诸吕，吕产被杀。）	复置梁国。 （重设梁国，以封文帝之子刘揖，都睢阳，在今河南商丘南。）	二月乙卯，初王怀王胜元年。胜，文帝子。（按：此“胜”字应作“揖”。）
济川	二（梁玉绳曰：“失书‘非子诛，国除为郡’。”情况同常山王。）		
淮阳	三　武诛，国除。 （情况同常山王、济川王。）		
代	十七（此年之九月大臣灭诸吕，迎立代王刘恒为皇帝。）	十八　为文帝。 （梁玉绳曰：“衍‘十八’二字，‘为文帝’宜作‘为皇帝’而移于上年。”）	二月乙卯，初王武元年。武，文帝子。 （文帝子刘武封代王。）
长沙	七	八	九（是年长沙王吴右卒，子吴著继立。）

	前177	前176	前175	前174	前173	前172
汉	三	四	五	六	七	八
楚	二	三	四　薨。 （楚夷王刘郢客卒，其子刘戊袭位为楚王。）	王戊元年 （刘戊为楚王之元年。）	二	三
齐	二	三	四	五	六	七 来朝。
城阳	二 （是年四月，城阳景王刘章卒，其子喜袭位为王。）	共王喜元年 （“共”字是谥。）	二	三	四	五
济北	为郡。（是年七月，刘兴居乘匈奴入侵起兵反汉，八月兵败自杀。国除为郡。）					
吴	十九　来朝。	二十	二十一	二十二	二十三	二十四
淮南	二十 来朝。	二十一	二十二	二十三 王无道，迁蜀，死雍，为郡。 （是年之十一月，淮南王刘长因谋反迁蜀，途中自杀于雍，国除为郡。）		
燕	康王嘉元年 （刘泽之子刘嘉之元年。）	二	三	四	五	六 来朝。

赵	三	四	五	六	七 来朝。	八
河间	二	三	四	五	六	七 来朝。
太原	二	三　更为代王。 （刘参改封代王。但都城仍在太原，即将太原与代国合而有之。太原国号取消。）				
梁	二	三	四	五	六 来朝。	七
淮阳	复置淮阳国。 （国都陈县，在今河南周口淮阳区。）	代王武徙淮阳三年。 （刘武改封淮阳王。年数通前计算。）	四	五	六 来朝。	七
代	二 徙淮阳。 （代王刘武改封淮阳王。）	三　太原王参更号为代王三年，实居太原，是为孝王。 （太原王刘参改封代王，兼有太原地。是为代孝王。）	四	五	六 来朝。	七
长沙	靖王著元年 （吴右子吴著之元年。）	二	三	四	五	六

	前 171	前 170	前 169	前 168	前 167
汉	九	十	十一	十二	十三
楚	四	五	六	七	八 来朝。
齐	八	九	十	十一 来朝。	十二
城阳	六 来朝。	七	八 徙淮南。为郡,属齐。 (城阳王刘喜改封淮南王,原城阳国地还齐为城阳郡。)		
吴	二十五	二十六	二十七	二十八	二十九
淮南				城阳王喜徙淮南元年 (刘章子刘喜迁为淮南王之元年。)	二
燕	七	八	九	十	十一

赵	九	十	十一	十二 来朝。	十三
河间	八	九	十	十一 来朝。	十二
梁	八	九	十 来朝。薨，无后。 （文帝子梁王刘揖卒。）	十一 淮阳王武徙梁年，是为孝王。 （淮阳王刘武迁此为梁王，即梁孝王。通前计算为第十一年。）	十二
淮阳	八 来朝。	九	十 来朝。徙梁。为郡。 （淮阳王刘武改为梁王。）		
代	八	九	十 来朝。	十一	十二
长沙	七	八 来朝。	九	十	十一

	前166	前165	前164
汉	十四	十五	十六
楚	九	十	十一
衡山		初置衡山[国]。 （都邾，在今湖北黄冈西北。中华本原文无“国”字，依前例增。）	四月丙寅，王勃元年。淮南厉王子，故安阳侯。 （此年之四月，文帝将故淮南王刘长之地分为三，立其三子，刘勃被封为衡山王。刘勃此前为安阳侯。）
齐	十三	十四 薨。无后。 （此年齐文王刘则死，无子，国除为郡。）	四月丙寅，孝王将闾元年。齐悼惠王子，故阳虚侯。 （文帝将齐国故地分为七，封刘肥余子，即刘襄之诸弟七人皆为王。封刘将闾为齐王。刘将闾此前为阳虚侯。）
城阳		复置城阳国。（因立刘安为淮南王，故令刘喜仍回任城阳王。）	淮南王喜徙城阳十三年。 （刘喜两次移动，至此通计已十三年。）
济北		复置济北国。 （都卢县，在今山东济南长清区南。）	四月丙寅，初王志元年。齐悼惠王子，故安都侯。 （文帝将齐国故地分为七，封刘肥余子，封刘志为济北王。刘志此前为安都侯。）
济南		分为济南国。 （国都东平陵，在今山东济南章丘区西。）	四月丙寅，初王辟光元年。齐悼惠王子，故朸侯。 （文帝将齐国故地分为七，以封刘肥余子，封刘辟光为济南王。刘辟光此前为朸侯。）
菑川		分为菑川[国]，都剧。 （剧：汉县名，在今山东寿光南。）	四月丙寅，初王贤元年。齐悼惠王子，故武城侯。 （文帝将齐国故地分为七，以封刘肥余子，封刘贤为菑川王。刘贤此前为武城侯。）

胶西		分为胶西[国],都宛。 (宛:应是“密”字之误,在今山东高密西南。)	四月丙寅,初王印元年。齐悼惠王子,故平昌侯。 (文帝将齐国故地分为七,以封刘肥余子,封刘印为胶西王。刘印此前为平昌侯。)
胶东		分为胶东[国],都即墨。 (即墨:在今山东平度东南。)	四月丙寅,初王雄渠元年。齐悼惠王子,故白石侯。 (文帝将齐国故地分为七,以封刘肥余子,封刘雄渠为胶东王。刘雄渠此前为白石侯。)
吴	三十	三十一	三十二
淮南	三	四 徙城阳。 (为将淮南封刘安,故令刘喜改王城阳。)	四月丙寅,王安元年。淮南厉王子,故阜陵侯。 (此年之四月,文帝将故淮南王刘长之地分为三,立其三子,刘安被封为淮南王。刘安此前为阜陵侯。)
燕	十二 来朝。	十三 来朝。	十四
赵	十四	十五	十六
河间	十三　薨。 (河间王刘辟彊卒,其子刘福袭位为河间王。)	哀王福元年。薨,无后,国除为郡。 (此年刘福死,无子国除为郡。)	
庐江		初置庐江国。 (都翻阳,在今江西鄱阳东北。)	四月丙寅,王赐元年。淮南厉王子,故阳周侯。 (此年之四月,文帝将故淮南王刘长之地分为三,立其三子,刘赐被封为庐江王。刘赐此前为阳周侯。)
梁	十三	十四　来朝。	十五
代	十三	十四	十五
长沙	十二	十三	十四

	前163	前162	前161	前160	前159	前158	前157
汉	后元年（文帝后元年。）	二	三	四	五	六	七
楚	十二	十三	十四	十五	十六 来朝。	十七	十八
衡山	二	三	四	五	六	七	八
齐	二	三	四 来朝。	五	六	七	八
城阳	十四	十五	十六	十七	十八 来朝。	十九	二十
济北	二	三	四 来朝。	五 来朝。	六	七	八
济南	二	三	四 来朝。	五	六 来朝。	七	八
菑川	二	三	四	五	六	七	八
胶西	二	三	四	五	六 来朝。	七	八

胶东	二	三	四	五	六	七	八
吴	三十三	三十四	三十五	三十六	三十七	三十八	三十九
淮南	二	三	四	五	六	七 来朝。	八
燕	十五	十六	十七	十八 来朝。	十九	二十	二十一
赵	十七	十八	十九	二十 来朝。	二十一	二十二	二十三
庐江	二	三	四	五	六	七	八
梁	十六	十七 [来朝。]	十八 来朝。	十九	二十	二十一 来朝。	二十二
代	十六	十七　薨 （代王刘参卒。刘参子刘登袭父位为代王。）	恭王登元年 （代王刘登元年。）	二	三	四	五
长沙	十五	十六	十七	十八	十九	二十 来朝。	二十一　来朝。薨，无后，国除。 （长沙王吴著卒，因无后，国除为郡。）

	前156	前155	前154
汉	孝景前元年（孝景：文帝子，名启，公元前157—前141年在位。）	二	三
楚	十九	二十 来朝。	二十一　反，诛。 （楚王刘戊是七国之乱的重要发起者。）
鲁		分楚复置鲁国。 （都曲阜。）	六月乙亥，淮阳王徙鲁元年。是为恭王。 （六月乙亥：六月二十四。恭王：名餘，景帝之子，程姬所生。恭：也写作“共”。）
衡山	九	十	十一
齐	九	十	十一
城阳	二十一	二十二	二十三
济北	九	十　来朝。	十一　徙菑川。（济北王刘志改封菑川王。）
济南	九	十	十一　反，诛。为郡。 （济南王刘辟光反，被诛。）
菑川	九	十	十一　反，诛。济北王志徙菑川十一年。是为懿王。（菑川王刘贤反，被诛。刘志改封菑川，连前济北统计为第十一年。）
胶西	九	十	十一　反，诛。六月乙亥，于王端元年。景帝子。（胶西王刘卬反，被诛。景帝封其子刘端为胶西王。）
胶东	九	十	十一　反，诛。（胶东王刘雄渠反，诛。）
吴	四十	四十一	四十二　反，诛。（吴王刘濞反，诛。）

淮南	九	十	十一
燕	二十二	二十三	二十四
赵	二十四	二十五 来朝。	二十六　反,诛。为郡。 (赵王刘遂反,诛。赵国改为郡。)
河间	复置河间国。 (都乐成,在今河北献县东南。)	三月甲寅,初王献王德元年。景帝子。(三月甲寅:三月二十六。初王:首封之王。河间献王刘德,栗姬所生。)	二 来朝。
广川	初置广川,都信都。 (信都:在今河北衡水市冀州区。)	三月甲寅,王彭祖元年。景帝子。 (广川王刘彭祖,贾夫人所生。)	二 来朝。
中山		初置中山,都卢奴。 (卢奴:在今河北定州。)	六月乙亥,靖王胜元年。景帝子。 (中山靖王刘胜,贾夫人所生。)
庐江	九	十	十一
梁	二十三	二十四　来朝。	二十五　来朝。
临江	初置临江,都江陵。(江陵:在今湖北荆州市荆州区。)	三月甲寅,初王阏于元年。景帝子。 (临江王刘阏于,栗姬所生。)	二
汝南	初置汝南国。 (都平舆,在今河南平舆北。)	三月甲寅,初王非元年。景帝子。 (汝南王刘非,程姬所生。)	二
淮阳	复置淮阳国。 (都城在今河南周口淮阳区。)	三月甲寅,初王餘元年。景帝子。 (淮阳王刘餘,程姬所生。)	二　徙鲁,为郡。 (刘餘改封鲁王,淮阳改为郡。)
代	六	七	八
长沙	复置长沙国。	三月甲寅,定王发元年。景帝子。 (长沙王刘发,唐姬所生。)	二

	前153	前152	前151
汉	四　四月己巳，立太子。 （此太子为刘荣，栗姬所生。）	五	六
楚	文王礼元年。元王子，故平陆侯。 （刘戊被杀，朝廷改立元王子刘礼为楚王。刘礼原为平陆侯。）	二	三 来朝。薨。 （刘礼卒，子刘道继立。）
鲁	二　来朝。	三	四
衡山	十二　徙济北。庐江王赐徙衡山元年。 （衡山王刘勃迁为济北王，庐江王刘赐迁为衡山王。）	二	三
齐	懿王寿元年 （懿王刘寿，孝王刘将闾之子。）	二 来朝。	三
城阳	二十四	二十五	二十六
济北	衡山王勃徙济北十二年。是为贞王。 （衡山王勃是淮南厉王刘长之子。以其忠于朝廷，故徙为济北王。）	十三 薨。	武王胡元年 （武王刘胡是贞王刘勃之子。）
菑川	十二	十三	十四
胶西	二	三	四
胶东	四月己巳，初王元年。是为孝武帝。 （四月己巳：四月二十三。未来的武帝刘彻此时被封为胶东王。）	二	三

江都	初置江都。六月乙亥,汝南王非为江都王元年。是为易王。 (汝南王刘非于此年迁为江都王。江都国的都城在今江苏扬州西北。)	二	三
淮南	十二	十三　来朝。	十四
燕	二十五	二十六 薨。	王定国元年 (燕王刘定国,刘嘉之子,刘泽之孙。)
赵		广川王彭祖徙赵四年。是为敬肃王。(刘彭祖由广川王迁为赵王。)	五
河间	三	四	五
广川	三	四　徙赵,国除为信都郡。 (广川王刘彭祖迁为赵王。)	
中山	二	三	四
庐江	十二　徙衡山,国除为郡。 (庐江王刘勃改封济北王,庐江改为郡。)		
梁	二十六	二十七	二十八
临江	三　薨,无后,国除为郡。 (哀王刘阏于死,临江改为郡。)		复置临江国。
汝南	三　徙江都。 (汝南王刘非迁为江都王。)		
代	九	十	十一
长沙	三	四	五　来朝。

	前150	前149	前148	前147
汉	七　十一月乙丑，太子废。（太子废：太子刘荣被大长公主与武帝母王夫人所谗毁倾害。按：各处书月不一，梁玉绳以为应作“三月”。）	中元年	二	三
楚	安王道元年（安王道：刘道，文王刘礼之子。）	二 来朝。	三	四
鲁	五	六　来朝。	七	八
衡山	四	五	六	七　来朝。
齐	四	五	六	七
城阳	二十七	二十八	二十九 来朝。	三十
济北	二	三	四	五
菑川	十五	十六 来朝。	十七 来朝。	十八
胶西	五	六　来朝。	七	八
胶东	四　四月丁巳，为太子。（四月二十九，胶东王刘彻被立为太子。）	复置胶东国。	四月乙巳，初王康王寄元年。景帝子。 （胶东康王刘寄，王儿姁所生。）	二
江都	四	五	六	七

淮南	十五	十六	十七	十八
燕	二	三	四	五　来朝。
赵	六	七	八　来朝。	九
河间	六	七	八　来朝。	九
广川		复置广川国。	四月乙巳，惠王越元年。景帝子。 （广川惠王刘越，王儿姁所生。）	二
中山	五　来朝。	六	七	八
清河			初置清河，都清阳。 （清阳：在今河北清河县东南。）	三月丁巳，哀王乘元年。景帝子。 （清河哀王刘乘，王儿姁所生。）
梁	二十九　来朝。	三十	三十一　来朝。	三十二
临江	十一月乙丑，初王闵王荣元年。景帝太子，废为王。 （太子刘荣被废，贬为临江王，谥曰“闵”。梁玉绳认为“十一月”当作“三月”。）	二	三	四　坐侵庙壖垣为宫，自杀。国除为南郡。 （壖垣：宫外的矮墙。当时各郡国都立有刘邦庙，刘荣因在刘邦庙外但在小墙之内的闲地上盖房子，被逮捕入京，自杀。“侵庙壖”是当时惩治诸侯大臣的常用借口之一。）
代	十二	十三	十四	十五　来朝。
长沙	六　来朝。	七	八	九

	前146	前145	前144	前143
汉	四	五	六	后元年
楚	五	六　来朝。	七	八
鲁	九	十	十一	十二
衡山	八	九	十	十一
齐	八	九	十	十一
城阳	三十一	三十二	三十三　薨。 （城阳王刘喜卒。刘喜，刘章子。）	顷王延元年 （刘延袭父位为王。）
济北	六	七	八	九
菑川	十九	二十	二十一	二十二　来朝。
胶西	九	十	十一	十二
胶东	三	四　来朝。	五	六
江都	八	九	十	十一
淮南	十九　来朝。	二十	二十一	二十二
燕	六	七	八	九　来朝。

赵	十	十一	十二	十三　来朝。
河间	十	十一	十二	十三　来朝。
广川	三	四	五	六
中山	九　来朝。	十	十一	十二
清河	二	三	四	五
常山	复置常山国。（国都真定，在今河北正定南。）	（三）[四]月丁巳，初王宪王舜元年。孝景子。（四月丁巳：四月二十八。常山王刘舜，王儿姁所生。）	二	三
梁	三十三	三十四	三十五　来朝。薨。（梁孝王刘武卒。）	恭王买元年。孝王子。（刘买袭父位为梁王。）
济川		分为济川国。（国都济阳，在今河南兰考东北。）	五月丙戌，初王明元年。梁孝王子。（五月丙戌：五月初三。）	二
济东		分为济东国。（国都无盐，在今山东东平东。）	五月丙戌，初王彭离元年。梁孝王子。	二
山阳		分为山阳国。（国都昌邑，在今山东巨野东南。）	五月丙戌，初王定元年。梁孝王子。	二
济阴		分为济阴国。（国都定陶，在今山东菏泽定陶区西北。）	五月丙戌，初王不识元年。梁孝王子。	二　薨，无后，国除。（刘不识卒。）
代	十六	十七	十八	十九
长沙	十　来朝。	十一　来朝。	十二	十三

	前 142	前 141	前 140	前 139	前 138	前 137
汉	二	三	孝武建元元年（武帝名彻，景帝子，公元前 141—前 87 年在位。“孝武”二字应作“今上”。）	二	三	四
楚	九	十	十一	十二　来朝。	十三	十四
鲁	十三	十四	十五	十六　来朝。	十七	十八
衡山	十二	十三	十四	十五	十六	十七
齐	十二　来朝。	十三	十四	十五	十六	十七
城阳	二	三	四	五	六	七
济北	十　来朝。	十一	十二	十三	十四	十五
菑川	二十三	二十四	二十五	二十六	二十七	二十八
胶西	十三	十四	十五	十六	十七	十八
胶东	七	八　来朝。	九	十	十一	十二
江都	十二	十三	十四	十五	十六	十七　来朝。
淮南	二十三	二十四	二十五	二十六　来朝。	二十七	二十八

燕	十　来朝。	十一	十二	十三	十四	十五
赵	十四	十五	十六	十七	十八	十九
河间	十四	十五	十六	十七	十八	十九
广川	七	八	九	十	十一	十二（刘越卒。）
中山	十三	十四	十五	十六	十七　来朝。	十八
清河	六	七	八	九　来朝。	十	十一
常山	四	五	六	七	八	九　来朝。
梁	二	三	四	五	六	七　薨。（梁王刘买卒。）
济川	三	四	五	六	七　明杀中傅。废迁房陵。（刘明因杀朝廷命官被流放。中傅：应依《梁孝王世家》作“中尉”，中尉在诸侯国掌管武事，职同郡尉。房陵：在今湖北房县。）	为郡。
济东	三	四	五	六	七	八
山阳	三	四	五	六	七	八
代	二十	二十一	二十二	二十三	二十四　来朝。	二十五
长沙	十四	十五	十六	十七	十八　来朝。	十九

	前 136	前 135	前 134	前 133	前 132
汉	五	六	元光元年	二	三
楚	十五	十六	十七	十八　来朝。	十九　来朝。
鲁	十九	二十	二十一	二十二	二十三
衡山	十八	十九	二十	二十一	二十二
齐	十八	十九	二十	二十一	二十二　卒。（懿王刘寿卒。）
城阳	八	九	十　来朝。	十一	十二
济北	十六	十七	十八	十九	二十
菑川	二十九	三十	三十一	三十二	三十三
胶西	十九	二十　来朝。	二十一	二十二	二十三
胶东	十三	十四	十五　来朝。	十六	十七
江都	十八	十九	二十	二十一	二十二
淮南	二十九	三十	三十一	三十二	三十三

燕	十六	十七	十八　来朝。	十九	二十
赵	二十	二十一　来朝。	二十二	二十三	二十四
河间	二十	二十一	二十二	二十三	二十四
广川	缪王元年 （缪王名齐，刘越之子。）	二	三	四	五
中山	十九	二十	二十一	二十二　来朝。	二十三　来朝。
清河	十二　薨，无后，国除为郡。 （清河王刘乘卒。）				
常山	十	十一	十二	十三	十四
梁	平王襄元年 （平王刘襄，刘买之子。）	二	三	四	五
济东	九	十	十一	十二	十三
山阳	九　薨，无后，国除为郡。 （刘定卒。）				
代	二十六	二十七	二十八	二十九 （恭王刘登卒。）	王义元年 （刘义，刘登之子。）
长沙	二十	二十一	二十二	二十三　来朝。	二十四　来朝。

	前131	前130	前129	前128	前127
汉	四	五	六	元朔元年	二
楚	二十	二十一	二十二　薨。 （安王刘道卒。）	襄王注元年 （襄王注，刘道之子。）	二
鲁	二十四	二十五	二十六　薨。 （共王刘餘卒。）	安王光元年 （刘光，刘餘之子。）	二
衡山	二十三	二十四	二十五	二十六	二十七
齐	厉王次昌元年 （次昌，一作次景，刘寿之子。）	二	三	四	五　薨，无后，国除为郡。（刘次景卒。）
城阳	十三	十四　来朝。	十五	十六	十七
济北	二十一	二十二	二十三	二十四　来朝。	二十五
菑川	三十四	三十五　薨。 （懿王刘志卒。）	靖王建元年 （刘建，刘志之子。）	二	三
胶西	二十四	二十五	二十六	二十七	二十八　来朝。
胶东	十八	十九	二十	二十一	二十二
江都	二十三	二十四	二十五	二十六 （易王刘非卒。）	王建元年 （刘建，刘非之子。）
淮南	三十四	三十五	三十六	三十七	三十八

燕	二十一	二十二	二十三	二十四　坐禽兽行自杀。国除为郡。（刘定国与父姬及子女奸，自杀。）	
赵	二十五	二十六	二十七	二十八	二十九
河间	二十五	二十六 来朝。 （献王刘德卒。）	恭王不害元年 （刘不害，刘德之子。）	二	三
广川	六	七	八	九	十
中山	二十四	二十五	二十六	二十七	二十八
常山	十五	十六	十七	十八	十九
梁	六	七	八	九	十　来朝。
济东	十四　来朝。	十五	十六	十七	十八
代	二	三	四	五	六
长沙	二十五	二十六	二十七 （定王刘发卒。）	康王庸元年 （刘庸，刘发之子。）	二

	前 126	前 125	前 124	前 123	前 122	前 121
汉	三	四	五	六	元狩元年	二
楚	三	四　来朝。	五	六	七	八
鲁	三	四	五	六	七	八　来朝。
衡山	二十八	二十九	三十	三十一	三十二 反，自杀，国除。 （刘赐反，自杀。）	
城阳	十八	十九	二十	二十一 来朝。	二十二	二十三
济北	二十六	二十七	二十八	二十九	三十	三十一
菑川	四	五	六	七	八	九
胶西	二十九	三十	三十一	三十二	三十三	三十四
胶东	二十三	二十四	二十五 来朝。	二十六	二十七	二十八 （康王刘寄卒。）
江都	二	三	四	五	六	七　反，自杀，国除为广陵郡。 （刘建罪过颇多，但反迹不明。）

淮南 六安	三十九	四十	四十一 安有罪，削国二县。	四十二	四十三 反，自杀。 （淮南王刘安谋反，自杀。）	置六安国，以故陈为都。七月丙子。初王恭王庆元年。胶东王子。 （刘庆以胶东王刘寄子，被封为六安王，国都六县，在今安徽六安。）
赵	三十	三十一	三十二	三十三	三十四　来朝。	三十五
河间	四 薨。 （共王刘不害卒。）	刚王堪元年 （《五宗世家》作“刚王基”，刘不害之子。）	二	三	四	五
广川	十一	十二	十三	十四　来朝。	十五	十六
中山	二十九 来朝。	三十	三十一	三十二	三十三	三十四
常山	二十	二十一	二十二 来朝。	二十三	二十四	二十五
梁	十一	十二	十三	十四	十五	十六
济东	十九	二十　来朝。	二十一	二十二	二十三	二十四
代	七	八	九	十	十一	十二　来朝。
长沙	三	四	五	六	七	八　来朝。

	前120	前119	前118	前117
汉	三	四	五	六
楚	九	十　来朝。	十一	十二
鲁	九	十	十一	十二
齐			复置齐国。	四月乙巳，初王怀王闳元年。武帝子。 （四月乙巳：四月二十八。刘闳，王夫人所生。）
城阳	二十四	二十五	二十六　来朝。薨。 （顷王刘延卒。）	敬王义元年。 （刘义，刘延之子。）
济北	三十二　来朝。	三十三	三十四	三十五
菑川	十	十一	十二　来朝。	十三
胶西	三十五	三十六	三十七	三十八
胶东	哀王贤元年 （刘贤，刘寄之子。）	二	三	四
广陵			更为广陵国。	四月乙巳，初王胥元年。武帝子。 （刘胥，李姬所生。）
六安	二	三	四	五

燕			复置燕国。	四月乙巳，初王刺王旦元年。武帝子。 （刘旦，李姬所生。）
赵	三十六	三十七	三十八	三十九
河间	六	七	八	九 来朝。
广川	十七	十八	十九	二十
中山	三十五 来朝。	三十六	三十七	三十八
常山	二十六	二十七	二十八	二十九 来朝。
梁	十七	十八	十九	二十
济东	二十五	二十六 来朝。	二十七	二十八
代	十三	十四	十五	十六
长沙	九	十	十一	十二

	前116	前115	前114	前113
汉	元鼎元年	二	三	四
楚	十三	十四　薨。 （襄王刘注卒。）	节王纯元年 （刘纯，刘注之子。）	二
鲁	十三	十四　来朝。	十五	十六
泗水			初置泗水，都郯。 （郯：应作凌，在今江苏宿迁东南。）	思王商元年。商，常山宪王子。（刘商，常山宪王刘舜之子。）
齐	二	三	四	五
城阳	二	三	四	五
济北	三十六	三十七	三十八	三十九
菑川	十四	十五	十六	十七
胶西	三十九	四十	四十一	四十二
胶东	五	六	七	八
广陵	二	三	四	五
六安	六	七	八	九
燕	二	三	四	五
赵	四十	四十一	四十二	四十三
河间	十	十一	十二　薨。 （刚王刘基卒。）	顷王授元年 （刘授，刘基之子。）

广川	二十一　来朝。	二十二	二十三	二十四
中山	三十九	四十	四十一　来朝。	四十二　薨。 （靖王刘胜卒。）
清河			复置清河国。	二十　代王义徙清河年。是为刚王。 （刘义为代王十九年，今徙清河，通前而计，故称二十。）
常山 真定	三十	三十一	三十二 薨，子为王。 （常山王刘舜卒，子刘勃袭王数月，因罪徙房陵。）	更为真定国。顷王平元年。常山宪王子。 （因刘勃被废，改封刘舜余子刘商为泗水王，刘平为真定王。真定国，都城在今河北石家庄北。）
梁	二十一	二十二	二十三	二十四
济东	二十九　剽攻杀人，迁上庸，国为大河郡。 （刘彭离因肆意杀人被发配上庸，在今湖北竹山县西南。）			
代	十七	十八　来朝。	十九　徙清河。为太原郡。 （刘义徙为清河王。）	
长沙	十三	十四	十五　来朝。	十六

	前 112	前 111	前 110	前 109
汉	五	六	元封元年	二
楚	三	四	五	六
鲁	十七	十八	十九	二十
泗水	二	三	四	五
齐	六	七	八　薨，无后，国除为郡。（齐王刘闳卒。）	
城阳	六	七	八　来朝。	九　薨。（敬王刘义卒。）
济北	四十	四十一　来朝。	四十二	四十三
菑川	十八	十九	二十（靖王刘建卒。）	顷王遗元年（刘遗，刘建子。）
胶西	四十三	四十四	四十五	四十六
胶东	九	十	十一	十二
广陵	六	七	八	九
六安	十	十一　来朝。	十二	十三

燕	六	七	八	九
赵	四十四	四十五	四十六	四十七
河间	二	三	四	五
广川	二十五　来朝。	二十六	二十七	二十八
中山	哀王昌元年。即年薨。（刘胜之子刘昌为中山王，一年卒。）	康王昆侈元年（刘昆侈，刘昌之子。）	二	三
清河	二十一	二十二	二十三	二十四
真定	二	三	四　来朝。	五
梁	二十五	二十六	二十七	二十八
长沙	十七	十八	十九	二十

	前108	前107	前106	前105
汉	三	四	五	六
楚	七	八	九	十
鲁	二十一　来朝。	二十二	二十三　朝泰山。 （时武帝封泰山，鲁王刘光朝武帝于泰山。）	二十四
泗水	六	七	八	九
城阳	慧王武元年 （刘武为刘义之子。）	二	三	四
济北	四十四	四十五	四十六　朝泰山。 （济北王刘胡朝武帝于泰山。）	四十七
菑川	二	三	四	五
胶西	四十七　薨，无后，国除。 （于王刘端卒。）			
胶东	十三	十四 （哀王刘贤卒。）	戴王通平元年 （刘通平，刘贤之子。按：《五宗世家》作“庆”，与其叔同名，盖误。）	二

广陵	十	十一	十二	十三
六安	十四	十五	十六	十七
燕	十	十一	十二	十三
赵	四十八	四十九	五十	五十一
河间	六	七	八	九
广川	二十九	三十	三十一	三十二
中山	四	五	六	七
清河	二十五 来朝。	二十六	二十七	二十八
真定	六	七	八	九 来朝。
梁	二十九	三十	三十一	三十二
长沙	二十一	二十二	二十三	二十四

	前 104	前 103	前 102	前 101
汉	太初元年	二	三	四
楚	十一	十二	十三	十四
鲁	二十五	二十六	二十七	二十八
泗水	十 薨。 （思王刘商卒。按:《五宗世家》曰十一年卒。）	哀王安世元年。即戴王贺元年。安世子。 （刘安世,刘商之子。在位一年死。刘贺,刘商之弟,其元年应在下一年。）	二 （应是戴王贺元年。）	三 （应是戴王贺二年。）
城阳	五	六	七	（据《汉书》慧王刘武在位十一年,此处应有“八”字。）
济北	四十八	四十九	五十	五十一
菑川	六	七	八	九
胶东	三	四	五	六

广陵	十四	十五	十六	十七
六安	十八 来朝。	十九	二十	二十一
燕	十四	十五	十六	十七
赵	五十二	五十三	五十四	五十五
河间	十	十一	十二	十三
广川	三十三	三十四	三十五	三十六
中山	八	九 来朝。	十	十一
清河	二十九	三十	三十一	三十二
真定	十	十一	十二	十三
梁	三十三	三十四	三十五	三十六 来朝。
长沙	二十五	二十六	二十七	二十八 来朝。

［简评］　本表谱列了高祖元年（前206）至武帝太初四年（前101）之间，前后共一百零六年的诸侯王国的发展变化情况。秦朝看到了春秋、战国诸侯割据，周天子无法控制地方的惨象，于是改分封制为郡县制，不再分封功臣、子弟为王侯。刘邦在与项羽作战的时候本来也不打算分封诸将为王侯，但诸将在当时都极重视这一项报酬，刘邦为争取各路将领共同消灭项羽，只好分封了韩信、彭越、黥布、韩王信等人为王。但在灭掉项羽后，刘邦很快就找借口将他们逐个消灭了。不过，大概还是受传统习惯的影响和吸取秦朝迅速灭亡的教训，刘邦还是决定要部分地实施分封制，外姓人既然不可靠，那就只封自己的兄弟子侄，于是来了个"非刘氏者不得王"，外姓人只留着一个吴芮当作点缀。刘邦死后，吕后执政，刘邦既然能封刘氏为王，吕后怎么就不能封吕氏为王呢？只是由于吕后在杀害刘邦诸子与诛灭刘邦功臣上作孽过多，故而吕后一死，吕氏诸王以及受牵连的惠帝诸子便被通通杀光了。

从文帝时开始，这些与皇帝逐渐疏远的刘氏诸王便也开始造反了，文帝时有刘兴居、刘长，景帝时有刘濞、刘戊等一大群，武帝时更有刘安、刘赐等等。汉代建国初期所封的诸侯王势力很大，领土多达几个郡，他们有的是兵权、政权、财权，贾谊早就看到了这种局面的危险，他建议文帝"众建诸侯而少其力"，也就是把这些强大的诸侯国化整为零。文帝接受了，于是齐国被一分为七，淮南国被一分为三。景帝平息七国之乱后，赵国被一分为六，许多旧有的叔、伯、兄弟被诛杀，改封了自己的十三个儿子出去为王。到这时，诸侯王们不仅拥有的领土大大缩小，而且兵权、政权、财权也通通被朝廷派去的命官掌握。

武帝时，诸侯王势压朝廷的局面早已经不存在了，但武帝仍不满足，他接受主父偃的建议实行"推恩法"，让各诸侯王分割自己的领土以分封自己的各个儿子为侯;与此同时武帝随时采取严厉手段,以各种借口如“酎金”问题、“侵庙壖垣”问题等打击诸侯势力,有时一次就处置几十个、百多个,因为武帝有自己的许多兄弟、儿子要封王,有许多自己的功臣、亲信要封侯,旧的不去,新的怎么能上得来呢?这是历史之必然,不用问是非长短。

本篇表序的最后说:“谨记高祖以来至太初诸侯,谱其下益损之时,令后世得览。形势虽强,要之以仁义为本。”这是与开头说周王朝的制服不了诸侯是“非德不纯,形势弱也”相呼应的。所谓“形势”是客观的,但其也包含着人的主观能动作用。司马迁“通古今之变”,特别注意到了这一点,非常正确。至于他说周王朝的后期“非德不纯”,说汉代统治者对付诸侯的手段是以“仁义为本”,这就未必出自真心,而是抑扬其辞的语中含讽了。司马迁在《太史公自序》中说:“桀纣失其道而汤、武作,周失其道而《春秋》作。”“失其道”了还能说是“德纯”么?至于汉代建国以来历朝皇帝对付功臣诸侯王、列侯的残酷手段,我们可以从韩信、彭越、黥布、周亚夫等人的传记中读到;汉武帝故意制造罪名大规模消灭诸侯王、列侯的事实,我们更可以从《高祖功臣侯者年表》《惠景间侯者年表》《建元已来王子侯者年表》等篇中看出,这难道还能说得上是“不失仁义”么?比较之下,司马迁对功臣、诸侯王、列侯的同情,与对最高统治者的批评是显而易见的,但我们似乎也还不能由此就推衍说司马迁是喜欢分封制而反对郡县制的。

[**集评**] 《太史公自序》:“汉兴已来,至于太初百年,诸侯废立分削,谱纪不明,有司靡踵,强弱之原云以世,作《汉兴以来诸侯年表》第五。”

赵恒曰:“表汉以来诸侯王也,兼同姓与异姓,而归重于同姓也。盖高祖末年非刘氏不王,异姓唯有长沙耳,功臣侯则自有其表也。”“叙(序)论先引周事以发之,言周以封国太多而形势弱,汉以封国太大而形势弱,其始皆欲以辅承天子,而其后祸乱因之而生,周竟不能正而亡,汉有以损之而安也。上‘非德不纯,形势弱也’,下‘形势虽强,要当以仁义为本’,‘仁义’虽应上‘非德不纯’句,而直贯后二表。叙(序)论之意,惟其仁义为本,故奉上法则为笃仁义而久存,于《功臣侯表》见之;当世以仁义成功而久存者其惟长沙乎,《惠景间侯者表》见之。”(《补标史记评林》引)

徐克范曰:“序言‘天子观于上古,推恩子弟’,《索隐》曰:‘武帝用主父偃言,下推恩之令。’按:文帝六年用贾谊策已有‘众建’之事,所云齐分为七,赵为六,梁为五,淮南分三,皆在文、景时。此‘天子’亦统言,不必专指武帝也。”“表特详国都废置,封爵迁除,不纪时事,以《将相表》有大事记也。来朝悉书者,亲亲之情,尊君之义所当然也。凡言‘反,诛’,‘反,自杀’者,虽其自取,亦上过也。如孝文固称宽仁,而济北兴居之反亦非无由。初大臣诛吕氏时,朱虚侯章功尤大,许尽以赵地王朱虚,尽以梁地王东牟。及文帝入立,闻朱虚、东牟初欲立齐王,故绌其功。及二年王诸子,仅割齐二郡以王章、兴居,章、兴居自以失职夺功,章死,而兴居遂乘匈奴之变反于济北。此由帝一念之私所召致也。淮南厉王之反,虽其凶横性成,亦帝纵使之过。瞽瞍杀人,皋陶执之,岂有骫天下正法而恣容一弟乎?……至景帝,七国之乱更无论矣。”“高帝四年立太子不书,文帝元年立太子不书,独景帝四年书立太子,七年书太子废,讥之也。太子荣不闻失德,徒以嗛栗姬故,听长公主之谮,轻易国本,故是《表》于反诛外凡以罪废者不详其罪名,独书‘临江王坐侵庙壖垣为宫,自杀’。夫壖垣,庙境外之墟边也,罪亦细矣,何遽使中尉簿责蹙令自杀耶?方太子之被征也,祖江陵北门,江陵父老俱流涕,是必有以感人者。帝奈何立之而废之而杀之,史称帝刻薄,信哉!”(《读史记十表》)

张大可曰:“百年汉史,分类条列六表,有表序五篇,论旨也各有重点。但本篇表序却是一篇总论,其余四篇表序则是续论和分论,起补充和阐发的作用。”(《史记新注》)

伊藤德男曰:“《汉兴以来诸侯年表》的编写意图,上以显而易见的形式显示汉帝国通过强干弱枝政策怎样改变了封建王国的面貌,而且诸侯仍然作为藩屏继续存在的事实。”“司马迁在本表序的最后说:‘形势虽强,要以仁义为本。’清何焯说:‘仁义是亲亲之义。’我赞同此解,即使作为藩屏的王国对于政治体制的形式未必那么需要,但封建皇子这一重视亲亲的观念仍然残存了下来。”(《从史记十表看司马迁的历史观》)

杨燕起曰:“表序论述了自周至汉武太初时封侯建国制度的变化。表明无论是周封五等,汉序二等,其基本作用是一致的。周则以辅卫王室;汉则用承卫天子,以蕃辅京师。但是随着形势强弱的变化,周初所封诸侯强大起来,致使‘天子微,弗能正’;汉代吸取这一历史教训,克削诸侯,最后使其‘得推恩分子弟国邑’,建立起强本干、弱枝叶之势,使中央政权得以巩固强大。司马迁对汉代这一结局总的是肯定的,但其所言‘尊卑明而万事各得其所矣’,‘形势虽强,要之以仁义为本’,实含讥刺之意,以为汉廷采取的手段是明确了尊卑,但缺乏应有的仁义。”(《史记全译》)

梁玉绳曰:“诸王之国自当以分封先后为次,乃表不序先后,随意编排,而后之增封诸国,亦遂错杂不明。”(《史记志疑》)

张文虎曰:“《史》表经后人补续,窜乱尤多,如应称‘今皇帝’而云‘孝武’,应称‘今王’而辄书其谥,表止于太初,而滥及天汉以后。又表本大幅,旁行邪(斜)上,改为楮叶,传写易误,不皆史公原文。”又曰:“《史》文传写错乱,自昔已然,而诸表尤甚,当时原次今不可考,不得辄訾史公,略之可也。”(《校刊史记集解索隐正义札记》)

高祖功臣侯者年表第六

太史公曰：古者人臣功有五品[①]，以德立宗庙定社稷曰勋，以言曰劳，用力曰功，明其等曰伐，积日曰阅。[②]封爵之誓曰："使河如带，泰山若厉。国以永宁，爰及苗裔。[③]"始未尝不欲固其根本，而枝叶稍陵夷衰微也。[④]

余读高祖侯功臣，察其首封所以失之者，[⑤]曰：异哉所闻[⑥]！《书》曰"协和万国"，迁于夏商，或数千岁。[⑦]盖周封八百，幽厉之后见于《春秋》[⑧]。《尚书》有唐虞之侯伯，历三代千有余载，自全以蕃卫天子，岂非笃于仁义，奉上法哉？汉兴，功臣受封者百有余人。天下初定，故大城名都散亡，户口可得而数者十二三，是以大侯不过万家[⑨]，小者五六百户。后数世，民咸归乡里，户益息[⑩]，萧、曹、绛、灌之属或至四万，小侯自倍，富厚如之。[⑪]子孙骄溢，忘其先，淫嬖。[⑫]至太初百年之间，见侯五，[⑬]余皆坐法陨命亡国，秏矣。罔亦少密焉[⑭]，然皆身无兢兢于当世之禁云[⑮]。

居今之世，志古之道，所以自镜也，未必尽同。[⑯]帝王者各殊礼而异务，要以成功为统纪，岂可绲乎[⑰]？观所以得尊宠及所以废辱，亦当世得失之林也，何必旧闻？于是谨其终始，表见其文，颇有所不尽本末，著其明，疑者阙之。后有君子，欲推而列之，得以览焉。⑱

①五品——五个等级，即下文所说的勋、劳、功、伐、阅。 ②明其等——积有小功而能够评上等级的。 积日曰阅——单靠效力的时间长，即通常所说的没有功劳也有苦劳。 ③使河如带，泰山若厉——即使有朝一日黄河变得像一条带子那样窄，泰山变得像一块磨刀石那样小。使：即使。厉："砺"的本字。指磨刀石。 国以永宁，爰及苗裔——你的封国也仍是平安的，一直让你的后代子孙传下去。爰及：延及。苗裔：后代子孙。 ④枝叶——以喻远族旁支。 陵夷——泷川资言曰："废坏也。"按：如丘陵之被风雨冲刷，越来越低平。夷：平。 ⑤余读高祖侯功臣——意即阅读高祖当年分封功臣的有关文献资料。 察其首封所以失之者——意即考察其当初受封时的情景与其后来将侯国丢掉的原因。 ⑥异哉所闻——这和我们所听说的远古帝王传国久远的情景真是不同啊。 ⑦协和万国——《尚书·尧典》中的句子，意思是尧能把成千上万的国家团结在自己的领导之下，大家和睦相处。原作"协和万邦"，此避刘邦讳。 迁于夏商，或数千岁——意即唐尧时的有些国家，经历了夏朝、商朝还在向下传，有的已经传了几千年。 ⑧周封八百，幽厉之后见于《春秋》——周武王起兵伐纣第一次到达孟津时，"不期而会"者就有八百诸侯；灭殷后究竟封了多少国家，《周本纪》未载，肯定比四方来会的那"八百"还要多。"周封八百"的"八百"二字，大概就来自孟津相会的国数，此处极言周初的封国之多。这两句是说，周初所封的那些国家，经历了周厉王、周幽王的两次动乱，还被孔子写在春秋时代的历史上，也都有四五百年了。 ⑨大侯不过万家——梁玉绳曰："《表》载，曹参封一万六百户，刘泽封一万二千户，萧何封一万五千户，则'不过万家'之说未可信。" ⑩户益息——人口越来越多。益：增长，加多。息：生长，滋息。 ⑪萧、曹、绛、灌——萧何、曹参、周勃、灌婴。绛侯周勃之所以独以侯称，是为了和周昌、周灶等人区别。 自倍——倍其初封时之户数。 富厚如之——财富的收入增长大体也和这种人口的发展速度成比例。 ⑫忘其先——忘掉了其先人当年艰苦创业的情景。 淫嬖——滥施宠幸。嬖：宠爱，宠幸。 ⑬太初——武帝的第七个年号，公元前104—前101年。司马迁的统计

之所以只到“太初”，是因为他写《史记》确定的时间下限是武帝太初年间。　百年之间——自高祖六年（前201）前后开始分封功臣为侯，到武帝太初四年（前101），大体在一百年左右。　见侯五——高祖时所封的列侯能传到今天的只有五个。见：同“现”，现在，现存。据考证，实际不止五个。　⑭罔亦少密焉——国家的法网，也就是皇帝对列侯们的制裁，也的确是稍微严厉了点。罔：同“网”。这句话是对皇帝强加罪名，蓄意消灭诸王、列侯的含蓄批评。　⑮然皆身无兢兢于当世之禁云——兢兢：小心谨慎的样子。禁：含有禁戒性的规条及法令。按：“身无兢兢于当世之禁”，也就是上文所说的“骄溢”“淫嬖”云云，这种人固然有，但也有相当一部分是被强加罪名废掉的。不过，太史公在当时的政治环境下只好这么说。　⑯志古之道——研究、学习古代那些传国久长的诸侯们的为人处世之道。志：记，汲取。　自镜——让历史给自己做镜子，从中学习成功的经验与失败的教训。　未必尽同——各个时代的具体情况和解决问题的具体办法不一定相同，如有的时代统治者宽仁，有的时代统治者酷暴等。　⑰岂可绲（gǔn）乎——怎么能死守教条，一成不变呢？绲：捆，束。这里即“拘泥”“死抱某种教条不放”的意思。泷川资言引徐孚远曰：“此数语，盖不敢斥汉家少恩，故为隐语也。”　⑱欲推而列之——想更进一步地推究它、谱列它。　得以览焉——可以把我写的这些东西作为参考。

国名（封地名称。汉初列侯的封地多数为一个县，少数为一个乡。）	**平阳** （汉县名，在今山西临汾西南。）	**信武** （封地不详，《索隐》以为其县后废，梁玉绳以为是名号侯。）
侯功（受封者所立的主要功勋。梁玉绳曰："《史》《汉》所书诸侯功状，盖本于高后二年陈平所录侯籍删节以入《表》也，故皆大同小异。然颇有误处，未必尽仍其旧文，当分别观之。"）	以中涓从起沛，至霸上，侯；以将军入汉。以左丞相出征齐、魏，以右丞相为平阳侯，万六百户。 （中涓：官名，为帝王管理内务，如清洁洒扫等。至霸上：入关破秦，到达霸上。入汉：随刘邦赴南郑就汉王任。齐、魏：应作魏、齐，韩信灭魏在汉王二年，灭齐在汉王四年。右丞相：此处仅是虚衔，如后世之"加官"。）	以中涓从起宛朐，入汉，以骑都尉定三秦，击项羽，别定江陵，侯，五千三百户。以车骑将军攻黥布、陈豨。 （宛朐：汉县名，在今山东曹县西北。定三秦：指消灭章邯、董翳、司马欣。定江陵：指消灭临江王共尉。淮南王黥布反汉在高祖十一年秋，陈豨反汉在高祖十年九月。）
高祖十二 （刘邦先为汉王，后称帝，约在位十二年，前206—前195年。）	七（在高祖时代共为侯七年。） 六年十二月甲申，懿侯曹参元年。 （曹参在刘邦称帝后的第二年十二月二十八日受封。"懿"字是谥。）	七 六年十二月甲申，肃侯靳歙元年。 （靳歙在刘邦称帝的第二年十二月二十八日受封。"肃"字是谥。）
孝惠七 （孝惠帝在位约七年，前194—前188年。）	五（在惠帝时代又为侯五年。） 其二年为相国。 （曹参于惠帝二年继萧何为相国，卒于惠帝五年。） 二　六年十月，靖侯窋元年。 （其子曹窋 zhú 袭其父位为侯，孝惠六年为曹窋袭侯之元年。在惠帝时共为侯二年。"靖"字是谥。）	七 （靳歙在惠帝在位期间一直为侯。）
高后八 （吕后执政约八年，前187—前180年。）	八 （在吕后执政的八年里，曹窋一直为平阳侯。）	五（靳歙在吕后执政的前五年继续为侯，靳歙卒于吕后五年。） 三　六年，夷侯亭元年。 （吕后六年为靳歙子靳亭袭其父位为侯之元年。）

孝文二十三 （文帝在位约二十三年，前 180 年—前 157 年。）	十九 （在文帝时期曹窋又继续为侯十九年，卒于文帝后三年。） 四　后四年，简侯奇元年。 （曹窋之子曹奇于文帝后四年袭其父位为侯，在文帝时代共为侯四年。“简”字是谥。）	十八 后三年，侯亭坐事国人过律，夺侯，国除。 （靳亭在文帝时期又继续为侯十八年，于文帝后三年因奴役领地上的人民过度，被剥夺侯爵，取消封地。）
孝景十六 （景帝在位约十六年，前 157—前 141 年。）	三（曹奇在景帝时期又为侯三年，于景帝三年卒。） 十三　四年，夷侯时元年。 （曹奇之子曹时于景帝四年袭其父位为侯，在景帝朝为侯十三年。“夷”字是谥。按：曹时即娶景帝女阳信公主为妻者。）	
建元至元封六年三十六（前 140—前 105 年。） **太初元年尽后元二年**十八（前 104—前 87 年。）	十（曹时在武帝初期又为侯十年，于武帝元光四年卒。） 十六　元光五年，恭侯襄元年。 （曹时之子曹襄于元光五年袭其父位为侯，在武帝中期为侯十六年。元鼎二年卒，谥曰“恭”。） 元鼎三年，今侯宗元年。 （曹襄之子守于元鼎三年袭其父位为侯。今侯：今天尚在之侯，司马迁写《史记》止于太初，凡在世者称“今上”“今王”“今侯”。）	
侯第 （所处的位次。）	二 （曹参的功劳在诸功臣中名列第二。《索隐》引《汉书音义》曰：“曹参值第二，而《表》在首；萧何位第一，而《表》在十三者，以封先后故也。”又曰：“封参在六年十二月，封何在六年正月，高祖十月因秦改元，故十二月在正月前也。”）	十一 （靳歙的功劳在诸功臣中名列第十一。）

国名	**清阳** （汉县名，县治在今河北清河县东南。）	**汝阴** （汉县名，县治在今安徽阜阳。）	**阳陵** （梁玉绳以为应从《楚汉春秋》作阴陵，阴陵的县治在今安徽定远西北。）
侯功	以中涓从起丰，至霸上，为骑郎将，入汉，以将军击项羽功侯，三千一百户。 （王吸随刘邦从丰邑起事，跟刘邦破秦入关，又跟刘邦到过汉中，而后参加了打败项羽的战役。）	以令史从降沛，为太仆，常奉车，为滕公，竟定天下，入汉中，全孝惠、鲁元，侯，六千九百户。常为太仆。 （夏侯婴以县小吏的身份跟随刘邦攻下沛县，从此一直为刘邦赶车，任太仆。又曾被任为滕县县令。在彭城兵败溃退中救起并保全了孝惠帝与鲁元公主。在惠帝、吕后乃至文帝初，一直任太仆。）	以舍人从起横阳，至霸上，为骑将，入汉，定三秦，属淮阴，定齐，为齐丞相，侯，二千六百户。 （舍人：一种宾客兼仆役的角色，王公贵人私门之官。横阳：在今河南商丘梁园区西南。傅宽曾以骑将跟随韩信破齐，任齐国丞相。）
高祖十二	七（王吸在刘邦称帝后的七年一直为侯。） 六年十二月甲申，定侯王吸元年。（王吸于刘邦称帝后的第二年十二月二十八日被封为清阳侯。“定”字是谥。）	七 六年十二月甲申，文侯夏侯婴元年。 （夏侯婴于刘邦称帝后的第二年十二月二十八日被封为汝阴侯。“文”字是谥。）	七 六年十二月甲申，景侯傅宽元年。 （傅宽于刘邦称帝后的第二年十二月二十八日被封为阳陵侯。“景”字是谥。）
孝惠七	七 （王吸在惠帝在位的七年里一直继续为侯。）	七 （夏侯婴在惠帝在位的七年里一直为汝阴侯。）	五（傅宽卒于惠帝五年。） 二　六年，顷侯靖元年。 （惠帝六年，傅宽子傅靖袭其父位为侯。“顷”字是谥。）
高后八	八 （王吸在吕后执政的八年里仍一直为侯。吕后八年王吸卒。）	八 （夏侯婴在吕后执政的八年里一直为汝阴侯。）	八 （傅靖在吕后执政的八年里一直为侯。）

孝文二十三	七　元年，哀侯彊元年。 （文帝元年为王吸子王彊袭其父位为侯之元年，文帝七年王彊卒，“哀”是谥。） 十六　八年，孝侯伉元年。 （文帝八年是王彊之子王伉袭其父位为侯之元年，王伉在文帝在位的后十六年一直为侯。）	八 （夏侯婴卒于文帝八年。） 七　九年，夷侯灶元年。 （夏侯婴子夏侯灶于文帝九年袭其父位为侯，在位七年，于文帝十五年卒。） 八　十六年，恭侯赐元年。 （文帝十六年，夏侯灶子夏侯赐袭父位为侯。）	十四 （文帝十四年，傅靖卒。） 九 十五年，恭侯则元年。 （文帝十五年，傅靖子傅则袭其父位为侯。）
孝景十六	四 （景帝四年，王伉卒。） 十二　五年，哀侯不害元年。 （景帝五年是王伉子王不害袭其父位为侯之元年。王不害在景帝在位的后十二年一直为侯。）	十六 （夏侯赐在景帝在位的十六年间一直为侯。）	三 （景帝三年，傅则卒。） 十三 前四年，侯偃元年。 （景帝四年，傅则子傅偃袭其父位为侯。）
建元至元封六年三十六 **太初元年尽后元二年**十八	七 元光二年，侯不害薨，无后，国除。 （王不害在武帝即位后的前七年继续为侯，元光二年王不害卒，因无子，封地被取消。）	七　元光二年，侯颇元年。 （夏侯赐卒于武帝即位的第七年，即元光元年。元光二年，夏侯赐子夏侯颇袭其父位为侯。） 十九　元鼎二年，侯颇坐尚公主与父御婢奸罪自杀，国除。 （夏侯颇娶公主为妻，元鼎二年，因奸淫其父使用过的婢女，有罪自杀，封地被取消。）	十八（在武帝即位后的前十八年傅偃一直继续为侯。） 元狩元年，侯偃坐与淮南王谋反，国除。 （在武帝即位的第十九年，即元狩元年，傅偃勾结淮南王谋反，被杀，国除。淮南王，名安，刘长之子，刘邦之孙。元狩元年因谋反被杀。）
侯第	十四 （王吸的功劳在诸功臣中名列第十四。）	八 （夏侯婴的功劳在诸功臣中名列第八。）	十 （傅宽功居第十。）

国名	**广严** （梁玉绳以为“严”字衍文。广：汉县名，县治在今山东青州西南。）	**广平** （汉县名，县治在今河北鸡泽东南。）	**博阳** （汉县名，县治在今山东泰安东南。）
侯功	以中涓从起沛，至霸上，为连敖，入汉，以骑将定燕、赵，得将军，侯，二千二百户。 （连敖：官名，主管粮秣，一说主接待。得将军：俘获过敌方将领。）	以舍人从起丰，至霸上，为郎中，入汉，以将军击项羽钟离昧功，侯，四千五百户。 （郎中：帝王的侍卫人员。项羽钟离昧：梁玉绳以为“项羽”下应有“将”字。）	以舍人从起砀，以刺客将，入汉，以都尉击项羽荥阳，绝甬道，击杀追卒功，侯。 （砀：秦县名，县治在今河南永城东北。荥阳：秦县名，在今河南荥阳东北，当时楚汉战争的主战场。甬道：两侧筑有防御工事的通道。）
高祖十二	七 六年十二月甲申，壮侯召欧元年。 （召欧于刘邦称帝后的第二年十二月二十八日被封为广侯。“壮”字是谥。）	七 六年十二月甲申，敬侯薛欧元年。 （薛欧于刘邦称帝后的第二年十二月二十八日被封为广平侯。“敬”字是谥。）	七 六年十二月甲申，壮侯陈濞元年。 （陈濞于刘邦称帝后的第二年十二月二十八日被封为博阳侯。“壮”字是谥。）
孝惠七	七 （召欧在惠帝在位的七年间一直为侯。）	七 （薛欧卒于惠帝七年。）	七 （陈濞在惠帝在位的七年间一直为侯。）
高后八	八 （召欧在吕后执政的八年间一直为侯。）	八 元年，靖侯山元年。 （吕后元年，薛欧之子薛山袭其父位为侯。）	八 （陈濞在吕后执政的八年间一直为侯。）

孝文二十三	一（文帝元年，召欧卒。） 九　二年，戴侯胜元年。 （文帝二年，召欧子召胜袭其父位为侯，在位九年，于文帝十年卒。） 十三　十一年，恭侯嘉元年，至后七年嘉薨，无后，国除。 （文帝十一年，召嘉袭其父位为侯，在位十三年，于文帝后元七年卒，因无子，封地被取消。）	十八 （文帝十八年，薛山卒。） 五 后三年，侯泽元年。 （文帝十九年，也就是后三年，薛山子薛泽袭其父位为侯。）	十八 （文帝十八年，亦即后元二年，陈濞卒。） 五 后三年，侯始元年。 （文帝后三年，陈濞子陈始袭其父位为侯。）
孝景十六		八　中二年，有罪绝。（景帝中二年薛泽有罪被废，封地被取消。） 平棘　五　中五年，复封节侯泽元年。（景帝中五年，薛泽被改封为平棘侯。平棘：汉县名，县治在今河北赵县。）	四　前五年，侯始有罪，国除。 （景帝前五年，陈始有罪被废，封地被取消。） 塞　二　中五年，复封始。后元年，始有罪，国除。 （景帝中五年，陈始被改封塞侯。后元年有罪被废，封地被取消。）
建元至元封六年三十六 **太初元年尽后元二年**十八		十五　其十年，为丞相。 （武帝十年，即元光四年薛泽任丞相。至武帝十五年，即元朔三年薛泽卒。） 三　元朔四年，侯穰元年。元狩元年，穰受淮南王财物，称臣，在赦前，诏问谩罪，国除。 （薛穰于元朔四年袭爵为侯，三年后因接受淮南王的馈赠，对之称臣，事发后又不如实认罪，因而被废。）	
侯第	二十八	十五	十九

国名	**曲逆** （汉县名，县治在今河北顺平东南。）	**堂邑** （汉县名，县治在今江苏南京六合区北。）	**周吕** （封地吕县，在今江苏徐州铜山区东南。）
侯功	以故楚都尉汉王二年初从修武，为都尉，迁为护军中尉；出六奇计定天下，侯，五千户。 （陈平原为项羽之都尉，后在修武归了刘邦，初为都尉，后升护军中尉，监察刘邦诸将。修武：秦县名，在今河南获嘉。）	以自定东阳为将，属项梁，为楚柱国。四岁，项羽死，属汉。定豫章、浙江都浙自立为王壮息，侯，千八百户。复相楚元王十一年。 （东阳：秦县名，县治在今江苏盱眙东南。陈婴归项梁后，为楚怀王之柱国，“柱国”是楚国的最高武官名。陈婴归汉后，为刘邦消灭了在浙江称王的壮息集团，平定了豫章、浙江一带。）	以吕后兄初起以客从，入汉，为侯。还定三秦，将兵先入砀；汉王之解彭城，往从之；复发兵佐高祖定天下，功侯。 （将兵先入砀：指汉二年春刘邦东攻彭城时事。解彭城：指刘邦在彭城被项羽打得惨败，仓皇向西溃逃。）
高祖十二	七 六年十二月甲申，献侯陈平元年。 （陈平于刘邦称帝后的第二年十二月二十八日被封为曲逆侯。“献”字是谥。）	七 六年十二月甲申，安侯陈婴元年。 （陈婴于刘邦称帝后的第二年十二月二十八日被封为堂邑侯。“安”字是谥。）	三 六年正月丙戌，令武侯吕泽元年。 （正月丙戌：正月初一。“令武”是谥。按：当时用秦历，以十月为岁首，故正月在十二月之后。吕泽为侯只三年，高祖八年卒。） 四　九年，子台封郦侯元年。 （高祖九年，吕泽子吕台被封为郦侯。）
孝惠七	七　其五年为左丞相。 （陈平在惠帝在位的七年间一直为侯，且在惠帝五年开始任左丞相。梁玉绳曰：“平为左丞相在惠帝六年，此言五年误也。”）	七 （陈婴在惠帝在位的七年间一直为侯。）	七 （吕台在惠帝在位的七年间一直为侯。）

高后八	八　其元年徙为右丞相，后专为丞相。相孝文二年。 （陈平在吕后执政的八年间一直为侯。吕后元年代王陵为右丞相，后又独自为相，以其亲媚吕后故也。大臣诛诸吕立文帝，陈平又在文帝朝为丞相二年。）	四 （吕后四年，陈婴卒。） 四 五年，恭侯禄元年。 （吕后五年，陈婴子陈禄袭父位为侯。）	（吕后元年，吕台被封为吕王，当年卒。此事见《汉兴以来诸侯王年表》）
孝文二十三	二（陈平卒于文帝二年。） 二　三年，恭侯买元年。 （文帝三年，陈平子陈买袭父位为侯，卒于文帝四年。） 十九　五年，简侯悝元年。 （文帝五年，陈买子陈悝袭父位为侯。按："悝"字一作"恢"。）	二 （文帝二年，陈禄卒。） 二十一 三年，夷侯午元年。 （文帝三年，陈禄子陈午袭父位为侯。按：陈午娶文帝女为妻，即武帝朝通常所说的"大长公主"。）	
孝景十六	四（景帝四年，陈悝卒。） 十二　五年，侯何元年。 （景帝五年陈悝子陈何袭父位为侯。）	十六 （陈午在景帝在位的十六年间一直为侯。）	
建元至元封六年三十六 **太初元年尽后元二年**十八	十　元光五年，侯何坐略人妻弃市，国除。 （略：侵夺，强取。）	十一（武帝十一年，即元光五年，陈午卒。） 十三　元光六年，季须元年。元鼎元年，侯须坐母长公主卒，未除服奸，兄弟争财，当死，自杀，国除。（元光六年，陈午子陈季须袭父位为侯。陈季须即大长公主所生。陈季须为侯十三年，在为其母守丧期间奸淫妇女，被判死罪，自杀国除。当死：当判死刑。）	
侯第	四十七	八十六	

国名	**建成** （汉县名，县治在今河南永城东南。）	**留** （汉县名，县治在今江苏沛县东南。）	**射阳** （汉县名，县治在今江苏宝应东。）
侯功	以吕后兄初起以客从，击三秦；汉王入汉，而释之还丰沛，奉卫吕宣王、太上皇。天下已平，封释之为建成侯。 （吕宣王：吕后之父。太上皇：刘邦之父。）	以厩将从起下邳，以韩申徒下韩国，言上张旗志，秦王[将]恐，降。解上与项羽之郄，为汉王请汉中地，常计谋平天下，侯，万户。 （厩将：相当于副相。申徒：即司徒，官名，职同丞相。旗志：即“旗帜”。秦王：似应作“秦将”，取峣关时事。解上与项羽之郄：即张良在鸿门宴上之种种活动。请汉中地：项羽起初封刘邦于巴、蜀，张良又让刘邦通过项伯要得汉中。）	兵初起，与诸侯共击秦，为楚左令尹。汉王与项羽有郄于鸿门，项伯缠解难，以破羽缠尝有功，封射阳侯。 （左令尹：如同左丞相。对刘邦而言，项伯的功劳有三。一是在鸿门宴救了刘邦；二是帮刘邦要了汉中地；三是保护了被项羽所囚的太公与吕后。）
高祖十二	七 六年正月丙戌，康侯释之元年。 （正月丙戌：正月初一。）	七 六年正月丙午，文成侯张良元年。 （正月丙午：正月二十一。“文成”是谥。）	七 六年正月丙午，侯项缠元年，赐姓刘氏。 （正月丙午：正月二十一。刘邦为感谢项伯，给项伯赐姓刘。）
孝惠七	二 （惠帝二年，吕释之卒。） 五　三年，侯则元年。有罪。 （惠帝三年，吕释之子吕则袭父位为侯，至惠帝七年，因犯罪被废。）	七 （张良在惠帝在位的七年间一直为侯。）	二　三年，侯缠卒，嗣子睢有罪，国除。 （项伯在惠帝时又继续为侯二年，惠帝三年，项伯卒，其子项睢犯罪被废，封地被取消。）

高后八	胡陵　七　元年五月丙寅，封则弟大中大夫吕禄元年。 （吕后元年，封吕则之弟吕禄为胡陵侯。胡陵：汉县名，在今山东鱼台东南。太中大夫：帝王的侍从官名，掌参谋议论。） 八年，禄为赵王，国除。追尊康侯为昭王。禄以赵王谋为不善，大臣诛禄，遂灭吕。 （一说封王事在七年。吕后八年，吕禄被周勃等所杀，诸吕被灭。）	二 （吕后二年，张良卒。） 六 三年，不疑元年。 （吕后三年，张良子张不疑袭其父位为侯。）	
孝文二十三		四　五年，侯不疑坐与门大夫谋杀故楚内史，当死，赎为城旦，国除。 （门大夫：官名，此人名吉。楚内史：楚王封国的民政长官。张不疑谋杀楚内史的细情不详。当死：被判死刑。赎为城旦：赎成了苦役犯。）	
孝景十六			
建元至元封六年三十六 **太初元年尽后元二年**十八			
侯第		六十二	

国名	酂(《索隐》曰:“音赞,县名,在沛。”亦有学者以为此处之“酂”应读 cuó。酂县县治在今河南永城西。)	曲周 (汉县名,县治在今河北曲周东北。)	绛 (汉县名,县治在今山西曲沃西南。)
侯功	以客初起从,入汉,为丞相,备守蜀及关中,给军食,佐上定诸侯,为法令,立宗庙,侯,八千户。(按:刘邦称颂萧何之功为“镇国家,抚百姓,给馈饷,不绝粮道”;鄂君又有“汉与楚相守荥阳数年,军无见粮,萧何转漕关中给食不乏;陛下虽数亡山东,萧何常全关中以待陛下,此万世之功也”云云,与此意同。)	以将军从起岐,攻长社以南,别定汉中及蜀,定三秦,击项羽,侯,四千八百户。 (岐:方位不详,《正义》以为应离陈留不远。长社:秦县名,在今河南长葛东。别定汉中及蜀:“别”者谓单独率一军而出,独当一面。)	以中涓从起沛,至霸上,为侯;定三秦,食邑,为将军;入汉,定陇西,击项羽,守峣关,定泗水、东海。八千一百户。 (陇西:秦郡名,郡治在今甘肃临洮。峣关:在今陕西商洛西北。泗水:秦郡名,郡治相县。东海:郡治郯县。)
高祖十二	七　六年正月丙午,文终侯萧何元年。 (正月丙午:正月二十一。“文终”是谥。) 元年为丞相;九年为相国。(萧何自刘邦为汉王起任丞相,后又任相国至死,梁玉绳曰:“高帝十一年始更名‘丞相’为‘相国’。”此处之“九年”有误。)	七 六年正月丙午,景侯郦商元年。 (正月丙午:正月二十一。“景”字是谥。)	七 六年正月丙午,武侯周勃元年。 (正月丙午:正月二十一。“武”字是谥。)
孝惠七	二(惠帝二年,萧何卒。) 五　三年,哀侯禄元年。 (惠帝三年,萧何子萧禄袭父位为侯。)	七 (郦商在惠帝在位的七年间一直为侯。)	七 (周勃在惠帝在位的七年间一直为侯。)
高后八	一(吕后元年,萧禄卒。) 七　二年,懿侯同元年。同,禄弟。 (吕后二年,封“同”为侯。按:名“同”者非萧禄之弟,乃萧禄之母,萧何之妻。)	八(郦商在吕后执政的八年内一直为侯。吕后八年,吕后死,大臣诛诸吕,周勃劫持郦商,令其子郦寄哄骗吕禄,使吕禄交出北军将印,诸吕遂被诛灭。不久郦商死。)	八　其四年为太尉。 (周勃在吕后执政的八年间一直为侯。吕后一死,周勃等立即发动政变诛灭吕氏,拥立代王刘恒为皇帝。)

孝文二十三	筑阳　十九　元年，同有罪，封何小子延元年。 （文帝元年，萧何妻被罢，改封萧何少子萧延为筑阳侯。萧延为侯十九年，于文帝后元三年卒。筑阳：在今湖北谷城。） 一　后四年，炀侯遗元年。 （萧延子萧遗袭父位为侯，当年死。） 三　后五年，侯则元年。 （文帝后五年，萧遗子萧则袭父位为侯。）	二十三　元年，侯寄元年。 （文帝元年，郦寄袭其父位为侯。）	十一　元年，为右丞相，三年，免，复为丞相。（周勃因拥立之功被升为右丞相，不久请免；陈平死，又任丞相；不久被免，文帝十一年死于家。） 六　十二年，侯胜之元年。（周胜之袭侯六年，因杀人被废。） 条　六　后二年，封勃子亚夫元年。（文帝后二年，封周亚夫为条侯。）
孝景十六	一　有罪。（景帝元年，萧则犯罪被废。） 武阳　七　前二年，封炀侯弟幽侯嘉元年。（景帝前二年，封萧遗之弟萧嘉为武阳侯，景帝中元元年，萧嘉卒。） 八　中二年，侯胜元年。 （景帝中元二年，萧嘉子萧胜袭父位为侯。）	九　有罪绝。 （景帝九年即中二年，郦寄想娶景帝的岳母为妻，被景帝所废。） 缪　七　中三年，封商他子靖侯坚元年。 （景帝中三年，封郦坚为缪侯。）	十三　其三年为太尉，七为丞相，有罪国除。（周亚夫于景帝三年为太尉，平七国之乱；景帝七年为丞相，因功高震主，中五年被下狱，自杀。"十三"应作"十二"。） 平曲　三　后元年，封勃子恭侯坚元年。（周坚被封为平曲侯。）
建元至元封六年三十六 **太初元年尽后元二年**十八	十三　元朔二年，侯胜坐不敬绝。 （武帝即位后之前十三年萧胜一直为侯，至元朔二年，萧胜犯不敬罪被废。） 酂　三　元狩三年，封何曾孙恭侯庆元年。（元狩三年，封萧何的曾孙萧庆为酂侯。此"酂"在今湖北老河口南，音 zàn。萧庆于元狩五年卒。） 十　元狩六年，侯寿成元年。元封四年，寿成为太常，牺牲不如令，国除。 （元狩六年，萧庆子萧寿成袭父位为侯，在位十年。至元封四年，萧寿成任太常，因使用牺牲不合规定，有罪被废。）	九（武帝即位之第九年，即元光三年，郦坚卒。） 五　元光四年，康侯遂元年。（郦坚子遂袭侯，郦遂卒于元朔二年。按：此人应名"遂成"。） 十一　元朔三年，侯宗元年。（元朔三年，郦宗袭其父位为侯。按：此人应名"世宗"。郦世宗卒于元鼎元年。） 二十八　元鼎二年，侯终根元年。后元二年，侯终根坐咒诅诛，国除。（元鼎二年，郦终根袭其父位为侯。二十八年后，于后元二年因诅咒皇帝被杀。按：此数语非史公所能见，乃后人加写。）	十六 （武帝十六年，即元朔四年，周坚卒。） 十二　元朔五年，侯建德元年。元鼎五年，侯建德坐酎金国除。 （"酎金"是受封诸侯王、诸侯在皇帝祭天祭祖时所交的一种份子钱。武帝为消灭诸侯，便以所交金银的"成色不好"或"分量不足"而将诸侯废掉。）
侯第	一 （萧何的功劳在诸功臣中名列第一。）	六	四

国名	**舞阳** （汉县名，县治在今河南舞阳西。）	**颍阴** （汉县名，县治在今河南许昌。）	**汾阴** （汉县名，县治在今山西万荣。）
侯功	以舍人起沛，从至霸上，为侯；入汉，定三秦，为将军；击项籍，再益封；从破燕，执韩信，侯，五千户。 （破燕：灭燕王臧荼。执韩信：此指韩王信，反汉于代者。）	以中涓从起砀，至霸上，为昌文君；入汉，定三秦，食邑；以车骑将军属淮阴，定齐、淮南及下邑，杀项籍，侯，五千户。 （昌文君：封号名，无封地。车骑将军：时灌婴为“骑将”，非“车骑将军”。下邑：“下邑”二字不知何指。疑有误。）	初起以职志击破秦，入汉，出关，以内史坚守敖仓，以御史大夫定诸侯，比清阳侯，二千八百户。 （职志：掌旗帜之官。内史：首都的行政长官。敖仓：秦朝的粮仓，在当时荥阳城北的黄河边上，今已被河水冲刷掉。御史大夫：国家的三公之一，主管监察弹劾。）
高祖十二	七 六年正月丙午，武侯樊哙元年。其七年，为将军、相国三月。（此处之“为将军”指高祖七年樊哙统兵讨伐韩王信。“相国”只是虚衔，非实任。）	七 六年正月丙午，懿侯灌婴元年。 （正月丙午：正月二十一。“懿”字是谥。）	七 六年正月丙午，悼侯周昌元年。 （正月丙午：正月二十一。“悼”字是谥。）
孝惠七	六（惠帝六年，樊哙卒。） 一　七年，侯伉元年。吕须子。 （惠帝七年，吕须所生之樊哙子樊伉袭爵为侯。吕须是吕后之妹。）	七 （灌婴在惠帝在位的七年间一直为侯。）	三（周昌于惠帝三年卒。） 建平　四　四年，哀侯开方元年。 （惠帝四年，周昌子周开方被改封为建平侯。）
高后八	八　坐吕氏诛，族。 （吕后八年，吕后死，大臣政变诛吕氏，吕须、樊伉皆牵连被杀。）	八 （灌婴在吕后执政的八年间一直为侯。吕后死，大臣诛诸吕，灌婴又有大功。）	八 （周开方在吕后执政的八年间一直为侯。）

孝文二十三	二十三 元年，封樊哙子荒侯市人元年。 （文帝即位后，因樊哙有功而无过，重封樊市人为侯。）	四 其一为太尉，三为丞相。 （灌婴以拥立之功，文帝元年升任太尉，三年接替周勃为丞相，四年卒。） 十九 五年，平侯何元年。 （文帝五年，灌何袭父位为侯。）	四 前五年，侯意元年。 （周开方于文帝四年卒，文帝五年，开方子周意袭父位为侯。） 十三 有罪绝。 （文帝十八年，周意有罪被废。）
孝景十六	六 （景帝六年，樊市人卒。） 六 七年，侯它广元年。中六年，侯它广非市人子，国除。 （景帝七年，它广袭父位为侯。后发觉樊市人无生育能力，樊它广不可能是市人所生，于是它广被废。）	九 （景帝九年即中二年，灌何卒。） 七 中三年，侯彊元年。 （灌彊袭父位为侯。）	安阳 八 中二年，封昌孙左车。 （景帝中二年，封周昌孙周左车为安阳侯。）
建元至元封六年三十六 **太初元年尽后元二年**十八		六　有罪绝。 （武帝六年，灌彊犯罪被废。） ［临汝］　九　元光二年，封婴孙贤为临汝侯，侯贤元年。元朔五年，侯贤行赇罪，国除。 （灌贤被封为临汝侯。按："九"字前应有"临汝"二字。今补。行赇：即行贿。）	建元元年，有罪国除。 （武帝建元元年，周左车因罪被废。）
侯第	五	九	十六

国名	梁邹 （汉县名，县治在今山东邹平东北。）	成 （汉县名，方位不详，《索隐》说属涿郡，梁玉绳以为在泰山郡。）	蓼 （汉县名，县治在今河南固始东北。）
侯功	兵初起，以谒者从击破秦；入汉，以将军击定诸侯。功比博阳侯，二千八百户。 （功比博阳侯：功劳与博阳侯陈濞不相上下。）	兵初起，以舍人从击秦，为都尉；入汉，定三秦，出关，以将军定诸侯，功比厌次侯，二千八百户。 （都尉：军官名，级别在将军之下。）	以执盾前元年从起砀，以左司马入汉，为将军；三以都尉击项羽，属韩信，功侯。（泷川资言曰：“前元年、二年、三年者，高帝自称沛公之年也，入关王汉以后始称汉元年。”左司马：掌军中司法的官。属韩信：即垓下之战所谓“孔将军居左，费将军居右”者也。）
高祖十二	七 六年正月丙午，孝侯武儒元年。 （按：此人姓武名儒。）	七 六年正月丙午，敬侯董渫元年。 （董渫为侯七年，卒于高祖十二年。）	七 六年正月丙午，侯孔藂元年。 （“藂”也写作“聚”。孔藂字子产，谥“夷”。）
孝惠七	四 （武儒卒于惠帝四年。） 三　五年，侯最元年。 （惠帝五年，武儒子武最袭侯。）	七　元年，康侯赤元年。 （惠帝元年，董渫子董赤袭其父位为侯。按：梁玉绳以为“赤”字应作“赫”，误脱其半也。）	七 （孔藂在惠帝在位的七年间一直为侯。）
高后八	八 （在吕后执政的八年内，武最一直为侯。）	八 （在吕后执政的八年内，董赤一直为侯。）	八 （孔藂在吕后执政的八年间一直为侯。）
孝文二十三	二十三 （在文帝在位的二十三年内，武最仍一直为侯。）	二十三 （在文帝在位的二十三年内，董赤仍一直为侯。）	八 （孔藂卒于文帝八年。） 十五　九年，侯臧元年。 （文帝九年，孔臧袭其父位为侯。）

孝景十六	十六 （在景帝在位的十六年内，武最仍一直为侯。）	六 有罪绝。 （景帝六年，董赤因犯罪被废。） 节氏　五　中五年，复封康侯赤元年。 （景帝中五年，又封被废的董赤为节氏侯。节氏：汉县名，方位不详。有说在山东郯城北。）	十六 （孔臧在景帝在位十六年间一直为侯。）
建元至元封六年三十六 太初元年尽后元二年十八	六 （武帝建元六年，武最卒，武最为侯共五十六年。） 三 元光元年，顷侯婴齐元年。 （元光元年，武最子婴齐袭侯，元光三年卒。） 二十 元光四年，侯山柎元年。元鼎五年，侯山柎坐酎金国除。 （元光四年，婴齐子山柎袭侯，共为侯二十年，元鼎五年，因所交酎金不够标准被废。）	三 （建元三年，董赤卒，董赤前后为侯共五十二年。） 五 建元四年，恭侯罢军元年。 （董赤子董罢军于建元四年袭侯，元光二年卒。） 十二 元光三年，侯朝元年。元狩三年，侯朝为济南太守，与成阳王女通，不敬，国除。 （元光三年，董罢军子董朝袭侯，董朝于元狩三年被废。成阳："成阳"也写作"城阳"，国都莒县，在今山东菏泽东北。）	十四 元朔三年，侯臧坐为太常，南陵桥坏，衣冠车不得度，国除。 （孔臧于武帝十五年即元朔三年，因失职被废。太常：主管宗庙祭祀。衣冠车：每月将刘邦的衣冠从长陵寝庙请出到城里高庙巡游的车子。事详《刘敬叔孙通列传》。）
侯第	二十	二十五	三十

国名	**费** （汉县名，县治在今山东费县北。）	**阳夏** （汉县名，县治在今河南太康。）	**隆虑** （汉县名，县治在今河南林州。）
侯功	以舍人前元年从起砀，以左司马入汉；用都尉属韩信，击项羽有功，为将军；定会稽、浙江、湖阳，侯。 （属韩信：即垓下之战所谓"孔将军居左，费将军居右"者。湖阳：王国维以为应作"湖陵"，亦即"固陵"，在今浙江杭州萧山区西北。）	以特将将卒五百人，前元年从起宛朐，至霸上，为侯；以游击将军别定代；已破臧荼，封豨为阳夏侯。 （宛朐：也作"冤朐"，秦县名，县治在今山东曹县西北。别定代：指讨伐韩王信。臧荼：项羽所封的燕王，韩信灭赵后，臧荼曾一度降汉。高祖五年又反汉，被消灭。按：陈豨之被封侯，非因破燕有功，此处所说不确，详《韩信卢绾列传》。）	以卒从起砀，以连敖入汉，以长铍都尉击项羽有功，侯。 （长铍都尉：军官名。长铍：长剑。）
高祖十二	七 六年正月丙午，圉侯陈贺元年。 （"圉"也作"幽"。）	五 六年正月丙午，侯陈豨元年。 （此与《韩信卢绾列传》所说不同。） 十年八月，豨以赵相国将兵守代，汉使召豨，豨反，以其兵与王黄等略代，自立为王。汉杀豨灵丘。 （陈豨受命任"赵相国，将监赵代边兵"，陈豨因赵相周昌向刘邦进谗而反。王黄是韩王信的部将。破杀陈豨者，或说是樊哙，或说是周勃。）	七 六年正月丁未，哀侯周灶元年。 （正月丁未：正月二十二。）
孝惠七	七 （陈贺在惠帝在位的七年间一直为侯。）		七 （周灶在惠帝在位的七年间一直为侯。）

高后八	八 （陈贺在吕后执政的八年间一直为侯，卒于吕后八年。）		八 （周灶在吕后执政的八年间一直为侯。）
孝文二十三	二十三 元年，共侯常元年。 （文帝元年，陈常袭父位为侯。）		十七（周灶卒于文帝十七年，即后元元年。） 六　后二年，侯通元年。 （文帝后二年，周通袭父位为侯。）
孝景十六	一（景帝元年，陈常卒） 八　二年，侯偃元年。中二年，有罪绝。（景帝二年，陈偃袭父位为侯，中二年因犯罪被废。） 巢　四　中六年，封贺子侯最元年。后三年，最薨，无后国除。 （中六年，封陈贺子陈最为巢侯，为侯四年死，无子国除。）		七 中元年，侯通有罪国除。 （景帝中元年，周通因犯罪被废。）
建元至元封六年三十六 **太初元年尽后元二年**十八			
侯第			三十四

国名	**阳都** （汉县名，县治在今山东沂南南。）	**新阳** （汉县名，县治在今安徽界首北。）	**东武** （汉县名，县治在今山东诸城。）
侯功	以赵将从起邺，至霸上，为楼烦将；入汉，定三秦，别降翟王；属悼武王，杀龙且彭城，为大司马；破羽军叶，拜为将军，忠臣，侯，七千八百户。 （邺：秦县名，在今河北临漳。楼烦将：统率骑射之士的将领。翟王：董翳，项羽所封，都高奴。悼武王：吕后之兄吕泽。杀龙且：应依《汉书》作“破龙且”。龙且是项羽的部将。忠臣：朝中的亲幸之臣。“忠”意即“中”。）	以汉五年用左令尹初从，功比堂邑侯，千户。 （用：以。左令尹：相当于左丞相。功比堂邑侯：与陈婴的功劳相似。二人原来都跟从楚怀王，项羽死后归附刘邦。）	以户卫起薛，属悼武王，破秦军杠里、杨熊军曲遇；入汉，为越将军，定三秦，以都尉坚守敖仓，为将军，破籍军，功侯，二千户。 （杠里：古邑名，在今山东菏泽牡丹区东。杨熊：秦将名。曲遇：在今河南中牟东。越将军：《汉书》作“城将”，师古曰：“将筑城之兵也。”）
高祖十二	七 六年正月戊申，敬侯丁复元年。 （正月戊申：正月二十三。）	七 六年正月壬子，胡侯吕清元年。 （正月壬子：正月二十七。“胡”字是谥。）	七 六年正月戊午，贞侯郭蒙元年。 （按：此年正月无“戊午”，梁玉绳以为应与后一人同作“三月戊子”。）
孝惠七	七 （丁复在惠帝在位的七年间一直为侯。）	三（吕清卒于惠帝三年。） 四　四年，顷侯臣元年。（惠帝四年，吕臣袭其父位为侯。）	七 （郭蒙在惠帝在位的七年间一直为侯。）
高后八	五（丁复卒于吕后五年。） 三　六年，趮侯甯元年。（吕后六年，丁甯袭其父位为侯。）	八 （吕臣在吕后执政的八年内一直为侯。）	五（郭蒙卒于吕后五年。） 三　六年，侯它元年。 （吕后六年，郭它袭其父位为侯。）

孝文二十三	九 （丁甯卒于文帝九年。） 十四 十年，侯安成元年。 （文帝十年，丁安成袭其父位为侯。）	六 （吕臣卒于文帝六年。） 二　七年，怀侯义元年。 （文帝七年，吕义袭其父位为侯，次年死。） 十五　九年，惠侯它元年。 （文帝九年，吕它袭其父位为侯。）	二十三 （郭它在文帝在位的二十三年间一直为侯。）
孝景十六	一 二年，侯安成有罪国除。 （景帝二年，丁安成因犯罪被废。）	四 （景帝四年吕它卒。） 五　五年，恭侯善元年。 （吕善于景帝五年袭侯，中二年卒。） 七　中三年，侯谭元年。	五 六年，侯它弃市国除。 （郭它于景帝六年因犯罪被杀，国除。）
建元至元封六年三十六 **太初元年尽后元二年**十八		二十八 元鼎五年，侯谭坐酎金国除。 （元鼎五年即武帝二十九年。）	
侯第	十七	八十一	四十一 （梁玉绳曰：“当是‘二十一’。若在‘四十一’，则与高苑同位矣，此误。”）

国名	**汁方** （也作“汁防”“什邡”，汉县名，县治在今四川什邡南。）	**棘蒲** （汉邑名，在今河北赵县。）	**都昌** （汉县名，县治在今山东昌邑。）
侯功	以赵将前三年从定诸侯，侯，二千五百户，功比平定侯。齿故沛豪，有力，与上有郄，故晚从。 （赵将：似应作魏将，见《高祖本纪》。平定侯：齐受。）	以将军前元年率将二千五百人起薛，别救东阿，至霸上，二岁十月。入汉，击齐历下军田既，功侯。 （率将：《汉书》作“将卒”。救东阿：指救被章邯围困的田荣。击齐历下军田既：随韩信往灭齐也。“田既”似应作“田解”，见《田儋列传》。）	以舍人前元年从起沛，以骑队率先降翟王，虏章邯，功侯。 （骑队率：骑兵队长。翟王：董翳，项羽所封，都高奴。章邯：原秦将，后被项羽封为雍王，都废丘。）
高祖十二	七 六年三月戊子，肃侯雍齿元年。 （三月戊子：三月初三。）	七 六年三月丙申，刚侯陈武元年。 （三月丙申：三月十一。）	七 六年三月庚子，庄侯朱轸元年。 （三月庚子：三月十五。）
孝惠七	二 （雍齿卒于惠帝二年。） 五　三年，荒侯巨元年。（惠帝三年，雍巨袭父位为侯。）	七 （陈武在惠帝在位的七年间一直为侯。）	七 （朱轸卒于惠帝七年。）
高后八	八 （雍巨在吕后执政的八年内一直为侯。）	八 （陈武在吕后执政的八年内一直为侯。）	八 元年，刚侯率元年。 （吕后元年，朱率袭其父位为侯。）

孝文二十三	二十三 （雍巨在文帝在位的二十三年间一直为侯。）	十六 后元年，侯武薨，嗣子奇反，不得置后，国除。 （陈武卒于文帝后元年。其子陈奇已于文帝六年勾结淮南王谋反被杀，不再立后，故而国除。）	七 （文帝七年，朱率卒。） 十六 八年，夷侯诎元年。 （文帝八年，朱诎袭父位为侯，文帝二十三年即后元七年，朱诎卒。）
孝景十六	二 （雍巨卒于景帝二年。） 十　三年，侯野元年。 （景帝三年，雍野袭其父位为侯，景帝十二年即中五年卒。） 四　中六年，终侯桓元年。 （景帝中六年，雍桓袭父位为侯。）		二 元年，恭侯偃元年。 （景帝元年，朱偃袭父位为侯，景帝二年卒。） 五 三年，侯辟彊元年。中元年，辟彊薨，无后国除。
建元至元封六年三十六 **太初元年尽后元二年**十八	二十八 元鼎五年，终侯桓坐酎金国除。 （梁玉绳曰：“桓坐酎金失国不应有谥……《史诠》谓后人误加，是也。”）		
侯第	五十七	十三	二十三

国名	**武彊** （梁玉绳以为即当时河南阳武之武彊城。）	**贳** （汉县名，县治在今河北辛集西南。）	**海阳** （梁玉绳以为应是扬州海陵县，在今江苏泰州。一说在今河北滦州。）
侯功	以舍人从至霸上，以骑将入汉，还击项羽，属丞相甯，功侯；用将军击黥布，侯。 （丞相甯：其人不详，陈直以为"甯"为"陵"字之误，乃指王陵，王陵后为右丞相。）	以越户将从破秦，入汉，定三秦，以都尉击项羽，千六百户，功比台侯。 （按："千"前应有"侯"字。台侯：戴野，见后。）	以越队将从破秦，入汉，定三秦，以都尉击项羽，侯，千八百户。 （按：左格"越户将"，本格"越队将"，疑所率皆越人。）
高祖十二	七 六年三月庚子，庄侯庄不识元年。 （三月庚子：三月十五。）	二 六年三月庚子，齐侯吕元年。 （梁玉绳以为此人应作"吕博国"。吕博国卒于高祖七年。） 五　八年，恭侯方山元年。 （高祖八年，吕方山袭父位为侯。）	七 六年三月庚子，齐信侯摇毋馀元年。 （摇毋馀：姓摇，名毋馀。）
孝惠七	七 （庄不识在惠帝在位的七年间一直为侯。）	七 （吕方山在惠帝在位的七年间一直为侯。）	二 （摇毋馀卒于惠帝二年。） 五 三年，哀侯招攘元年。
高后八	六 （庄不识卒于吕后六年。） 二　七年，简侯婴元年。	八 （吕方山卒于吕后八年。）	四（吕后四年，摇招攘卒。） 四　五年，康侯建元年。（吕后五年，摇建袭其父位为侯。）

孝文二十三	十七 （庄婴卒于文帝后元年。） 六 后二年，侯青翟元年。	十一 元年，炀侯赤元年。 （吕赤于文帝元年袭侯，文帝十一年卒。） 十二 十二年，康侯遗元年。 （文帝十二年，吕遗袭侯。）	二十三 （摇建在文帝在位的二十三年间一直为侯。）
孝景十六	十六 （庄青翟在景帝在位的十六年内一直为侯。）	十六 （吕遗在景帝在位的十六年内一直为侯。）	三 （摇建卒于景帝三年。） 十 四年，哀侯省元年。中六年，侯省薨，无后国除。
建元至元封六年三十六 **太初元年尽后元二年**十八	二十五 元鼎二年，侯青翟坐为丞相与长史朱买臣等逮御史大夫汤不直，国除。 （元鼎二年，丞相庄青翟和御史大夫张汤有矛盾，与长史朱买臣等诬害张汤至死，结果三长史被诛，庄青翟自杀国除。长史：丞相属下的高级僚属，为诸史之长。）	十六 （武帝十六年即元朔四年，吕遗卒。） 八 元朔五年，侯倩元年。元鼎元年，侯倩坐杀人弃市，国除。	
侯第	三十三	三十六	三十七

国名	**南安** （梁玉绳以为即豫章之南楚县，三国时分其县为“南安”，后人妄改。）	**肥如** （汉县名，县治在今河北卢龙北。）	**曲城** （汉县名，县治在今山东招远西。）
侯功	以河南将军汉王三年降晋阳，以亚将破臧荼，侯，九百户。 （降晋阳：随韩信于破魏豹之后。晋阳：在今山西太原。臧荼：项羽所封之燕王，汉五年被刘邦所灭。）	以魏太仆三年初从，以车骑都尉破龙且及彭城，侯，千户。 （魏太仆：魏王豹的太仆。太仆：帝王的车夫，掌管舆马与马政。破龙且及彭城：先随韩信破杀龙且于齐，又率军抵达项羽之彭城。）	以曲城户将卒三十七人初从起砀，至霸上，为执珪；为二队将属悼武王，入汉，定三秦，以都尉破项羽军陈下，功侯，四千户。为将军击燕、代，拔之。 （按：“卒”上应重出“将”字。破项羽军陈下：即垓下之战的前奏。陈：在今河南周口淮阳区。）
高祖十二	七 六年三月庚子，庄侯宣虎元年。 （三月庚子：三月十五。）	七 六年三月庚子，敬侯蔡寅元年。 （三月庚子：三月十五。）	七 六年三月庚子，圉侯虫达元年。 （三月庚子：三月十五。）
孝惠七	七 （宣虎在惠帝在位的七年间一直为侯。）	七 （蔡寅在惠帝在位的七年间一直为侯。）	七 （虫达在惠帝在位的七年间一直为侯。）
高后八	八 （宣虎在吕后执政的八年内一直为侯。）	八 （蔡寅在吕后执政的八年内一直为侯。）	八 （虫达卒于吕后八年。）

孝文二十三	八 （文帝八年，宣虎卒。） 十一　九年，共侯戎元年。 （文帝九年，宣戎袭父位为侯，文帝十九年即后三年卒。） 四　后四年，侯千秋元年。	二 （蔡寅卒于文帝二年。） 十四　三年，庄侯成元年。 （文帝三年蔡成袭父位为侯，卒于文帝十六年。） 七　后元年，侯奴元年。 （文帝后元年，蔡奴袭父位为侯。）	八 元年，侯捷元年。有罪绝。 （文帝元年，虫捷袭其父位为侯，文帝八年因犯罪被废。） 五 后三年，复封恭侯捷元年。
孝景十六	七 中元年，千秋坐伤人免。 （景帝八年即中元年，宣千秋因伤人被废。）	元年，侯奴薨，无后国除。	（十三）[十一]　有罪绝。 （景帝十一年，虫捷第二次被废。按：中华本“十一”作“十三”，误，今改。） 垣　五　中五年，复封恭侯捷元年。 （景帝中五年又封虫捷为垣侯。）
建元至元封六年三十六 **太初元年尽后元二年**十八			一 （建元元年，虫捷卒。） 二十五　建元二年，侯皋柔元年。元鼎三年，侯皋柔坐为汝南太守知民不用赤侧钱为赋，国除。 （建元二年，虫皋柔袭父位为侯，至武帝二十七年即元鼎三年，虫皋柔因任汝南太守而不执行朝廷法令被罢官废侯。知民不用赤侧钱为赋：当时朝廷强制，全国使用赤侧钱，而汝南之民不用赤侧钱缴纳税赋，虫皋柔不予惩治，故免其职，废其侯。）
侯第	六十三	六十六	十八

国名	**河阳** （汉县名，县治在今河南孟州西。）	**淮阴** （汉县名，县治在今江苏淮安淮阴区。）	**芒** （汉县名，县治在今河南永城东北。）
侯功	以卒前元年起砀从，以二队将入汉，击项羽，身得郎将处，功侯，以丞相定齐地。 （起砀从：应作“从起砀”。郎将处：郎将名处。郎将是帝王的侍卫官。丞相：此处的“丞相”只是虚衔，非实职。）	兵初起以卒从项梁，梁死属项羽为郎中；至咸阳亡从入汉，为连敖典客，萧何言为大将军，别定魏、齐，为王。徙楚，坐擅发兵废为淮阴侯。 （郎中：帝王的侍从人员。连敖典客：《淮阴侯列传》作“治粟都尉”。连敖：或说主管粮秣，或说主管迎送宾客。擅发兵：强加罪名，无其事也。）	以门尉前元年初起砀，至霸上，为武定君；入汉，还定三秦，以都尉击项羽，侯。
高祖十二	七 六年三月庚子，庄侯陈涓元年。 （三月庚子：三月十五。）	五 六年四月，侯韩信元年。 （按：韩信于汉四年灭齐，为齐王；又于汉五年灭项羽，改为楚王。六年，以“擅发兵”罪名被袭捕，废为淮阴侯。） 十一年，信谋反关中，吕后诛信，夷三族，国除。（谋反关中：强加给韩信的罪名。夷：灭，杀光。）	三 六年，侯昭元年。 （按：《汉书》此人作“耏跖”，且谓耏跖卒于高祖九年。） 九年，侯昭有罪国除。 （《汉书》谓跖薨无后，高祖九年，昭嗣。在位四年，有罪免。与此出入较大。）
孝惠七	七 （陈涓在惠帝在位的七年间一直为侯。）		
高后八	八 （陈涓卒于吕后八年。）		

孝文二十三	三 元年，侯信元年。四年，侯信坐不偿人责过六月，夺侯，国除。 （文帝元年，陈信袭父位为侯，文帝四年，陈信因欠债不还被废。）		
孝景十六			张　十一　孝景三年，昭以故芒侯将兵从太尉亚夫击吴楚有功，复侯。 （景帝三年，彨昭因平吴楚七国之乱有功，又被封为张侯。景帝十六年卒。疑此格之记事有误。） 三　后元年三月，侯申元年。
建元至元封六年三十六 **太初元年尽后元二年**十八			十七 元朔六年，侯申坐尚南宫公主不敬国除。 （南宫公主：景帝之女，先嫁南宫侯张坐，后改嫁张侯彨申。）
侯第	二十九		

国名	**故市** （汉县名，县治在今河南郑州西北。）	**柳丘** （方位不详，《索隐》以为在北海，北海有柳泉，无柳丘。）	**魏其** （汉县名，县治在今山东临沂南。）
侯功	以执盾初起，入汉，为河上守；迁为假相，击项羽，侯，千户，功比平定侯。 （河上守：河上郡的郡守，河上郡相当于后来的左冯翊，即汉代国都与其郊区的东北部。）	以连敖从起薛，以二队将入汉，定三秦，以都尉破项籍军，为将军，侯千户。	以舍人从沛，以郎中入汉，为周信侯。定三秦，迁为郎中骑将，破籍东城，侯，千户。 （按："从"下应有"起"字。破籍东城：项羽败于垓下后，汉军追击至东城，复破之。东城：秦县名，县治在今安徽定远东南。）
高祖十二	三 六年四月癸未，侯阎泽赤元年。 四　九年，夷侯毋害元年。 （高祖八年，阎泽赤卒，次年其子毋害袭侯。）	七 六年六月丁亥，齐侯戎赐元年。 （六月丁亥：按此年六月无"丁亥"，记载有误。）	七 六年六月丁亥，庄侯周定元年。 （六月丁亥：按此年六月无"丁亥"，记载有误。）
孝惠七	七 （阎毋害在惠帝在位的七年间一直为侯。）	七 （戎赐在惠帝在位的七年间一直为侯。）	七 （周定在惠帝在位的七年内一直为侯。）
高后八	八 （阎毋害在吕后执政的八年内一直为侯。）	四 （戎赐卒于吕后四年。） 四 五年，定侯安国元年。	四 （周定卒于吕后四年。） 四　五年，侯间元年。 （"间"字《汉书》作"简"。）

孝文二十三	十九 （阎毋害卒于文帝十九年即后元三年。） 四 后四年，戴侯续元年。	二十三 （戎安国在文帝在位的二十三年内一直为侯。）	二十三 （周间在文帝在位的二十三年内一直为侯。）
孝景十六	四 （景帝四年，阎续卒。） 十二 孝景五年，侯縠嗣。	三 （景帝三年，戎安国卒。） 十 四年，敬侯嘉元年。 （景帝四年，戎嘉袭侯。戎嘉卒于中元六年。） 后元年，侯角嗣，有罪国除。	二 前三年，侯间反，国除。
建元至元封六年三十六 **太初元年尽后元二年**十八	二十八 元鼎五年，侯縠坐酎金国除。		
侯第	五十五	（二十六）[三十九] （按：此处应据《汉书》作“三十九”，否则与故城侯尹恢同。）	四十四

国名	祁 （汉县名，县治在今山西祁县东南。）	平 （汉县名，县治在今河南洛阳孟津区东北。）	鲁 （汉县名，县治在今山东曲阜。）
侯功	以执盾汉王三年初起从晋阳，以连敖击项籍，汉王败走，贺方将军击楚，追骑以故不得进。汉王顾谓贺祁："子留彭城，（军）[用]执圭东击羽，急绝其近壁。"侯，千四百户。 （"三年"似误，应作"二年"。"祁"字疑衍。）	兵初起以舍人从击秦，以郎中入汉，以将军定诸侯，守雒阳，功侯，比费侯贺，千三百户。 （比费侯贺：与费侯陈贺的功劳不相上下。）	以舍人从起沛，至咸阳为郎中，入汉，以将军从定诸侯，侯，四千八百户，功比舞阳侯。死事，母代侯。 （舞阳侯：樊哙。死事：为刘邦的事业战死。母代侯：其母代之为侯。）
高祖十二	七 六年六月丁亥，穀侯缯贺元年。 （六月丁亥：按此年六月无"丁亥"，记载有误。穀："穀"字是谥。《逸周书·谥法解》曰："行见中外曰穀。"）	六 六年六月丁亥，悼侯沛嘉元年。 （沛嘉：《汉书》作"工师喜"。沛嘉卒于高祖十一年。） 一 十二年，靖侯奴元年。 （高祖十二年，其子沛奴袭侯。）	七 六年中，母侯疵元年。 （按：据《汉书》此人姓奚名涓。其母名"疵"，史失其姓。）
孝惠七	七 （缯贺在惠帝在位的七年间一直为侯。）	七 （沛奴在惠帝在位的七年间一直为侯。）	七 （奚涓母在惠帝在位的七年间一直为侯。）
高后八	八 （缯贺在吕后执政的八年内一直为侯。）	八 （沛奴在吕后执政的八年内一直为侯。）	四 五年，母侯疵薨，无后，国除。

孝文二十三	十一 （缯贺卒于文帝十一年。） 十二 十二年，顷侯湖元年。	十五 （沛奴卒于文帝十五年。） 八 十六年，侯执元年。	
孝景十六	五 （缯湖卒于景帝五年。） 十一 六年，侯它元年。	十一 中五年，侯执有罪国除。	
建元至元封六年三十六 **太初元年尽后元二年**十八	八 元光二年，侯它坐从射擅罢，不敬，国除。 （从射擅罢：陪着皇帝射箭，中途擅自离开了。）		
侯第	五十一	三十二	七

国名	**故城** （应作“城父”，汉县名，县治在今安徽亳州东南。）	**任** （汉县名，县治在今河北邢台任泽区东。）	**棘丘** （方位不详，梁玉绳以为即当时阳翟西北的上棘。）
侯功	兵初起以谒者从，入汉，以将军击诸侯，以右丞相备守淮阳，功比厌次侯，二千户。 （右丞相：此处是虚衔。淮阳：治陈县，在今河南周口淮阳区。厌次侯：元顷，其人见后。）	以骑都尉汉五年从起东垣，击燕、代，属雍齿，有功，侯，为车骑将军。 （东垣：汉县名，县治在今河北石家庄东北。击燕、代：击燕王臧荼，以及韩王信或陈豨。）	以执盾队史前元年从起砀，破秦，以治粟内史入汉，以上郡守击定西魏地，功侯。 （治粟内史：主管财政的高级官吏。上郡守：上郡的郡治肤施，在今陕西榆林东南。西魏地：项羽所封的魏豹的封地，大体在今山西南部。）
高祖十二	七 六年中，庄侯尹恢元年。	七 六年，侯张越元年。	七 六年，侯襄元年。 （按：此人名“襄”，史失其姓。）
孝惠七	二 （尹恢卒于惠帝二年。） 五 三年，侯开方元年。	七 （张越在惠帝在位的七年间一直为侯。）	七 （侯襄在惠帝在位的七年间一直为侯。）
高后八	二 三年，侯[开]方夺侯，为关内侯。 （吕后三年，尹开方因罪被降为关内侯。关内侯：有侯爵而无封地，较列侯低一级。）	二 三年，侯越坐匿死罪免为庶人，国除。 （坐匿死罪：因窝藏犯了死罪的逃犯而被惩处。）	四 四年，侯襄夺侯为士伍，国除。 （夺侯：被剥夺侯爵。为士伍：降为一般士兵。）

孝文二十三			
孝景十六			
建元至元封六年三十六 太初元年尽后元二年十八			
侯第	二十六		

国名	**阿陵** （汉县名，县治在今河北任丘东北。）	**昌武** （汉县名，县治在今山东东部。）	**高苑** （汉县名，县治在今山东邹平东北。）
侯功	以连敖前元年从起单父，以塞疏入汉。还定三秦，属悼武王，以都尉击籍，功，侯。 （单父：秦县名，在今山东单县。塞疏：应依《汉书》作“塞路”，刘邦入汉中时，郭亭为之断后，堵塞道路。）	初起以舍人从，以郎中入汉，定三秦，以郎中将击诸侯，侯，九百八十户，比魏其侯。 （魏其侯：周定，见前。）	初起以舍人从，入汉，定三秦，以中尉破籍，侯，千六百户，比斥丘侯。 （中尉：主管首都治安的长官。斥丘侯：唐厉，见后。）
高祖十二	七 六年七月庚寅，顷侯郭亭元年。 （七月庚寅：七月初七。）	七 六年七月庚寅，靖信侯单甯元年。 （七月庚寅：七月初七。）	七 六年七月戊戌，制侯丙倩元年。 （七月戊戌：七月十五。丙倩卒于高祖十二年。）
孝惠七	七 （郭亭在惠帝在位的七年间一直为侯。）	五 （惠帝五年，单甯卒。） 二 六年，夷侯如意元年。	七 元年，简侯得元年。
高后八	八 （郭亭在吕后执政的八年内一直为侯。）	八 （单如意在吕后执政的八年内一直为侯。）	八 （丙得在吕后执政的八年内一直为侯。）

孝文二十三	二 （郭亭卒于文帝二年。） 二十一 三年，惠侯欧元年。 （文帝三年，郭欧袭侯。）	二十三 （单如意于文帝在位的二十三年内一直为侯。）	十五 （丙得卒于文帝十五年。） 八 十六年，孝侯武元年。
孝景十六	一 （景帝元年，郭欧卒。） 八　前二年，侯胜客元年。有罪，绝。 南　四　中六年，靖侯延居元年。 （中五年，郭胜客有罪被废。次年郭延居封南侯。南：汉县名。梁玉绳谓南县在青徐之间。）	十 （单如意卒于景帝十年即中三年。） 六 中四年，康侯贾成元年。	十六 （丙武卒于景帝十六年即后元三年。）
建元至元封六年三十六 **太初元年尽后元二年**十八	十一 元光六年，侯则元年。 （武帝十一年即元光五年，郭延居卒，次年郭则袭父位为侯。） 十七 元鼎五年，侯则坐酎金国除。	十 （武帝十年即元光四年，单贾成卒。） 四 元光五年，侯得元年。元朔三年，侯得坐伤人二旬内死，弃市，国除。	二 建元元年，侯信元年。建元三年，侯信坐出入属车间，夺侯国除。 （出入属车间：在皇帝出行时的副车之间穿行。）
侯第	二十七	四十五	四十一

国名	**宣曲** （具体方位不详，大抵在三辅一带。陈直以为是乡名，汉初属于长安，后在杜陵境内，今在西安南郊，与牛首山相近。）	**绛阳** （汉县名，方位不详。《汉书》作“终陵”，陈直以为应作“绛陵”，《齐鲁封泥集存》有“绛陵[邑]丞”封泥。）	**东茅** （汉县名，方位不详。）
侯功	以卒从起留，以骑将入汉，定三秦，破籍军荥阳，为郎骑将，破钟离昧军固陵，侯，六百七十户。 （留：秦县名，在今江苏沛县东南。钟离昧：项羽的部将。固陵：秦县名，县治在今河南太康南。）	以越将从起留，入汉，定三秦，击臧荼，侯，七百四十户。从攻马邑及布。 （臧荼：项羽所封的燕王，汉五年反汉，被灭。攻马邑及布：谓攻反汉的韩王信于马邑，及攻黥布于淮南。马邑：在今山西朔州。）	以舍人从起砀，至霸上，以二队入汉，定三秦，以都尉击项羽，破臧荼，侯。捕韩信，为将军，益邑千户。 （二队：前文“柳丘侯”有所谓“二队将”，疑即此也。捕韩信：捕韩王信。按：捕韩王信者，有地方说是樊哙，此则说是刘钊。）
高祖十二	七 六年七月戊戌，齐侯丁义元年。 （七月戊戌：七月十五。“齐”字是谥。）	七 六年七月戊戌，齐侯华无害元年。 （七月戊戌：七月十五。“齐”字是谥。）	七 六年八月丙辰，敬侯刘钊元年。 （八月丙辰：八月初四。）
孝惠七	七 （丁义在惠帝在位的七年间一直为侯。）	七 （华无害在惠帝在位的七年间一直为侯。）	七 （刘钊在惠帝在位的七年间一直为侯。）
高后八	八 （丁义在吕后执政的八年内一直为侯。）	八 （华无害在吕后执政的八年内一直为侯。）	八 （刘钊在吕后执政的八年内一直为侯。）

孝文二十三	十 （丁义卒于文帝十年。） 十三 十一年，侯通元年。 （文帝十一年，丁通袭父位为侯。）	三 （华无害卒于文帝三年。） 十六　四年，恭侯勃齐元年。 （华勃齐于文帝四年袭侯，后三年卒。） 四　后四年，侯禄元年。	二 （刘钊卒于文帝二年。） 十三 三年，侯吉元年. 十六年，侯吉夺爵国除。
孝景十六	四　有罪除。 （景帝四年，丁通被废。） 发娄　[一]　中五年，复封侯通元年。中六年，侯通有罪国除。 （景帝中五年，丁通被封为发娄侯，次年又被废。发娄：汉县名，方位不详。“发娄”后应有“一”字，丁通为发娄侯一年。）	三 前四年，侯禄坐出界，有罪国除。 （景帝四年，华禄被废。出界：离开自己的封地。）	
建元至元封六年三十六 太初元年尽后元二年十八			
侯第	四十三	四十六	四十八

国名	斥丘 （汉县名，县治在今河北成安东南。）	台 （汉县名，县治在今山东济南历城区。）	安国 （汉县名，县治在今河北安国东南。）
侯功	以舍人从起丰，以左司马入汉，以亚将攻籍，克敌，为东郡都尉；击破籍，侯武城；为汉中尉击布，为斥丘侯，千户。 （泷川资言引《索隐》曰："破籍武城，初为武城侯；后击布，改封斥丘。"东郡：郡治濮阳，在今河南濮阳西南。武城：应作"成武"，在今山东成武。）	以舍人从起砀，用队率入汉，以都尉击籍，籍死，转击临江，属将军贾，功侯。以将军击燕。 （用队率入汉：以军队小队长的身份随刘邦就国。用：以。队率：队长。临江：项羽所封的临江王共敖之子共尉，汉五年被刘邦所灭。将军贾：刘贾，刘邦的同族部将，后被封为荆王。）	以客从起丰，以厩将别定东郡、南阳，从至霸上。入汉，守丰，上东，因从战不利，奉孝惠、鲁元出睢水中，及坚守丰，封雍侯，五千户。 （东郡：郡治濮阳。南阳：郡治在今河南南阳。守丰：守卫刘邦的老家丰县。奉孝惠、鲁元出睢水：汉二年，刘邦袭据彭城，项羽驰回，大破刘邦于彭城下，大批汉军被挤入睢水。孝惠、鲁元亦逃散，后被夏侯婴所救。封雍侯，五千户：黄本于此作"于雍，侯五千户"。梁玉绳以为"于雍"应作"平雍"。）
高祖十二	七 六年八月丙辰，懿侯唐厉元年。 （八月丙辰：八月初四。）	七 六年八月甲子，定侯戴野元年。 （八月甲子：八月十二。）	七 六年八月甲子，武侯王陵元年。定侯安国。 （八月甲子：八月十二。梁玉绳曰："'定侯安国。'案四字衍。"）
孝惠七	七 （唐厉在惠帝在位的七年间一直为侯。）	七 （戴野在惠帝在位的七年间一直为侯。）	七　其六年，为右丞相。 （惠帝六年，王陵与陈平接替曹参分别为右、左丞相。）

高后八	八 （唐厉在吕后执政的八年内一直为侯。）	八 （戴野在吕后执政的八年内一直为侯。）	七 （吕后七年，王陵卒。） 一 八年，哀侯忌元年。 （王忌于吕后八年袭侯，同年死。）
孝文二十三	八 （唐厉卒于文帝八年。） 十三　九年，恭侯鼂元年。 （文帝九年，唐鼂袭侯，文帝后五年，唐鼂卒。鼂：今多作晁。） 二　后六年，侯贤元年。	三 （文帝三年，戴野卒。） 二十 四年，侯才元年。	二十三 元年，终侯游元年。
孝景十六	十六 （唐贤于景帝在位的十六年内一直为侯。）	二 三年，侯才反，国除。	十六 （王游卒于景帝十六年。）
建元至元封六年三十六 **太初元年尽后元二年**十八	二十五 （武帝二十五年即元鼎元年，唐贤卒。） 三 元鼎二年，侯尊元年。元鼎五年，侯尊坐酎金国除。		二十 建元元年三月，安侯辟方元年。 （王辟方于建元元年袭侯，为侯二十年，于元狩二年卒。） 八 元狩三年，侯定元年。元鼎五年，侯定坐酎金国除。
侯第	四十	三十五	十二

国名	**乐成** （汉县名，县治在今河南邓州西南。）	**辟阳** （汉县名，县治在今河北衡水市冀州区东南。）	**安平** （汉县名，县治在今河北安平。）
侯功	以中涓骑从起砀中，为骑将，入汉，定三秦，侯。以都尉击籍，属灌婴，杀龙且，更为乐成侯，千户。 （以中涓骑从起砀中："骑"字与"中"字疑衍。灌婴：刘邦的骑将，随韩信破齐、破项。）	以舍人初起，侍吕后、孝惠沛三岁十月，吕后入楚，食其从一岁，侯。 （审食其在刘邦灭秦的三年里，一直在刘邦故乡护卫刘邦的家属，汉二年刘邦败于彭城，审食其又与吕后、太公等一起被项羽所俘。其间，一直护卫太公与吕后。）	以谒者汉王三年初从，定诸侯，有功，秋举萧何，功侯，二千户。 （举萧何：刘邦封功臣时，诸功臣皆推曹参为第一，鄂千秋则顺着刘邦的心思盛推萧何为第一，事详《萧相国世家》。）
高祖十二	七 六年八月甲子，节侯丁礼元年。 （八月甲子：八月十二。）	七 六年八月甲子，幽侯审食其元年。 （食其：音 yì jī。汉初有审食其、郦食其、赵食其。）	七 六年八月甲子，敬侯鄂千秋元年。 （八月甲子：八月十二。）
孝惠七	七 （丁礼在惠帝在位的七年间一直为侯。）	七 （审食其于惠帝在位的七年间一直为侯。）	二 （鄂千秋死于惠帝二年。） 五 孝惠三年，简侯嘉元年。
高后八	八 （丁礼在吕后执政的八年内一直为侯。）	八 （审食其在吕后执政的八年内一直为侯。）	七 （鄂嘉卒于吕后七年。） 一　八年，顷侯应元年。（吕后八年，鄂应袭其父位为侯。）

孝文二十三	四 （丁礼卒于文帝四年。） 十八　五年，夷侯马从元年。 （文帝五年，丁马从袭侯，文帝后六年，丁马从卒。） 一　后七年，武侯客元年。	三 （文帝三年，审食其被刘邦子淮南王刘长所杀。） 二十 四年，侯平元年。	十三 （鄂应卒于文帝十三年。） 十 十四年，炀侯寄元年。
孝景十六	十六 （丁客于景帝在位的十六年内一直为侯。）	二 三年，平坐反，国除。 （景帝三年，审平因谋反被杀，国除。）	十五 （鄂寄卒于景帝十五年即后元二年。） 一 后三年，侯但元年。
建元至元封六年三十六 **太初元年尽后元二年**十八	二十五 （丁客卒于武帝二十五年即元鼎元年。） 三 元鼎二年，侯义元年。元鼎五年，侯义坐言五利侯不道，弃市，国除。 （丁义因其推荐的方士栾大哄骗武帝的方术被揭穿，受到牵连，被武帝所杀。五利：即五利将军。武帝为寻不死之药，封方士栾大为“五利将军”，事见《封禅书》。）		十八 元狩元年，坐与淮南王女陵通，遗淮南书称臣尽力，弃市，国除。 （武帝十九年即元狩元年，鄂但因与淮南王女通奸，又向淮南王写信表忠心被武帝所杀。淮南王：刘安，刘邦孙，刘长之子。淮南王女名陵。）
侯第	四十二	五十九	六十一

国名	**蒯成** （梁玉绳以为“蒯”字应作“鄘”，并以为其地应在扶风，治今陕西宝鸡西渭河南岸。）	**北平** （汉县名，在今河北保定满城区北。）	**高胡** （汉县名，方位不详。）
侯功	以舍人从起沛，至霸上，侯（“侯”字衍，应削。）；入汉，定三秦，食邑池阳；击项羽军荥阳，绝甬道；从出，度平阴，遇淮阴侯军襄国；楚汉约分鸿沟，以緤为信；战不利，不敢离上，侯，三千三百户。（池阳：汉县名，在今陕西泾阳西北。度平阴：刘邦败于荥阳，乃北渡平阴，找韩信调兵。平阴：黄河渡口名，在今河南洛阳孟津区东北。襄国：在今河北邢台。以緤为信：应作“以緤为信武侯”。）	以客从起阳武，至霸上；为常山守，得陈馀；为代相，徙赵相，侯。为计相四岁，淮南相十四岁，千三百户。（阳武：秦县名，在今河南原阳东南。常山：汉郡名，郡治在今河北石家庄一带。陈馀：代王并任赵王歇之相，汉三年被韩信所灭。代相：代王刘喜之相。赵相：赵王张耳之相。计相：在相国萧何手下分管财会。淮南相：刘邦子淮南王刘长之相。）	以卒从起杠里，入汉，以都尉击籍，以都尉定燕，侯，千户。 （杠里：秦县名，在今山东菏泽牡丹区东。定燕：消灭项羽所封的燕王臧荼。）
高祖十二	七 六年八月甲子，尊侯周緤元年。 （八月甲子：八月十二。“尊侯”应作“贞侯”。） 十二年十月乙未，定蒯成。 （周緤开始被封为“信武侯”，至十二年的十月十八，被改封为蒯成侯。）	七 六年八月丁丑，文侯张苍元年。 （八月丁丑：八月二十五。）	七 六年中，侯陈夫乞元年。
孝惠七	七 （周緤于惠帝在位的七年间一直为侯。）	七 （张苍于惠帝在位的七年间一直为侯。）	七 （陈夫乞于惠帝在位的七年间一直为侯。）
高后八	八 （周緤在吕后执政的八年内一直为侯。）	八 （张苍在吕后执政的八年内一直为侯。）	八 （陈夫乞在吕后执政的八年内一直为侯。）

孝文二十三	五 緤𦎗，子昌代。有罪，绝，国除。	二十三 （张苍于文帝在位的二十三年间一直为侯。） 其四为丞相，五岁罢。 （梁玉绳曰：“‘四’下缺‘年’字。‘五’上缺‘十’字，孝文四年，张苍为丞相，凡十五年而免也。”）	四 （文帝四年，陈夫乞卒。） 五年，殇侯程嗣。薨，无后国除。
孝景十六	鄆 一 中元年，封緤子康侯应元年。 （景帝中元年，封周緤子周应为鄆侯，同年周应卒。鄆：汉县名，在今安徽涡阳东北。） 八 中二年，侯中居元年。	五 （张苍卒于景帝五年。） 八　六年，康侯奉元年。 （景帝六年，张奉袭侯，中元六年张奉卒。） 三　后元年，侯预元年。 （据《张丞相列传》“预”字作“类”。）	
建元至元封六年三十六 太初元年尽后元二年十八	二十六 元鼎三年，居坐为太常有罪，国除。 （武帝二十七年即元鼎三年，周中居为太常犯罪被废。太常：主管宗庙祭祀。）	四 建元五年，侯预坐临诸侯丧后不敬，国除。 （临诸侯丧不敬：《张丞相列传》作“临诸侯丧后就位不敬”。）	
侯第	二十二	六十五	八十二

国名	厌次 （汉县名，在今山东惠民东。）	平皋 （汉县名，县治在今河南温县东北。）	复阳 （汉县名，县治在今河北故城西南。）
侯功	以慎将前元年从起留，入汉，以都尉守广武，功侯。 （慎将：师古曰："以谨慎为将也。"广武：山名，在今河南荥阳东北。其山中断为东、西两部，隔有鸿沟；其上各有城，曰"二王城"，东曰"霸王城"，西曰"汉王城"，即当年刘邦、项羽对峙之处。）	项它，汉六年以砀郡长初从，赐姓为刘氏，功比戴侯彭祖，五百八十户。 （汉六年以砀郡长初从：陈直曰："必是灭项羽以后之事，则项它之官砀郡长，为仕项羽时之官无疑。"按：项它封平皋侯事见《项羽本纪》。）	以卒从起薛，以将军入汉，以右司马击项籍，侯，千户。 （薛：秦县名，在今山东滕州南。）
高祖十二	七 六年中，侯元顷元年。 （此人姓元名顷，《汉书》作"爰类"。）	六 七年十月癸亥，炀侯刘它元年。 （十月癸亥：十月十二。当时以"十月"为岁首。）	六 七年十月甲子，刚侯陈胥元年。 （十月甲子：十月十三。）
孝惠七	七 （元顷于惠帝在位的七年间一直为侯。）	四 （刘它卒于惠帝四年。） 三 五年，恭侯远元年。	七 （陈胥于惠帝在位的七年间一直为侯。）
高后八	八 （元顷卒于吕后八年。）	八 （刘远在吕后执政的八年内一直为侯。）	八 （陈胥于吕后执政的八年内一直为侯。）

孝文二十三	五 元年，侯贺元年。六年，侯贺谋反，国除。	二十三 （刘它卒于文帝二十三年）	十 （陈胥卒于文帝十年。） 十三 十一年，恭侯嘉元年。
孝景十六		十六 元年，节侯光元年。 （景帝元年，刘光袭父位为侯，景帝十六年，刘光卒。）	五 （陈嘉卒于景帝五年。） 十一 六年，康侯拾元年。
建元至元封六年三十六 **太初元年尽后元二年**十八		二十八 建元元年，侯胜元年。元鼎五年，侯胜坐酎金国除。	十二 （陈拾卒于武帝十二年即元光六年。） 七 元朔元年，侯彊元年。元狩二年，坐父拾非嘉子国除。 （其父不是其祖父陈嘉所生。）
侯第	二十四	百二十一	四十九

国名	**阳河** （应作“阳阿”，汉县名，在今山西阳城西北。）	**朝阳** （汉县名，县治在今山东邹平西北。）	**棘阳** （汉县名，县治在今河南新野东。）
侯功	以中谒者从入汉，以郎中骑从定诸侯，侯，五百户，功比高胡侯。 （中谒者：即通常所谓“谒者”，为帝王掌收发传达以及赞礼等。高胡侯：陈夫乞，见前。）	以舍人从起薛，以连敖入汉，以都尉击项羽，后攻韩王信，侯，千户。 （韩王信：刘邦部将，被封韩王，因勾结匈奴反汉，高祖十一年被破杀。）	以卒从起胡陵，入汉，以郎将迎左丞相军以击（诸侯）[项籍]，侯千户。 （胡陵：秦县名，县治在今山东鱼台东南。郎将：统领帝王的侍从。左丞相：此指曹参，时带“左丞相”的虚衔。）
高祖十二	三 七年十月甲子，齐哀侯[丌䜣]元年。 （十月甲子：十月十三。“齐”字是谥，“哀”字衍文。“侯”下应有“丌䜣”二字，即此人之姓名。也有人认为此人叫“卞䜣”。丌䜣卒于高祖九年。） 三　十年，侯安国元年。	六 七年三月壬寅，齐侯华寄元年。 （三月壬寅：三月二十三。）	六 七年七月丙申，庄侯杜得臣元年。 （七月丙申：七月十九。）
孝惠七	七 （丌安国于惠帝在位的七年间一直为侯。）	七 （华寄卒于惠帝七年。）	七 （杜得臣于惠帝在位的七年间一直为侯。）
高后八	八 （丌安国于吕后执政的八年内一直为侯。）	八 元年，文侯要元年。	八 （杜得臣于吕后执政的八年内一直为侯。）

孝文二十三	二十三 （丌安国于文帝在位的二十三年内一直为侯。）	十三 （华要卒于文帝十三年。） 十 十四年，侯当元年。	五 （杜得臣卒于文帝五年。） 十八 六年，质侯但元年。
孝景十六	十 （丌安国卒于景帝十年即中三年。） 六 中四年，侯午元年。中绝。 （梁玉绳曰："'中绝'二字衍，侯午未尝中绝也。"）	十六 （华当于景帝在位的十六年内一直为侯。）	十六 （杜但于景帝在位的十六年内一直为侯。）
建元至元封六年三十六 太初元年尽后元二年十八	二十七 （丌午卒于武帝二十七年即元鼎三年。） 三　元鼎四年，恭侯章元年。 （丌章于元鼎四年袭侯，元鼎六年卒。） 埤山　二十　元封元年，侯仁元年。征和三年十月，仁与母坐祝诅，大逆无道，国除。 （丌仁于元封元年被改封为埤山侯，为侯二十年，因巫蛊之祸被杀。祝诅：以迷信手段诅咒皇帝快死。）	十三 元朔二年，侯当坐教人上书枉法罪，国除。 （华当于武帝十四年即元朔二年因教人上书违法被废。）	九 （杜但卒于武帝九年即元光三年。） 七 元光四年，怀侯武元年。元朔五年，侯武薨，无后，国除。
侯第	八十三	六十九	八十一

国名	**涅阳** （汉县名，县治在今河南邓州东北。）	**平棘** （汉县名，县治在今河北赵县东南。）	**羹颉** （有说是封号名，无实地；有说今河北涿鹿有羹颉山，刘邦取以为号；也有说今安徽舒城西北有羹颉城，为刘信所筑，故可证其为实封，食邑在舒城一带，不知孰是。）
侯功	以骑士汉王二年从出关，以郎将击斩项羽，侯，千五百户，比杜衍侯。 （出关：出函谷关，东讨项羽。斩项羽：刘邦破项羽于垓下后，项羽南逃，刘邦悬赏千金、万户侯以募人杀之。项羽自刎乌江后，吕胜、王翳等五人分得其尸，故五人皆为侯。）	以客从起亢父，斩章邯所署蜀守，用燕相侯，千户。 （亢父：秦邑名，在今山东济宁南。章邯：秦将，曾破杀陈涉、项梁，后降项羽。蜀守：蜀郡郡守。用燕相侯：因林挚曾为燕相，故得封侯。）	以高祖兄子从军，击反韩王信，为郎中将。信母尝有罪高祖微时，太上怜之，故封为羹颉侯。 （信母尝有罪高祖微时：刘邦少时家贫，常到其大嫂家里蹭饭吃，大嫂讨厌刘邦，故意挠得锅响，示意刘邦锅里已经没有粥了。）
高祖十二	六 七年中，庄侯吕胜元年。	六 七年中，懿侯执元年。 （梁玉绳曰："此侯是'林挚'，传写失其姓，而'挚'字又脱其半也。"）	六 七年中，侯刘信元年。 （刘信是刘邦之侄，其父是刘邦的长兄，早逝。）
孝惠七	七 （吕胜于惠帝在位的七年间一直为侯。）	七 （林挚于惠帝在位的七年间一直为侯。）	七 （刘信于惠帝在位的七年间一直为侯。）

高后八	八 （吕胜于吕后执政的八年内一直为侯。）	七 （林挚卒于吕后七年。） 一 八年，侯辟彊元年。	元年，信有罪，削爵一级，为关内侯。 （吕后元年，刘信的封地被取消。关内侯：只有侯爵，没有封地，比列侯低一等。）
孝文二十三	四 （吕胜卒于文帝四年。） 五年，庄侯子成实非子，不当为侯，国除。 （庄侯子成实非子：吕胜的儿子吕成不是吕胜所生。）	五 六年，侯辟彊有罪为鬼薪，国除。 （有罪为鬼薪：因犯罪被判劳役。鬼薪：采伐薪柴以供祭祀宗庙之用。意即为鬼采薪。）	
孝景十六			
建元至元封六年三十六 太初元年尽后元二年十八			
侯第	百四	六十四	

国名	**深泽** （汉县名，在今河北深泽县。）	**柏至** （汉县名，方位不详。）	**中水** （汉县名，县治在今河北献县西北。）
侯功	以赵将汉王三年降，属淮阴侯，定赵、齐、楚，以击平城，侯，七百户。 （三年降：谓韩信灭赵后，此人遂降韩信。击平城：指汉七年刘邦讨伐韩王信被匈奴人围困于平城事。平城：在今山西大同东北。）	以骈怜从起昌邑，以说卫入汉，以中尉击籍，侯，千户。 （骈怜：《汉书》于此作"骈邻"。师古曰："二马曰'骈'，'骈邻'为并两骑为军翼也。"泷川资言引《索隐》曰："'怜''邻'声相近，'骈邻'犹'比邻'也。"昌邑：秦县名，在今山东巨野南。说卫：应作"税卫"，泷川资言引《索隐》曰："军行初税之时，主为卫也。"）	以郎中骑将汉王元年从起好畤，以司马击龙且，后共斩项羽，侯，千五百户。 （好畤：秦县名，县治在今陕西乾县东。共斩项羽：项羽自杀后，吕马童与吕胜、王翳等五人共分其尸。）
高祖十二	五 八年十月癸丑，齐侯赵将夜元年。 （十月癸丑：十月初八。）	六 七年十月戊辰，靖侯许温元年。 （十月戊辰：十月十七。）	六 七年正月己酉，庄侯吕马童元年。 （正月己酉：正月二十九。）
孝惠七	七 （赵将夜于惠帝在位的七年间一直为侯。）	七 （许温于惠帝在位的七年间一直为侯。）	七 （吕马童于惠帝在位的七年间一直为侯。）
高后八	夺，绝。 （吕后元年，赵将夜被夺爵，国除。） 一　三年复封，一年绝。 （吕后三年，赵将夜又被封为侯，吕后四年，再次被废除。）	一　二年，有罪，绝。 （吕后二年，许温因犯罪被废。） 六　三年，复封温如故。 （至吕后八年，许温卒。）	八 （吕马童于吕后执政的八年内一直为侯。）

孝文二十三	四 十四年,复封将夜元年。 (赵将夜于文帝十四年第三次被封为侯,于文帝后元元年卒。) 六 后二年,戴侯头元年。	十四 元年,简侯禄元年。 (许禄于文帝元年袭侯,于文帝十四年卒。) 九 十五年,哀侯昌元年。	九 (吕马童卒于文帝九年。) 三　十年,夷侯假元年。 (吕假于文帝十年袭侯,文帝十二年卒。) 十一　十三年,共侯青肩元年。
孝景十六	二 (景帝二年,赵头卒。) 七(似应作"九")　三年,侯循元年,罪绝。(景帝三年,赵循袭父位,至景帝中四年,有罪,国除。) 更　五　中五年,封头子夷侯胡元年。(景帝中元五年,封赵头之子赵胡为更侯。)	十六 (许昌于景帝在位的十六年间一直为侯。)	十六 (吕青肩于景帝在位的十六年内一直为侯。)
建元至元封六年三十六 **太初元年尽后元二年**十八	十六 元朔五年,夷侯胡薨,无后,国除。	七 (许昌卒于武帝七年即元光元年。) 十三　元光二年,共侯安如元年。 (元光二年,许安如袭侯,为侯十三年,卒于元狩二年。) 五　元狩三年,侯福元年。元鼎二年,侯福有罪国除。	五 (吕青肩卒于武帝建元五年。) 一 建元六年,靖侯德元年。 (吕德于建元六年袭侯,同年死。) 二十三 元光元年,侯宜成元年。元鼎五年,宜成坐酎金国除。
侯第	九十八	五十八	百一

国名	**杜衍** （汉县名，县治在今河南南阳卧龙区西南。）	**赤泉** （方位不详，或谓在今河南鲁山县东北。《齐鲁封泥集存》有“赤泉邑丞”封泥。）	**栒** （汉县名，县治在今陕西旬邑。）
侯功	以郎中骑汉王三年从起下邳，属淮阴，从灌婴共斩项羽，侯，千七百户。 （下邳：秦县名，县治在今江苏睢宁北。）	以郎中骑汉王二年从起杜，属淮阴，后从灌婴共斩项羽，侯，千九百户。 （杜：秦县名，县治在今陕西西安东南。）	以燕将军汉王四年从曹咎军，为燕相，告燕王荼反，侯。以燕相国定卢奴，千九百户。 （曹咎：项羽的部将。为燕相：受项羽任命为燕王臧荼之相。臧荼于汉三年投降刘邦，项羽死后又反刘邦，温疥向刘邦告密，臧荼被消灭。后温疥为卢绾之相国。卢奴：在今河北定州。）
高祖十二	六 七年正月己酉，庄侯王翳元年。 （正月己酉：正月二十九。）	六 七年正月己酉，庄侯杨喜元年。 （正月己酉：正月二十九。）	五 八年十月丙辰，顷侯温疥元年。 （十月丙辰：十月十一。）
孝惠七	七 （王翳于惠帝在位的七年间一直为侯。）	七 （杨喜于惠帝在位的七年间一直为侯。）	七 （温疥于惠帝在位的七年间一直为侯。）
高后八	五 （王翳卒于吕后五年。） 三 六年，共侯福元年。	元年，夺，绝。 （杨喜于吕后元年因犯罪被废。） 七 二年，复封。	八 （温疥于吕后执政的八年内一直为侯。）

孝文二十三	四 （王福卒于文帝四年。） 七　五年，侯市臣元年。 （文帝五年，王市臣袭侯，文帝十一年，王市臣卒。） 十二　十二年，侯翕元年。	十一 （杨喜卒于文帝十一年。） 十二 十二年，定侯殷元年。	五 （文帝五年，温疥卒。） 十七　六年，文侯仁元年。 （温仁于文帝六年袭侯，于文帝后六年卒。） 一　后七年，侯河元年。
孝景十六	十二 有罪绝。 （景帝十二年，王翕犯罪被废。） 三 后元年，复封翳子彊侯郢人元年。	三 （杨殷卒于景帝三年。） 六　四年，侯无害元年。有罪绝。 （杨无害于景帝四年袭侯，中三年因犯罪被废。） 临汝　五　中五年，复封侯无害元年。 （景帝中五年，复封杨无害为临汝侯。临汝：汉县名。）	十 中四年，侯河有罪，国除。 （景帝十一年即中元四年，温河因犯罪被废。）
建元至元封六年三十六 太初元年尽后元二年十八	九 （武帝九年即元光三年，王郢人卒。） 十二 元光四年，侯定国元年。元狩四年，侯定国有罪，国除。	七 元光二年，侯无害有罪国除。	
侯第	百二	百三	九十一

国名	**武原** （汉县名，县治在今江苏邳州西北。）	**磨** （应作“磨”，《汉书》作“历”。方位说法不一。《齐鲁封泥集存》有“磨城丞印”封泥。）	**橐** （王念孙以为应作“橐”，在今山东微山县西北。）
侯功	汉七年，以梁将军初从，击韩信、陈豨、黥布功，侯，二千八百户，功比高陵。（梁将军：刘邦所封梁王彭越的部下。韩信：韩王信，于高祖七年勾结匈奴反汉。陈豨：为代相，于高祖十年反汉。黥布：刘邦的功臣，封淮南王，高祖十一年，见韩信、彭越相继被杀而起兵反汉。高陵：高陵侯王周，见后。）	以赵卫将军汉王三年从起卢奴，击项羽敖仓下，为将军，攻臧荼有功，侯，千户。 （赵卫将军：赵王歇的护卫将领，盖归降韩信者。卢奴：在今河北定州。敖仓：秦朝的粮仓，原在河南荥阳东北的敖山上，今已被黄河水冲刷掉。）	高帝七年，为将军从击代、陈豨有功，侯，六百户。 （击代：击韩王信在七年，击陈豨在十年，此当为击韩王信。）
高祖十二	五 八年十二月丁未，靖侯卫胠元年。 （十二月丁未：十二月初二。）	五 八年七月癸酉，简侯程黑元年。 （七月癸酉：七月初二。）	五 八年十二月丁未，祗侯陈错元年。 （十二月丁未：十二月初二。陈错：《汉书》作“陈锴”。）
孝惠七	三 （惠帝三年，卫胠卒。） 四　四年，共侯寄元年。	七 （程黑于惠帝在位的七年间一直为侯。）	二 （陈错卒于惠帝二年。） 五　三年，怀侯婴元年。
高后八	八 （卫寄于吕后执政的八年内一直为侯。）	二 （程黑卒于吕后二年。） 六　三年，孝侯釐元年。	八 （陈婴于吕后执政的八年内一直为侯。）

孝文二十三	二十三 （卫寄于文帝在位的二十三年内一直为侯。）	十六 （程黫卒于文帝十六年。） 七 后元年，侯灶元年。	六 （陈婴卒于文帝六年。） 十四　七年，共侯应元年。 （陈应于文帝七年袭侯，后元四年卒。） 三　后五年，侯安元年。
孝景十六	三 （景帝三年，卫寄卒） 十三 四年，侯不害元年。后二年，不害坐葬过律，国除。 （十三：应作“十一”。葬过律：办丧事超出规格。）	七 中元年，灶有罪，国除。	十六 （陈安于景帝在位的十六年内继续为侯。）
建元至元封六年三十六 **太初元年尽后元二年**十八			十二 （陈安卒于武帝十二年，即元光六年。） 七　不得，千秋父。 （陈不得于元朔元年袭侯，于元狩元年卒。史公漏书不得事迹。） 九　元狩二年，侯千秋元年。元鼎五年，侯千秋坐酎金国除。
侯第	九十三	九十二	百二十四

国名	**宋子** （汉县名，县治在今河北赵县东北。）	**猗氏** （汉县名，县治在今山西临猗南。）	**清** （汉县名，县治在今山东聊城西。）
侯功	以汉三年以赵羽林将初从，击定诸侯，功比磨侯，五百四十户。 （以赵羽林将初从：盖亦韩信破赵后赵将之降韩信者。磨侯：程黑，见前。）	以舍人从起丰，入汉，以都尉击项羽，侯，二千四百户。	以弩将初起从，入汉，以都尉击项羽、代，侯，比彭侯，千户。 （击项羽、代：先击项羽，后又击韩王信于代。陈仁锡以为"代"上缺"定"字。彭侯：秦同，见后。）
高祖十二	四 八年十二月丁卯，惠侯许瘛元年。 （十二月丁卯：十二月二十二。许瘛于高祖八年封侯，十一年卒。） 一 十二年，共侯不疑元年。	五 八年三月丙戌，敬侯陈遬元年。 （三月丙戌：三月十三。）	五 八年三月丙戌，简侯空中元年。 （空中：梁玉绳以为应作"窒中同"。"窒中"是姓，名"同"。此人卒于高祖十二年。）
孝惠七	七 （许不疑于惠帝在位的七年间继续为侯。）	六 （陈遬卒于惠帝六年。） 一 七年，靖侯交元年。	七 元年，顷侯圣元年。
高后八	八 （许不疑于吕后执政的八年间继续为侯。）	八 （陈交在吕后执政的八年间继续为侯。）	八 （窒中圣在吕后执政的八年间继续为侯。）

孝文二十三	九 （许不疑卒于文帝九年。） 十四 十年，侯九元年。	二十三 （陈交于文帝在位的二十三年内继续为侯。）	七 （窒中圣卒于文帝七年。） 十六 八年，康侯鲋元年。
孝景十六	八 中二年，侯九坐买塞外禁物罪，国除。 （买塞外禁物：购买违禁国外物品。）	二 （陈交卒于景帝二年。） 三年，顷侯差元年。薨，无后国除。	十六 （窒中鲋于景帝在位的十六年内继续为侯。）
建元至元封六年三十六 **太初元年尽后元二年**十八			二十 （窒中鲋卒于武帝二十年，即元狩二年。） 七 元狩三年，恭侯石元年。 （窒中石元狩三年袭侯，卒于元鼎三年。） 一 元鼎四年，侯生元年。元鼎五年，生坐酎金国除。
侯第	九十九	五十	七十一

国名	彊 (方位不详,《齐鲁封泥集存》有"彊侯邑丞"封泥。)	彭 (方位不详,《齐鲁封泥集存》有"彭侯邑丞"封泥。)	吴房 (汉县名,在今河南遂平。)	甯 (梁玉绳以为即当时之修武,亦即今河南之获嘉。)
侯功	以客吏初起从,入汉,以都尉击项羽、代,侯,比彭侯,千户。	以卒从起薛,以弩将入汉,以都尉击项羽、代,侯,千户。	以郎中骑将汉王元年从起下邽,击阳夏,以都尉斩项羽有功,侯,七百户。(下邽:秦县名,在今陕西渭南东北。阳夏:秦县名,在今河南太康,刘邦追击项羽于此。)	以舍人从起砀,入汉,以都尉击臧荼功,侯,千户。
高祖十二	三 八年三月丙戌,简侯留胜元年。 (留胜卒于高祖十年。) 二 十一年,戴侯章元年。	五 八年三月丙戌,简侯秦同元年。 (三月丙戌:三月十三。)	五 八年三月辛卯,庄侯杨武元年。 (三月辛卯:三月十八。)	五 八年四月辛(卯)[酉],庄侯魏选元年。 (四月辛酉:四月十八。)
孝惠七	七 (留章于惠帝在位的七年内继续为侯。)	七 (秦同于惠帝在位的七年内继续为侯。)	七 (杨武于惠帝在位的七年内继续为侯。)	七 (魏选于惠帝在位的七年内继续为侯。)
高后八	八 (留章在吕后执政的八年间继续为侯。)	八 (秦同在吕后执政的八年间继续为侯。)	八 (杨武在吕后执政的八年间继续为侯。)	八 (魏选在吕后执政的八年间继续为侯。)

孝文二十三	十二 （留章卒于文帝十二年。） 二 十三年，侯服元年。十五年，侯服有罪国除。	二 （秦同卒于文帝二年。） 二十一 三年，戴侯执元年。	十二 （杨武卒于文帝十二年。） 十一 十三年，侯去疾元年。	十五 （魏选卒于文帝十五年。） 八 十六年，恭侯连元年。 （魏连卒于文帝后元七年。）
孝景十六		二 （秦执卒于景帝二年。） 十一 三年，侯武元年。后元年，侯武有罪国除。	十四 后元年，去疾有罪国除。	三 元年，侯指元年。四年，侯指坐出国界有罪，国除。 （出国界：离开自己的封地。）
建元至元封六年三十六 **太初元年尽后元二年**十八				
侯第	七十二	七十	九十四	七十八

国名	**昌** （汉县名，县治在今山东诸城东北。）	**共** （汉县名，在今河南辉县市。）	**阏氏** （梁玉绳以为应作“阏与”，在今山西和顺。）	**安丘** （汉县名，县治在今山东安丘。）
侯功	以齐将汉王四年从淮阴侯起无盐，定齐，击籍及韩王信于代，侯，千户。 （从淮阴侯起无盐：在无盐以齐将身份归降韩信。无盐：秦县名，县治在今山东东平东南之无盐村。）	以齐将汉王四年从淮阴侯起临淄，击籍及韩王信于平城有功，侯，千二百户。 （平城：汉县名，县治在今山西大同东北，刘邦攻韩王信，曾被匈奴围困于此。）	以代太尉汉王三年降，为雁门守，以特将平代反寇，侯，千户。 （代太尉：代王陈餘的部属，韩信破代后降韩信。）	以卒从起方与，属魏豹；二岁五月以执铍入汉，以司马击籍，以将军定代，侯，三千户。（方与：秦县名，县治在今山东鱼台一带。魏豹：战国魏国王室的后裔，被项羽封为魏王，后来投降刘邦。二岁五月：刘邦刚被项羽大破于彭城时。）
高祖十二	五 八年六月戊申，圉侯卢卿元年。 （六月戊申：六月初六。）	五 八年六月壬子，庄侯卢罢师元年。 （六月壬子：六月初十。）	四 八年六月壬子，节侯冯解敢元年。 （冯解敢卒于高祖十一年。） 一　十二年，恭侯它元年。薨，无后，绝。	五 八年七月癸酉，懿侯张说元年。 （七月癸酉：七月初二。）
孝惠七	七 （卢卿于惠帝在位的七年内继续为侯。）	七 （卢罢师于惠帝在位的七年内继续为侯。）		七 （张说于惠帝在位的七年内继续为侯。）
高后八	八 （卢卿在吕后执政的八年间继续为侯。）	八 （卢罢师在吕后执政的八年间继续为侯。）		八 （张说在吕后执政的八年间继续为侯。）

孝文二十三	十四 (卢卿卒于文帝十四年。) 九 十五年,侯通元年。	六 (卢罢师卒于文帝六年。) 八　七年,惠侯党元年。 (卢党于文帝七年袭侯,十四年卒。) 五　十五年,怀侯商元年.后四年,侯商薨,无后国除。	十四 二年,封恭侯遗腹子文侯遗元年。 (冯遗于文帝二年受封,卒于文帝十五年。) 八 十六年,恭侯胜之元年。	十二 (张说卒于文帝十二年。) 十一 十三年,恭侯奴元年。
孝景十六	二 三年,侯通反,国除。		五 (冯胜之卒于景帝五年。) 十一 前六年,侯平元年。	二 (张奴卒于景帝二年。) 一　三年,敬侯执元年。 (张执袭侯的同年死。) 十三　四年,康侯䜣元年。
建元至元封六年三十六 太初元年尽后元二年十八			二十八 元鼎五年,侯平坐酎金国除。	十八 (张䜣卒于武帝十八年,即元朔六年。) 九 元狩元年,侯指元年.元鼎四年,侯指坐入上林谋盗鹿,国除。
侯第	百九	百十四	百	六十七

国名	**合阳** （也作“郃阳”，县治在今陕西合阳东南。）	**襄平** （汉县名，县治在今辽宁辽阳。有说在今江苏中部。）	**龙** （汉邑名，在今山东泰安泰山区东南。）	**繁** （汉县名，县治在今四川彭州。）
侯功	高祖兄。兵初起，侍太公守丰；天下已平，以六年正月立仲为代王；高祖八年，匈奴攻代，王弃国亡，废为合阳侯。 （高祖八年：梁玉绳曰：“‘八’当作‘七’。”）	兵初起，纪成以将军从，击破秦，入汉，定三秦，功比平定侯。战好畤，死事。子通袭成功，侯。 （好畤：秦县名，县治在今陕西乾县东。袭成功：继承其父现成的功勋。）	以卒从，汉王元年起霸上，以谒者击籍，斩曹咎，侯，千户。 （斩曹咎：曹咎是项羽的部将，汉四年项羽东击彭越时，为项羽守成皋，被刘邦所破杀。）	以赵骑将从，汉三年，从击诸侯，侯，比吴房侯，千五百户。 （以赵骑将从，汉三年：此语不顺，实即“汉三年，以赵骑将从汉”也。韩信破赵时，彊瞻以骑将降韩信。）
高祖十二	五 八年九月丙子，侯刘仲元年。 （九月丙子：九月初六。按：刘仲是刘邦的二哥。）	五 八年后九月丙午，侯纪通元年。 （后九月丙午：闰九月初六。当时的历法是将闰月都放在岁末。）	五 八年后九月己未，敬侯陈署元年。 （后九月己未：闰九月十九。）	四 九年十一月壬寅，庄侯彊瞻元年。 （十一月壬寅：十一月初三。梁玉绳以为“彊瞻”应作“张瞻师”。）
孝惠七	二（惠帝二年，刘仲卒。） 仲子濞为吴王。以子吴王故，尊仲谥为代顷侯。 （按：刘濞被封吴王在高祖十二年十月。“侯”疑作“王”。）	七 （纪通于惠帝在位的七年间继续为侯。）	七 （陈署于惠帝在位的七年间继续为侯。）	四 （彊瞻卒于惠帝四年。） 三　五年，康侯昫独元年。（梁玉绳以为“昫”字应作“惸”，亦作“茕”。）
高后八		八 （纪通于吕后执政的八年间继续为侯。）	六 （陈署卒于吕后六年。） 二　七年，侯坚元年。	八 （昫独于吕后执政的八年间继续为侯。）

孝文二十三		二十三 （纪通于文帝在位的二十三年间继续为侯。）	十六 后元年，侯坚夺侯，国除。	二十三 （眗独于文帝在位的二十三年间继续为侯。）
孝景十六		九 （纪通卒于景帝九年。） 七 中三年，康侯相夫元年。		三 （眗独卒于景帝三年。） 六 四年，侯寄元年。 （侯寄卒于景帝中二年。） 七 中三年，侯安国元年。
建元至元封六年三十六 **太初元年尽后元二年**十八		十二 （纪相夫卒于武帝十二年，即元光六年。） 十九 元朔元年，侯夷吾元年。元封元年夷吾薨，无后国除。		十八 元狩元年，安国为人所杀，国除。
侯第		五十六	八十四	九十五

国名	**陆梁** （汉县名，其地不详，应在今湖南一带。）	**高京** （汉县名，其地不详。）	**离** （其地不详。）	**义陵** （汉县名，在今湖南溆浦南。）
侯功	诏以为列侯，自置吏，受令长沙王。 （受令长沙王：归长沙王领导。）	周苛起兵，以内史从；击破秦，为御史大夫；入汉，围取诸侯，坚守荥阳，功比辟阳。苛以御史大夫死事，子成为后，袭侯。 （内史：首都的行政长官。梁玉绳以为此处“内史”应作“客”。御史大夫：国家的“三公”之一，掌弹劾，位同副丞相。死事：周苛为刘邦守荥阳，城破，骂项羽而死。）	失此侯始所起及所绝。 （《索隐》曰：“邓弱以长沙将兵侯，是所起也。”陈直曰：“离侯之下为义陵侯吴程，以长沙柱国侯，功勋相类，故侯位相联次。《索隐》说是也。”）	以长沙柱国侯，千五百户。 （长沙柱国：长沙王吴芮的部属。柱国：楚官名，国家的最高武官，地位仅次于令尹。）
高祖十二	三 九年三月丙辰，侯须毋元年。 （三月丙辰：三月十九。按：须毋卒于高祖十一年。） 一　十二年，共侯桑元年。	四 九年四月戊寅，侯周成元年。 （四月戊寅：四月十一。）	九年四月戊寅，邓弱元年。 （四月戊寅：四月十一。）	四 九年九月丙子，侯吴程元年。 （九月丙子：此年的九月无“丙子”日，记载有误。）
孝惠七	七 （须桑于惠帝在位的七年间继续为侯。）	七 （周成于惠帝在位的七年间继续为侯。）		三 （吴程卒于惠帝三年。） 四　四年，侯种元年。
高后八	八 （须桑于吕后执政的八年间继续为侯。）	八 （周成于吕后执政的八年间继续为侯。）		六（按：“六”字应作“七”。） 七年，侯种薨，无后国除。 皆失谥。

孝文二十三	十八 （须桑卒于文帝十八年，即后元二年。） 五　后三年，康侯庆忌元年。 （须庆忌卒于后元七年。）	二十 后五年，坐谋反系死，国除，绝。 （系死：死于关押之中。）		
孝景十六	十六 元年，侯冉元年。	绳　中元年，封成孙应元年。 （景帝中元年，改封周成之孙周应为绳侯。绳：汉县名。） 侯平嗣，不得元年。 （不知其“元年”在哪一年。）		
建元至元封六年三十六 **太初元年尽后元二年**十八	二十八 元鼎五年，侯冉坐酎金国除。	元狩四年，平坐为太常不缮治园陵，不敬，国除。 （不缮治园陵：不整修列祖列宗的陵墓。）		
侯第	百三十七	六十		百三十四

国名	**宣平** （封号名，应属关内侯。）	**东阳** （汉县名，县治在今江苏盱眙东南。）	**开封** （汉县名，县治在今河南开封。）	**沛** （汉县名，在今江苏沛县。）
侯功	兵初起，张耳诛秦，为相，合诸侯兵巨鹿，破秦定赵，为常山王。陈餘反，袭耳，弃国，与大臣归汉。汉定赵，为王。卒，子敖嗣。其臣贯高不善，废为侯。（张耳起兵讨秦，后为赵王歇之相。秦兵围巨鹿，项羽率各路诸侯往救。灭秦后，项羽封张耳为常山王。陈餘驱逐张耳，张耳遂归刘邦。韩信灭赵，刘邦封张耳为赵王。张耳死，张敖袭位。赵相贯高谋杀刘邦，张敖被降为侯。）	高祖六年，为中大夫，以河间守击陈豨力战功侯，千三百户。 （中大夫：帝王的侍从官员，掌议论。河间：汉郡名，郡治乐成，在今河北献县东南，《齐鲁封泥集存》有“河间大守”封泥。陈豨：刘邦的部将，任代相，高祖十年起兵反汉，被讨平。）	以右司马汉王五年初从，以中尉击燕、定代，侯，比共侯，二千户。 （中尉：首都的治安长官。击燕：讨伐燕王臧荼。定代：平定韩王信或陈豨。）	高祖兄合阳侯刘仲子，侯。
高祖十二	四 九年四月，武侯张敖元年。 （张敖是刘邦女鲁元公主之夫。）	二 十一年十二月癸巳，武侯张相如元年。 （十二月癸巳：十二月初六。）	一 十一年十二月丙辰，闵侯陶舍元年。 （十二月丙辰：十二月二十九。陶舍当年卒。） 一 十二年，夷侯青元年。	一 十一年十二月癸巳，侯刘濞元年。 （十二月癸巳：十二月初六。） 十二年十月辛丑，侯濞为吴王，国除。（十月辛丑：十月十九。）
孝惠七	七 （张敖于惠帝在位的七年间继续为侯。）	七 （张相如于惠帝在位的七年间继续为侯。）	七 （陶青于惠帝在位的七年间继续为侯。）	

高后八	六　信平薨,子偃为鲁王,国除。 (信平:二字不可解,有曰衍文。张敖卒于吕后六年,子张偃被封为鲁王,宣平侯国取消;吕后八年,大臣诛吕氏,鲁王张偃被废。)	八 (张相如于吕后执政的八年间继续为侯。)	八 (陶青于吕后执政的八年间继续为侯。)	
孝文二十三	十五 元年,以故鲁王为南宫侯。 (文帝元年,张偃被改封南宫侯。张偃卒于文帝十五年。南宫:汉县名。) 八 十六年,哀侯欧元年。	十五 (张相如卒于文帝十五年。) 五　十六年,共侯殷元年。 (张殷卒于文帝后四年。) 三　后五年,戴侯安国元年。	二十三 (陶青于文帝在位的二十三年间继续为侯。)	
孝景十六	九 (张欧卒于景帝九年,即中元二年。) 七 中三年,侯生元年。	三 (张安国卒于景帝三年。) 十三 四年,哀侯彊元年。	九　景帝时为丞相。 (陶青卒于景帝九年,即中二年。) 七　中三年,节侯偃元年。	
建元至元封六年三十六 **太初元年尽后元二年**十八	七　罪绝。(武帝七年,即元光元年,张生犯罪被废。) 睢阳　十八　元光三年,封偃孙侯广元年。(张广于元光三年被改封睢阳侯,张广卒于元鼎元年。睢阳:汉县名。) 十三　元鼎二年,侯昌元年。太初三年,侯昌为太常乏祠,国除。	建元元年,侯彊薨,无后,国除。	十 (武帝十年,即元光四年,陶偃卒。) 十八 元光五年,侯睢元年。元鼎五年,侯睢坐酎金国除。	
侯第	三	百十八	百十五	

国名	**慎阳** （汉县名，县治在今河南正阳北之江口集。）	**禾成** （梁玉绳以为应作“和城”，亦即“下曲阳”，在今河北晋州。）	**堂阳** （汉县名，县治在今河北新河县西北。）	**祝阿** （汉县名，县治在今山东济南西南。）
侯功	为淮阴舍人，告淮阴侯信反，侯，二千户。 （舍人：一种宾客兼仆役的角色。栾说告发韩信谋反事，见《淮阴侯列传》。）	以卒汉五年初从，以郎中击代，斩陈豨，侯，千九百户。	以中涓从起沛，以郎入汉，以将军击籍，为惠侯。坐守荥阳降楚免。后复来，以郎击籍，为上党守；击豨，侯，八百户。 （以将军击籍：指东袭彭城时事。）	以客从起齧桑，以上队将入汉，以将军定魏太原，破井陉，属淮阴侯，以缻度军。击籍及攻豨，侯，八百户。 （齧桑：古邑名，在江苏沛县西南。上队将：陈仁锡以为应作“二队将”。定魏太原：破魏豹。破井陉：消灭陈餘、赵歇。）
高祖十二	二 十一年十二月甲寅，侯栾说元年。 （十二月甲寅：十二月二十七。栾说：《汉书》作“乐说”。）	二 十一年正月己未，孝侯公孙耳元年。 （正月己未：正月初三。）	二 十一年正月己未，哀侯孙赤元年。 （正月己未：正月初三。）	二 十一年正月己未，孝侯高邑元年。 （正月己未：正月初三。）
孝惠七	七 （栾说于惠帝在位的七年间继续为侯。）	七 （公孙耳于惠帝在位的七年间继续为侯。）	七 （孙赤卒于惠帝七年。）	七 （高邑于惠帝在位的七年间继续为侯。）
高后八	八 （栾说于吕后执政的八年间继续为侯。）	八 （公孙耳于吕后执政的八年间继续为侯。）	八 元年，侯德元年。	八 （高邑于吕后执政的八年间继续为侯。）

孝文二十三	二十三 （栾说于文帝在位的二十三年间继续为侯。）	四（公孙耳卒于文帝四年。） 九　五年，怀侯渐元年。十四年，侯渐薨，无后，国除。	二十三 （孙德于文帝在位的二十三年间继续为侯。）	四（高邑卒于文帝四年。） 十四　五年，侯成元年。后三年，侯成坐事国人过律，国除。 （事国人过律：让封地的百姓为自己服劳役超过规定。事：役使。）
孝景十六	十二（栾说卒于景帝十二年。） 四　中六年，靖侯愿之元年。（栾愿于景帝中六年袭侯，景帝后三年卒。）		十二 中六年，侯德有罪国除。	
建元至元封六年三十六 **太初元年尽后元二年**十八	二十二　建元元年，侯买之元年。元狩五年，侯买之坐铸白金弃市，国除。 （铸白金：即盗铸钱。白金：《正义》引如淳曰："杂铸银锡为'白金'也。"是武帝为变相掠夺人民财富而铸造的一种货币。见《孝武本纪》《平准书》。）			
侯第	百三十一	百十七	七十七	七十四

国名	长修 （汉县名，县治在今山西新绛西北。）	江邑 （其地不详。）	营陵 （汉县名，县治在今山东昌乐东南。）	土军 （汉县名，在今山西石楼。）
侯功	以汉二年用御史初从出关，以内史击诸侯，功比须昌侯，以廷尉死事。千九百户。 （御史：御史大夫的属官，掌纠察弹劾。廷尉：九卿之一，国家的最高司法长官。）	以汉五年为御史，用奇计徙御史大夫周昌为赵相而代之。从击陈豨功侯，六百户。 （奇计：狡猾手段。为保护刘邦爱子赵王如意，赵尧劝刘邦将御史大夫周昌降级使用，任以为赵相，而自己取得御史大夫之职。）	以汉三年为郎中击项羽；以将军击陈豨得王黄，为侯；与高祖疏属刘氏，世为卫尉，万二千户。 （王黄：韩王信的部将，后又投靠陈豨。卫尉：九卿之一，主管护卫宫廷。“世”字有误，孝惠时刘泽始为卫尉。）	高祖六年为中地守，以廷尉击陈豨，侯，千二百户，就国。后为燕相。 （中地：汉郡名，即后来之右扶风，在今陕西西安及其郊区之西北部。就国：到自己的封地上去。）
高祖十二	二 十一年正月丙辰，平侯杜恬元年。 （正月丙辰：本月无“丙辰”，记载有误。）	二 十一年正月辛未，侯赵尧元年。 （正月辛未：正月十五。）	二 十一年，侯刘泽元年。	二 十一年二月丁亥，武侯宣义元年。 （二月丁亥：二月初一。）
孝惠七	二 （杜恬卒于惠帝二年。） 五　三年，怀侯中元年。	七 （赵尧于惠帝在位的七年间继续为侯。）	七 （刘泽于惠帝在位的七年间继续为侯。）	五（宣义卒于惠帝五年。） 二　六年，孝侯莫如元年。
高后八	八 （杜中于吕后执政的八年间继续为侯。）	元年，侯尧有罪，国除。	五　六年，侯泽为琅邪王，国除。 （吕后六年，刘泽被封为琅邪王，营陵侯国被取消。）	八 （宣莫如于吕后执政的八年间继续为侯。）

孝文二十三	四 （杜中卒于文帝四年。） 十九 五年，侯喜元年。			二十三 （宣莫如于文帝在位的二十三年间继续为侯。）
孝景十六	八　罪绝。（杜喜于景帝八年因犯罪被废。） 阳平　五　中五年，复封，侯相夫元年。（杜相夫被改封为阳平侯。阳平：汉县名，在今山东莘县。）			二 （宣莫如卒于景帝二年。） 十四 三年，康侯平元年。
建元至元封六年三十六 **太初元年尽后元二年**十八	三十三 元封四年，侯相夫坐为太常与乐令无可当郑舞人擅繇不如令，阑出函谷关，国除。 （乐令无可：太乐令，名叫“无可”。当：判处。擅繇：擅自征调。阑出：无通行证而私自出函谷关。）			五 （宣平卒于武帝建元五年。） 八 建元六年，侯生元年。元朔二年，生坐与人妻奸罪，国除。
侯第	百八		八十八	百二十二

国名	**广阿** （汉县名，县治在今河北隆尧东。）	**须昌** （汉县名，县治在今山东东平西北。）	**临辕** （其地不详。《齐鲁封泥集存》有“临袁邑丞”封泥，《衡斋金石识小录》有“临袁侯虎符”。）	**汲** （汉县名，县治在今河南卫辉西南。）
侯功	以客从起沛，为御史，守丰二岁；击籍，为上党守；陈豨反，坚守，侯，千八百户。后迁御史大夫。 （上党：秦郡名，郡治壶关，在今山西长治北。）	以谒者汉王元年初起汉中，雍军塞陈，谒上，上计欲还，衍言从他道，道通。后为河间守，陈豨反，诛都尉相如，功侯，千四百户。 （雍军：项羽所封雍王章邯的军队。塞陈：梁玉绳以为应作“塞陈仓”。）	初起从为郎，以都尉守蕲城，以中尉侯，五百户。 （蕲：秦县名，县治在今安徽宿州东南。中尉：主管首都治安的长官。）	高祖六年为太仆，击代豨有功，侯，千二百户。为赵太傅。 （为赵太傅：为赵王刘如意的太傅。太傅：帝王或太子的辅导官。）
高祖十二	二 十一年二月丁亥，懿侯任敖元年。 （二月丁亥：二月初一。）	二 十一年二月己酉，贞侯赵衍元年。 （二月己酉：二月二十三。）	二 十一年二月乙酉，坚侯戚鳃元年。 （二月乙酉：本月无“乙酉”，似应同赵衍格作“己酉”。）	二 十一年二月己巳，终侯公上不害元年。 （二月己巳：二月无“己巳”，此误。公上不害：姓公上，名不害。）
孝惠七	七 （任敖于惠帝在位的七年间继续为侯。）	七 （赵衍于惠帝在位的七年间继续为侯。）	四（戚鳃卒于惠帝四年。） 三 五年，夷侯触龙元年。	一（公上不害卒于惠帝元年。） 六 二年，夷侯武元年。
高后八	八 （任敖于吕后执政的八年间继续为侯。）	八 （赵衍于吕后执政的八年间继续为侯。）	八 （戚触龙于吕后执政的八年间继续为侯。）	八 （公上武于吕后执政的八年间继续为侯。）

孝文二十三	二（任敖卒于文帝二年。） 一　三年，夷侯竟元年。（任竟袭侯当年死。） 二十　四年，敬侯但元年。	十五 （赵衍卒于文帝十五年。） 四 十六年，戴侯福元年。 （赵福卒于文帝后三年。） 四 后四年，侯不害元年。	二十三 （戚触龙于文帝在位的二十三年间继续为侯。）	十三 （公上武卒于文帝十三年。） 十 十四年，康侯通元年。
孝景十六	十六 （任但于景帝在位的十六年间继续为侯。）	四 五年，侯不害有罪国除。	三 （戚触龙卒于景帝三年。） 十三 四年，共侯忠元年。	十六 （公上通于景帝在位的十六年间继续为侯。）
建元至元封六年三十六 **太初元年尽后元二年**十八	四 （建元四年，任但卒。） 二十一 建元五年，侯越元年。元鼎二年，侯越坐为太常庙酒酸，不敬，国除。		三 （建元三年，戚忠卒。） 二十五 建元四年，侯贤元年。元鼎五年，侯贤坐酎金国除。	一 （公上通卒于武帝建元元年。） 九 建元二年，侯广德元年。元光五年，广德坐妻精大逆罪，颇连广德，弃市，国除。 （妻精，其妻名精。）
侯第	八十九	百七	百十六	百二十三

国名	宁陵 （汉县名，县治在今河南宁陵东南。）	汾阳 （汉县名，县治在今山西静乐西。）	戴 （应作载，汉县名，县治在今河南民权东北。《齐鲁封泥集存》有“载国大行”封泥。）	衍 （汉县名，在今河南封丘西南。）
侯功	以舍人从陈留，以郎入汉，破曹咎成皋，为上解随马，以都尉击陈豨，功侯，千户。（从陈留：陈仁锡以为应作“从起留”。曹咎：项羽的部将，为项羽守成皋，被刘邦所破杀。为上解随马：“随”字疑误，意即为高祖解追骑之厄。）	以郎中骑千人前二年从起阳夏，击项羽，以中尉破钟离眛，功侯。 （千人：官名，统领千人的军官。阳夏：汉县名，在今河南太康。钟离眛：项羽的部将。梁玉绳以为“前二年从起阳夏”应作“汉二年从起栎阳”。）	以卒从起沛，以卒开沛城门；为太公仆，以中厩令击豨，侯，千二百户。 （太公：刘邦之父。仆：车夫。中厩令：在宫廷中管理车马。）	以汉二年为燕令，以都尉下楚九城，坚守燕，侯，九百户。 （燕：汉县名，县治在今河南延津东北。）
高祖十二	二 十一年二月辛亥，夷侯吕臣元年。 （二月辛亥：二月二十五。）	二 十一年二月辛亥，侯靳彊元年。 （二月辛亥：二月二十五。）	二 十一年三月癸酉，敬侯彭祖元年。 （三月癸酉：三月十八。按：“彭祖”是名，此失其姓。《汉书》曰姓“祕”。）	二 十一年七月乙巳，简侯翟盱元年。 （七月乙巳：此年七月无“乙巳”，记载有误。）
孝惠七	七 （吕臣于惠帝在位的七年间继续为侯。）	七 （靳彊于惠帝在位的七年间继续为侯。）	七 （祕彭祖于惠帝在位的七年间继续为侯。）	七 （翟盱于惠帝在位的七年间继续为侯。）
高后八	八 （吕臣于吕后执政的八年间继续为侯。）	二 （靳彊卒于吕后二年。） 六 三年，共侯解元年。	二 （祕彭祖卒于吕后二年。） 六 三年，共侯悼元年。	三（翟盱卒于吕后三年。） 二　四年，祗侯山元年。 （翟山卒于吕后五年。） 三　六年，节侯嘉元年。

孝文二十三	十 （吕臣卒于文帝十年。） 十三 十一年，戴侯射元年。	二十三 （靳解于文帝在位的二十三年间继续为侯。）	七 （祕悼卒于文帝七年。） 十六 八年，夷侯安国元年。	二十三 （翟嘉于文帝在位的二十三年内继续为侯。）
孝景十六	三 （吕射卒于景帝三年。） 一　四年，惠侯始元年。五年，侯始薨，无后，国除。	四 （靳解卒于景帝四年。） 十二　五年，康侯胡元年。绝。 （靳胡于景帝五年袭侯，于十二年因罪被废。）	十六 （祕安国于景帝在位的十六年内继续为侯。）	十六 （翟嘉于景帝在位的十六年内继续为侯。）
建元至元封六年三十六 **太初元年尽后元二年**十八		江邹　十九　元鼎五年，侯石元年。 （元鼎五年，封靳石为江邹侯。） 太始四年五月丁卯，侯石坐为太常行太仆事，治啬夫可年，益纵年，国除。 （行：兼任，代行其职权。啬夫：管理诉讼和赋税的小官。可年：该小官的姓名。）	十六 （祕安国卒于武帝十六年，即元朔四年。） 十二　元朔五年，侯安期元年。 （祕安期卒于元鼎四年。） 二十五　元鼎五年，侯蒙元年。后元元年五月甲戌，坐祝诅无道，国除。 （祝诅：祈求鬼神让皇帝快死。按：最后几句后人妄补。）	二 （翟嘉卒于武帝建元二年。） 十　建元三年，侯不疑元年。元朔元年，不疑坐挟诏书论罪，国除。 （挟诏书：师古曰："诏书当奉持之，而挟以行，故为罪也。"梁玉绳引程大中曰："谓挟诏书以威令人，借端生事者，师古注非。"）
侯第	七十三	九十六	百二十六	百三十

国名	**平州** （汉县名，在今山东济南莱芜区西。）	**中牟** （汉县名，县治在今河南中牟。）	**邔**(jì) （又作“邵”。汉县名，县治在今湖北宜城北。）	**博阳** （似应作“傅阳”，在今山东枣庄峄城区南。）
侯功	汉王四年，以燕相从击籍，还击荼，以故二千石将为列侯，千户。 （燕相：燕王臧荼之相，臧荼于汉三年时降汉。还击荼：臧荼于汉五年反汉，被讨平。）	以卒从起沛，入汉，以郎中击布，功侯，二千三百户。始高祖微时有急，给高祖一马，故得侯。 （击布：讨伐黥布。黥布被封为淮南王，高祖十一年起兵反，被消灭。）	以故群盗长为临江将，已而为汉击临江王及诸侯，破布，功侯，千户。 （临江将：项羽所封临江王共敖之将。汉击临江王在汉五年，时临江王已为共敖之子共尉。）	以卒从起丰，以队卒入汉；击籍成皋有功，为将军；布反，定吴郡，侯，千四百户。 （队卒：似应作“队率”。吴郡：郡治在今江苏苏州。）
高祖十二	二 十一年八月甲辰，共侯昭涉掉尾元年。 （八月甲辰：八月二十一。昭涉掉尾：姓昭涉，名掉尾。）	一 十二年十月乙未，共侯单父圣元年。 （十月乙未：十月十三。单父圣：姓单父，名圣。《汉书》作“单右车”。）	一 十二年十月戊戌，庄侯黄极中元年。 （十月戊戌：十月十六。）	一 十二年十月辛丑，节侯周聚元年。 （十月辛丑：十月十九。）
孝惠七	七 （昭涉掉尾于惠帝在位的七年间继续为侯。）	七 （单父圣于惠帝在位的七年间继续为侯。）	七 （黄极中于惠帝在位的七年间继续为侯。）	七 （周聚于惠帝在位的七年间继续为侯。）
高后八	八 （昭涉掉尾于吕后执政的八年间继续为侯。）	八 （单父圣于吕后执政的八年间继续为侯。）	八 （黄极中于吕后执政的八年间继续为侯。）	八 （周聚于吕后执政的八年间继续为侯。）

孝文二十三	一（昭涉掉尾卒于文帝元年。） 三　二年，戴侯福元年。 （昭涉福卒于文帝四年。“福”：《汉书》作“种”。） 四　五年，怀侯它人元年。 （昭涉它人卒于文帝八年。） 十五　九年，孝侯马童元年。	七 （单父圣卒于文帝七年。） 五 八年，敬侯缯元年。 （单父缯卒于文帝十二年。） 十一 十三年，戴侯终根元年。	十一 （黄极中卒于文帝十一年。） 九 十二年，庆侯荣盛元年。 （黄荣盛卒于文帝后四年。） 三 后五年，共侯明元年。	八 （周聚卒于文帝八年。） 十五 九年，侯遬元年。
孝景十六	十四 （昭涉马童卒于景帝十四年。） 二 后二年，侯昧元年。	十六 （单父终根于景帝在位的十六年间继续为侯。）	十六 （黄明于景帝在位的十六年间继续为侯。）	十一 中五年，侯遬夺爵一级，国除。 （夺爵一级：即降为关内侯。）
建元至元封六年三十六 **太初元年尽后元二年**十八	二十三 元狩五年，侯昧坐行驰道中更呵驰去，罪，国除。 （驰道：御道。）	十 （单父终根卒于武帝十年，即元光四年。） 十八 元光五年，侯舜元年。元鼎五年，侯舜坐酎金国除。	十六 （黄明卒于武帝十六年，即元朔四年。） 八　元朔五年，侯遂元年。元鼎元年，遂坐卖宅县官故贵，国除。 （卖宅县官：把自己家的房产卖给国家。）	
侯第	百十一	百二十五	百十三	五十三

国名	**阳义** （《汉书》作“阳羡”，在今江苏宜兴南。）	**下相** （汉县名，县治在今江苏宿迁西南。）	**德** （梁玉绳以为即今山东德州。按：汉时无“德县”，只有“安德”，在今山东平原东北。）	**高陵** （旧说皆以为在琅邪郡，其地大致在今山东东部。）
侯功	以荆令尹汉王五年初从，击钟离昧及陈公利幾，破之，徙为汉大夫；从至陈，取韩信，还为中尉；从击布，功侯，二千户。 （荆令尹：项羽的属官。钟离昧：项羽的部将。陈公利幾：陈县县令名利幾。取韩信：袭捕韩信。）	以客从起沛，用兵从击破齐田解军，以楚丞相坚守彭城，距布军，功侯，二千户。 （田解：齐王田广的部下，汉四年被韩信所灭。楚丞相：刘邦弟楚元王刘交的丞相，刘交都彭城。）	以代顷王子侯。顷王，吴王濞父也。广，濞之弟也。 （代顷王：刘邦的二哥刘仲。）	以骑司马汉王元年从起废丘，以都尉破田横、龙且，追籍至东城，以将军击布，九百户。 （骑司马：项羽所封雍王章邯的部下。破田横、龙且：韩信先破齐兵于历下，项羽派龙且救齐，韩信又破田横、龙且于潍水，齐国遂灭。东城：在今安徽定远东南。）
高祖十二	一 十二年十月壬寅，定侯灵常元年。 （十月壬寅：十月二十。）	一 十二年十月己酉，庄侯泠耳元年。 （十月己酉：十月二十七。）	一 十二年十一月庚辰，哀侯刘广元年。 （十一月庚辰：十一月二十八。）	一 十二年十二月丁亥，圉侯王周元年。 （十二月丁亥：十二月初六。王周：《汉书》作“王虞人”。）
孝惠七	七 （灵常于惠帝在位的七年间继续为侯。）	七 （泠耳于惠帝在位的七年间继续为侯。）	七 （刘广于惠帝在位的七年间继续为侯。）	七 （王周于惠帝在位的七年间继续为侯。）

高后八	六 （灵常卒于吕后六年。） 二 七年，共侯贺元年。	八 （冷耳于吕后执政的八年间继续为侯。）	二 （刘广卒于吕后二年。） 六 三年，顷侯通元年。	二 （王周卒于吕后二年。） 六 三年，惠侯并弓元年。
孝文二十三	六 （灵贺卒于文帝六年。） 六 七年，哀侯胜元年。十二年，侯胜薨，无后国除。	二 （冷耳卒于文帝二年。） 二十一 三年，侯慎元年。	二十三 （刘通于文帝在位的二十三年间继续为侯。）	十二 （王并弓卒于文帝十二年。） 十一 十三年，侯行元年。
孝景十六		二 三年三月，侯慎反，国除。	五 （刘通卒于景帝五年。） 十一 六年，侯龁元年。	二 三年，反，国除。
建元至元封六年三十六 **太初元年尽后元二年**十八			二十七 （刘龁卒于武帝二十七年，即元鼎三年。） 一 元鼎四年，侯何元年。元鼎五年，侯何坐酎金国除。	
侯第	百十九	八十五	百二十七	九十二

国名	**期思** （汉县名，县治在今河南淮滨东南。）	**穀陵** （应作“穀阳”，在今安徽固镇县西北。）	**戚** （有说即今山东微山县，有说在今河南濮阳北戚城。）	**壮** （其地不详。）
侯功	淮南王布中大夫，有郄，上书告布反，侯，二千户，布尽杀其宗族。 （淮南王布中大夫：淮南王黥布属下的中大夫，因黥布怀疑他与自己的妃子有奸，欲杀之，故进京上书告黥布谋反。）	以卒从，前二年起柘，击籍，定代，为将军，功侯。 （柘：汉县名，县治在今河南柘城北。）	以都尉汉二年初起栎阳，攻废丘，破之；因击项籍，别属丞相韩信破齐军；攻臧荼，迁为将军，击信，侯，千户。 （栎阳：项羽所封塞王司马欣的都城，在今陕西西安阎良区东南武屯街道。废丘：项羽所封雍王章邯的都城，在今陕西兴平东南。击信：击韩王信。）	以楚将汉王三年降，起临济，以郎中击籍、陈豨，功侯，六百户。 （临济：秦邑名，在今河南封丘东。）
高祖十二	一 十二年十二月癸卯，康侯贲赫元年。 （十二月癸卯：十二月二十二。贲：师古曰：“贲音肥。”）	一 十二年正月乙丑，定侯冯谿元年。 （正月乙丑：正月十四。）	一 十二年十二月癸卯，圉侯季必元年。 （十二月癸卯：十二月二十二。季必：应作“李必”，其人见《樊郦滕灌列传》。）	一 十二年正月乙丑，敬侯许倩元年。 （正月乙丑：正月十四。）
孝惠七	七 （贲赫于惠帝在位的七年间继续为侯。）	七 （冯谿于惠帝在位的七年间继续为侯。）	七 （李必于惠帝在位的七年间继续为侯。）	七 （许倩于惠帝在位的七年间继续为侯。）
高后八	八 （贲赫于吕后执政的八年间继续为侯。）	八 （冯谿于吕后执政的八年间继续为侯。）	八 （李必于吕后执政的八年间继续为侯。）	八 （许倩于吕后执政的八年间继续为侯。）

孝文二十三	十三 十四年，赫薨，无后国除。	六 （冯谿卒于文帝六年。） 十七 七年，共侯熊元年。	三 （李必卒于文帝三年。） 二十 四年，齐侯班元年。	二十三 （许倩于文帝在位的二十三年间继续为侯。）
孝景十六		二 （冯熊卒于景帝二年。） 二 三年，隐侯卬元年。 （冯卬卒于景帝四年。） 十二 五年，献侯解元年。	十六 （李班于景帝在位的十六年间继续为侯。）	一 （许倩卒于景帝元年。） 十五 二年，共侯恢元年。
建元至元封六年三十六 **太初元年尽后元二年**十八		三 （冯解卒于武帝建元三年。） 建元四年，侯偃元年。	二 （李班卒于武帝建元二年。） 二十 建元三年，侯信成元年。元狩五年，侯信成坐为太常纵丞相侵神道壖不敬，国除。 （神道壖：皇帝陵墓前正道两侧的空旷地。）	一 （许恢卒于武帝建元元年。） 九　建元二年，殇侯则元年。 （许则卒于元光四年。） 十五　元光五年，侯广宗元年。元鼎（元）[五]年，侯广宗坐酎金国除。
侯第	百三十二	百五	九十	百十二

国名	**成阳** （汉县名，县治在今山东菏泽东北。）	**桃** （汉县名，县治在今河北衡水一带。）	**高梁** （汉县名，县治在今山西临汾东北。）	**纪信** （其地不详，《齐鲁封泥集存》有“纪信邑丞”封泥，知汉初确有“纪信县”。）
侯功	以魏郎汉王二年从起阳武，击籍，属魏豹；豹反，属相国彭越。以太原尉定代，侯，六百户。 （魏郎：魏王豹的侍从。阳武：汉县名，县治在今河南原阳东南。魏豹：项羽所封的西魏王，都平阳，在今山西临汾西南。）	以客从，汉王二年从起定陶，以大谒者击布，侯，千户，为淮阴守，项氏亲也。赐姓。 （定陶：汉县名，县治在今山东菏泽定陶区西北。大谒者：官名，主管传达、赞礼事务。为淮阴守：《汉书》作“淮南”，此误。项氏亲：项伯的族人。）	食其，兵起，以客从击破秦；以列侯入汉；还定诸侯，常使约和诸侯，列卒兵聚，侯，功比平侯嘉。以死事，子疥袭食其功侯，九百户。 （食其：音 yì jī。列卒兵聚：词语不顺，疑有讹误。死事：郦食其说齐王田广降汉后，韩信突然袭破齐，齐杀郦食其。）	以中涓从起丰，以骑将入汉，以将军击籍，后攻卢绾，侯，七百户。 （卢绾：刘邦的同乡与亲密部属，被封为燕王，后因被怀疑，起兵反汉，逃入匈奴。）
高祖十二	一 十二年正月乙酉，定侯意元年。 （正月乙酉：此年正月无“乙酉”，记载误。意：《汉书》作“奚意”，此失其姓。）	一 十二年三月丁巳，安侯刘襄元年。 （三月丁巳：三月初七。刘襄：原名项襄。）	一 十二年三月丙寅，共侯郦疥元年。 （三月丙寅：三月十六。）	一 十二年六月壬辰，匡侯陈仓元年。 （六月壬辰：六月十四。）
孝惠七	七 （奚意于惠帝在位的七年间继续为侯。）	七 （刘襄于惠帝在位的七年间继续为侯。）	七 （郦疥于惠帝在位的七年间继续为侯。）	七 （陈仓于惠帝在位的七年间继续为侯。）

高后八	八 （奚意于吕后执政的八年间继续为侯。）	一　夺绝。 （刘襄于吕后元年被废。） 七 二年，复封襄。	八 （郦疥于吕后执政的八年间继续为侯。）	二 （陈仓卒于吕后二年。） 六 三年，夷侯开元年。
孝文二十三	十 （奚意卒于文帝十年。） 十三 十一年，侯信元年。	九 （刘襄卒于文帝九年。） 十四 十年，哀侯舍元年。	二十三 （郦疥于文帝在位的二十三年间继续为侯。）	十七 （陈开卒于文帝十七年，即后元元年。） 六 后二年，侯阳元年。
孝景十六	十六 （奚信于景帝在位的十六年间继续为侯。）	十六 景帝时为丞相。 （刘舍卒于景帝十六年。）	十六 （郦疥于景帝在位的十六年间继续为侯。）	二 三年，阳反，国除。
建元至元封六年三十六 **太初元年尽后元二年**十八	建元元年，侯信罪鬼薪，国除。 （罪鬼薪：因犯罪被判罚劳役，鬼薪的意思是为祭祀宗庙采伐薪柴。）	十三 建元元年，厉侯申元年。 （刘申卒于元朔元年。） 十五 元朔二年，侯自为元年。 元鼎五年，侯自为坐酎金国除。	八 （郦疥卒于武帝元光二年。） 十 元光三年，侯勃元年。元狩元年，坐诈诏衡山王取金，当死，病死，国除。 （衡山王：刘赐，刘邦之孙。郦勃假传圣旨，向刘赐骗取钱财。）	
侯第	百一十	百三十五	六十六	八十

国名	**甘泉** （其地不详，梁玉绳以为应作“景城”，在今河北沧县西。）	**煮枣** （有说在今山东东明南；有说在今河北衡水市冀州区一带。）	**张** （有说在今河北邢台任泽区一带。）	**鄢陵** （汉县名，县治在今河南鄢陵西北。）	**菌** （《汉书》作“卤”，或曰在山西东北部，或说在甘肃东北部。）
侯功	以车司马汉王元年初从起高陵，属刘贾，以都尉从军，侯。 （高陵：秦县名，县治在今陕西西安高陵区。刘贾：刘邦的同族，以功封荆王。）	以越连敖从起丰，别以郎将入汉，击诸侯，以都尉侯，九百户。	以中涓骑从起丰，以郎将入汉，从击诸侯，七百户。	以卒从起丰，入汉，以都尉击籍、荼，侯，七百户。	以中涓前元年从起单父，不入关，以击籍、布、燕王绾，得南阳，侯，二千七百户。 （单父：秦县名，县治在今山东单县。）
高祖十二	一 十二年六月壬辰，侯王竟元年。 （六月壬辰：六月十四。）	一 十二年六月壬辰，靖侯赤元年。 （六月壬辰：六月十四。侯赤：史失其姓，《汉书》作“革朱”。）	一 十二年六月壬辰，节侯毛泽之元年。 （六月壬辰：六月十四。）	一 十二年中，庄侯朱濞元年。	一 十二年，庄侯张平元年。
孝惠七	六 （王竟卒于惠帝六年。） 一 七年，戴侯莫摇元年。	七 （侯赤于惠帝在位的七年间继续为侯。）	七 （毛泽之于惠帝在位的七年间继续为侯。）	七 （朱濞于惠帝在位的七年间继续为侯。）	七 （张平于惠帝在位的七年间继续为侯。）

高后八	八 （王莫摇于吕后执政的八年间继续为侯。）	八 （侯赤于吕后执政的八年间继续为侯。）	八 （毛泽之于吕后执政的八年间继续为侯。）	三（朱濞卒于吕后三年。） 五　四年，恭侯庆元年。	四（张平卒于吕后四年。） 四 五年，侯胜元年。
孝文二十三	十 （王莫摇卒于文帝十年。） 十三 十一年，侯嫖元年。	一 （侯赤卒于文帝元年。） 二十二 二年，赤子康侯武元年。	十（毛泽之卒于文帝十年。） 二　十一年，夷侯庆元年。（毛庆卒于文帝十二年。） 十一　十三年，侯舜元年。	六 七年，恭侯庆薨，无后国除。	三 四年，侯胜有罪国除。
孝景十六	九 十年，侯嫖有罪，国除。	八（侯武卒于景帝八年。） 二　中二年，侯昌元年。中四年，有罪国除。	十二 中六年，侯舜有罪国除。		
建元至元封六年三十六 **太初元年尽后元二年**十八					
侯第	百六	七十五	七十九	五十二	四十八

［**简评**］《高祖功臣侯者年表》谱列了帮助刘邦打天下的一百四十三名功臣，他们因功封侯，然其侯国仅百余年时间便大多因罪而除，司马迁感慨了当时侯国的兴衰之速与远古诸侯那种继世长久的巨大差异。这种不分析古今时代条件的变化，而单纯衡量年头长短，并将其归结为古人德高、今人德低的说法未免迂腐空泛。司马迁将汉代绝大多数侯国迅速灭亡的原因归结为两方面，一是由于最高统治者的“罔亦少密”，一是由于诸侯们的“皆身无兢兢于当世之禁”。看起来像是各打五十大板，实际上对最高统治者的指责是主要的。从内容来看，司马迁对许多因“莫须有”式的罪名而被剥夺封爵的诸侯表达了深刻同情。我认为这与司马迁在其他篇章中所表现的对汉代统治者的批判是一致的，但不一定非要说是由于司马迁留恋分封制才做出如此表态的。

刘邦开国功臣所封侯国之大量被消灭主要是在武帝时代，日人中井积德曾说：“是时四方征伐，有功者不得不封，而天下无复地可封焉，故不得不减旧封，是势之所必至，虽孝武之残忍寡恩，亦少有可恕者，要之处之之道失宜耳。”这说得很好，旧的不去，新的不来。至于手段么，后人也就不必再为古人去鸣什么不平了。此外，梁玉绳曾指出本表是谱列功臣，不应该将刘姓子弟与吕氏外戚混入其中。将没有尺寸之功的刘姓子侄杂入“功臣表”确实不好，但吕泽、吕释之等一些吕家人不仅仅是“外戚”，而是与刘邦同时起事，并为刘邦集团统一天下做出了重要贡献的大功臣，简单地以“外戚”二字将其历史功绩抹杀似乎于理不当。

［**集评**］《太史公自序》：“维高祖元功，辅臣股肱，剖符而爵，泽流苗裔，忘其昭穆，或杀身殒国，作《高祖功臣侯者年表第六》。”

梁玉绳曰：“高祖功臣百三十七人，兼王子四、外戚二，计百四十三人，表内所载是已。其实侯表惟载功臣，则王子外戚不宜混入，表例自以班书为当。然余考高帝功臣有表不尽载者。功臣之封始于六年十二月，故吕公之封临泗侯，利幾之封颍川侯，卢绾之封长安侯，表均不载。盖吕公以四年先卒，利幾以五年九月反诛，卢绾以五年后九月为王也。……若在六年以后者，《项羽纪》元（玄）武侯与射阳、桃、平泉三侯偕封，而表无之；《刘敬传》敬为建信侯……而表无之；《黥布传》高帝十一年封故楚令尹薛公千户，《陈豨传》封赵将四人各千户，《朱建传》梁父侯导黥布反，而表俱无之……讵非封而失书欤？”（《史记志疑》）

汪越曰：“表侯功，大约从起丰、沛，从至霸上，定秦，从至汉中，从灭项羽，功之大者也。余功如从大将击齐、魏，击赵、韩、燕、代，定诸侯；如护太公、吕后，如奉孝惠、鲁元公主；如解鸿门，如为汉守，如从击黥布、彭越、陈豨、卢绾、韩王信等，皆表而出之，明不与恩泽侯同也。”（《读史记十表》）

俞樾曰：“观年表所载，有以‘谋反’国除者，斯固法所宜尔也。他如武昌侯德，坐‘伤人二旬内死’弃市国除，犹曰重民命也。又如蓼侯臧，坐‘为太常南陵桥坏’国除。广阿侯越，坐‘为太常酒酸’国除，犹曰严祀事也。即如曲城侯皋柔，坐‘知民不用赤仄钱为赋’国除。乐成侯义坐‘言五利侯不道’国除，犹曰挠时禁也。乃至芒侯申生坐‘尚南宫公主不敬’国除矣，祈侯它坐‘从射擅罢’国除矣，绛阳侯禄、甯侯指，坐‘出界’国除矣，武原侯不害坐‘葬过律’国除矣，高苑侯信坐‘出入属车间’国除矣，安丘侯指坐‘入上林谋盗鹿’国除矣。噫！祖父累百战之功而得国，子孙负一朝之过而失侯，遂使降将无反顾之心，功臣有自危之意，亦岂长有天下之道哉？”（《湖楼笔谈》）

方苞曰：“汉武以列侯莫求从军，坐酎金失侯者百余人，迁不敢斥言其过，故微辞以见义。言古之道笃于仁义以安勋旧，而今任法刻削不同于古，帝王殊礼异务各以自就其功绪，岂可混而一

之乎？刺武帝用一切之法以侵夺群下，而成其南诛北伐之功也。”（《归方评点史记合笔》）

李晚芳曰：“此篇论汉诸侯享国，不如三代之久，因上之多所防，下之有所挟也。多所防则罔（网）密，有所挟则不兢兢持身，所以必致衰微，虽欲固根本而不能也。臣固失矣，君亦未为得焉，有无限伤今慕古之意。往复低徊，回环百折，词旨踈（疏）畅，而局度谨严。说古处，直捷，用快笔；说今处，含蓄吞吐，用婉笔；有言外不尽之言，味外不尽之味。读者细细领其旨趣，褒贬自见。呜乎，主挟今情，臣追昔欵（款），所以为功臣慨也。太史笔笔，若归罪功臣，正所以叹惜功臣，惜其不遇三代之时也。吁！”（《读史管见》）

伊藤德男曰：“表六至表九将汉代诸侯分为高祖、惠景间、建元以来三个时期，分别显示了三个时期的诸侯随着时代的发展有怎样的变迁。尽管有严格的继承法和严格的强干弱枝的政策，但诸侯仍然存在并绵延，也许是当时的形势决定了不能无视孝道和亲亲之意吧。”（《从史记十表看司马迁的历史观》）

朱东润曰：“读史之功，莫甚于读表，其所得往往有出于纪、传、世家以外者。余读《高祖功臣侯者年表》，知诸侯功状，史迁皆有所本以资移录，其间存亡攻守之故，迁亦未能尽悉，因书所见质诸当世，至于前修所已论，世人所共知者，不更泛及。”（《史记考索》）

惠景间侯者年表第七

太史公读列封至便侯，曰：有以也夫！[①]长沙王者，著令甲[②]，称其忠焉。昔高祖定天下，功臣非同姓疆土而王者八国。[③]至孝惠时，唯独长沙全，[④]禅五世，以无嗣绝，竟无过，为藩守职，信矣。[⑤]故其泽流枝庶，毋功而侯者数人。[⑥]及孝惠讫孝景间五十载，追修高祖时遗功臣，及从代来，吴楚之劳，[⑦]诸侯子弟若肺腑，外国归义，封者九十有余。[⑧]咸表始终，当世仁义成功之著者也。[⑨]

①列封——列侯受封的档案资料。　便侯——吴浅，长沙王吴芮之子，于惠帝元年（前194）被封为便侯，一直传国到武帝元鼎年间，在受封为侯的诸人中，算是传国比较久远的。　有以也夫——这是有原因的呀。　②长沙王者，著令甲——长沙王：吴芮，秦时为番阳县令，诸侯反秦时，派其部将梅铜率兵从诸侯入关灭秦，因此吴芮被项羽封为衡山王。楚汉战争中，吴芮一直臣属于刘邦，故刘邦称帝后改封吴芮为长沙王。著令甲：特别下令予以褒奖，将此命令收在法令汇编的第一集里。令甲，也称“甲令”，诏令汇编的第一集。因有多集，故以甲、乙、丙、丁相区分。　③疆土——划分领土。疆：这里用如动词，意即分割、区划。　王者八国——指赵王张耳、楚王韩信、淮南王黥布、梁王彭越、燕王臧荼、长沙王吴芮、韩王信、燕王卢绾。　④孝惠——惠帝刘盈，刘邦之子，吕后所生，公元前195—前188年在位。汉代尊儒，为表示提倡

孝道，在除高帝和光武帝外的每个皇帝的谥字前都加一个“孝”字，如“孝武”“孝平”“孝明”等是。 唯独长沙全——上述异姓诸侯王八家至刘邦末年除长沙王吴芮外，其他七家已全部被刘邦消灭。当时吴芮已死，吴芮的儿子吴臣继其父位为王。 ⑤为藩守职——为大汉王朝做藩篱屏障，谨守臣职。 信矣——确实如此。 ⑥泽流枝庶——正根虽断，祖辈的恩泽仍能流布到非正根的子子孙孙。枝庶：也称“庶孽”，非嫡系的子孙。 毋功而侯者数人——如惠帝元年（前194）所封的便侯吴浅，就是文王吴芮的小儿子；至吕后元年（前157），又封成王吴臣之子（一说为吴芮之子）吴阳为沅陵侯，这两家分别向后传到了武帝时代和景帝时代。 ⑦追修高祖时遗功臣——找补、追加高祖时应封而漏封的功臣，如梧侯阳成延、平定侯齐受等。 从代来——原是代国的藩臣，因随文帝一同进京而发达，如壮武侯宋昌。 吴楚之劳——在平定吴、楚七国之乱中立功封侯，如俞侯栾布、魏其侯窦婴、建陵侯卫绾等。 ⑧诸侯子弟——如齐悼惠王子管侯刘罢军、楚元王子休侯刘富等。 肺腑——犹言“骨肉”，这里指因与皇家有亲密关系而获封侯，如张敖之子信都侯张侈、吕后之侄祝兹侯吕荣等。 外国归义——如安陵侯子军、容成侯唯徐卢等。 封者九十有余——本表所列共九十三人。 ⑨咸表始终——都把它们的始末谱列出来。 当世仁义成功之著者也——大意谓其中有的历世绵长，有的时光短暂，只有那些谨守仁义之道的才能成功，历世久远，这是最明显不过的，可以供人们借鉴。

国名(汉代列侯的封地多数为一个县,也有小的为一个乡。)	**便** (汉县名,县治在今湖南永兴。)	**轪**(dài) (汉县名,县治在今河南光山西北之息县境内。)	**平都** (汉县名,县治在今陕西子长。)	**右孝惠**时三 (以上孝惠时代共封三人为侯。)
侯功 (该受封人的资格。)	长沙王子,侯,二千户。 (长沙王吴芮之少子。)	长沙相,侯,七百户。 (长沙王吴臣之丞相。)	以齐将高祖三年降,定齐,侯,千户。 (齐将:齐王田广之将。定齐:随韩信平定齐地。)	
孝惠七 (惠帝在位七年多,即前195—前188年。)	七 元年九月,顷侯吴浅元年。 (吴浅开始受封为便侯。"顷"字是谥。《汉书》"元年九月"下有"癸卯"二字。九月癸卯:九月初二。)	六 二年四月庚子,侯利仓元年。 (1972年所发掘的长沙马王堆一号汉墓的墓主即利仓之妻。1973年于二号汉墓中出土"长沙丞相""轪侯之印""利苍"三印,证实轪侯名为"利苍",而《汉书》作"黎朱苍"者非。)	三 五年六月乙亥,孝侯刘到元年。 (六月乙亥:六月二十六。)	
高后八 (吕后执政共八年,即前187—前180年。)	八 (吴浅在吕后执政的八年间一直为侯。)	二(利苍卒于吕后二年。) 六　三年,侯豨元年。 (吕后三年,利苍子利豨袭父位为侯。在吕后时期为侯六年。)	八 (刘到在吕后执政的八年内一直为侯。)	
孝文二十三 (文帝在位约二十三年,即前180—前157年。)	二十二(吴浅卒于文帝二十二年,即后六年。) 一　后七年,恭侯信元年。 (文帝二十三年,即后七年吴浅之子吕信袭父位为侯。)	十五 (利豨卒于文帝十五年。) 八　十六年,侯彭祖元年。 (文帝十六年,利彭祖袭其父位为侯。在文帝朝为侯八年。)	二(刘到卒于文帝二年。) 二十一　三年,侯成元年。(刘成于文帝三年袭父位为侯,在文帝朝为侯二十一年)	

孝景十六 （景帝在位约十六年，即前 157—前 141 年。）	五 （吴信卒于景帝五年。） 十一 前六年，侯广志元年。 （吴信之子吴广志袭父位为侯，在景帝时期共为侯十一年。）	十六 （利彭祖于景帝在位的十六年内一直为侯。）	十四 后二年，侯成有罪，国除。 （刘成于景帝在位的前十四年继续为侯，于景帝十五年即后二年因罪被废。）	
建元至元封六年三十六 （武帝在位的前六个年号分别为建元、元光、元朔、元狩、元鼎、元封，共三十六年，即前 140—前 105 年。）	二十八 （梁玉绳曰："广志之薨，千秋之嗣，《史》《汉》俱不得其年。《史诠》谓当书曰'千秋嗣，不得元年'。"殿本作"二十九"。） 元鼎五年，侯千秋坐酎金国除。 （武帝二十九年，即元鼎五年，吴千秋因交纳酎金不合标准被废。酎金：皇帝祭祖让诸王、诸列侯交纳的随祭金银。酎金问题明显是武帝为打击诸列侯所用的一个借口，见《平准书》。）	（三十） [十] （利彭祖卒于武帝十年，即元光四年。） [二十] [元光五年，侯秩元年。]元封元年，侯秩为东海太守，行过不请，擅发卒兵为卫，当斩，会赦，国除。 （行过不请：路过长安时不入朝拜见。当斩：被判处死罪。按：此格中华本原作"三十"，误，今依梁玉绳说改为"十""二十"，又增"元光五年，侯秩元年"八字。）		
太初已后（《史记》叙事的下限为太初年间，即前 104—前 101 年，此格疑非司马迁所著。）				

国名	**扶柳** （汉县名，县治在今河北衡水市冀州区西北。）	**郊** （《齐鲁封泥集》有“郊侯邑丞”封泥，则知作“郊”者是，而《汉书》作“洨”者非，县治在今安徽固镇县。）	**南宫** （汉县名，县治在今河北南宫。）	**梧** （汉县名，县治在今安徽萧县。）
侯功	高后姊长姁子，侯。 （吕平是吕后的大姐吕长姁的儿子，靠亲属关系被封侯。）	吕后兄悼武王，身佐高祖定天下，吕氏佐高祖治天下，天下大安，封武王少子产为郊侯。 （悼武王：吕后之长兄吕泽，刘邦的功臣，死于高祖八年。）	以父越人为高祖骑将，从军，以大中大夫侯。 （大中大夫：同“太中大夫”，帝王的侍从官员，掌议论。）	以军匠从起郏，入汉，后为少府，作长乐、未央宫，筑长安城先就，功侯，五百户。 （军匠：军中的工匠。郏：汉县名，在今河南郏县。少府：九卿之一，为皇帝理财。）
高后八	七 元年四月庚寅，侯吕平元年。八年，侯平坐吕氏事诛，国除。 （四月庚寅：四月二十七。坐吕氏事诛：在吕后死后，大臣诛诸吕的政变中被杀。师古曰：“平既吕氏所生，不当姓吕，盖史家唯记母族也。”）	五 元年四月辛卯，侯吕产元年。六年七月壬辰，产为吕王，国除。八年九月，产以吕王为汉相，谋为不善，大臣诛产，遂灭诸吕。（吕产是吕氏家族的首领，先封吕王，又改梁王，身任相国，统领南军。吕后一死大臣政变，吕产被刘章所杀。按：吕产为相国在吕后七年，此曰“八年”误。）	七 元年四月丙寅，侯张买元年。 （张越人死，张买以其父之功封侯。四月丙寅：四月初三。） 八年，侯买坐吕氏事诛，国除。 （张买被视为吕氏一党被杀。）	六 元年四月乙酉，齐侯阳成延元年。 （四月乙酉：四月二十二。阳成延卒于吕后六年。） 二 七年，敬侯去疾元年。

孝文二十三				二十三 （阳成去疾于文帝在位的二十三年内一直为侯。）
孝景十六				九 （阳成去疾卒于景帝九年，即中二年。） 七 中三年，靖侯偃元年。
建元至元封六年三十六				八 （阳成偃卒于武帝八年，即元光二年。） 十四 元光三年，侯戎奴元年。元狩五年，侯戎奴坐谋杀季父弃市，国除。
太初已后				

国名	**平定** (地望无考,有说在齐地。)	**博成** (即博县,在今山东泰安东南。)	**沛** (汉县名,在今江苏沛县。)	**襄成** (汉县名,在今河南襄城。)
侯功	以卒从高祖起留,以家车吏入汉,以枭骑都尉击项籍,得楼烦将功,用齐丞相侯。一云项涓。 (留:秦县名,县治在今江苏沛县东南。家车吏:未详。楼烦将:统领骑射之兵的将领。一云项涓:另一种说法是俘获了项羽的部将项涓。)	以悼武王郎中兵初起从高祖起丰,攻雍丘,击项籍,力战。奉卫悼武王出荥阳,功侯。 (郎中:帝王的侍从人员。雍丘:秦县名,在今河南杞县。悼武王:吕泽,吕后之长兄。)	吕后兄康侯少子,侯,奉吕宣王寝园。 (康侯:吕后的次兄吕释之。吕宣王:吕后之父。谥曰"宣"。寝园:指陵墓。)	孝惠子,侯。
高后八	八 元年四月乙酉,敬侯齐受元年。 (齐受于吕后元年被封侯。四月乙酉:四月二十二。)	三 元年四月乙酉,敬侯冯无择元年。 (冯无择卒于吕后三年。) 四 四年,侯代元年。 八年,侯代坐吕氏事诛,国除。	(七)[六](中华本"六"字原作"七",误。) 元年四月乙酉,侯吕种元年。 一 为不其侯。(吕后七年,吕种改封为不其侯。不其:汉县名。在今山东青岛西北。) 八年,侯种坐吕氏事诛,国除。	一 元年四月辛卯,侯义元年。(四月辛卯:四月二十八。) 二年,侯义为常山王。国除。(刘义已封常山王,故"襄成侯"的封爵取消。常山国的都城真定,在今河北石家庄北。)

孝文二十三	一(齐受卒于文帝元年。) 四 二年,齐侯市人元年。 (齐市人于文帝二年袭侯,卒于文帝五年。按:此所谓"齐侯"似有误,岂可以自家之姓为谥。) 十八 六年,恭侯应元年。			
孝景十六	十六 (齐应于景帝在位的十六年内一直为侯。)			
建元至元封六年三十六	七 (齐应卒于武帝七年,即元光元年。) 十八　元光二年,康侯延居元年。 (齐延居卒于元鼎元年。) 二　元鼎二年,侯昌元年。元鼎四年,侯昌有罪国除。			
太初已后				

国名	**轵**(zhì) (汉县名,县治在今河南济源南。)	**壶关** (汉县名,县治在今山西长治北。)	**沅陵** (汉县名,县治在今湖南沅陵。)	**上邳** (汉县名,县治在今山东微山县北。)
侯功	孝惠子,侯。	孝惠子,侯。	长沙嗣成王子,侯。 (以长沙王吴臣儿子的身份被封侯。成王:吴臣,老长沙王吴芮之子,“成”字是谥。)	楚元王子,侯。 (楚元王:刘交,刘邦之少弟。)
高后八	三 元年四月辛卯,侯朝元年。 (四月辛卯:四月二十八。) 四年,侯朝为常山王,国除。	四 元年四月辛卯,侯武元年。 (四月辛卯:四月二十八。) 五年,侯武为淮阳王,国除。 (淮阳国的都城在今河南周口淮阳区。)	八 元年十一月壬申,顷侯吴阳元年。 (梁玉绳认为当依《汉书》作“七月丙申”。七月丙申:七月初四。)	七 二年五月丙申,侯刘郢客元年。 (五月丙申:五月初九。)

孝文二十三			十七 （吴阳卒于文帝十七年，即后元年。） 六 后二年，顷侯福元年。 （按：吴福与其父吴阳同谥曰“顷”，必有一误。陈仁锡以为吴福疑谥“顺”。）	一 二年，侯郢客为楚王，国除。 （文帝二年，刘郢客袭其父位为楚王，“上邳侯”的封爵被取消。）
孝景十六			十一 （吴福卒于景帝十一年，即中四年。） 四 中五年，哀侯周元年。 后三年，侯周薨，无后国除。	
建元至元封六年三十六				
太初已后				

国名	**朱虚** （汉县名，县治在今山东临朐东南。）	**昌平** （地望无考，梁玉绳以为应作“平昌”。）	**赘其** （汉县名，县治在今江苏盱眙西南。）	**中邑** （汉县名，县治在今河北沧州东北。）	**乐平** （有说在今山东聊城东昌府区。）
侯功	齐悼惠王子，侯。 （齐悼惠王刘肥的儿子。刘肥是刘邦之子。）	孝惠子，侯。	吕后昆弟子，用淮阳丞相侯。 （昆弟：兄弟。用：以，由。淮阳丞相：惠帝子淮阳王刘彊的丞相。）	以执矛从高祖入汉，以中尉破曹咎，用吕相侯，六百户。 （中尉：主管首都治安的长官。曹咎：项羽的部将，为项羽守成皋，被刘邦破杀。吕相：吕王吕台之丞相。）	以队卒从高祖起沛，属皇䜣；以郎击陈餘，用卫尉侯，六百户。 （队卒：应作“队率”。皇䜣：魏将，曾与刘邦合力攻昌邑，见《高祖本纪》。陈餘：赵王歇之相，汉三年被韩信所灭。卫尉：九卿之一，主管护卫宫廷。）
高后八	七 二年五月丙申，侯刘章元年。 （五月丙申：五月初九。）	三 四年二月癸未，侯太元年。 （二月癸未：二月初七。） 七年，太为吕王，国除。 （梁玉绳曰：“‘太’字误，当作‘大’。”）	四 四年四月丙申，侯吕胜元年。 （四月丙申：四月二十。） 八年，侯胜坐吕氏事诛，国除。	五 四年四月丙申，贞侯朱通元年。 （《汉书》作“朱进”。）	二 四年四月丙申，简侯卫无择元年。 （卫无择于吕后四年受封，卒于吕后五年。） 三 六年，恭侯胜元年。

孝文二十三	一 二年,侯章为城阳王,国除。 (文帝二年,刘章被封为城阳王,“朱虚侯”的爵邑取消。)			十七 (朱通卒于文帝十七年,即后元年。) 六 后二年,侯悼元年。	二十三 (卫胜在文帝在位的二十三年内一直为侯。)
孝景十六				十五 后三年,侯悼有罪,国除。	十五 (卫胜卒于景帝十五年,即后元二年。) 一 后三年,侯侈元年。
建元至元封六年三十六					五 建元六年,侯侈坐以买田宅不法,又请求吏罪,国除。 (梁玉绳曰:“‘坐’下衍‘以’字,‘求’当作‘赇’。”“赇”即行贿。)
太初已后					

国名	**山都** （汉县名，在今湖北襄阳襄城区西北。）	**松兹** （汉县名，在今安徽宿松东北。）	**成陶** （汉县名，今地说法不一，有曰在今山东高密。）	**俞**（shù） （也写作“鄃”，汉县名，县治在今山东平原西南。）	**滕** （汉县名，县治在今山东滕州。）
侯功	高祖五年为郎中柱下令，以卫将军击陈豨，用梁相侯。 （郎中柱下令：一说即“御史”，常立于柱下，故名。卫将军：统率侍卫的将领，与武帝时的“卫将军”不同。陈豨：刘邦的功臣，任赵相，监代、赵边兵，高祖十年反汉，被讨平。）	兵初起，以舍人从起沛，以郎中入汉，还，得雍王邯家属功，用常山丞相侯。 （雍王邯：项羽所封的雍王章邯，都废丘，在今陕西兴平东南。常山丞相：惠帝子常山王的丞相。）	以卒从高祖起单父，为吕氏舍人。度吕后淮之功，用河南守侯，五百户。 （单父：县治在今山东单县。舍人：一种宾客兼仆役的角色。度吕后淮：据《高祖本纪》，汉元年，刘邦令人“因王陵兵南阳以迎太公、吕后于沛。楚闻之发兵距之阳夏”，是时吕后由沛西行度淮，周信以舍人从之也。河南：汉郡名，郡治在今河南洛阳东北。）	[父婴]以连敖从高祖破秦，入汉，以都尉定诸侯，功比朝阳侯。婴死，子它袭功，用太中大夫侯。 （梁玉绳以为开头应有“父婴”二字。连敖：楚国官名。朝阳侯：华寄，见《高祖功臣侯者年表》。）	以舍人、郎中十二岁，以都尉屯霸上，用楚相侯。 （十二岁：为舍人、郎中十二年。楚相：楚元王刘交之丞相。）
高后八	五 四年四月丙申，贞侯王恬开元年。 （按：王恬开的事迹参见《张释之冯唐列传》。）	五 四年四月丙申，夷侯徐厉元年。 （按：徐厉的事迹见《绛侯周勃世家》。）	五 四年四月丙申，夷侯周信元年。	四 四年四月丙申，侯吕它元年。 （吕它：吕婴之子，袭其父功为侯。） 八年，侯它坐吕氏事诛，国除。	四 四年四月丙申，侯吕更始元年。 八年，侯更始坐吕氏事诛，国除。

孝文二十三	三 （王恬开卒于文帝三年。） 二十 四年，惠侯中黄元年。	六 （徐厉卒于文帝六年。） 十七 七年，康侯悼元年。	十一 （周信卒于文帝十一年。） 三 十二年，孝侯勃元年。 十五年，侯勃有罪，国除。		
孝景十六	三 （王中黄卒于景帝三年。） 十三 四年，敬侯触龙元年。	十二 （徐悼卒于景帝十二年，即中五年。） 四 中六年，侯偃元年。			
建元至元封六年三十六	二十二 （王触龙卒于武帝二十二年，即元狩四年。） 八　元狩五年，侯当元年。元封元年，侯当坐与奴阑入上林苑，国除。 （阑入：私自闯入。）	五 建元六年，侯偃有罪，国除。			
太初已后					

国名	**醴陵** （有说即今湖南醴陵，当时为乡名。）	**吕成** （其地不详。有人以为在今河南南阳。）	**东牟** （汉县名，县治在今山东烟台牟平区。）	**锤** （在今山东威海文登区西。）	**信都** （汉县名，在今河北衡水市冀州区。）
侯功	以卒从，汉王二年初起栎阳，以卒吏击项籍，为河内都尉，用长沙相侯，六百户。 （栎阳：项羽所封塞王司马欣的都城，在今陕西西安阎良区。河内：汉郡名，郡治怀县在今河南武陟西南。长沙相：长沙王之相。）	吕后昆弟子，侯。 （昆弟：兄弟。）	齐悼惠王子，侯。 （齐悼惠王刘肥之子，齐哀王刘襄之弟。）	吕肃王子，侯。 （吕肃王：吕台，吕产之兄。）	以张敖、鲁元太后子侯。 （按：张侈乃张敖前妻所生，非鲁元公主所生。）
高后八	五 四年四月丙申，侯越元年。 （侯越：名越，史失其姓。）	四 四年四月丙申，侯吕忿元年。 八年，侯忿坐吕氏事诛，国除。	三 六年四月丁酉，侯刘兴居元年。 （四月丁酉：四月初三。）	三 六年四月丁酉，侯吕通元年。 八年，侯通为燕王，坐吕氏事国除。 （吕后八年，封吕通为燕王；吕后死，吕通在大臣政变中被诛。）	一 八年四月丁酉，侯张侈元年。 （四月丁酉：四月十四。）

孝文二十三	三 四年，侯越有罪国除。		一 二年，侯兴居为济北王，国除。 （吕后八年大臣诛诸吕，拥立汉文帝，文帝二年封刘兴居为济北王，“东牟侯”的爵邑被取消。）		元年，侯侈有罪国除。 （因张氏是吕氏一党，故牵连被废。）
孝景十六					
建元至元封六年三十六					
太初已后					

国名	**乐昌** （有说在今河南南乐西北，有说在今安徽太和东。）	**祝兹** （在今山东胶州西南。）	**建陵** （汉县名，县治在今江苏新沂。）	**东平** （汉县名，县治在今山东东平。）	右**高后**时三十一 （以上吕后执政时期共封侯三十一人。梁玉绳曰：“考高后元年封吕禄为胡陵侯，二年封萧何夫人为酂侯，萧延为筑阳侯，四年封女弟媭为临光侯，又封刘信母为阴安侯，此皆失数，则当作‘三十六’矣。”）
侯功	以张敖、鲁元太后子侯。 （按：张受乃张敖前妻所生，非鲁元公主所生。）	吕氏昆弟子侯。	以大谒者侯。宦者，多奇计。	以燕王吕通弟侯。	
高后八	一 八年四月丁酉，侯张受元年。 （四月丁酉：四月十四。）	八年四月丁酉，侯吕荣元年。坐吕氏事诛，国除。	八年四月丁酉，侯张泽元年。九月，夺侯，国除。 （按：张泽字子卿，是吕后的亲幸，在封诸吕为王中颇起作用，见《吕太后本纪》。后大臣诛诸吕，张泽被废。）	八年五月丙辰，侯吕庄元年。坐吕氏事诛，国除。 （五月丙辰：五月初四。梁玉绳以为“吕庄”应作“吕庀”。）	

孝文二十三	元年，侯受有罪国除。 （因张氏是吕氏一党，故牵连被废。）				
孝景十六					
建元至元封六年三十六					
太初已后					

国名	**阳信** （汉县名，县治在今山东无棣北。）	**轵** （汉县名，县治在今河南济源南。）	**壮武** （汉县名，县治在今山东青岛即墨区。）	**清都** （应作“清郭”，亦即“靖郭”，其地不详。）	**周阳** （乡名，在今山西绛县西南。）
侯功	高祖十二年为郎，以典客夺赵王吕禄印，关殿门拒吕产等入，共尊立孝文，侯，二千户。 （典客：朝官名，九卿之一。主管接待宾客。赵王禄：吕禄，吕后之侄，执掌北军。刘揭阻止吕产进宫事，见《吕太后本纪》。）	高祖十年为郎，从军，十七岁为太中大夫，迎孝文代，用车骑将军迎太后，侯，万户。薄太后弟。 （薄昭是文帝之舅，大臣诛诸吕，迎立代王刘恒为帝，薄昭为文帝先进京观察动静；文帝即位，又回代都迎太后进京，见《孝文本纪》。）	以家吏从高祖起山东，以都尉从守荥阳，食邑。以代中尉劝代王入，骖乘至代邸，王卒为帝，功侯，千四百户。 （食邑：享有领地。代中尉：代国主管军事的武官。代邸：代王在京的住宅。大臣诛灭吕氏后，宋昌劝刘恒进京事见《孝文本纪》。）	以齐哀王舅父侯。 （齐哀王：刘襄，刘肥之子，刘邦之孙。吕后一死，刘襄立即在齐国起兵以讨诸吕，为朝廷内部的大臣政变提供了良好条件。因大臣畏惧刘襄英武难制，故暗中迎立了刘恒。在齐哀王统兵讨伐诸吕的过程中，其舅驷钧是其心腹骨干之一。）	以淮南厉王舅父侯。 （赵兼是淮南厉王刘长之舅，其人见于《淮南衡山列传》《孝文本纪》《酷吏列传》。）
孝文二十三	十四 元年三月辛丑，侯刘揭元年。（文帝元年，刘揭因参加诛诸吕有功被封侯。三月辛丑：三月二十四。梁玉绳以为应作“十一月”。刘揭卒于文帝十四年。） 九　十五年，侯中意元年。（文帝十五年，刘中意袭父位为侯。）	十 元年四月乙巳，侯薄昭元年。 （四月乙巳：四月无“乙巳”，梁玉绳以为应依《汉书》作“正月”。薄昭卒于文帝十年。） 十三 十一年，易侯戎奴元年。 （按：有罪自杀当废，文帝所以不废其封者，以太后故。）	二十三 元年四月辛亥，侯宋昌元年。 （四月辛亥：四月初五。）	五 元年四月辛未，侯驷钧元年。 （四月辛未：四月二十五。） 前六年，钧有罪国除。	五 元年四月辛未，侯赵兼元年。 前六年，兼有罪国除。

孝景十六	五 六年，侯中意有罪国除。 （景帝六年，刘中意因犯罪被废。）	十六 （薄戎奴在景帝在位的十六年内一直为侯。）	（十一）［十］ 中四年，侯昌夺侯，国除。 （夺侯：因犯罪被剥夺侯爵。宋昌被夺侯在景帝十一年，即中元四年。）		
建元至元封六年三十六		一 （武帝建元元年，薄戎奴卒。） 建元二年，侯梁元年。 （按：史公写史时薄梁尚在位，故无终止之年。）			
太初已后					

国名	**樊** （汉县名，县治在今山东济宁兖州区西南。）	**管** （应作“营”，汉邑名，在今山东济南章丘区。《齐鲁封泥集存》有“营侯相印”封泥。）	**瓜丘** （其地不详，应该在今山东境内。）	**营** （梁玉绳以为即营丘，山东淄博临淄区北。）	**杨虚** （汉县名，县治在今山东聊城茌平区。）
侯功	以睢阳令高祖初起从阿，以韩家子还定北地，用常山相侯，千二百户。 （睢阳：秦县名，县治在今河南商丘南。阿：也称“东阿”，秦县名，县治在今山东阳谷。韩家子：师古曰：“本六国时韩家之诸子也，后更姓蔡也。”北地：秦郡名，郡治义渠，在今甘肃庆阳西南。常山相：常山王之相。）	齐悼惠王子，侯。 （齐悼惠王：刘肥。刘邦之私生子，惠帝之庶兄。）	齐悼惠王子，侯。	齐悼惠王子，侯。	齐悼惠王子，侯。
孝文二十三	十四 元年六月丙寅，侯蔡兼元年。 （六月丙寅：六月二十。蔡兼卒于文帝十四年。） 九 十五年，康侯客元年。	二 四年五月甲寅，恭侯刘罢军元年。 （五月甲寅：五月二十五。刘罢军是齐哀王刘襄之弟。卒于文帝五年。） 十八 六年，侯戎奴元年。	十一 四年五月甲寅，侯刘宁国元年。 （刘宁国卒于文帝十四年。） 九 十五年，侯偃元年。	十 四年五月甲寅，平侯刘信都元年。 （刘信都卒于文帝十三年。） 十 十四年，侯广元年。	十二　四年五月甲寅，恭侯刘将庐元年。十六年，侯将庐为齐王，有罪国除。 （刘将庐为杨虚侯十二年，后改封齐王。在景帝三年吴、楚串联造反时刘将庐曾一度动摇，后又坚持不反，事后受盘问，自杀。但这是后事，不应书于此。此处应依前后例删“有罪”二字，直作“将庐为齐王，国除”，即取消此“杨虚侯”。）

孝景十六	九 （蔡客卒于景帝九年，即中二年。） 七 中三年，恭侯平元年。	二 三年，侯戎奴反，国除。 （刘戎奴反于景帝三年，盖亦卷入吴楚七国之乱。）	二 三年，侯偃反，国除。	二 三年，侯广反，国除。	
建元至元封六年三十六	十三 （蔡平卒于武帝十三年，即元朔元年。） 十四 元朔二年，侯辟方元年。 元鼎四年，侯辟方有罪国除。				
太初已后					

国名	**朸**(lì) (汉县名,县治在今山东商河县东北。)	**安都** (汉县名,今人考证在今山东聊城茌平区。)	**平昌** (汉县名,县治在今山东诸城北。)	**武城** (梁玉绳以为应作"南成",在今山东平邑南。)	**白石** (汉县名,县治在今山东德州陵城区。)	**波陵** (梁玉绳以为应作"泝陵",在今湖北襄阳一带。)
侯功	齐悼惠王子,侯。	齐悼惠王子,侯。	齐悼惠王子,侯。	齐悼惠王子,侯。	齐悼惠王子,侯。	以阳陵君侯。 (按:阳陵君魏驷不知何许人。)
孝文二十三	十二 四年五月甲寅,侯刘辟光元年。 (五月甲寅:五月二十五。刘辟光为侯十二年。) 十六年,侯辟光为济南王,国除。	十二 四年五月甲寅,侯刘志元年。 (刘志为侯十二年。) 十六年,侯志为济北王,国除。	十二 四年五月甲寅,侯刘印元年。 (刘印为侯十二年。) 十六年,侯印为胶西王,国除。	十二 四年五月甲寅,侯刘贤元年。 (刘贤为侯十二年。) 十六年,侯贤为菑川王,国除。	十二 四年五月甲寅,侯刘雄渠元年。 (刘雄渠为侯十二年。) 十六年,侯雄渠为胶东王,国除。	五 七年三月甲寅,康侯魏驷元年。 (三月甲寅:三月十二。) 十二年,康侯魏驷薨,无后国除。

孝景十六						
建元至元封六年三十六						
太初已后						

国名	南郚 （其地不详。）	阜陵 （汉县名，县治在今安徽和县西。）	安阳 （汉县名，县治在今河南正阳西南。）	阳周 （乡名，在今山东莒县境内。）	东城 （汉县名，县治在今安徽定远东南。）	犂 （也作“犁”“黎”。汉县名，县治在今山东郓城西。）
侯功	以信平君侯。 （按：此信平君不知何许人。）	以淮南厉王子侯。 （淮南厉王：刘长，刘邦之子，因谋反被流放，途中绝食而死。“厉”字是谥。）	以淮南厉王子侯。	以淮南厉王子侯。	以淮南厉王子侯。	以齐相召平子侯，千四百一十户。 （召平：齐哀王刘襄的丞相，刘襄起兵讨诸吕，召平阻止，被围困自杀。）
孝文二十三	一 七年三月丙寅，侯起元年。 （三月丙寅：三月二十四。侯起：名起，史失其姓。） 孝文时坐后父故，夺爵级，关内侯。 （后父：随其父之后。师古曰：“会于廷中而随父，失朝廷以爵之序。”夺爵级，关内侯：梁玉绳以为应作“夺爵一级，为关内侯”。）	八 八年五月丙午，侯刘安元年。 （五月丙午：五月初十。） 十六年，安为淮南王，国除。	八 八年五月丙午，侯勃元年。 十六年，侯勃为衡山王，国除。	八 八年五月丙午，侯刘赐元年。 十六年，侯赐为庐江王，国除。	七 八年五月丙午，哀侯刘良元年。 十五年，侯良薨，无后国除。	十一 十年四月癸丑，顷侯召奴元年。 （四月癸丑：四月二十九。召奴卒于文帝二十年，即后元四年。） 三 后五年，侯泽元年。

孝景十六						十六 （召泽于景帝在位的十六年内一直为侯。）
建元至元封六年三十六						十六 （召泽卒于武帝十六年，即元朔四年。） 十九　元朔五年，侯延元年。元封六年，侯延坐不出持马，斩，国除。 （不出持马：师古曰："时发马给军，匿而不出也。"陈仁锡以为"持"字应作"特"。郭嵩焘曰："天子车骑过，当出持马，若导引也。"按：郭说近是。）
太初已后						

国名	**缾** （汉县名，县治在今山东临朐东南。）	**弓高** （汉县名，县治在今河北阜城南。）	**襄成** （汉县名，在今河南襄城。）	**故安** （汉县名，县治在今河北易县东南。）	**章武** （汉县名，县治在今河北黄骅西北。）	**南皮** （汉县名，在今河北南皮。）	右孝文时二十九 （文帝所封列侯二十九人。）
侯功	以北地都尉孙卬，匈奴入北地，力战死事，子侯。 （北地：汉郡名，郡治马岭，在今甘肃庆城西北。）	以匈奴相国降，故韩王信孽子，侯，千二百三十七户。 （匈奴相国：地位不甚高，与中原王朝之丞相权位相差甚远。韩王信：刘邦功臣，封韩王，都马邑，因勾结匈奴反汉失败，逃死于匈奴中。孽子：庶子，非正妻所生者。）	以匈奴相国降，侯。故韩王信太子之子，侯，千四百三十二户。 （韩婴是韩王信之孙，其父死于匈奴，不得其名。）	孝文元年，举淮阳守从高祖入汉功，侯，食邑五百户；用丞相侯，一千七百一十二户。 （文帝元年，找补高祖功臣当年该封而未封者，加以补封。淮阳：秦郡名，郡治在今河南周口淮阳区。申屠嘉当年带着一个郡归附刘邦，随刘邦去了汉中，其功该封。文帝时，申屠嘉又当了丞相，也应予以照顾。）	以孝文后弟侯，万一千八百六十九户。 （窦广国是窦皇后之弟，事迹见《外戚世家》。）	以孝文后兄窦长君子侯，六千四百六十户。	
孝文 二十三	十 十四年三月丁巳，侯孙单元年。 （三月丁巳：三月二十六。）	八 十六年六月丙子，庄侯韩颓当元年。 （韩颓当因携家自匈奴逃回被封侯。六月丙子：六月二十七。）	七 十六年六月丙子，哀侯韩婴元年。 （韩婴卒于文帝后六年。） 一 后七年，侯泽之元年。	五 后三年，四月丁巳，节侯申屠嘉元年。 （四月丁巳：四月二十五。）	一 后七年六月乙卯，景侯窦广国元年。 （六月乙卯：六月十七。）	一 后七年六月乙卯，侯窦彭祖元年。 （窦彭祖是窦皇后之侄。）	

孝景十六	二 前三年，侯单谋反，国除。	十六　前元年，侯则元年。 （依此处文意，韩颓当已死于孝文后元七年；然景帝三年之平定吴楚七国之乱中，弓高侯“功冠诸将”，《汉书》于景帝格书曰“不得子嗣侯者年名”，乃不知韩颓当卒于何年，亦不知其子为何人。）	十六 （韩泽之于景帝在位的十六年内一直为侯。）	二 （申屠嘉卒于景帝二年。） 十四 前三年，恭侯蔑元年。	六 （窦广国卒于景帝六年。） 十 前七年，恭侯完元年。	十六 （窦彭祖于景帝在位的十六年内一直为侯。）	
建元至元封六年三十六		十六 元朔五年，侯则薨，无后，国除。 （《汉书》于武帝格书曰“元朔五年，侯则嗣薨，亡后”，乃谓韩颓当之孙曰“则”，于元朔五年袭侯，当年即死。）	十五 元朔四年，侯泽之坐诈病不从，不敬，国除。 （诈病不从：假装生病，不跟随皇帝一起活动。）	十九 （申屠蔑卒于武帝十九年，即元狩元年。） 五 元狩二年，清安侯臾元年。 （臾：蔑之子，被改封为清安侯。清安：地名，方位不详。） 元鼎元年，臾坐为九江太守有罪，国除。	八 （窦完卒于武帝八年，即元光二年。） 十　元光三年，侯常坐元年。元狩元年，侯常坐谋杀人未杀罪，国除。	五（窦彭祖卒于建元五年。） 五　建元六年，夷侯良元年。（窦良卒于元光四年。） 十八　元光五年，侯桑林元年。元鼎五年，侯桑林坐酎金罪，国除。	
太初已后							

国名	**平陆** （汉县名，在今山东汶上。）	**休** （汉乡名，在今山东滕州。）	**沈犹** （乡名，在今山东邹平境内。）	**红** （也作“虹”，汉县名，县治在今安徽五河县。）	**宛朐** （汉县名，县治在今山东曹县西北。）	**魏其** （汉县名，县治在今山东临沂南。）
侯功	楚元王子，侯，三千二百六十七户。 （楚元王：刘交，刘邦之弟。）	楚元王子，侯。	楚元王子，侯，千三百八十户。	楚元王子，侯，千七百五十户。	楚元王子，侯。	以大将军屯荥阳，捍吴楚七国，侯，三千三百五十户。 （大将军：当时尚非固定官名，仅表示其在诸将中的地位。）
孝景十六	二 元年四月乙巳，侯刘礼元年。 （景帝元年，刘礼受封为侯。四月乙巳：四月十二。） 三年，侯礼为楚王，国除。 （景帝三年，楚王刘戊因伙同吴王刘濞等共同造反，兵败被杀，朝廷改封元王他子平陆侯刘礼为楚王。）	二 元年四月乙巳，侯富元年。（景帝元年，刘富受封为侯。四月乙巳：四月十二。） 三年，侯富以兄子戊为楚王反，富与家属至长安北阙自归，不能相教，上印绶。诏复王，后以平陆侯为楚王，更封富为红侯。（兄子戊：刘戊，楚元王的长子，袭其父位为王，景帝三年，谋反失败自杀。刘富率家属到朝廷请罪，朝廷改封刘富为红侯。刘富后事见红侯格。）	十六 元年四月乙巳，夷侯刘秽元年。 （刘秽于景帝在位的十六年内一直为侯。）	四 三年四月乙巳，庄侯富元年。 （由红侯改封。三年四月乙巳：此年之四月无“乙巳”，梁玉绳以为应作“六月乙亥”。刘富卒于景帝六年。） 一　前七年，悼侯澄元年。（刘澄于袭侯的同年死。《汉书》作“怀侯登”。） 九　中元年，敬侯发元年。（《汉书》“发”字作“嘉”。）	二 元年四月乙巳，侯刘埶元年。 三年，侯埶反，国除。	十四 三年六月乙巳，侯窦婴元年。 （窦婴是景帝母窦太后之侄，事迹见《魏其武安侯列传》。六月乙巳：此年六月无“乙巳”，应作“乙亥”，即六月二十四。）

建元至元封六年三十六			四 （刘秽卒于武帝建元四年。） 十八 建元五年，侯受元年。 元狩五年，侯受坐故为宗正，听谒不具宗室，不敬，国除。 （宗正：九卿之一，管理皇室宗族的事务。听谒：听取诉讼。不具宗室：没把该参加的人都叫齐。）	十五 （刘发卒于武帝十五年，即元朔三年。） 一 元朔四年，侯章元年。 元朔五年，侯章薨，无后，国除。		九 建元元年为丞相，二岁免。 元光四年，侯婴坐争灌夫事，上书称为先帝诏，矫制害，弃市，国除。 （争灌夫：为灌夫的事情辩护。矫制害：假称皇帝的旨意，造成恶果。）
太初已后						

国名	**棘乐**（乡名，在今河南永城西南。）	**俞**（shù）（也写作“鄃”，汉县名，县治在今山东平原西南。）	**建陵**（汉县名，县治在今江苏新沂南。）	**建平**（汉县名，县治在今河南夏邑西南。）	**平曲**（汉县名，县治在今江苏沭阳东北。）	**江阳**（梁玉绳以为应作“江陵”，在今湖北荆州江陵故城。）
侯功	楚元王子侯，户千二百一十三。	以将军吴楚反时击齐有功。布故彭越舍人，越反时布使齐，还已枭越，布祭哭之，当亨，出忠言，高祖舍之。黥布反，布为都尉，侯，户千八百。（枭越：将彭越斩首，悬其头于高竿示众。布为都尉：布以都尉从征黥布。）	以将军击吴楚功，用中尉侯，户一千三百一十。（中尉：维持首都治安的长官。）	以将军击吴楚功，用江都相侯，户三千一百五十。（江都相：景帝子江都王刘非之相。）	以将军击吴楚功，用陇西太守侯，户三千二百二十。（陇西：汉郡名，郡治狄道，在今甘肃临洮。）	以将军击吴楚功，用赵相侯，户二千五百四十一。（赵相：景帝子赵王刘彭祖之相。）
孝景十六	十四 三年八月壬子，敬侯刘调元年。（八月壬子：八月初二。）	六 六年四月丁卯，侯栾布元年。（四月丁卯：四月初三。按：栾布以破胶东、胶西等四国围齐之兵有功，被景帝封侯。） 中五年，侯布薨。	十一 六年四月丁卯，敬侯卫绾元年。（卫绾在景帝后元年曾为丞相。）	十一 六年四月丁卯，哀侯程嘉元年。	五 六年四月己巳，侯公孙昆邪元年。（四月己巳：四月初五。公孙昆邪：姓公孙，名昆邪。） 中四年，侯昆邪有罪，国除。太仆贺父。（公孙昆邪是公孙贺之父，公孙贺先任太仆，武帝时当过丞相，后被杀。）	四 六年四月壬申，康侯苏嘉元年。（苏嘉卒于景帝中二年。） 七 中三年，懿侯卢元年。

建元至元封六年三十六	一 （刘调卒于武帝建元元年。） 十一 建元二年，恭侯应元年。 （刘应卒于元光六年。） 十六 元朔元年，侯庆元年。 元鼎五年，侯庆坐酎金国除。	十 元狩六年，侯贲坐为太常庙牺牲不如令，有罪国除。 （“十”字后应有“元朔二年，侯卉元年”诸字。太常：九卿之一，主管朝廷礼仪与宗庙祭祀等事。庙牺牲不如仪：使用的祭品不合规定。“庙”字《汉书》作“雍”，即用于在雍县祭天的祭品，雍县有秦汉帝王祭天的坛台多处。）	十 （卫绾卒于武帝十年，即元光四年。） 十八 元光五年，侯信元年。 元鼎五年，侯信坐酎金国除。	七 （程嘉卒于武帝七年，即元光元年。） 一 元光二年，节侯横元年。（程横袭侯的同年死。） 一 元光三年，侯回元年。 元光四年，侯回薨，无后国除。		二 （苏卢卒于武帝建元二年。） 十五 建元三年，侯明元年。 （苏明卒于元朔五年。） 十一 元朔六年，侯雕元年。 元鼎五年，侯雕坐酎金国除。
太初已后						

国名	**遽** （其地不详。）	**新市** （汉县名，县治在今河北正定一带。）	**商陵** （梁玉绳以为应作“高陵”，在今山东东部，其地不详。）	**山阳** （汉县名，县治在今河南焦作东。）	**安陵** （汉县名，县治在今河南鄢陵西北。）	**垣** （梁玉绳以为应是“武垣”，在今河北肃宁。）	**遒** （汉县名，县治在今河北涞水县北。）
侯功	以赵相建德，王遂反，建德不听，死事，子侯，户千九百七十。 （建德：史失其姓，为赵王遂之相。景帝三年，赵王遂伙同吴楚等国造反，建德坚决抵制，被赵王遂所杀。）	以赵内史王慎，王遂反，慎不听，死事，子侯，户一千十四。 （内史：诸侯国的民政长官。王慎：《楚元王世家》与《汉书》皆作“王悍”。）	以楚太傅赵夷吾，王戊反，不听，死事，子侯，千四十五户。 （楚太傅：楚王刘戊的太傅，是朝廷所派的辅导官。王戊：楚元王之子，袭其父位为王，景帝三年，与吴王刘濞等共同造反，兵败自杀。）	以楚相张尚，王戊反，尚不听，死事，子侯，户千一百一十四。 （楚相：楚王刘戊的丞相。）	以匈奴王降，侯，户一千五百一十七。	以匈奴王降，侯。	以匈奴王降，侯，户五千五百六十九。 （《汉书》作“千五百七十”。）

孝景 十六	六 中二年四月乙巳，侯横元年。 （四月乙巳：四月二十八。） 后二年，侯横有罪，国除。	五 中二年四月乙巳，侯王康元年。 （王康：《汉书》作“王弃之”。） 三 后元年，殇侯始昌元年。	八 中二年四月乙巳，侯赵周元年。	八 中二年四月乙巳，侯张当居元年。	七 中三年十一月庚子，侯子军元年。 （十一月庚子：十一月二十七。）	三 （应作“四”。） 中三年十二月丁丑，侯赐元年。 六年，赐死，不得及嗣。 （侯赐：史失其姓。）	中三年十二月丁丑，侯隆彊元年。不得隆彊嗣。 （徐孚远曰：“不得隆强嗣者，言不知谁为之后，盖失其名也。”）
建元至元封六年三十六		九 元光四年，殇侯始昌为人所杀，国除。	二十九 元鼎五年，侯周坐为丞相知列侯酎金轻，下廷尉，自杀，国除。	十六 元朔五年，侯当居坐为太常程博士弟子故不以实罪，国除。 （程博士弟子：主持博士弟子的考核。博士弟子即当时太学的学生。“程”字《汉书》作“择”。）	五 （应作“六”。） 建元六年，侯子军薨，无后，国除。		
太初已后							后元年四月甲辰，侯则坐使巫齐少君祠祝诅上，大逆无道，国除。 （侯则：李隆强的后人，关系不明。）

国名	**容成** （汉县名，县治在今河北容城。）	**易** （汉县名，县治在今河北雄县西北。）	**范阳** （汉县名，县治在今河北定兴。）	**翕** （其地不详。有说在今河南内黄。）	**亚谷** （古邑名，有说在今河北安新。）	**隆虑** （汉县名，在今河南林州。）
侯功	以匈奴王降，侯，七百户。	以匈奴王降，侯。	以匈奴王降，侯，户千一百九十七。	以匈奴王降，侯。	以匈奴东胡王降，故燕王卢绾子侯，千五百户。 （卢绾：刘邦功臣，被封燕王，后反汉，逃死于匈奴中。此处受封之“它父”应作“它之”，乃卢绾之孙，非卢绾子。）	以长公主嫖子侯，户四千一百二十六。 （长公主嫖：窦太后所生，景帝之姊，武帝陈皇后之母。）
孝景十六	七 中三年十二月丁丑，侯唯徐卢元年。 （唯徐卢：姓唯徐，名卢。唯徐卢卒于景帝十六年。）	六 中三年十二月丁丑，侯仆黥元年。后二年，侯仆黥薨，无嗣。 （梁玉绳认为在“无嗣下应加“国除”二字。）	七 中三年十二月丁丑，端侯代元年。 （端侯代：史失其姓。）	七 中三年十二月丁丑，侯邯郸元年。	二 中五年四月丁巳，简侯它父元年。 （四月丁巳：四月二十八。卢它父卒于景帝中六年。“它父”《韩信卢绾列传》与《汉书》皆作“它之”。） 三　后元年，安侯种元年。 （卢种卒于景帝后三年。）	五 中五年五月丁丑，侯蟜元年。 （中五年：据《孝景本纪》乃“前五年”，非“中五年”。侯蟜：姓陈，堂邑侯陈婴之曾孙。梁玉绳曰：“‘丑’当作‘卯’。”）

建元至元封六年三十六	十四 建元元年，康侯绰元年。 （唯徐绰于建元元年袭侯，元朔二年卒。） 二十二 元朔三年，侯光元年。 （唯徐光于元朔三年袭侯。）		七 （端侯代卒于武帝七年，即元光元年。） 二 元光二年，怀侯德元年。 元光四年，侯德薨，无后国除。	九 元光四年，侯邯郸坐行来不请长信，不敬，国除。 （行来不请长信：到京城的时候不到长信宫拜见太后。如淳曰："长信宫，太后所居也。"师古曰："请，谒也。"）	十一 建元元年，康侯偏元年。 （卢偏卒于武帝元光五年。） 二十五 元光六年，侯贺元年。	二十四 元鼎元年，侯蟜坐母长公主薨，未除服奸，禽兽行，当死，自杀，国除。
太初已后	十八 后二年三月壬辰，侯光坐祠祝诅，国除。 （祠祝诅：祭祀鬼神，求鬼神加害皇帝。）				十五 征和二年七月辛巳，侯贺坐太子事，国除。 （太子事：武帝太子刘据因巫蛊被逼起兵与丞相战于长安，卢贺受太子节。）	

国名	**乘氏** （汉县名，县治在今山东巨野西南。）	**桓邑** （梁玉绳以为即长垣，在今河南长垣。）	**盖** （汉县名，县治在今山东沂水县西北。）	**塞** （其地不详。）	**武安** （汉县名，县治在今河北武安西南。）	**周阳** （汉邑名，在今山西绛县西南。）	右孝景时三十（孝景时共封列侯三十人。）
侯功	以梁孝王子侯。 （梁孝王：名武，文帝之子，景帝之弟。）	以梁孝王子侯。	以孝景后兄侯，户二千八百九十。 （王信是景帝王皇后之兄，汉武帝之舅。）	以御史大夫前将兵击吴楚功侯，户千四十六。	以孝景后同母弟侯，户八千二百一十四。 （田蚡是景帝王皇后的同母异父弟，武帝之舅。）	以孝景后同母弟侯，户六千二十六。 （田胜是景帝王皇后的同母异父弟，田蚡之胞弟。）	
孝景十六	一 中五年五月丁卯，侯买元年。 （五月丁卯：五月初八。） 中六年，侯买嗣为梁王，国除。	一 中五年五月丁卯，侯明元年。 中六年，为济川王，国除。	五 中五年五月甲戌，靖侯王信元年。	三 后元年八月，侯直不疑元年。	一 后三年三月，侯田蚡元年。	一 后三年三月，懿侯田胜元年。	

建元至元封六年三十六			二十 （王信卒于武帝二十年，即元狩二年。） 八 元狩三年，侯偃元年。 元鼎五年，侯偃坐酎金，国除。	三 （直不疑卒于武帝建元三年。） 十二 建元四年，侯相如元年。 （直相如卒于元朔三年。） 十三 元朔四年，侯坚元年。 元鼎五年，坚坐酎金国除。	九 （田蚡于武帝建元六年任丞相。卒于武帝九年，即元光三年。《汉兴以来将相名臣年表》书田蚡死于元光四年，与此异。） 五 元光四年，侯梧元年。 元朔三年，侯梧坐衣襜褕入宫廷中，不敬，国除。 （襜褕：一种直裾单便服。）	十一 （田胜卒于武帝十一年，即元光五年。） 八 元光六年，侯彭祖元年。 元狩二年，侯彭祖坐当归与章侯宅不与罪，国除。 （梁玉绳以为“章侯”应作“轵侯”，此误。上“与”字衍。）	
太初已后							

［简评］　本表谱列了惠帝元年（前194）以来，中经吕后、文帝，到景帝末年（前141）共五十四年间所封之侯从其受封到武帝元封六年（前105）这几十年间的演变状况，写了他们各自封侯的缘由，食邑的多少，以及他们后来被废的原因。在这段时间受封的共九十多人，分五种情况：一是刘邦功臣过去没有得以封侯的；二是随文帝入承大统，翊卫文帝有功的；三是景帝时平定吴楚七国之乱的功臣；四是诸侯王的子弟被封侯的；五是外族人投降汉朝受到封赏的，此外还有些外戚，纯粹是靠着裙带关系得以受封。其中值得说说的事情有三点，其一是文帝入承大统，这的确是大事件，但由此被文帝封侯的却只有两个人，一个是宋昌，一个是薄昭。前者原在代国任中尉，职位已经不低；在周勃、陈平等铲除诸吕，派人往迎刘恒时，众人都劝刘恒不要冒险，唯有宋昌力排众议，坚持主张接受邀请。而后又亲自进京与周勃等面议，为文帝的进京铺平了道路。后者既是文帝进京的翊卫功臣，又是文帝的亲舅舅，因此对于薄昭不能单纯看作是因“外戚”受封。再如窦皇后有两个兄弟，人品本来不错，但在文帝之世始终没有封侯。从以上事迹看来，文帝对与自己有关的事情控制得是比较严格的。其二是与文帝对比，我们可以看到景帝对平定吴楚七国之乱的功臣，以及对外族叛逃来汉分子的封赏是如何的既多且滥。其三，贾谊曾为文帝设谋，要“众建诸侯而少其力”，要将它们化整为零。于是文帝将齐国一分为七，将淮南国一分为三。而在行动时是先将这些人封为侯，不久后方将他们封为王的。景帝继承了这项政策，在位时又将赵国一分为六。武帝时更进一步实行“推恩法”，下令让每个诸侯国都照此裂地分封各自的众多儿子为侯；与此同时武帝总是想方设法寻找借口，将众王、众列侯加以惩治，而将其领土收归国有。我们应将此表与《汉兴以来诸侯王年表》《高祖功臣侯者年表》《建元

以来侯者年表》《建元已来王子侯者年表》等对比阅读，以便对汉代的封建制度有个全面的认识。至于说到作者的感情倾向，似乎仍是以对皇帝的批评为主。

［**集评**］《太史公自序》："惠景之间，维申功臣宗属爵邑，作《惠景间侯者年表》第七。"

汪越曰："汉约非有功不侯，此表以功得侯者有四，曰修高祖时遗功臣也，曰诛诸吕也，曰从代来也，曰吴楚之役也；此外同姓若孝惠子、齐悼惠王子、淮南厉王子、楚元王子、梁孝王子，则推亲亲之恩而封侯者也；异信（姓）惟长沙王子吴浅、长沙嗣成王子吴阳、长沙王相利仓，则以吴芮忠而无功得侯者也；外戚若吕后姊子，吕后兄子，吕后诸昆弟子，吕氏王子，孝文太后弟薄昭，孝文后弟窦广国，后兄窦长君子彭祖，孝景后兄王信，孝景后母弟田蚡、田胜，长公主嫖子蟜，张敖鲁元太后子，齐哀王舅父驷钧，淮南厉王舅父赵兼，则所谓恩泽侯者也。有死事而其子得侯者，若匈奴入北地，力战死事之孙卬，赵相建德不听王遂反而死，内史王慎亦不听王遂反而死，楚太傅赵夷吾不听王戊反而死，楚相张尚亦不听王戊反而死是也。……有外国归义，自匈奴降汉而侯者凡七人，其故韩王信之孽子与其太子之子，故燕王卢绾之子，则汉人归自匈奴者也。"（《读史记十表》）

徐克范曰："汉约非有功不侯，其不谓之'功臣年表'何也？按表惠景间侯者凡九十四人，内王子侯者及外戚恩泽侯者凡四十九人，则以功封及以功荫者四十五人耳。《高祖功臣年表》外戚仅二人，王子仅四人，兵争之日亦共历艰难，故皆谓之'功臣'也，是未可比而同之。……景帝以匈奴降侯者凡八人。初，匈奴王之来，帝欲侯之以劝后。周亚夫曰：'彼背其主而降，侯之则何以责人臣不守节者乎？'帝不听，悉侯之。亚夫之言，以理论耳；即以事势论，匈奴之性服叛无常，降何利之有？彼来降，不可拒，厚蓄之而已;尊之以侯,是使匈奴有轻中国之心,其失与和亲同,又何以劝?甚矣帝之愚也!或谓文帝时已行之,盖文帝所侯者固韩王信之子孙,其父叛,其子复归,是能反之正者,侯之可也,然亦过矣。"又曰:"孝文侯者二十九人,其中章武侯窦广国、南皮侯窦彭祖乃孝景即位始封,班入《景表》是;孝景侯者三十一人,其中休侯、红侯实一人,并书误也。……又武安侯田蚡、周阳侯田胜乃孝武即位始封,班入《武表》是。"(《读史记十表》)

潘永季曰:"孝惠时封三人,首便侯,长沙王子;次轪侯利仓,以长沙相侯;次平都侯刘到,高祖功臣侯,此亦见惠帝好处。史公就便侯发论,寄意特深。盖以高祖定天下……淮阴、布、越有破楚之大功,而卒以夷灭;长沙无功于汉,而独得传世,支庶侯者数人,此史公所悲也。特赞其'守职能忠',意在言外。"(《读史记札记》)

张大可曰:"《惠景间侯者年表》表列惠帝、高后、文帝、景帝四朝所封侯者九十三人,其中王子侯及外戚恩泽侯凡四十八人,以功封及功荫者四十五人,多数不以功封。高帝约,非功者不得为侯,故表名'惠景间侯者',而不书'功臣'之名,以与'高祖功臣侯者'相区别。九十三侯,可分六类:(一)高祖遗臣;(二)随文帝从代来者;(三)平吴楚之乱的功臣;(四)诸侯子弟;(五)外戚;(六)外国归义。表序以长沙王起论,反复致意,以明国小而完,侯王之忠,形势相宜。"(《史记新注》)

杨燕起曰:"刘邦建汉,因功封异姓八王……至刘邦离世,八王中多因谋反罪相继被诛灭,唯独保全了长沙王,后禅五世,以无嗣方绝。司马迁对这种以是否忠于朝廷为标准来处置异姓王的作法颇有微词,以此轻视吴芮俯首听命于朝廷而无所作为的行为,在《史记》中没有为他立传,且所谓'著令甲,称其忠','为藩守职,信矣',均为讥刺之言。……司马迁并非否定这些封侯者行为的正义性及其功劳,当然也不是提倡反对忠诚于朝廷,而是认为应该从更多的有利于社会历史发展的角度，来给予人们以道义、地位和实际物质方面的肯定和鼓励。可以说，正是在这样一点上，司马迁与当时的政治是存在着分歧的。”（《史记全译》）

建元以来侯者年表第八

太史公曰：匈奴绝和亲，攻当路塞①；闽越擅伐，东瓯请降。②二夷交侵，当盛汉之隆，③以此知功臣受封侔于祖考④矣。何者？自《诗》《书》称三代"戎狄是膺，荆荼是征⑤"，齐桓越燕伐山戎⑥，武灵王以区区赵服单于，⑦秦缪用百里霸西戎，⑧吴楚之君以诸侯役百越。⑨况乃以中国一统，明天子在上，兼文武，席卷四海，内辑亿万之众，岂以晏然不为边境征伐哉！自是后，遂出师北讨强胡，南诛劲越，将卒以次封矣。

①绝和亲，攻当路塞——破坏和亲协议，攻击处于交通要道的关塞。 ②闽越擅伐——闽越是生活在今福建沿海的一个少数民族部落，楚汉战争期间因其君长拥护刘邦，故汉朝建国后刘邦封之为闽越王。到武帝建元三年（前138），闽越王受吴楚七国之乱失败后逃到闽越国的吴王刘濞儿子的挑动，擅自发兵进攻在今浙江温州一带的另一个小国，这个小国也是被汉王朝所封立的，世称东瓯。汉王朝发兵救东瓯，闽越撤兵而回；至建元六年（前135），闽越又擅自进攻建都在今广东广州的南越，南越向汉王朝报告，最终引发了汉王朝对东南地区的征伐。 东瓯请降——东瓯遭到闽越的攻击，向汉王朝求救，汉王朝派兵救东瓯，闽越撤兵而走，东瓯为躲避闽越遂请求全部内迁。 ③二夷交侵——指北方的匈奴与东南方的闽越同时侵扰汉王朝。 当盛汉之

隆——正好遇着武帝在位的强盛时代。 ④功臣受封侔于祖考——武帝时代因对外用兵而获封侯的人数和高祖时代差不多。侔:相当,相等。祖考:祖辈。考:称已去世的父亲。 ⑤戎狄是膺,荆荼是征——二句见《诗经·鲁颂·閟宫》。膺:击。荼:古“舒”字。荆舒,犹言“荆楚”,指楚国。这几句的意思是,早在《诗经》与《尚书》里,就记载了夏、商、西周时代的帝王讨伐外敌入侵的事迹。 ⑥齐桓越燕伐山戎——山戎是春秋初期活动在今河北一带的少数民族,曾攻击建都于今北京的燕国,燕国向当时的诸侯霸主齐桓公求救,齐桓公遂率兵打退了山戎,稳定了燕国。 ⑦武灵王——赵武灵王,战国中期的赵国君主,公元前325—前299年在位,曾改革内政,胡服骑射,灭取中山,北攘匈奴,使赵国强盛至极点。 服单于——使北方民族的君长臣服。 ⑧秦缪——秦缪公,“缪”也写作“穆”,公元前659—前621年在位,春秋时代秦国最有作为的君主。 百里——指百里奚,秦穆公的良臣。 霸西戎——成为西戎地区的霸主。 ⑨吴楚之君——指吴王阖庐、吴王夫差,楚庄王、楚灵王以及战国时代的楚威王、楚怀王等。 役百越——使南方越族降服,听其驱使。

国名	翕（xī） （其地不详。）	持装 （陈直以为应作“持袁”。其地不详。）	亲阳 （即舞阴，在今河南泌阳西北。）	若阳 （其地不详。）	长平 （汉县名，县治在今河南西华东北。）
侯功	匈奴相降，侯。元朔二年属车骑将军击匈奴有功，益封。 （匈奴相：匈奴有“相邦”，名同中原之“相国”，但地位不高。车骑将军：国家的高级武官名，仅低于大将军与骠骑将军，卫青于元光六年任此职。）	匈奴都尉降，侯。	匈奴相降，侯。	匈奴相降，侯。	以元朔二年再以车骑将军击匈奴，取朔方、河南功，侯。元朔五年以大将军击匈奴，碰右贤王，益封三千户。 （朔方：汉郡名，辖境约在今内蒙古河套西北部及后套地区。右贤王：管理匈奴西部地区的大头领。大将军：国家的最高军事长官，卫青于元朔五年任此职。）
元光 （前134—前129）	三 四年七月壬午，侯赵信元年。 （七月壬午：“七月”应作“十月”，“十月壬午”即十月十一。按：此时卫青尚未出击匈奴，赵信即因以匈奴贵族降汉而受封。）	一 六年后九月丙寅，侯乐元年。 （后九月丙寅：闰九月十二。）			

元朔 （前128—前123）	五　六年，侯信为前将军击匈奴，遇单于兵，败，信降匈奴，国除。 （按：赵信兵败降匈奴事，见《卫将军骠骑列传》。）	六 （侯乐在元朔年间一直为侯。）	三　二年十月癸巳，侯月氏元年。 （十月癸巳：十月十五。） 五年，侯月氏坐亡斩，国除。 （亡：逃跑。）	三 二年十月癸巳，侯猛元年。 五年，侯猛坐亡斩，国除。	五 二年三月丙辰，烈侯卫青元年。 （三月丙辰：三月十一。烈侯："烈"字是谥。）
元狩 （前122—前117）		六 （侯乐在元狩年间一直为侯。）			六 （卫青在元狩年间一直为侯。）
元鼎 （前116—前111）		[一] 元年，侯乐死。无后，国除。 （按：中华本原文无"一"字，今据表例增。）			六 （卫青在元鼎年间一直为侯。）
元封 （前110—前105）					六 （卫青卒于元封六年。）
太初已后 （前104年以后）					太初元年，今侯伉元年。 （今侯伉：卫青之子卫伉。）

国名	平陵 （汉县名，在今湖北丹江口。）	岸头 （乡名，在今山西河津南。）	平津 （乡名，在今河北盐山县南。）	涉安 （梁玉绳以为此名号，非封地名。）	昌武 （梁玉绳以为应作“武阳”，今人考在今河南泌阳一带。）	襄城 （梁玉绳以为应作“襄武”，在今甘肃陇西南。）
侯功	以都尉从车骑将军青击匈奴功侯。以元朔五年用游击将军从大将军，益封。 （车骑将军、大将军皆指卫青。）	以都尉从车骑将军青击匈奴功侯。元朔六年从大将军，益封。 （六年：应作“五年”。）	以丞相诏所褒侯。 （按：西汉前期为丞相者多先以军功为侯，至公孙弘为丞相被赐封侯后，形成为相后封侯的惯例。）	以匈奴单于太子降，侯。	以匈奴王降，侯，以昌武侯从骠骑将军击左贤王功，益封。 （骠骑将军：指霍去病。）	以匈奴相国降，侯。
元光 （前134—前129）						
元朔 （前128—前123）	（五）［四］　二年三月丙辰，侯苏建元年。（中华本“四”原作“五”，误，今改。）六年，侯建为右将军，与翕侯信俱败，独身脱来归，当斩，赎，国除。 （按：元朔二年苏建被封侯。元朔六年与翕侯赵信一道出兵战败，赵信投降匈奴，苏建单身来归。中华本误将“六年”以下数句置于元鼎格内，遂似苏建一直为侯多年，大误，今上移于此。）	五 二年六月壬辰，侯张次公元年。 （六月壬辰：六月十八。）	（四）［二］ （中华本原作“四”，误，今改。） （五）［三］年十一月乙丑，献侯公孙弘元年。 （依前例，“五”当作“三”。献侯：“献”字是谥。）	一 三年四月丙子，侯於单元年。 （四月丙子：四月初七。） 五月卒，无后，国除。	三 四年十月庚申，坚侯赵安稽元年。 （十月：有说应作“七月”。右“襄城”格情况同此。）	三 四年十月庚申，侯无龙元年。

元狩 （前122—前117）	（中华本此格有“六”字，误，今删。）	元年，次公坐与淮南王女陵奸，及受财物罪，国除。 （淮南王女：淮南王刘安之女，被派到京城作奸细。）	二 （公孙弘卒于元狩二年。） 四 三年，侯度元年。		六 （赵安稽在元狩年间一直为侯。）	六 （无龙在元狩年间一直为侯。）
元鼎 （前116—前111）			六 （公孙度在元鼎年间一直为侯。）		六 （赵安稽在元鼎年间一直为侯。）	六 （无龙在元鼎年间一直为侯。）
元封 （前110—前105）			三 四年，侯庆坐为山阳太守有罪，国除。		一 五 二年，侯充国元年。	六 （无龙在元封年间一直为侯。）
太初已后 （前104年以后）					太初元年，侯充国薨，亡后国除。	一 太初二年，无龙从浞野侯战死。 （浞野侯：赵破奴。） 二 三年，侯病已元年。

国名	**南窌**(pào) (其地不详。)	**合骑** ("合骑"是封号名,意即配合骠骑。封地高城,在今河北盐山县东南故城。)	**乐安** (汉县名,在今山东博兴东北。)	**龙頟** (汉县名,县治在今山东齐河县西南。)	**随成** (封号名。)
侯功	以骑将军从大将军青击匈奴,得王功侯。太初二年,以丞相封葛绎侯。 (据《卫将军骠骑列传》,公孙贺以千三百户封南窌侯。)	以护军都尉三从大将军击匈奴,至右贤王庭,得王功侯。元朔六年益封。 (得王:俘获匈奴小王,非即右贤王。)	以轻车将军再从大将军青击匈奴,得王功侯。	以都尉从大将军青击匈奴,得王功侯。元鼎六年以横海将军击东越功,为案道侯。 (东越:在今福建一带。)	以校尉三从大将军青击匈奴,攻农吾,先登石累,得王功侯。 (农吾:《汉书》作"辰吾",匈奴中的河水名。)
元光 (前134—前129)					
元朔 (前128—前123)	二 五年四月丁未,侯公孙贺元年。 (公孙贺于元朔五年被封侯。四月丁未:四月二十。)	二 五年四月丁未,侯公孙敖元年。	二 五年四月丁未,侯李蔡元年。 (李蔡是李广之弟。)	二 五年四月丁未,侯韩说元年。 (韩说:弓高侯韩颓当之孙。)	二 五年四月乙卯,侯赵不虞元年。 (四月乙卯:四月二十八。)

元狩 （前 122—前 117）	六 （公孙贺在元狩年间一直为侯。）	一　二年，侯敖将兵击匈奴，与骠骑将军期，后，畏懦，当斩，赎为庶人，国除。 （公孙敖因畏缩误期被判死刑。当：判处。）	四　五年，侯蔡以丞相侵盗孝景园神道壖地罪，自杀，国除。 （李蔡因盗占景帝陵墓前神道旁边之地，元狩五年自杀。）	六 （韩说在元狩年间一直为侯。）	（三）[二] 三年，侯不虞坐为定襄都尉，匈奴败太守，以闻非实，谩，国除。 （定襄：汉郡名，郡治在今内蒙古和林格尔西北。闻：报告。）
元鼎 （前 116—前 111）	四　五年，贺坐酎金国除。绝七岁。 （公孙贺以元鼎五年免，至太初二年又因任丞相被封为葛绎侯。）			四　五年，侯说坐酎金国绝，二岁复侯。（韩说于元鼎五年被废，至元封元年又被封侯。）	
元封 （前 110—前 105）				六（“六”前应有“案道”二字。）元年五月丁卯，案道侯说元年。	
太初已后 （前 104 年以后）	十三 太初二年三月丁卯，封葛绎侯。征和二年，贺子敬声有罪，国除。 （子敬声有罪：即涉及巫蛊之祸，牵连公孙贺满门被斩。）			十三 征和二年，子长代，有罪绝，子曾复封为龙頟侯。 （征和二年，巫蛊事起，韩说与江充往抄太子家，被太子刘据所杀。）	

国名	**从平** （封号名，封地乐昌，在今河南南乐。）	**涉轵**（zhǐ） （封号名。）	**宜春** （汉县名，县治在今河南汝南。）	**阴安** （汉县名，县治在今河南清丰西北。）	**发干** （汉县名，县治在今山东莘县。）	**博望** （汉县名，县治在今河南方城西南。）
侯功	以校尉三从大将军青击匈奴，至右贤王庭，数为雁行，上石山先登功侯。 （数为雁行：多次为大将军的后侧翼。）	以校尉三从大将军青击匈奴，至右贤王庭，得王，虏阏氏功侯。 （得王：得匈奴小王。阏氏：匈奴单于、诸王之妻的统称或尊称。）	以父大将军青破右贤王功侯。	以父大将军青破右贤王功侯。	以父大将军青破右贤王功侯。	以校尉从大将军六年击匈奴，知水道，及前使绝域大夏功侯。 （大夏：西域国名，约当今之阿富汗北部。）
元光 （前134—前129）						
元朔 （前128—前123）	二 五年四月乙卯，[侯]公孙戎奴元年。 （公孙戎奴于元朔五年被封侯。）	二 五年四月丁未，侯李朔元年。 （四月丁未：四月二十。）	二 五年四月丁未，侯卫伉元年。 （卫伉是卫青的长子。）	二 五年四月丁未，侯卫不疑元年。	二 五年四月丁未，侯卫登元年。	一 六年三月甲辰，侯张骞元年。 （三月甲辰：三月二十二。）

元狩 （前122—前117）	一 二年，侯戎奴坐为上郡太守发兵击匈奴不以闻，谩，国除。 （上郡：汉郡名，郡治在今陕西榆林东南。）	元年，侯朔有罪国除。 （李朔于元狩元年被废。）	六 （在元狩年间一直为侯。）	六 （卫不疑在元狩年间一直为侯。）	六 （卫登在元狩年间一直为侯。）	一 二年，侯骞坐以将军击匈奴畏懦，当斩，赎，国除。 （赎：赎为庶人。张骞为侯共二年被废。）
元鼎 （前116—前111）			元年，侯伉坐矫制不害，国除。 （矫制不害：假传圣旨，但未造成恶果，故仅夺爵。卫伉被废于元鼎元年。）	四 五年，侯不疑坐酎金，国除。	四 五年，侯登坐酎金，国除。	
元封 （前110—前105）						
太初已后 （前104年以后）						

国名	冠军 （汉县名，县治在今河南邓州西北。）	众利 （乡名，当时属姑幕县，在今山东诸城西北。）	潦 （乡名，在当时的舞阳县境内，在今河南叶县东南。）	宜冠 （封号名。也是乡名，在今山东诸城东北。）	煇渠 （乡名，在当时的鲁阳县，在今河南鲁山县。）	从骠 （封号名。）
侯功	以嫖姚校尉再从大将军，六年从大将军击匈奴，斩相国功侯。元狩二年，以骠骑将军击匈奴至祁连，益封；迎浑邪王，益封；击左右贤王，益封。（祁连：山名，在今甘肃与青海之交界处。迎浑邪王：霍去病大破匈奴于河西后，单于欲杀浑邪王，浑邪王遂率部降汉，武帝命霍去病往迎之。）	以上谷太守四从大将军，六年击匈奴，首虏千级以上功侯。 （上谷：汉郡名，郡治在今河北怀来东南。）	以匈奴赵王降，侯。	以校尉从骠骑将军二年再出击匈奴功侯。故匈奴归义。	以校尉从骠骑将军二年再出击匈奴，得王功侯。以校尉从骠骑将军二年虏五王功益封。故匈奴归义。	以司马再从骠骑将军数深入匈奴，得两王子、骑将功侯。以匈河将军元封三年击楼兰功，复侯。 （楼兰：西域国名，在今新疆罗布泊西。）
元光 （前134—前129）						
元朔 （前128—前123）	一 六年四月壬申，景桓侯霍去病元年。 （四月壬申：四月二十一。景桓：二字是谥。）	一 六年五月壬辰，侯郝贤元年。 （五月壬辰：五月十一。）				

元狩 （前122—前117）	六 （霍去病卒于元狩六年。）	一 二年，侯贤坐为上谷太守入戍卒财物，上计谩罪，国除。 （接受士兵贿赂，在派吏上计时使之说假话。）	一　元年七月壬午，悼侯赵王熀訾元年。二年，熀訾死，无后国除。 （七月壬午：七月初八。熀訾：《汉书》作"援訾"。）	二　二年正月乙亥，侯高不识元年。四年，不识击匈奴，战军功增首不以实，当斩，赎罪，国除。 （正月乙亥：正月初四。）	五 二年二月乙丑，忠侯仆多元年。 （二月乙丑：二月二十四。仆多原是匈奴人，归降汉朝。）	五 二年五月丁丑，侯赵破奴元年。 （五月丁丑：五月初七。）
元鼎 （前116—前111）	六 元年，哀侯嬗元年。 （元鼎元年，霍嬗袭父位为侯。）				三（仆多卒于元鼎三年。） 三　四年，侯电元年。	四 五年，侯破奴坐酎金国除。
元封 （前110—前105）	元年，哀侯嬗薨，无后，国除。 （《集解》引徐广曰："嬗字子侯，为武帝奉车，登封泰山，暴病死。"按：事见《封禅书》。）					浞野　四　三年，侯破奴元年。 （元封三年，改封浞野侯。）
太初已后 （前104年以后）						一　二年，侯破奴以浚稽将军击匈奴，失军，为虏所得，国除。 （太初二年，兵败降匈奴。）

国名	下麾（乡名，在当时猗氏县，在今山西临猗南。）	漯（tà）阴（汉县名，县治在今山东齐河县东北。）	煇渠（乡名，在当时鲁阳县，在今河南鲁山县。）	河綦（其地不详。）	常乐（其地不详。）	符离（其地不详。《汉书》作“邳离”。）
侯功	以匈奴王降，侯。	以匈奴浑邪王将众十万降，侯，万户。（即元狩二年秋降汉，武帝命霍去病所迎者，共四万人，号称十万。）	以匈奴王降，侯。（王先谦曰：“《索隐》引韦昭云：仆多所封则作‘煇渠’，应庀所封则作‘浑渠’。二者皆乡名。在鲁阳。”又引孔文祥曰：“同是元狩中封，则一邑分封二人也。”）	以匈奴右王与浑邪降，侯。	以匈奴大当户与浑邪降，侯。（大当户：匈奴官名，二十四长之一。）	以右北平太守从骠骑将军四年击右王，将重会期，首虏二千七百人功侯。（右北平：汉郡名，郡治在今内蒙古宁城西南。右王：此指右贤王。将重会期：运送辎重按期到达。按：郭嵩焘以为应作“得重会期”。）
元光（前134—前129）						
元朔（前128—前123）						

元狩 （前 122—前 117）	五（应作“四”。） 二年六月乙亥，侯呼毒尼元年。 （梁玉绳认为当作“三年十月壬午”。呼毒尼：浑邪王之部属。）	四　二年七月壬午，定侯浑邪元年。 （按：“二年七月壬午”应作“三年十月乙亥”。浑邪卒于元狩六年。“浑邪”是王号，而此处竟用作名字，盖史失其姓名。）	四 三年七月壬午，悼侯扁訾元年。 （七月壬午：七月无壬午日，此误。扁訾：《汉书》作“应疕”。）	四 三年七月壬午，康侯乌犁元年。 （悼侯乌犁：《汉书·卫青霍去病传》作“禽黎”。“悼”字是谥。）	四 三年七月壬午，肥侯稠雕元年。 （肥侯稠雕：《汉书·卫青霍去病传》作“调虽”。“肥”字是谥。）	三 四年六月丁卯，侯路博德元年。 （六月丁卯：六月初十。路博德：事迹见《卫将军骠骑列传》。）
元鼎 （前 116—前 111）	四（呼毒尼卒于元鼎四年。） 二 五年，炀侯伊即轩元年。	六 元年，魏侯苏元年。 （魏侯苏：名“苏”，“魏”字是谥。）	一（应作“二”。） 二年，侯扁訾死，无后国除。	二（乌犁卒于元鼎二年。） 四 三年，餘利鞮元年。	六 （稠雕在元鼎年间一直为侯。）	六 （路博德在元鼎年间一直为侯。）
元封 （前 110—前 105）	六 （伊即轩在元封年间一直为侯。）	五 五年，魏侯苏薨，无后国除。		六 （餘利鞮在元封年间一直为侯。）	六 （稠雕在元封年间一直为侯。）	六 （路博德在元封年间一直为侯。）
太初已后 （前 104 年以后）	四 （伊即轩在太初年间一直为侯。）			四 （餘利鞮在太初年间一直为侯。）	二（稠雕卒于太初二年。） 太初三年，今侯广汉元年。	太初元年，侯路博德有罪国除。

国名	**壮** （乡名，当时属重平县，在今山东德州陵城区东北。）	**众利** （乡名，当时属姑幕县，在今山东诸城西北。）	**湘成** （乡名，在当时的阳城县，在今河南方城东。）	**义阳** （乡名，在当时的平氏县，在今河南桐柏西北。）	**散** （在今河南新安县境。因当时有称新函谷关曰“散关”者。）	**臧马** （其地不详。有说在今山东临朐。）
侯功	以匈奴归义因淳王从骠骑将军四年击左王，以少破多，捕虏二千一百人功侯。 （因淳王：复陆支的王号。按：“匈奴”二字应在“归义”二字下。）	以匈奴归义楼剸王从骠骑将军四年击右王，手自剑合功侯。 （楼剸王：伊即轩的王号。手自剑合：亲自持剑与右王格斗。）	以匈奴符离王降，侯。	以北地都尉从骠骑将军四年击左王，得王功侯。（左王：匈奴之左贤王。得王：得匈奴小王，非左贤王。）	以匈奴都尉降，侯。	以匈奴王降，侯。
元光 （前134—前129）						
元朔 （前128—前123）						
元狩 （前122—前117）	三 四年六月丁卯，侯复陆支元年。 （六月丁卯：六月初十。）	三 四年六月丁卯，质侯伊即轩元年。	三 四年六月丁卯，侯敞屠洛元年。	三　四年六月丁卯，侯卫山元年。 （卫山：此与《朝鲜列传》中的“卫山”非一人。）	三 四年六月丁卯，侯董荼吾元年。	一（应作“二”。） 四年六月丁卯，康侯延年元年。五年，侯延年死，不得置后，国除。

元鼎 （前116—前111）	二 （复陆支卒于元鼎二年。） 四 三年，今侯偃元年。	六 （伊即轩在元鼎年间一直为侯。）	四 五年，侯敞屠洛坐酎金国除。	六 （卫山在元鼎年间一直为侯。）	六 （董荼吾在元鼎年间一直为侯。）	
元封 （前110—前105）	六 （复陆偃在元封年间一直为侯。）	五 （伊即轩卒于元封五年。） 一 六年，今侯当时元年。		六 （卫山在元封年间一直为侯。）	六 （董荼吾在元封年间一直为侯。）	
太初已后 （前104年以后）	四 （复陆偃在在太初年间一直为侯。）	四 （伊即当时在太初年间一直为侯。）		四 （卫山在太初年间一直为侯。）	二 （董荼吾卒于太初二年。） 二 太初三年，今侯安汉元年。	

国名	**周子南君** （《汉书》曰在“长社”，盖分长社以为国。长社在今河南长葛东北。）	**乐通** （乡名，在高平，在今山东微山县西城镇。）	**瞭** （乡名，在舞阳，在今河南叶县东南。）	**术阳** （乡名，在下邳，在今江苏睢宁北。）	**龙亢** （汉县名，县治在今安徽怀远西北。）	**成安** （汉县名，县治在今河南汝州东南。）
侯功	以周后绍封。 （此即孔子所谓“兴灭国，继绝世”之意。）	以方术侯。 （栾大以长生不死之术欺骗汉武帝，骗得汉武帝神魂颠倒。汉武帝封之为五利将军，并将自己的女儿嫁与这个骗子为妻。）	以匈奴归义王降，侯。	以南越王兄越高昌侯。 （赵建德是南越王赵佗的玄孙，明王赵婴齐之子，原为南越的高昌侯。吕嘉反后，立之为南越王，后被汉军所俘。）	以校尉摎乐击南越，死事，子侯。 （摎乐：与韩千秋率军伐南越，因轻敌冒进被破杀。）	以校尉韩千秋击南越死事，子侯。 （韩千秋：与摎乐率军伐南越，因轻敌冒进被破杀。）
元光 （前134—前129）						
元朔 （前128—前123）						
元狩 （前122—前117）						

元鼎（前116—前111）	三 四年十一月丁卯，侯姬嘉元年。 （元鼎四年：姬嘉以周朝后裔被封侯。十一月丁卯：十一月十一。）	一 四年四月乙巳，侯五利将军栾大元年。 五年，侯大有罪斩，国除。 （四月乙巳：四月二十一。有罪斩：栾大制造长生不死之药的骗术暴露后，被武帝腰斩。）	一 四年六月丙午，侯次公元年。 五年，侯次公坐酎金国除。 （六月丙午：六月二十三。）	一　四年，侯建德元年。 五年，侯建德有罪国除。 （侯建德：事迹见《南越列传》。）	二 五年三月壬午，侯广德元年。 （元鼎五年，摎广德袭其父功被封侯。三月壬午：三月初四。）	二 五年三月壬子，侯延年元年。 （元鼎五年，韩延年袭其父功被封侯。壬子：应作“壬午”。）
元封（前110—前105）	三 （姬嘉卒于元封三年。） 三 四年，君买元年。				六 （应作“五”。） 六年，侯广德有罪诛，国除。	六 （应作“五”。） 六年，侯延年有罪，国除。
太初已后（前104年以后）	四 （姬买在太初年间继续为君。）					

国名	**昆** （其地不详。有说在今河北平乡县境。）	**骐** （乡名，在北屈，今山西吉县东北。）	**梁期** （汉县名，县治在今河北磁县东北。）	**牧丘** （其地不详。有说在今山东平原县境。）	**瞭** （乡名，在舞阳，今河南叶县东南。此地先封次公，后又封毕取。）	**将梁** （乡名，在广望，在今河北保定清苑区东南。）
侯功	以属国大且渠击匈奴功侯。 （属国：外族人集体降汉，被汉王朝安置在沿边地区，仍以其原部落名称称之者。大且渠：匈奴官号。）	以属国骑击匈奴，捕单于兄功侯。	以属国都尉五年间出击匈奴，得复累絺缦等功侯。 （复累絺缦：匈奴头领名。任破胡以俘获复累絺缦，元鼎五年被封侯。）	以丞相及先人万石积德谨行侯。 （先人：指石庆之父石奋，人称“万石君”，以恭敬驯顺著称。）	以南越将降，侯。	以楼船将军击南越，椎锋却敌侯。 （椎锋却敌：即勇猛直前之意。）
元光 （前134—前129）						
元朔 （前128—前123）						
元狩 （前122—前117）						

元鼎 （前116—前111）	二 五年五月戊戌，侯渠复累元年。 （五月戊戌：五月二十一。）	二 五年（五）［六］月壬子，侯驹幾元年。 （六月壬子：六月初五。）	二 五年七月辛巳，侯任破胡元年。 （七月辛巳：七月初五。）	二 五年九月丁丑，恪侯石庆元年。 （九月丁丑：九月初二。）	一 六年三月乙酉，侯毕取元年。 （三月乙酉：三月十三。）	一 六年三月乙酉，侯杨仆元年。 （三月乙酉：三月十三。）
元封 （前110—前105）	六 （渠复累在元封年间一直为侯。）	六 （驹幾在元封年间一直为侯。）	六 （任破胡在元封年间一直为侯。）	六 （石庆在元封年间一直为侯。）	六 （毕取在元封年间一直为侯。）	三 四年，侯仆有罪，国除。 （杨仆在率兵自水路伐朝鲜中，与陆路将领荀彘不协调，擅自行动失败，被免去侯爵。）
太初已后 （前104年以后）	四 （渠复累在太初年间一直为侯。）	四 （驹幾在太初年间一直为侯。）	四 （任破胡在太初年间一直为侯。）	二 （石庆卒于太初二年。） 二 三年，侯德元年。	四 （毕取在太初年间一直为侯。）	

国名	安道 （其地不详。有说在今河南南阳一带。）	随桃 （其地不详。有说在今河南南阳一带。）	湘成 （乡名，在堵阳，在今河南方城东。）	海常 （其地不详。有说当在今山东东南部。）	北石 （其地不详。有说当在今山东济南长清区东。）	下郦 （即南郦，在今河南内乡西北。）
侯功	以南越揭阳令闻汉兵至自定降，侯。 （揭阳：南越县名，县治在今广东汕头澄海区西北，一说在今广东揭阳揭东区西。自定：自行稳定了该地区的局面。）	以南越苍梧王闻汉兵至降，侯。 （苍梧王：赵光，其称王之地在今广西梧州。）	以南越桂林监闻汉兵破番禺，谕瓯骆兵四十余万降，侯。 （桂林监：桂林郡的监郡，与郡守、郡尉同为郡长官。番禺：当时南越的都城，在今广东广州。瓯骆：当时南越西部的民族部落名，在今广西、广东、贵州以及越南北部。）	以伏波司马捕得南越王建德功侯。 （伏波司马：伏波将军路博德部下的司马，司马是军中的执法官。南越王建德：赵建德，明王赵婴齐之子，被吕嘉立为南越王以反汉。）	以故东越衍侯佐繇王斩餘善功侯。 （吴阳原在东越为越衍侯，东越王餘善举兵反汉，吴阳劝说无效，遂改劝繇王居股杀餘善以降汉。东越衍侯：应作“东越越衍侯”。）	以故瓯骆左将斩西于王功侯。 （瓯骆：见左“湘成”格。西于王：越族君长，因响应东越王餘善反汉，被黄同所杀。）
元光 （前134—前129）						
元朔 （前128—前123）						

元狩 （前122— 前117）						
元鼎 （前116— 前111）	一 六年三月乙酉，侯揭阳令定元年。 （三月乙酉：三月十三。定：史失其姓，名定。）	一 六年四月癸亥，侯赵光元年。 （赵光：南越王的同族，为苍梧王。）	一 六年五月壬申，侯监居翁元年。 （五月壬申：五月初一。居翁：姓居名翁。）	一 六年七月乙酉，庄侯苏弘元年。 （七月乙酉：七月十四。）		
元封 （前110— 前105）	六 （定在元封年间一直为侯。）	六 （赵光在元封年间一直为侯。）	六 （居翁在元封年间一直为侯。）	六 （苏弘在元封年间一直为侯。）	六 元年正月壬午，侯吴阳元年。 （正月壬午：正月十四。）	六 元年正月丁酉，侯左将黄同元年。 （正月丁酉：正月二十九。）
太初已后 （前104年以后）	四 （定在太初年间一直为侯。）	四 （赵光在太初年间一直为侯。）	四 （居翁在太初年间一直为侯。）	太初元年，侯弘死，无后国除。	三 （吴阳卒于太初三年。） [一] （中华本无“一”字，应有。） 太初四年，今侯首元年。	四 （黄同在太初年间一直为侯。）

国名	缭嫈 (其地不详。)	虉儿 (乡名,在今浙江桐乡西南。)	开陵 (其地不详。)	临蔡 (其地不详。)	东成 (汉县名,县治在今安徽定远东南。)	无锡 (汉县名,在今江苏无锡。)
侯功	以故校尉从横海将军说击东越功侯。 (横海将军说:韩说,韩王信的后代,汉伐东越时为横海将军。)	以军卒斩东越徇北将军功侯。	以故东越建成侯与繇王共斩东越王餘善功侯。 (繇王:名居股,东越王餘善的亲族。繇王斩餘善事,参见前"北石"格。)	以故南越郎闻汉兵破番禺,为伏波得南越相吕嘉功侯。 (郎:帝王的侍从官名。伏波:伏波将军路博德,汉朝讨南越的将领之一。吕嘉:南越丞相,因不愿接受汉王朝使南越等同国内诸侯的做法而起兵反汉,兵败被杀。)	以故东越繇王斩东越王餘善功侯,万户。 (东越繇王:名居股,在吴阳、建成等人的佐助下,杀反汉的东越王餘善而降汉。)	以东越将军汉兵至弃军降,侯。
元光 (前134—前129)						
元朔 (前128—前123)						

元狩 (前122—前117)						
元鼎 (前116—前111)						
元封 (前110—前105)	一 元年五月己卯,侯刘福元年。 二年,侯福有罪国除。 (刘福于元封元年受封,次年被废。五月己卯:五月十三。)	六 元年闰月癸卯,庄侯锿终古元年。 (梁玉绳以为“闰”字讹。以当时之情形判断,闰月即后九月。闰月癸卯:即后九月初十。)	六 元年闰月癸卯,侯建成元年。 (闰月癸卯:即后九月初十。“建成”原是侯名,今又当成人名,误也。据《东越列传》其人名敖,史失其姓。)	六 元年闰月癸卯,侯孙都元年。	六 元年闰月癸卯,侯居服元年。 (居服:《东越列传》作“居股”。)	六 元年,侯多军元年。 (侯多军:名曰多军。)
太初已后 (前104年以后)		太初元年,终古死,无后国除。			四	四

国名	**涉都** （汉县名，县治在今湖北谷城西北。）	**平州** （汉邑名，在今山东济南莱芜区西。）	**荻苴** （乡名，有说在今山东庆云东。）	**澅（huà）清** （其地不详，有说即“画邑”，在山东淄博临淄区西北。）	**騠兹** （其地不详。有说在今山东诸城一带。）	**浩** （有说即浩亹县，在今甘肃永登西南。）	**瓡讘** （其地不详，有说在今山西永和西南，读作 hú shé。）
侯功	以父弃故南海守，汉兵至以城邑降，子侯。 （受封者名嘉，史失其姓。其父名弃，为南越的南海郡守，郡治在今广东广州。因其父死，故嘉受封。）	以朝鲜将汉兵至降，侯。	以朝鲜相汉兵至围之降，侯。	以朝鲜尼谿相使人杀其王右渠来降，侯。 （尼谿相：朝鲜王右渠所属的部落之相。因右渠反汉，汉兵大至，故杀其王以降。）	以小月氏若苴王将众降，侯。 （小月氏：西域部族名，在今甘肃祁连山一带。若苴王：小月氏的部落头领。）	以故中郎将将兵捕得车师王功侯。 （中郎将：帝王身边的禁卫长官，统率诸郎，上属郎中令。车师：西域国名，在今新疆吐鲁番一带。）	以小月氏王将众千骑降，侯。
元光 （前134—前129）							
元朔 （前128—前123）							

元狩 （前 122—前 117）							
元鼎 （前 116—前 111）							
元封 （前 110—前 105）	六 元年中，侯嘉元年。 （元封元年侯嘉受封为侯。侯嘉：名嘉，史失其姓。）	一（应作“二”。） 三年四月丁卯，侯唊元年。四年，侯唊薨，无后国除。 （四月丁卯：四月十二。此受封者名唊，音 jiá，史失其姓。）	四 三年四月，侯朝鲜相韩阴元年。 （据《汉书》，“四月”下应有“丁卯”二字。）	四 三年六月丙辰，侯朝鲜尼谿相参元年。 （六月丙辰：六月初二。此尼谿相名参，史失其姓。）	三 四年十一月丁卯，侯稽谷姑元年。	一（“一”字应削。）　四年正月甲申，侯王唊元年。 四年四月，侯唊坐使酒泉矫制害，当死，赎，国除。封凡三月。 （矫制害：假传圣旨造成恶果。）	二 四年正月乙酉，侯扜者元年。 （侯扜者：名扜者卒于元封五年。） 一 六年，侯胜元年。
太初已后 （前 104 年以后）	二　太初二年，侯嘉薨，无后国除。		四	四	［一］（中华本无“一”字，依例补。）太初元年侯稽谷姑薨，无后国除。		四

国名	**幾**（古邑名，有说在今河北大名东南。）	**涅阳**（古县名，在今河南邓州。）	右太史公本表（本表实为左。《索隐》曰："七十二国，太史公旧；余四十五国，褚先生补也。"梁玉绳曰："六字褚生所改。孙侍御云：'《史》表元文必如《惠景侯表》之例云右元光至太初若干人。又海西、新畤二侯并封于太初之世，史公不当遗之也。'至此下当涂至阳平四十六侯，亦皆褚所续，非但侯位多有遗缺，其编录之误，不可指计。凡功勋罪状国号姓名官职以及户数年数，尽与《汉书》不合。"）	**当涂**（汉县名，县治在今安徽怀远东南。）	**蒲**（其地不详。）	**潦阳**（有说在今河北临西。）	**富民**（在蕲县境，在今安徽宿州。）	右孝武封国名（本表实为左。按：以上四侯虽列在褚先生说话之上，实亦褚先生所补。陈直曰："《史记》'(涅)[湼]阳侯'以下，褚先生补武帝时四侯，《汉书》则有十一侯，当以《汉书》为准。"）
侯功	以朝鲜王子汉兵围朝鲜降，侯。	以朝鲜相路人汉兵至首先降，道死，其子侯。（路人：朝鲜王右渠之丞相，往降汉军，死于路，故封其子。）		魏不害，以圉守尉捕淮阳反者公孙勇等侯。（圉守尉：圉县的代理县尉。圉：汉县名，县治在今河南杞县西南之圉镇。淮阳：汉县名，县治在今河南周口淮阳区。公孙勇：淮阳人，曾任城父县令，征和元年因谋反被捕杀。）	苏昌，以圉尉史捕淮阳反者公孙勇等侯。（尉史：县尉手下的小吏。）	江德，以（园）[圉]廄啬夫共捕淮阳反者公孙勇等侯。（"圉"字中华本原作"园"，与文意不合，今改。圉廄啬夫：管理圉县马棚的小吏。）	田千秋，家在长陵。以故高庙寝郎上书谏孝武曰："子弄父兵，罪当笞。父子之怒，自古有之，蚩尤畔父，黄帝涉江。"上书至意，拜为大鸿胪。征和四年为丞相，封三千户。至昭帝时病死，子顺代立，为虎牙将军击匈奴，不至质，诛死，国除。（长陵：汉陵邑名，在今陕西咸阳东。高庙寝郎：看守刘邦陵墓寝庙的小吏。大鸿胪：武帝时改典客置，九卿之一。不至质：没有到达规定的地点。）	
元光（前134—前129）								
元朔（前128—前123）								
元狩（前122—前117）								

元鼎（前116—前111）									
元封（前110—前105）	二　四年三月癸未，侯张路归义元年。六年，侯张路使朝鲜，谋反死，国除。（三月癸未：三月初四。张路：音gè，《朝鲜列传》作“长降”。）	三　四年三月壬寅，康侯子最元年。（三月壬寅：三月二十三。）							
太初已后（前104年以后）		二　太初二年，侯最死，无后国除。							

后进好事儒者褚先生[①]曰:太史公记事尽于孝武之事[②],故复修记孝昭以来功臣侯者,编于左方[③],令后好事者得览观成败长短绝世之適[④],得以自戒焉。当世之君子,行权合变,度时施宜,希世用事,[⑤]以建功有土封侯,立名当世,岂不盛哉!观其持满守成之道,皆不谦让,骄蹇争权,喜扬声誉,知进不知退,终以杀身灭国。以三得之[⑥],及身失之,不能传功于后世,令恩德流子孙,岂不悲哉!夫龙頟侯曾为前将军,世俗顺善,[⑦]厚重谨信,不与政事[⑧],退让爱人。其先起于晋六卿[⑨]之世,有土君国以来,为王侯,子孙相承不绝,历年经世,以至于今,凡八百余岁,岂可与功臣及身失之者同日而语之哉?悲夫,后世其诫之!

(以上是褚先生在他所补诸列侯功状之前的小序,其劝喻受封者谦让谨信自然是至理名言,但一味训诫臣下,为最高统治者保驾护航的语意令人生厌。)

①褚先生——名少孙,元帝、成帝时期为博士,一说为宣帝时博士,是最早见于记载的研究《史记》与补写《史记》的人。其补写的内容主要见于今本《史记》的《三代世表》《外戚世家》《梁孝王世家》《三王世家》《张丞相列传》《田叔列传》《滑稽列传》《龟策列传》等八篇。陈直曰:"《汉旧仪》云:'博士称先生。'褚少孙为元、成间博士,故亦自称'先生'。" ②尽于孝武之事——司马迁写《史记》的时间下限为武帝太初年间。 ③左方——犹言"下面""后面"。古人竖行书写,从右向左。 ④成败长短绝世之適——词语不顺,大意谓那些成功者、传世久远者的经验与那些失败者、很快将封爵断送者的教训。適:通"谪"。 ⑤行权合变——采取特殊手段以解决特殊问题,如霍光之行废立,杜延年等之除上官桀等。权:反经曰权,即临时置宜,采取非常手段。 希世用事——意即看风使舵,迎合权势者的喜好,司马迁曾用此语说公孙弘。 ⑥以三得之——《集解》曰:"即上所谓'行权合变,度时施宜,希世用事'也。" ⑦龙頟侯曾——韩曾,韩王信的后代,韩说之子。 世欲顺善——意即顺从世俗,一味做好人。 ⑧不与政事——这里即指不揽权。与:参与,过问。 ⑨晋六卿——春秋后期把持晋国政权的六家大贵族,即范氏、中行氏、智氏、韩氏、赵氏、魏氏。如韩厥、韩起等皆韩曾之祖。

博陆 （《集解》引文颖曰："博，广；陆，平，取其嘉名，无此县也。"又引臣瓒曰："渔阳有博陆城也。"按：渔阳在今北京密云区。）	霍光，家在平阳，以兄骠骑将军故贵。前事武帝，觉捕得侍中谋反者马何罗等功侯，三千户。中辅幼主昭帝，为大将军。谨信，用事擅治，尊为大司马，益封邑万户。后事宣帝，历事三主，天下信乡之，益封二万户。子禹代立，谋反，族灭，国除。 （霍光：骠骑将军霍去病之弟，武帝临终的托孤大臣。　觉：发觉。　马何罗：巫蛊之乱的作孽者之一，为武帝身边的侍从官员，先已倾倒太子，又欲谋害武帝，事觉被诛。　昭帝：武帝的少子，钩弋夫人所生，前87—前74年在位。　尊为大司马：时霍光为大司马大将军，位在丞相之上。　宣帝：名询，武帝之曾孙，巫蛊之乱中受害的太子刘据之孙，自幼长在民间，前74—前49年在位。　信乡：信任，拥护。乡：通"向"。　子禹代立，谋反，族灭：霍光之子霍禹，谋反，事发后被灭族。）
秺（dù） （侯国名，故治在今山东成武西北。）	金翁叔名日磾，以匈奴休屠王太子从浑邪王将众五万，降汉归义，侍中，事武帝，觉捕侍中谋反者马何罗等功侯，三千户。中事昭帝，谨厚，益封三千户。子弘代立，为奉车都尉，事宣帝。 （金日磾：字翁叔，匈奴休屠王之子，随浑邪王一道降汉。以忠心耿耿取信于汉武帝。　休屠王：原是匈奴西部的一个王，因被霍去病打败引起匈奴单于愤怒，惧而投汉，在随浑邪王归汉途中被浑邪王所杀。）
安阳 （侯国名，故治在今河南安阳西南，割荡阴县地以为之。）	上官桀，家在陇西。以善骑射从军。稍贵，事武帝，为左将军。觉捕斩侍中谋反者马何罗弟重合侯通功侯，三千户。中事昭帝，与大将军霍光争权，因以谋反，族灭，国除。 （陇西：汉郡名，郡治狄道，在今甘肃临洮。　稍贵：渐渐贵盛。　左将军：时将军有前、后、左、右之称，位在诸杂号将军之上。　重合侯通：马何罗之弟，名通，封重合侯，因谋反被诛）

桑乐 （其地不详。）	上官安，以父桀为将军故贵，侍中，事昭帝。安女为昭帝夫人，立为皇后故侯，三千户。骄蹇，与大将军霍光争权，因以父子谋反，族灭，国除。 （夫人：皇帝姬妾的通称，细分则有美人、良人、八子、七子等等。　骄蹇：傲慢，不顺从。）
富平 （侯国名，故治先在今河南尉氏，后徙至今山东阳信。）	张安世，家在杜陵。以故御史大夫张汤子武帝时给事尚书，为尚书令。事昭帝，谨厚习事，为光禄勋右将军。辅政十三年，无適过，侯，三千户。及事宣帝，代霍光为大司马，用事，益封万六千户。子延寿代立，为太仆、侍中。 （杜陵：汉县名，县治在今陕西西安东南。　张汤：武帝时的著名酷吏，官至御史大夫。　给事尚书：在尚书省服务。尚书省是为皇帝管理文件、档案的官署。　尚书令：尚书省的首席长官。　光禄勋：原称郎中令，九卿之一，统领皇帝侍从与主管宫殿门户的警卫。　適过：因罪过被贬谪。適：通“谪”。　太仆：给皇帝赶车，并为皇帝管理车马，九卿之一。）
义阳 （侯国名，故治在今河南桐柏东北。）	傅介子，家在北地。以从军为郎，为平乐监。昭帝时，刺杀外国王，天子下诏书曰：“平乐监傅介子使外国，杀楼兰王，以直报怨，不烦师，有功，其以邑千三百户封介子为义阳侯。”子厉代立，争财相告，有罪，国除。 （北地：汉郡名，郡治马岭，在今甘肃庆城西北。　郎：帝王的侍从人员，上属郎中令。　平乐监：平乐厩的管理官员。　楼兰：西域国名，都城在今新疆罗布泊西。因其王勾结匈奴人，拦阻东西交通，杀汉使者，被傅介子等所刺杀。）

商利 （侯国名，故治在今江苏泗洪。）	王山，齐人也。故为丞相史，会骑将军上官安谋反，山说安与俱入丞相，斩安。山以军功为侯，三千户。上书愿治民，为代太守。为人所上书言，系狱当死，会赦，出为庶人，国除。 （王山：据《汉书》此人曰“王山寿”。　丞相史：丞相手下的小吏，此时的丞相是田千秋。　说安与俱入丞相：骗说上官安，将其引入丞相府。　代太守：代郡的太守。代郡的郡治在今河北蔚县东北之代王城。）
建平 （侯国名，故治在今河南夏邑西南。）	杜延年，以故御史大夫杜周子给事大将军幕府，发觉谋反者骑将军上官安等罪，封为侯，邑二千七百户，拜为太仆。元年，出为西河太守。五凤三年，入为御史大夫。 （杜周：武帝时的著名酷吏。　大将军：指霍光，时为大司马大将军。　元年：指宣帝元康元年，前 65 年。　西河：汉郡名，郡治平定，在今内蒙古准格尔旗西南。　五凤：汉宣帝的第五个年号，前 57—前 54 年。）
弋阳 （侯国名，故治在今河南潢川西。）	任宫，以故上林尉捕格谋反者左将军上官桀，杀之便门，封为侯，二千户。后为太常，及行卫尉事。节俭谨信，以寿终，传于子孙。 （上林尉：掌管皇家猎场上林苑的武官。　太常：也称奉常，九卿之一，主管朝廷礼仪与宗庙祭祀诸事。　行卫尉事：代理卫尉职权。卫尉也是九卿之一，主管宫廷守卫。）
宜城 （其地不详。有说应作“宜成”，在今山东济南济阳区西北。）	燕仓，以故大将军幕府军吏发谋反者骑将军上官安罪有功，封侯，邑二千户。为汝南太守，有能名。 （发：揭发，举报。　汝南：汉郡名，郡治在今河南平舆北。）

宜春 （侯国名，故治在今河南汝南。）	王䜣，家在齐。本小吏佐史，稍迁至右辅都尉。武帝数幸扶风郡，䜣共置办，拜为右扶风。至孝昭时，代桑弘羊为御史大夫。元凤三年，代田千秋为丞相，封二千户。立二年，为人所上书言暴，自杀，不殊。子代立，为属国都尉。 （右辅都尉：首都长安西部地区的武官，当时长安地区分京兆尹、左冯翊、右扶风三部分，其行政长官位同郡守，武官长官同于郡尉。右辅即指右扶风。　共置办：为皇帝与其随行人员解决供应问题做得好。　桑弘羊：武帝时的经济大臣，任御史大夫。　田千秋：因其年老，特准乘车进宫，故也称“车千秋”。　不殊：受伤而未死。　属国都尉：管理外族人降汉后集体居住的沿边地区的武官。）
安平 （侯国名，在今河南睢县。）	杨敞，家在华阴。故给事大将军幕府，稍迁至大司农，为御史大夫。元凤六年，代王䜣为丞相，封二千户。立二年，病死。子贲代立，十三年病死。子翁君代立，为典属国。三岁，以季父恽故出恶言，系狱当死，得免，为庶人，国除。 （华阴：汉县名，县治在今陕西华阴东南。　大司农：九卿之一，掌管钱谷。　典属国：朝官名，主管少数民族事务。　季父恽（yùn）：杨恽，杨敞之子，司马迁的外孙，因写《报孙会宗书》发牢骚，被处死。　系狱当死：指杨翁君受其叔杨恽牵连被下狱，被判处死刑。）

右孝昭时所封国名（以上是昭帝时代，即前 87—前 74 年，所封的列侯共十二人。）

阳平 （汉县名，县治在今山东莘县。）	蔡义，家在温，故师受《韩诗》，为博士，给事大将军幕府，为杜城门候。入侍中，授昭帝《韩诗》，为御史大夫。是时年八十，衰老，常两人扶持乃能行。然公卿大臣议，以为为人主师，当以为相。以元平元年代杨敞为丞相，封二千户。病死，绝无后，国除。 （温：汉县名，县治在今河南温县西南。　《韩诗》：汉代讲授《诗经》的一个门派，其开创者是燕人、常山王太傅韩婴，今传有《韩诗外传》。　博士：太学里的教授。　大将军：指霍光。　杜城门候：看管杜县城门的小官。　元平元年：前 74 年。“元平”是汉昭帝的最后一个年号，只一年。）
扶阳 （侯国名，故治在今安徽萧县西南。）	韦贤，家在鲁。通《诗》《礼》《尚书》，为博士，授鲁大儒，入侍中，为昭帝师，迁为光禄大夫，大鸿胪，长信少府。以为人主师，本始三年代蔡义为丞相，封扶阳侯，千八百户。为丞相五岁，多恩，不习吏事，免相就第，病死。子玄成代立，为太常。坐祠庙骑，夺爵，为关内侯。 （光禄大夫：光禄勋的属官，在帝王身边备参谋顾问。　大鸿胪：武帝时改典客置，原掌接待少数民族等事，后渐变为赞襄礼仪之官。　长信少府：掌皇太后宫中事务的官。　本始：汉宣帝的第一个年号，前 73—前 70 年。　坐祠庙骑：在参加祭祀宗庙典礼的时候是骑马去的，犯了不恭敬罪。　关内侯：有侯爵而无封地，比有封地的列侯低一等。）
平陵 （其地诸说不一，有说在今湖北丹江口。）	范明友，家在陇西。以家世习外国事，使护西羌。事昭帝，拜为度辽将军，击乌桓功侯，二千户。取霍光女为妻。地节四年，与诸霍子禹等谋反，族灭，国除。 （护西羌：监护归顺汉王朝的今甘肃、青海东部一带的西羌诸部落。　度辽将军：杂号将军名，以出征地点为号。　乌桓：当时活动在今内蒙古阿鲁科尔沁旗以北的少数民族名。　地节四年：前 66 年。地节是汉宣帝的第二个年号。　诸霍子禹：以霍禹为首的霍氏诸人。霍禹是霍光之子。）

营平（侯国名，有说故治在今山东济南东。）	赵充国，以陇西骑士从军得官，侍中，事武帝。数将兵击匈奴有功，为护军都尉，侍中，事昭帝。昭帝崩，议立宣帝，决疑定策，以安宗庙功侯，封二千五百户。 （护军都尉：上属大司马，职掌监督诸将。　议立宣帝：昭帝死后，霍光等曾先立武帝孙昌邑王刘贺为帝；后又废掉昌邑王，改立武帝子刘据之孙刘询为帝，即宣帝，这在当时是惊天动地的大事件，赵充国是赞助霍光的重要人物之一，故说他有“安宗庙功”。）
阳成（其地说法不一，有说在今山东西南部。）	田延年，以军吏事昭帝；发觉上官桀谋反事，后留迟不得封，为大司农。本造废昌邑王议立宣帝，决疑定策，以安宗庙功侯，二千七百户。逢昭帝崩，方上事并急，因以盗都内钱三千万，发觉，自杀，国除。 （都内：内府，国家的金库。按：田延年在任大司农时“盗都内钱”，后以拥立宣帝被封侯，宣帝本始二年盗钱事被发觉，田延年自杀。）
平丘（侯国名，故治在今山东肥城。）	王迁，家在卫。为尚书郎，习刀笔之文。侍中，事昭帝。帝崩，立宣帝，决疑定策，以安宗庙功侯，二千户。为光禄大夫，秩中二千石。坐受诸侯王金钱财，漏泄中事，诛死，国除。 （卫：古卫国之地，约当今河南淇县、濮阳等地区。　秩：俸禄之等级。　中二千石：汉代之“二千石”共有四等，“中二千石”最上，次为“真二千石”，再次“二千石”，最次为“比二千石”。　中事：宫廷里的机密。）
乐成（侯国名，故治在今山东聊城东昌府区西。）	霍山，山者，大将军光兄子也。光未死时上书曰：“臣兄骠骑将军去病从军有功，病死，赐谥景桓侯，绝无后，臣光愿以所封东武阳邑三千五百户分与山。”天子许之，拜山为侯。坐谋反，族灭，国除。 （霍山：此文以为是霍去病之子，《汉书》则说是霍去病之孙。　后坐谋反：即参与霍禹等人的谋反。）
冠军（汉县名，县治在今河南邓州西北。）	霍云，以大将军兄骠骑将军适孙为侯。地节三年，天子下诏书曰：“骠骑将军去病击匈奴有功，封为冠军侯。薨卒，子侯代立，病死无后。《春秋》之义，善善及子孙，其以邑三千户封云为冠军侯。”后坐谋反，族灭，国除。 （適孙：既曰“子侯代立，病死无后”，此又称霍云是霍去病的“適孙”，似有矛盾。適，通“嫡”。　坐谋反：参与霍禹等人的谋反。）

平恩 （汉县名，县治在今河北曲周东南。）	许广汉，家昌邑。坐事下蚕室，独有一女，嫁之。宣帝未立时，素与广汉出入相通，卜相者言当大贵，以故广汉施恩甚厚。地节三年，封为侯，邑三千户。病死，无后国除。 （下蚕室：即受宫刑。　施恩甚厚：指对蒙难中的刘询多有恩惠。）
昌水 （侯国名，故治在今山东邹平。）	田广明，故郎，为司马，稍迁至南郡都尉、淮阳太守、鸿胪、左冯翊。昭帝崩，议废昌邑王，立宣帝，决疑定策，以安宗庙。本始三年，封为侯，邑二千三百户。为御史大夫。后为祁连将军，击匈奴，军不至质，当死，自杀，国除。 （南郡：汉郡名，郡治在今湖北荆州江陵故城。　淮阳：郡治在今河南周口淮阳区。　鸿胪：大鸿胪，由典客改置，九卿之一。　左冯翊：首都东部地区的行政长官，位同郡守。　本始三年：前 71 年。"本始"是汉宣帝的第一个年号。　不至质：没有到达指定地点。　祁连将军：杂号将军名，以出征地点命名。　当死：判处死罪。）
高平 （侯国名，故治在今河南柘城北。）	魏相，家在济阴。少学《易》，为府卒史，以贤良举为茂陵令，迁河南太守。坐贼杀不辜，系狱，当死，会赦，免为庶人。有诏守茂陵令，为(杨)[扬]州刺史，入为谏议大夫，复为河南太守，迁为大司农、御史大夫。地节三年，谮毁韦贤，代为丞相，封千五百户。病死，长子宾代立，坐祠庙失侯。 （济阴：汉郡名，郡治在今山东菏泽定陶区。　府卒史：济阴郡的文职小吏。　茂陵令：汉武帝陵邑的行政长官，位同县令。　河南太守：河南郡的郡守，河南郡的郡治在今河南洛阳。　贼杀不辜：史无明载，魏相下狱的原因实乃出于霍光的误解。　守：代理，权理。　扬州刺史：朝廷派出的探察扬州诸郡政务的官员，级别不高但权力甚大。　谏议大夫：朝廷的言官，主管议论、纠弹。　韦贤：一个靠读儒书升任丞相的平庸官僚。　坐祠庙失侯：即因下雨而骑马前往参加祭祀宗庙而被问罪事，此事同时受谴者多人。）
博望 （汉县名，县治在今河南方城西南。）	许中翁，以平恩侯许广汉弟封为侯，邑二千户。亦故有私恩，为长乐卫尉。死，子延年代立。 （许中翁：名舜。　故有私恩：宣帝蒙难时对宣帝有大恩。　长乐卫尉：护卫长乐宫的军事长官。）

乐平 （侯国名，故治在今河南泌阳南。）	许翁孙，以平恩侯许广汉少弟故为侯，封二千户。拜为强弩将军，击破西羌，还，更拜为大司马、光禄勋。亦故有私恩，故得封。嗜酒好色，以早病死，子汤代立。 （大司马：武帝时用为“大将军”“骠骑将军”的加官，宣帝时用为官名，略同于西汉初期的“太尉”，三公之一。光禄勋：前称郎中令，统领皇帝的侍从，守卫宫殿门户，九卿之一。）
将陵 （侯国名，在今山东德州一带。）	史子回，以宣帝大母家封为侯，二千六百户，与平台侯昆弟行也。子回妻宜君，故成王孙，嫉妒，绞杀侍婢四十余人，盗断妇人初产子臂膝以为媚道。为人所上书言，论弃市。子回以外家故，不失侯。 （史子回：名曾。　大母：祖母，宣帝的祖母即史良娣，太子刘据的夫人。　昆弟行：兄弟辈。　成王：宜君之祖父，名字事迹不详。　媚道：邀宠的巫蛊邪术。古代多行于宫廷妇人中。）
平台 （侯国名，在今河北石家庄一带。）	史子叔，以宣帝大母家封为侯，二千五百户。卫太子时，史氏内一女于太子，嫁一女鲁王，今见鲁王亦史氏外孙也。外家有亲，以故贵，数得赏赐。 （史子叔：名玄。　卫太子：武帝的太子，名据，卫子夫所生，故称卫太子。征和二年，在巫蛊之祸中遇害。　内：“纳”的古字。　鲁王：名光，景帝之孙，鲁共王刘餘之子。　今见鲁王：现时在位的鲁王，指刘庆忌，刘光之子。见：同“现”。）
乐陵 （其地不详。）	史子长，以宣帝大母家贵，侍中，重厚忠信。以发觉霍氏谋反事，封三千五百户。 （霍氏：即霍禹、霍山等诸人。）
博成 （其地不详。）	张章，父故颍川人，为长安亭长。失官，之北阙上书，寄宿霍氏第舍，卧马枥间，夜闻养马奴相与语，言诸霍氏子孙欲谋反状，因上书告反，为侯，封三千户。 （颍川：汉郡名，郡治阳翟，在今河南禹州。　北阙：未央宫北面的门楼，当时给朝廷上书都在此处。　马枥：喂马用的槽。）
都成 （其地不详。）	金安上，先故匈奴。以发觉故大将军霍光子禹等谋反事有功，封侯，二千八百户。安上者，奉车都尉秺侯从群子。行谨善，退让以自持，欲传功德于子孙。 （奉车都尉秺侯：金日磾，其表见前。　从群子：许多侄子当中的一个。从子：侄。）

平通 （侯国名，故治在今山东泰安泰山区东南。）	杨恽，家在华阴，故丞相杨敞少子，任为郎。好士，自喜知人，居众人中常与人颜色，以故高昌侯董忠引与屏语，言霍氏谋反状，共发觉告反，侯，二千户，为光禄勋。到五凤四年，作为妖言，大逆罪腰斩，国除。 （杨恽：司马迁的外孙。　自喜：自足，以某种行动为乐。　与人颜色：做出一种赏识、友好的样子。　引与屏语：拉他到无人处悄悄私语。）
高昌 （侯国名，故治在今山东博兴西南。）	董忠，父故颍川阳翟人，以习书诣长安。忠有材力，能骑射，用短兵，给事期门。与张章相习知，章告语忠霍禹谋反状，忠以语常侍骑郎杨恽，共发觉告反，侯，二千户。今为枭骑都尉，侍中。坐祠宗庙乘小车，夺百户。 （以习书诣长安：陈直曰："《汉书·艺文志》：杂赋家有黄门书者王广、吕嘉及黄门书者假史王商所作的赋，足证汉代能书者皆集中在黄门令署中。董忠以习书诣长安，等于候补书工。"　给事期门：意即陪同皇帝一道游猎。《集解》引《汉书·东方朔传》曰："武帝微行，出与侍中、常侍武骑及待诏陇西、北地良家子能骑射者期诸殿门，故有'期门'之号。"　坐祠宗庙乘小车：与前数人之"坐祠庙骑"为同一种过失。　夺百户：削减其食邑百户。）
爰戚 （汉县名，县治在今山东嘉祥西南。）	赵成，用发觉楚国事侯，二千三百户。地节元年，楚王与广陵王谋反，成发觉反状，天子推恩广德义，下诏书曰"无治广陵王"。广陵王不变更，后复坐祝诅灭国，自杀，国除。今帝复立子为广陵王。 （楚王：名延寿，楚元王刘交的后代，地节元年因谋反自杀。　广陵王：名胥，武帝之子，地节元年谋反被赦，至五凤四年因诅咒皇帝事事发，自杀。　祝诅：祈请鬼神令皇帝速死。　今帝：汉元帝，名奭，前49—前33年在位。　复立子为广陵王：复立刘胥之子刘霸为广陵王。）
酂 （汉县名，县治在今湖北老河口西北。）	地节三年，天子下诏书曰："朕闻汉之兴，相国萧何功第一，今绝无后，朕甚怜之，其以邑三千户封萧何玄孙建世为酂侯。" （地节三年：《汉书》作地节四年。　今绝无后：萧何的子孙曾几度中绝，朝廷几次续封。武帝元封四年萧寿成因罪被废，至宣帝地节年间，萧建世再度受封。）

平昌 （侯国名，故治在今山东临邑东北。）	王长君，家在赵国，常山广望邑人也。卫太子时，嫁太子家，为太子男史皇孙为配，生子男，绝，不闻声问。行且四十余岁，至今元康元年中，诏征，立以为侯，封五千户。宣帝舅父也。 （王长君：名无故。　常山广望邑：常山郡的广望县，县治在今河北保定清苑区西南。　史皇孙：太子刘据之子，宣帝之父。因其为史良娣所生，故称“史皇孙”。　绝，不闻声问：断绝来往，失掉音讯。按：此所谓“绝，不闻声问”者，王长君也；行文不清，像是其姊妹，而其姊妹似乎已随史皇孙遇难。　元康元年：前65年。“元康”是汉宣帝的第三个年号。）
乐昌 （有说在今河南南乐西北之古乐昌县，有说在今安徽太和东。）	王稚君，家在赵国，常山广望邑人也。以宣帝舅父外家封为侯，邑五千户。平昌侯王长君弟也。 （王稚君：名武，王长君之弟。）
邛成 （有人以为应作部成，在今山东成武东南。）	王奉光，家在房陵。以女立为宣帝皇后故，封千五百户。言奉光初生时，夜见光其上，传闻者以为当贵云，后果以女故为侯。 （房陵：汉县名，县治在今湖北房县。）
安远 （侯国名，故治在今安徽颍上西北。）	郑吉，家在会稽。以卒伍起从军为郎，使护将弛刑士田渠梨。会匈奴单于死，国乱，相攻，日逐王将众来降汉，先使语吉，吉将吏卒数百人往迎之。众颇有欲还者，因斩杀其渠率，遂与俱入汉。以军功侯，二千户。 （会稽：汉郡名，郡治在今江苏苏州。　护将：押解、率领。　弛刑士：解除束项铁圈及脚镣的罪犯。　田渠梨：在渠梨屯垦。渠梨：古西域国名，在今新疆尉犁西。　渠率：头领，首要分子。）
博阳 （侯国名，故治在今河南商水县东南。）	邴吉，家在鲁。本以治狱为御史属，给事大将军幕府。常施旧恩宣帝，迁为御史大夫，封侯，二千户。神爵二年，代魏相为丞相。立五岁，病死。子翁孟代立，为将军，侍中。甘露元年，坐祠宗庙不乘大车而骑至庙门，有罪，夺爵，为关内侯。 （御史属：御史大夫的属官。　大将军：指霍光。　常施恩宣帝：因当时卫太子事尚未平反，宣帝尚在蒙难。　神爵二年：前60年。　甘露元年：前53年。）

建成 （侯国名，故治在今河南永城东南。）	黄霸，家在阳夏，以役使徙云阳。以廉吏为河内守丞，迁为廷尉监，行丞相长史事。坐见知夏侯胜非诏书大不敬罪，久系狱三岁，从胜学《尚书》。会赦，以贤良举为扬州刺史，颍川太守。善化，男女异路，耕者让畔，赐黄金百斤，秩中二千石。居颍川，入为太子太傅，迁御史大夫。五凤三年，代邴吉为丞相。封千八百户。 （阳夏：汉县名，县治在今河南太康。　以役使徙云阳：因为奴役乡人被强制搬迁到云阳县。云阳：在今陕西淳化西北。　河内守丞：河内郡的郡丞，河内郡的郡治怀县，在今河南武陟西南。郡丞是郡守的助理。　廷尉监：廷尉的副职。廷尉是国家的最高司法长官，九卿之一。　丞相长史：丞相手下的诸吏之长。　见知：明知某人犯罪而不举报。　夏侯胜：以通儒术闻名，时为长信少府。　非诏书：非议皇帝的命令。　从胜学《尚书》：二人一起下狱，在狱里黄霸向夏侯胜学习《尚书》。　善化：善于以儒术教化百姓。　让畔：彼此推让共有的田界。）
西平 （汉县名，县治在今江苏地区。）	于定国，家在东海。本以治狱给事为廷尉史，稍迁御史中丞。上书谏昌邑王，迁为光禄大夫，为廷尉。乃师受《春秋》，变道行化，谨厚爱人。迁为御史大夫，代黄霸为丞相。 （东海：汉郡名，郡治郯县，在今山东郯城北。　廷尉史：廷尉手下的小吏。　御史中丞：御史大夫的属官，主管监察弹劾。　昌邑王：刘贺，武帝之孙，昭帝去世后曾被拥立为帝，后因荒淫无道被霍光所废。　光禄大夫：光禄勋的属官，光禄勋由郎中令改置。）

右孝宣时所封

阳平 （汉县名，县治在今山东莘县。）	王稚君，家在魏郡。故丞相史，女为太子妃。太子立为帝，女为皇后，故侯，千二百户。初元以来，方盛贵用事，游宦求官于京师者多得其力，未闻其有知略广宣于国家也。 （王稚君：名杰，或曰名禁。陈直曰："当从《汉表》名'禁'，因元后避父讳，改'禁中'为'省中'。"　魏郡：郡治邺县，在今河北临漳西南。　丞相史：丞相属下的文书小吏。　太子：未来的汉元帝，名奭。　初元：元帝的第一个年号，前 48—前 44 年。　游宦：到处周游找官做。　知略：智慧，谋略。知："智"的古字。）

［**简评**］　本表谱列了汉武帝建元元年（前140）至太初年间（前104—前101）分封功臣的情况，表的形式与《高祖功臣侯者年表》《惠景间侯者年表》相同，“国经而年纬”，但纬栏在“侯功”下分成“元光”“元朔”“元狩”“元鼎”“元封”“太初已后”六格，划分得比前二表更为详细，体现了司马迁重视当代史的撰写原则。本表所谱列的主要是在汉武帝北讨强胡、南诛劲越以及在征伐其他周边民族的活动中立有战功的人物。从篇前短序的表面文字看，司马迁引古证今，好像是在为汉武帝的征伐四夷寻找合理根据，似乎皇帝的决策与这些将领的活动都是应该肯定、应该歌颂的。但这种理解与司马迁在《匈奴列传》《大宛列传》《南越列传》《朝鲜列传》《西南夷列传》《卫将军骠骑列传》，尤其是《平准书》等篇中反映的情绪是大不相同的。公孙弘与主父偃都不是司马迁喜欢的人物，但司马迁对他们所发表的反对汉武帝对外扩张的言论却极为欣赏，从而大篇幅地将它们引在列传中。正是由于有大量的材料与此做比较，所以从古到今读《史记》的人都说这篇表序含有讽刺，是似褒而实贬。从历史发展的角度看，汉武帝开疆拓土的活动客观上对大一统多民族国家的形成，对各民族之间的融合，对中外经济、文化的交流产生了不可磨灭的影响；但在当时却不能不说是一种武力扩张的行为，而且这种扩张在当时对汉族与各兄弟民族的劳动人民都造成了严重的灾难。司马迁作为一个汉代臣子对此持批评态度，不论从民族主义还是从民主主义的立场上看，都不能不说是具有突出的进步性，其勇气更不是一般人所能达到的。

［**集评**］　《太史公自序》：“北讨强胡，南诛劲越，征伐夷蛮，武功爰列，作《建元以来侯者年表》第八。”

汪越曰：“读《建元侯者表》以诛伐四夷为主。表建元至太初以后侯者盖主军功,而击匈奴则军功之大者,或从大将军卫青,或从骠骑将军霍去病,多取封侯;南越、东瓯、朝鲜功又其次也。有自匈奴降者,有自南越、东瓯、朝鲜、小月氐(氏)降者,可以威远,因侯之;有父死事南越而其子侯者,缪世乐、韩千秋是也;有以父击匈奴功而其子侯者,大将军卫青之三子是也;有从击匈奴及使绝域而侯者,张骞是也;其不以军功,则周子南君以周后绍封,公孙弘以丞相诏褒为侯,石庆以相丞(丞相)及先人万石积德谨行侯是也;最下则乐通,以方术侯矣。按:孝武之时,虚中国以事四夷,好大喜功之蔽也,太史公不斤(斥)开边,而引《诗》《书》称征伐为非得已;且曰'功臣受封侔于祖考',其亦微词与?"(《读史记十表》)

徐克范曰:"'高帝功臣'及'惠景间侯者'皆兼同、异姓叙之,独建元以来分'侯者年表''王子侯表'为二何也?盖是时征伐四出,军功既多;支庶毕侯,分邑又众,故分叙之以致意也。"(《读史记十表》)

齐召南曰:"《汉》表列'长平''冠军'于'外戚恩泽',甚为失平。夫以卫、霍之战伐功勋,其将校得封者皆称功臣,岂可以吕、窦、王、田例哉?《史记》叙功,于'长平'不曰'皇后弟',于'冠军'不曰'皇后姊子',可谓公论。"(四库本《史记》引)

李景星曰:"汉世封侯之滥,莫过于孝武之时。太史公作《建元已(以)来侯者年表》,有隐痛焉。故表序纯用吞吐为讥刺,曰'以此知功臣受封侔于祖考矣',言不当与祖考侔也;曰'岂以晏然不为边境征伐哉!'言不当为边境征伐也;曰'将卒以次封矣',言将卒不当封也。处处以纵为擒,以反作正,而武帝之勤远略,诸臣之幸功名,皆于言外传之,的是写生妙手。"(《四史评议》)

尚镕曰:"《惠景间侯者》或以继绝,或以补遗,或以有功,除吕后封诸吕外可议者少。表以济纪传之穷,故使人观之不厌也。《建元以来侯者》自平津、牧邱(丘)、周子南君外,皆因武帝之开边而封。故此表纯是刺讥,而使人领取于言外。褚少孙附孝武、孝昭、孝宣侯国于后,全不知迁意,可谓狗尾续貂。”(《史记辨证》)

张大可曰:“《建元以来侯者年表》表列武帝时所封功臣七十三人,计征匈奴功者侯二十五人,征两越朝鲜功者侯九人,匈奴、两越、朝鲜、小月氏归义降者侯三十人,以功荫者侯三人,以父死事南越者侯二人,绍先代封者侯一人,以丞相封者侯二人,以方术封者侯一人。表序引《诗》《书》征伐之义,明武帝开边以抚辑四夷为正义事业。但齐桓伐山戎,赵武灵王服单于,秦穆公霸西戎,吴、楚役百越,皆用力小而收功大,而汉武帝以承平一统之天下,内辑亿万之众,南征北讨,只不过换得功臣受封‘侔于祖考’,其用力大而收功小,讥其好大喜功,专用武力。”(《史记新注》)

建元已来王子侯者年表第九

制诏御史[①]:“诸侯王或欲推私恩分子弟邑者,令各条上,[②]朕且临定其号名[③]。”

太史公曰:盛哉,天子之德!一人有庆,天下赖之[④]。

①制诏御史——皇帝下令给御史大夫。当时皇帝向全国颁布命令的程序是,皇帝先把自己的意旨告诉御史大夫,御史大夫根据皇帝的意旨形成文件转达发给丞相,丞相复议后再发往全国。 ②推私恩分子弟邑——愿意把自己封国的领土分成若干份,立自己的儿子或兄弟为列侯。汉代的诸侯王通常领有一个郡,其政治级别也大体相当于郡守;而列侯的封土通常为一个县,也有的不够一个县,其政治级别相当于县令。 条上——开列清楚,报告上来。 ③临定其号名——审查、确定其封土、名号。 ④一人有庆,天下赖之——一个人有德惠,天下人都跟着沾光。陈仁子认为司马迁之言,似颂似讽。

国名	**兹** （梁玉绳曰："疑即太原兹氏县，或云是琅邪兹乡。"兹氏县在今山西汾阳东南；兹乡在今山东诸城西北。）	**安成** （汉县名，在今江西安福县西。）	**宜春** （汉县名，在今江西宜春。）	**句容** （有说即今江苏句容者，似乎离长沙太远。）
王子号	河间献王子。 （献王刘德，景帝之子，栗姬所生。）	长沙定王子。 （定王刘发，景帝子，唐姬所生。）	长沙定王子。	长沙定王子。
元光 （前134—前129）	二　五年正月壬子，侯刘明元年。 （正月壬子：正月十八。刘明在元光年间为侯二年。）	一　六年七月乙巳，思侯刘苍元年。 （七月乙巳：七月二十。刘苍在元光年间为侯一年。）	一　六年七月乙巳，侯刘成元年。 （刘成在元光年间为侯一年。）	一　六年七月乙巳，哀侯刘党元年。
元朔 （前128—前123）	二　三年，侯明坐谋反杀人，弃市，国除。 （梁玉绳曰："明何尝谋反，但杀人耳。"孙侍御曰："疑是坐谋杀人弃市，衍一'反'字耳。"）	六 （刘苍在元朔年间继续为侯。）	六 （刘成在元朔年间继续为侯。）	[一]（中华本原文无"一"字，依表例应有，今补。）元年，哀侯党薨，无后，国除。 （刘党卒于元朔元年。）

元狩 （前122—前117）		六 （刘苍卒于元狩六年。）	六 （刘成在元狩年间继续为侯。）	
元鼎 （前116—前111）		六　元年，今侯自当元年。 （刘自当于武帝元鼎元年袭其父位为侯。）	四　五年，侯成坐酎金，国除。 （刘成因所交助朝廷祭祀宗庙的黄金不合标准，被废。酎：重酿酒。酎金：诸侯王与列侯们上交朝廷的随祭宗庙的黄金，酎金不合规格，是武帝打击地方势力所用的重要借口之一。）	
元封 （前110—前105）		六 （刘自当在元封年间继续为侯。）		
太初 （前104—前101）		四 （刘自当在太初年间继续为侯。）		

国名	句陵（应作容陵，在今湖南攸县西南。）	杏山（其地不详。）	浮丘（有说在今安徽五河县东。）	广戚（在今山东微山县夏镇街道。）	丹阳（在今安徽当涂东北。）	盱台（在今江苏盱眙东北。）
王子号	长沙定王子。	楚安王子。（楚安王：刘道，楚元王刘交之孙，刘礼之子。）	楚安王子。	鲁共王子。（鲁共王：刘餘，景帝之子，程姬所生。）	江都易王子。（江都易王：刘非，景帝子，程姬所生。）	江都易王子。
元光（前134—前129）	一　六年七月乙巳，侯刘福元年。	一　六年后九月壬戌，侯刘成元年。（后九月壬戌：闰九月的初八。当时以十月为岁首，闰月都放在一年的最后。）	一　六年后九月壬戌，侯刘不审元年。（侯刘不审：《汉书》作“节侯不害”。）			
元朔（前128—前123）	六（刘福在元朔年间继续为侯。）	六（刘成在元朔年间继续为侯。）	六（刘不审在元朔年间继续为侯。）	六　元年十月丁酉，节侯刘择元年。（十月丁酉：十月十四。刘择于元朔元年被封侯，元朔六年卒。“择”字有本作“将”。）	六　元年十二月甲辰，哀侯敢元年。（十二月甲辰：十二月二十二。）	六　元年十二月甲辰，侯刘象之元年。（“象”字《汉书》作“蒙”。）

元狩 （前122—前117）	六 （刘福在元狩年间继续为侯。）	六 （刘成在元狩年间继续为侯。）	四 （刘不审卒于元狩四年。） 二　五年，侯霸元年。 （元狩五年，刘霸袭父位为侯。在元狩年间为侯二年。）	六　元年，侯始元年。 （元狩元年，刘始袭父位为侯。）	［一］　元狩元年，侯敢薨，无后，国除。 （中华本原文无“一”字，今依表例增。）	六 （刘象之在元狩年间继续为侯。）
元鼎 （前116—前111）	四　五年，侯福坐酎金，国除。	四　五年，侯成坐酎金，国除。	四　五年，侯霸坐酎金，国除。	四　五年，侯始坐酎金，国除。		四　五年，侯象之坐酎金，国除。
元封 （前110—前105）						
太初 （前104—前101）						

国名	**湖孰** （在今江苏南京江宁区。）	**秩阳** （有说应作“秣陵”，在今江苏南京江宁区。）	**睢陵** （有说应作“淮陵”，在今安徽明光东北。）	**龙丘** （其地不详。）	**张梁** （故地在今河南商丘附近。）	**剧** （在今山东寿光南。陈直曰：“《齐鲁封泥集存》三十六页，有‘勮丞’封泥，字形从力不从刀。”）
王子号	江都易王子。	江都易王子。	江都易王子。	江都易王子。	江都易王子。	菑川懿王子。 （菑川懿王：刘志，齐悼惠王刘肥之子，“懿”字是谥。）
元光 （前134—前129）						
元朔 （前128—前123）	六　元年正月丁卯，顷侯刘胥元年。 （正月丁卯：正月十五。）	六　元年正月丁卯，终侯刘涟元年。	六　元年正月丁卯，侯刘定国元年。	五　二年五月乙巳，侯刘代元年。 （五月乙巳：五月初一。）	五　二年五月乙巳，哀侯刘仁元年。	五　二年五月乙巳，原侯刘错元年。 （原侯：“原”字是谥。）

元狩（前122—前117）	六（刘胥在元狩年间继续为侯。）	六（刘涟在元狩年间继续为侯。）	六（刘定国在元狩年间继续为侯。）	六（刘代在元狩年间继续为侯。）	六（刘仁在元狩年间继续为侯。）	六（刘错在元狩年间继续为侯。）
元鼎（前116—前111）	四（刘胥卒于元鼎四年。） 二　五年，今侯圣元年。	三（应作“四”）四年，终侯涟薨，无后，国除。	四　五年，侯定国坐酎金，国除。	四　五年，侯代坐酎金，国除。	二（刘仁卒于元鼎二年。） 四　三年，今侯顺元年。	一（刘错卒于元鼎元年。） 五　二年，孝侯广昌元年。（孝侯：“孝”字应作“今”。）
元封（前110—前105）	六（刘圣在元封年间继续为侯。）				六（刘顺在元封年间继续为侯。）	六（刘广昌在元封年间继续为侯。）
太初（前104—前101）	四（刘圣在太初年间继续为侯。）				四（刘顺在太初年间继续为侯。）	四（刘广昌在太初年间继续为侯。）

国名	**壤**（其地未详。）	**平望**（在今山东寿光东北。）	**临原**（在今山东临朐东。）	**葛魁**（其地不详。）	**益都**（在今山东寿光北。）	**平酌**（有说应作“平的”，北海郡有平的县。）
王子号	菑川懿王子。	菑川懿王子。	菑川懿王子。	菑川懿王子。	菑川懿王子。	菑川懿王子。
元光（前134—前129）						
元朔（前128—前123）	五　二年五月乙巳，夷侯刘高遂元年。	五　二年五月乙巳，夷侯刘赏元年。	五　二年五月乙巳，敬侯刘始昌元年。	五　二年五月乙巳，节侯刘宽元年。	五　二年五月乙巳，侯刘胡元年。	五　二年五月乙巳，戴侯刘彊元年。
元狩（前122—前117）	六（刘高遂卒于元狩六年。）	二（元狩二年刘赏卒。） 四　三年，今侯楚人元年。	六（刘始昌在元狩年间继续为侯。）	三（元狩三年刘宽卒。） 三　四年，侯戚元年。	六（刘胡在元狩年间继续为侯。）	六（刘强卒于元狩六年。）

元鼎（前116—前111）	六　元年，今侯延元年。（《汉书》称延父卒于元朔三年，延以元朔四年嗣侯，与此异。）	六（刘楚人在元鼎年间继续为侯。）	六（刘始昌在元鼎年间继续为侯。）	二　三年，侯戚坐杀人，弃市，国除。	六（刘胡在元鼎年间继续为侯。）	六　元年，思侯中时元年。（刘中时，谥“思”。按：此处实应作“今侯中时”。）
元封（前110—前105）	六（刘延在元封年间继续为侯。）	六（刘楚人在元封年间继续为侯。）	六（刘始昌在元封年间继续为侯。）		六（刘胡在元封年间继续为侯。）	六（刘中时在元封年间继续为侯。）
太初（前104—前101）	四（刘延在太初年间继续为侯。）	四（刘楚人在太初年间继续为侯。）	四（刘始昌在太初年间继续为侯。）		四（刘胡在太初年间继续为侯。）	四（刘中时在太初年间继续为侯。）

国名	**剧魁** （其地不详。）	**寿梁** （有说应作“寿良”，在今山东东平西南；有说应作“寿光”，在今山东寿光附近。）	**平度** （在今山东平度西北。）	**宜成** （在今山东济南济阳区西北。）	**临朐** （在今山东临朐。）	**雷** （即“虑”，在今山东沂水县西。）
王子号	菑川懿王子。	菑川懿王子。	菑川懿王子。	菑川懿王子。	菑川懿王子。	城阳共王子。（城阳共王，刘喜，刘章之子。）
元光 （前134—前129）						
元朔 （前128—前123）	五　二年五月乙巳，夷侯刘墨元年。	五　二年五月乙巳，侯刘守元年。	五　二年五月乙巳，侯刘衍元年。	五　二年五月乙巳，康侯刘偃元年。	五　二年五月乙巳，哀侯刘奴元年。（哀侯：当作“今侯”。）	五　二年五月甲戌，侯刘稀元年。（五月甲戌：五月三十。稀：《汉书》作“豨”。）

元狩 （前122—前117）	六 （刘墨在元狩年间继续为侯。）	六 （刘守在元狩年间继续为侯。）	六 （刘衍在元狩年间继续为侯。）	六 （刘偃卒于元狩六年。）	六 （刘奴在元狩年间继续为侯。）	六 （刘稀在元狩年间继续为侯。）
元鼎 （前116—前111）	六 （刘墨卒于元鼎六年。）	五　五年，侯守坐酎金，国除。	六 （刘衍在元鼎年间继续为侯。）	六　元年，侯福元年。	六 （刘奴在元鼎年间继续为侯。）	四　五年，侯稀坐酎金，国除。
元封 （前110—前105）	三　元年，侯昭元年。 （刘昭于元封元年袭父位为侯，卒于元封三年。） 三　四年，侯德元年。 （刘德于元封四年袭父位为侯。）		六 （刘衍在元封年间继续为侯。）	六 （刘福在元封年间继续为侯。）	六 （刘奴在元封年间继续为侯。）	
太初 （前104—前101）	四 （刘德在太初年间继续为侯。）		四 （刘衍在太初年间继续为侯。）	元年，侯福坐杀弟，弃市，国除。	四 （刘奴在太初年间继续为侯。）	

国名	东莞（在今山东沂水县。）	辟（有说应作“辟城”，在今山东莒县东南。）	尉文（有说在今河北蔚县，有说在今河北无极南。）	封斯（在今河北赵县西北。）	榆丘（有说在今山西晋中榆次区。）	襄嚵（有说即广平县，在今河北鸡泽东南。）
王子号	城阳共王子。	城阳共王子。	赵敬肃王子。（赵敬肃王：刘彭祖，景帝之子，贾夫人所生。）	赵敬肃王子。	赵敬肃王子。	赵敬肃王子。
元光（前134—前129）						
元朔（前128—前123）	三　二年五月甲戌，侯刘吉元年。（五月甲戌：五月三十。） 五年，侯吉有痼疾，不朝，废，国除。	三　二年五月甲戌，节侯刘壮元年。（刘壮卒于上年。） 二　五年，侯朋元年。（朋：《汉书》作“明”。）	五　二年六月甲午，节侯刘丙元年。（六月甲午：六月二十。刘丙卒于元朔六年。）	五　二年六月甲午，共侯刘胡阳元年。（共侯刘胡阳：《汉书》作“戴侯胡伤”。陈直认为：“胡伤”与“无伤”“何伤”义皆相近，为两汉人之习俗语。）	五　二年六月甲午，侯刘寿福元年。（寿福：《汉书》作“受福”。）	五　二年六月甲午，侯刘建元年。

元狩 （前122—前117）		六 （刘朋在元狩年间继续为侯。）	六　元年，侯⿰牜娄元年。	六 （刘胡阳在元狩年间继续为侯。）	六 （刘寿福在元狩年间继续为侯。）	六 （刘建在元狩年间继续为侯。）
元鼎 （前116—前111）		四　五年，侯朋坐酎金，国除。	四　五年，侯⿰牜娄坐酎金，国除。	六 （刘胡阳在元鼎年间继续为侯。）	四　五年，侯寿福坐酎金，国除。	四　五年，侯建坐酎金，国除。
元封 （前110—前105）				六 （刘胡阳在元封年间继续为侯。）		
太初 （前104—前101）				二 （刘胡阳卒于太初二年。） 二　三年，今侯如意元年。		

国名	**邯会** （在今河南安阳西北。）	**朝** （有说在今河北邢台南和区东北。）	**东城** （在今河北邯郸附近，一说在今安徽定远东南。）	**阴城** （在今河北曲周附近。一说在今湖北老河口市。）	**广望** （在今河北保定清苑区西南。）	**将梁** （在当时的广望县境，在今河北保定清苑区东南。）
王子号	赵敬肃王子。	赵敬肃王子。	赵敬肃王子。	赵敬肃王子。	中山靖王子。 （中山靖王：刘胜，景帝之子，贾夫人所生。）	中山靖王子。
元光 （前134—前129）						
元朔 （前128—前123）	五　二年六月甲午，侯刘仁元年。（六月甲午：六月二十。）	五　二年六月甲午，侯刘义元年。	五　二年六月甲午，侯刘遗元年。	五　二年六月甲午，侯刘苍元年。	五　二年六月甲午，侯刘安中元年。 （刘安中：《汉书》作“刘忠”。）	五　二年六月甲午，侯刘朝平元年。

元狩 （前122—前117）	六 （刘仁在元狩年间继续为侯。）	六 （刘义在元狩年间继续为侯。）	六 （刘遗在元狩年间继续为侯。）	六 （刘苍在元狩年间继续为侯。）	六 （刘安中在元狩年间继续为侯。）	六 （刘朝平在元狩年间继续为侯。）
元鼎 （前116—前111）	六 （刘仁在元鼎年间继续为侯。）	二 （刘义卒于元鼎二年。） 四　三年，今侯禄元年。	元年，侯遗有罪，国除。 （《汉书》作"为孺子所杀"，"孺子"是其妾之名。）	六 （刘苍在元鼎年间继续为侯。）	六 （刘安中在元鼎年间继续为侯。）	四　五年，侯朝平坐酎金，国除。
元封 （前110—前105）	六 （刘仁在元封年间继续为侯。）	六 （刘禄在元封年间继续为侯。）		元年，侯苍有罪，国除。	六 （刘安中在元封年间继续为侯。）	
太初 （前104—前101）	四 （刘仁在太初年间继续为侯。）	四 （刘禄在太初年间继续为侯。）			四 （刘安中在太初年间继续为侯。）	

国名	**新馆**（有疑为“新昌”之误，在今河北高碑店。）	**新处**（在今河北定州西北。）	**陉城**（有说应作“陆成”，在今河北蠡县南。）	**蒲领**（在今河北阜城东北。）	**西熊**（其地不详。）	**枣彊**（在今河北枣强东南。）
王子号	中山靖王子。	中山靖王子。	中山靖王子。	广川惠王子。（广川惠王：刘越，景帝之子，王夫人所生。）	广川惠王子。	广川惠王子。
元光（前134—前129）						
元朔（前128—前123）	五　二年六月甲午，侯刘未央元年。	五　二年六月甲午，侯刘嘉元年。	五　二年六月甲午，侯刘贞元年。	四　三年十月癸酉，侯刘嘉元年。（十月癸酉：十月初一。）	四　三年十月癸酉，侯刘明元年。	四　三年十月癸酉，侯刘晏元年。

元狩 （前122—前117）	六 （刘未央在元狩年间继续为侯。）	六 （刘嘉在元狩年间继续为侯。）	六 （刘贞在元狩年间继续为侯。）	**（蒲领、西熊、枣彊）**三格之下半截诸本皆失印。		
元鼎 （前116—前111）	四　五年，侯未央坐酎金，国除。	四　五年，侯嘉坐酎金，国除。	四　五年，侯贞坐酎金，国除。			
元封 （前110—前105）						
太初 （前104—前101）						

国名	**毕梁** （其地不详。）	**房光** （有说即房子县，在今河北高邑西南。）	**距阳** （其地不详。）	**蒌安** （梁玉绳认为应在今河北饶阳境内。）	**阿武** （在今河北献县西北。）	**参户** （在今河北青县西南。）
王子号	广川惠王子。	河间献王子。（河间献王：刘德，景帝之子，栗姬所生。）	河间献王子。	河间献王子。	河间献王子。	河间献王子。
元光 （前134—前129）						
元朔 （前128—前123）	四　三年十月癸酉，侯刘婴元年。（十月癸酉：十月初一。）	四　三年十月癸酉，侯刘殷元年。	四　三年十月癸酉，侯刘匄元年。	四　三年十月癸酉，侯刘邈元年。	四　三年十月癸酉，湣侯刘豫元年。（湣侯：《汉书》作"戴侯"，疑此误。）	四　三年十月癸酉，侯刘勉元年。（"侯"上应有"今"字。）

元狩（前122—前117）	六（刘婴在元狩年间继续为侯。）	六（刘殷在元狩年间继续为侯。）	四（刘匄卒于元狩四年。） 二　五年，侯渡元年。 （《汉书》称刘匄卒于元鼎四年，其子乃元鼎五年袭侯，与此异。）	六（刘邈在元狩年间继续为侯。）	六（刘豫在元狩年间继续为侯。）	六（刘勉在元狩年间继续为侯。）
元鼎（前116—前111）	六（刘婴在元鼎年间继续为侯。）	元年，侯殷有罪，国除。	四　五年，侯渡有罪，国除。	六（刘邈卒于元鼎六年。）	六（刘豫在元鼎年间继续为侯。）	六（刘勉在元鼎年间继续为侯。）
元封（前110—前105）	三　四年，侯婴有罪，国除。			六　元年，今侯婴元年。	六（刘豫在元封年间继续为侯。）	六（刘勉在元封年间继续为侯。）
太初（前104—前101）				四	二（刘豫卒于太初二年。） 二　三年，今侯宽元年。	四（刘勉在太初年间继续为侯。）

国名	**州乡**（在今河北河间东北。）	**成平**（在今河北沧县西南。）	**广**（其地不详。）	**盖胥**（其地不详。）	**陪安**（其地不详。）	**荣简**（在今山东聊城茌平区西。）
王子号	河间献王子。	河间献王子。	河间献王子。	河间献王子。	济北贞王子。（济北贞王：刘勃，淮南厉王刘长之子。）	济北贞王子。
元光（前134—前129）						
元朔（前128—前123）	四　三年十月癸酉，节侯刘禁元年。（十月癸酉：十月初一。）	四　三年十月癸酉，侯刘礼元年。	四　三年十月癸酉，侯刘顺元年。	四　三年十月癸酉，侯刘让元年。	四　三年十月癸酉，康侯刘不害元年。	四　三年十月癸酉，侯刘骞元年。

元狩（前122—前117）	六 （刘禁在元狩年间继续为侯。）	二　三年，侯礼有罪，国除。	六 （刘顺在元狩年间继续为侯。）	六 （刘让在元狩年间继续为侯。）	六 （刘不害在元狩年间继续为侯。）	二　三年，侯骞有罪国除。
元鼎（前116—前111）	六 （刘禁在元鼎年间继续为侯。）		四　五年，侯顺坐酎金，国除。	四　五年，侯让坐酎金，国除。	一 （刘不害卒于元鼎元年。） 二　二年，哀侯秦客元年。三年，侯秦客薨，无后，国除。	
元封（前110—前105）	五 （刘禁卒于元封五年。） 一　六年，今侯惠元年。					
太初（前104—前101）	四 （刘惠在太初年间继续为侯。）					

国名	**周坚** （其地不详，有说在今山东东阿东北。）	**安阳** （有说作“安”，在今山东聊城茌平区东北。）	**五㯼** （其地不详。）	**富** （有说在今山东肥城西南。）	**陪** （有说在今山东平原西南。）	**从** （其地不详，有说在今山东临沂境内。）
王子号	济北贞王子。	济北贞王子。	济北贞王子。 （《汉书》称此“五据侯”为“济北式王子”。济北式王名胡，是济北贞王刘勃之子。）	济北贞王子。 （《汉书》称此“富侯”为“济北式王子”。）	济北贞王子。	济北贞王子。
元光 （前134—前129）						
元朔 （前128—前123）	四　三年十月癸酉，侯刘何元年。 （十月癸酉：十月初一。）	四　三年十月癸酉，侯刘桀元年。	四　三年十月癸酉，侯刘臒丘元年。	四　三年十月癸酉，侯刘袭元年。	四　三年十月癸酉，缪侯刘明元年。 （刘明：《汉书》作“刘则”。）	四　三年十月癸酉，侯刘信元年。

元狩 （前122—前117）	四 （刘何卒于元狩四年。） 二　五年，侯当时元年。	六 （刘桀在元狩年间继续为侯。）	六 （刘朡丘在元狩年间继续为侯。）	六 （刘袭在元狩年间继续为侯。）	六 （刘明在元狩年间继续为侯。）	六 （刘信在元狩年间继续为侯。）
元鼎 （前116—前111）	四　五年，侯当时坐酎金，国除。	六 （刘桀在元鼎年间继续为侯。）	四　五年，侯朡丘坐酎金，国除。	六 （刘袭在元鼎年间继续为侯。）	二 （刘明卒于元鼎二年。） 二　三年，侯邑元年。五年，侯邑坐酎金，国除。	四　五年，侯信坐酎金，国除。
元封 （前110—前105）		六 （刘桀在元封年间继续为侯。）		六 （刘袭在元封年间继续为侯。）		
太初 （前104—前101）		四 （刘桀在太初年间继续为侯。）		四 （刘袭在太初年间继续为侯。）		

国名	**平** （其地不详。有说在今河南孟州东者，恐非。）	**羽** （有说在今山东禹城西南。）	**胡母** （其地不详。）	**离石** （在今山西吕梁离石区。）	**邵** （其地不详。）	**利昌** （其地不详。有说在今山西吕梁离石区。）
王子号	济北贞王子。 （《汉书》称此“平侯”为“济北式王子”。）	济北贞王子。 （《汉书》称此“羽侯”为“济北式王子”。）	济北贞王子。 （《汉书》称此“胡母侯”为“济北式王子”。）	代共王子。 （代共王：刘登，刘参之子，文帝之孙。）	代共王子。	代共王子。
元光 （前134—前129）						
元朔 （前128—前123）	四　三年十月癸酉，侯刘遂元年。	四　三年十月癸酉，侯刘成元年。	四　三年十月癸酉，侯刘楚元年。	四　三年正月壬戌，侯刘绾元年。 （正月壬戌：正月二十一。）	四　三年正月壬戌，侯刘慎元年。 （刘慎：《汉书》作“刘顺”。）	四　三年正月壬戌，侯刘嘉元年。

元狩（前122—前117）	元年，侯遂有罪，国除。	六（刘成在元狩年间继续为侯。）	六（刘楚在元狩年间继续为侯。）	六（刘绾在元狩年间继续为侯。）	六（刘慎在元狩年间继续为侯。）	六（刘嘉在元狩年间继续为侯。）
元鼎（前116—前111）		六（刘成在元鼎年间继续为侯。）	四　五年，侯楚坐酎金，国除。	六（刘绾在元鼎年间继续为侯。）	六（刘慎在元鼎年间继续为侯。）	六（刘嘉在元鼎年间继续为侯。）
元封（前110—前105）		六（刘成在元封年间继续为侯。）		六（刘绾在元封年间继续为侯。）	六（刘慎在元封年间继续为侯。）	六（刘嘉在元封年间继续为侯。）
太初（前104—前101）		四（刘成在太初年间继续为侯。）		四（刘绾在太初年间继续为侯。）	四（刘慎在太初年间继续为侯。）	四（刘嘉在太初年间继续为侯。）

国名	蔺（在今山西柳林县西。）	临河（有说应作“临水”，在今山西临县东北。有说指内蒙之临河者，定非。）	隰成（在今山西吕梁离石区西南。）	土军（在今山西石楼县。）	皋狼（在今山西吕梁离石区西北。）	千章（其地应在今山西、陕西间黄河北段两岸一带。）
王子号	代共王子。	代共王子。	代共王子。	代共王子。	代共王子。	代共王子。
元光（前134—前129）						
元朔（前128—前123）	三年正月壬戌，侯刘憙元年。（正月壬戌：正月二十一。刘憙：《汉书》作“刘罢军”。）	三年正月壬戌，侯刘贤元年。	三年正月壬戌，侯刘忠元年。	三年正月壬戌，侯刘郢客元年。	三年正月壬戌，侯刘迁元年。	三年正月壬戌，侯刘遇元年。

元狩（前122—前117）	（诸本以下皆无字。）	（诸本以下皆无字。）	（诸本以下皆无字。）	（诸本以下皆无字。）	（诸本以下皆无字。）	（诸本以下皆无字。）
元鼎（前116—前111）				侯郢客坐与人妻奸，弃市。（梁玉绳曰：“但与人妻奸，何至弃市邪？”按：诸本于此事皆未书年月。）		
元封（前110—前105）						
太初（前104—前101）						

国名	**博阳** （在今山东泰安东南。）	**宁阳** （在今山东宁阳南。）	**瑕丘** （在今山东济宁兖州区东北。）	**公丘** （在今山东滕州西南。）	**郁狼** （在今山东鱼台。《齐鲁封泥集存》有“郁狼乡印”。）	**西昌** （其地不详，有说在今山东东平西北。）
王子号	齐孝王子。 （齐孝王：刘将闾，刘肥之子，刘邦之孙。）	鲁共王子。 （鲁共王：刘餘，景帝之子。“共”字也写作“恭”。）	鲁共王子。	鲁共王子。	鲁共王子。	鲁共王子。
元光 （前134—前129）						
元朔 （前128—前123）	四　三年三月乙卯，康侯刘就元年。 （三月乙卯：三月十五。）	四　三年三月乙卯，节侯刘恢元年。 （梁玉绳曰：“‘节’字衍……‘恢’又‘恬’之误写。”）	四　三年三月乙卯，节侯刘贞元年。 （梁玉绳曰：“‘节’字衍，‘贞’当作‘政’。”）	四　三年三月乙卯，夷侯刘顺元年。 （“夷”字衍。）	四　三年三月乙卯，侯刘骑元年。	四　三年三月乙卯，侯刘敬元年。

元狩 （前122—前117）	六 （刘就在元狩年间继续为侯。）	六 （刘恢在元狩年间继续为侯。）	六 （刘贞在元狩年间继续为侯。）	六 （刘顺在元狩年间继续为侯。）	六 （刘骑在元狩年间继续为侯。）	六 （刘敬在元狩年间继续为侯。）
元鼎 （前116—前111）	二 （刘就卒于元鼎二年。） 二　三年，侯终吉元年。五年，侯终吉坐酎金，国除。 （终吉：《汉书》作“终古”。《史记》中有“辕终古”“刘终古”，盖取《九歌》“长无绝兮终古”之义。）	六 （刘恢在元鼎年间继续为侯。）	六 （刘贞在元鼎年间继续为侯。）	六 （刘顺在元鼎年间继续为侯。）	四　五年，侯骑坐酎金，国除。	四　五年，侯敬坐酎金，国除。
元封 （前110—前105）		六 （刘恢在元封年间继续为侯。）	六 （刘贞在元封年间继续为侯。）	六 （刘顺在元封年间继续为侯。）		
太初 （前104—前101）		四 （刘恢在太初年间继续为侯。）	四 （刘贞在太初年间继续为侯。）	四 （刘顺在太初年间继续为侯。）		

国名	**陉城**（在今河北定州东北。）	**邯平**（在今河北鸡泽。）	**武始**（在今河北邯郸西南。）	**象氏**（在今河北隆尧。）	**易**（在今河北雄县西北。）	**洛陵**（其地不详，有说应作“昭陵”，在今湖南邵阳。）
王子号	中山靖王子（中山靖王：刘胜，景帝子。）	赵敬肃王子。（赵敬肃王：刘彭祖，景帝子。）	赵敬肃王子。	赵敬肃王子。	赵敬肃王子。（依黄善夫本补。）	长沙定王子。（长沙定王：刘发，景帝子。）
元光（前134—前129）						
元朔（前128—前123）	四　三年三月癸酉，侯刘义元年。（三月癸酉：《汉书》作“二月乙卯”，此月无“癸酉”。）	四　三年四月庚辰，侯刘顺元年。（四月庚辰：四月十一。）	四　三年四月庚辰，常侯刘昌元年。	四　三年四月庚辰，节侯刘贺元年。	四　三年四月庚辰，安侯刘平元年。	三　四年三月乙丑，侯刘章元年。（三月乙丑：三月初二。刘章：《汉书》作“刘童”。）

元狩（前122—前117）	六（刘义在元狩年间继续为侯。）	六（刘顺在元狩年间继续为侯。）	六（刘昌在元狩年间继续为侯。）	六（刘贺在元狩年间继续为侯。）	六（刘平在元狩年间继续为侯。）	一　二年，侯章有罪，国除。
元鼎（前116—前111）	四　五年，侯义坐酎金，国除。	四　五年，侯顺坐酎金，国除。	六（刘昌在元鼎年间继续为侯。）	六（刘贺在元鼎年间继续为侯。）	六（刘平在元鼎年间继续为侯。）	
元封（前110—前105）			六（刘昌在元封年间继续为侯。）	二（刘贺卒于元封二年。） 四　三年，思侯安德元年。（思侯：应作“今侯”。）	四（刘平卒于元封四年。） 二　五年，今侯种元年。	
太初（前104—前101）			四（刘昌在太初年间继续为侯。）	四（刘安德在太初年间继续为侯。）	四（刘种在太初年间继续为侯。）	

国名	攸舆（在今湖南攸县东北。）	茶陵（在今湖南茶陵东。）	建成（在今河南永城东南。）	安众（在今河南邓州。）	叶（在今河南叶县。）	利乡（在今河北中部或北京西南部。）
王子号	长沙定王子。	长沙定王子。	长沙定王子。	长沙定王子。	长沙定王子。	城阳共王子。（城阳共王：刘喜，刘章之子。）
元光（前134—前129）						
元朔（前128—前123）	三　四年三月乙丑，侯刘则元年。（三月乙丑：三月初一。）	三　四年三月乙丑，侯刘欣元年。	三　四年三月乙丑，侯刘拾元年。	三　四年三月乙丑，康侯刘丹元年。	三　四年三月乙丑，康侯刘嘉元年。（嘉：《汉书》作“喜”。因罪被废亦不应有谥。“康”字衍。）	三　四年三月乙丑，康侯刘婴元年。（因罪被废不应有谥，“康”字衍。）

元狩 （前122—前117）	六 （刘则在元狩年间继续为侯。）	六 （刘欣在元狩年间继续为侯。）	五　六年，侯拾坐不朝，不敬，国除。	六 （刘丹在元狩年间继续为侯。）	六 （刘嘉在元狩年间继续为侯。）	二　三年，侯婴有罪，国除。
元鼎 （前116—前111）	六 （刘则在元鼎年间继续为侯。）	一 （刘欣卒于元鼎元年。） 五　二年，哀侯阳元年。 （阳：《汉书》作“汤”。）		六 （刘丹在元鼎年间继续为侯。）	四　五年，侯嘉坐酎金，国除。	
元封 （前110—前105）	六 （刘则在元封年间继续为侯。）	六 （刘阳在元封年间继续为侯。）		五 （刘丹卒于元封五年。） 一　六年，今侯山拊元年。		
太初 （前104—前101）	元年，侯则篡死罪，弃市，国除。 （篡死罪：劫夺犯了死罪的罪犯。）	元年，侯阳薨，无后，国除。		四 （刘山拊在太初年间继续为侯。）		

国名	**有利** （其地或在今山东临沂东南。）	**东平** （其地或在今山东东平。）	**运平** （或在今山东沂水县。）	**山州** （其地不详。）	**海常** （其地不详。）	**钧丘** （其地不详，有说应作“驺丘”，在今山东邹城境内。）
王子号	城阳共王子。	城阳共王子。	城阳共王子。	城阳共王子。	城阳共王子。	城阳共王子。
元光 （前134—前129）						
元朔 （前128—前123）	三　四年三月乙丑，侯刘钉元年。（三月乙丑：三月初一。）	三　四年三月乙丑，侯刘庆元年。	三　四年三月乙丑，侯刘沂元年。	三　四年三月乙丑，侯刘齿元年。	三　四年三月乙丑，侯刘福元年。	三　四年三月乙丑，侯刘宪元年。

元狩 （前122—前117）	元年，侯钉坐遗淮南书称臣，弃市，国除。 （刘钉在给淮南王刘安写信时，向刘安称臣。当时刘安正图谋造反。）	二　三年，侯庆坐与姊妹奸，有罪，国除。	六 （刘沂在元狩年间继续为侯。）	六 （刘齿在元狩年间继续为侯。）	六 （刘福在元狩年间继续为侯。）	三 （元狩三年刘宪卒。） 三　四年，今侯执德元年。 （执德：《汉书》作“报德”。）
元鼎 （前116—前111）			四　五年，侯沂坐酎金，国除。	四　五年，侯齿坐酎金，国除。	四　五年，侯福坐酎金，国除。	六 （刘执德在元鼎年间继续为侯。）
元封 （前110—前105）						六 （刘执德在元封年间继续为侯。）
太初 （前104—前101）						四 （刘执德在太初年间继续为侯。）

国名	**南城**（在今山东平邑。）	**广陵**（有人说应作广阳，在今北京房山区良乡镇东北，恐非。）	**庄原**（有说在今山东淄博临淄区。）	**临乐**（在今河北南皮东南。）	**东野**（其地不详，有人认为应离山东费县不远。似非。）	**高平**（其地不详，有人认为应在江苏盱台北，似非。不应远离河北。）
王子号	城阳共王子。	城阳共王子。	城阳共王子。	中山靖王子。（中山靖王：刘胜，景帝之子。）	中山靖王子。	中山靖王子。
元光（前134—前129）						
元朔（前128—前123）	三　四年三月乙丑，侯刘贞元年。（三月乙丑：三月初一。）	三　四年三月乙丑，常侯刘表元年。	三　四年三月乙丑，侯刘皋元年。	三　四年四月甲午，敦侯刘光元年。（四月甲午：四月初一。）	三　四年四月甲午，侯刘章元年。	三　四年四月甲午，侯刘嘉元年。

元狩 （前122—前117）	六 （刘贞在元狩年间继续为侯。）	四 （元狩四年，刘表卒。） 二　五年，侯成元年。	六 （刘皋在元狩年间继续为侯。）	六 （刘光在元狩年间继续为侯。）	六 （刘章在元狩年间继续为侯。）	六 （刘嘉在元狩年间继续为侯。）
元鼎 （前116—前111）	六 （刘贞在元鼎年间继续为侯。）	四　五年，侯成坐酎金，国除。	四　五年，侯皋坐酎金，国除。	六 （刘光在元鼎年间继续为侯。）	六 （刘章在元鼎年间继续为侯。）	四　五年，侯嘉坐酎金，国除。
元封 （前110—前105）	六 （刘贞在元封年间继续为侯。）			五 （刘光卒于元封五年。） 一　六年，今侯建元年。	六 （刘章在元封年间继续为侯。）	
太初 （前104—前101）	四 （刘贞在太初年间继续为侯。）			四 （刘建在太初年间继续为侯。按：梁玉绳以为刘建为侯不可能至太初。）	四 （刘章在太初年间继续为侯。）	

国名	广川（在今河北景县西南。）	千钟（在今河北盐山县西南。）	披阳（在今山东高青。）	定（在今山东乐陵东北。）	稻（在今山东高密西南。）	山（其地不详。）
王子号	中山靖王子。	河间献王子。（河间献王：刘德，景帝之子。）	齐孝王子。（齐孝王：刘将闾，刘肥之子。）	齐孝王子。	齐孝王子。	齐孝王子。
元光（前134—前129）						
元朔（前128—前123）	三　四年四月甲午，侯刘颇元年。（四月甲午：四月初一。）	三　四年四月甲午，侯刘摇元年。（刘摇：梁玉绳以为应作“刘阴”。）	三　四年四月乙卯，敬侯刘燕元年。（四月乙卯：四月二十二。）	三　四年四月乙卯，敬侯刘越元年。	三　四年四月乙卯，夷侯刘定元年。	三　四年四月乙卯，侯刘国元年。

元狩（前122—前117）	六（刘颇在元狩年间继续为侯。）	一　二年，侯阴不使人为秋请，有罪，国除。（秋请：秋天朝见皇帝。陈直曰："谓不使人请秋期来朝也。"）	六（刘燕在元狩年间继续为侯。）	六（刘越在元狩年间继续为侯。）	六（刘定在元狩年间继续为侯。）	六（刘国在元狩年间继续为侯。）
元鼎（前116—前111）	四　五年，侯颇坐酎金，国除。		四（刘燕卒于元鼎四年。） 二　五年，今侯隅元年。（隅：《汉书》作"偃"。）	三（刘越卒于元鼎三年。） 三　四年，今侯德元年。	二（刘定卒于元鼎二年。） 四　三年，今侯都阳元年。	六（刘国在元鼎年间继续为侯。）
元封（前110—前105）			六（刘隅在元封年间继续为侯。）	六（刘德在元封年间继续为侯。）	六（刘都阳在元封年间继续为侯。）	六（刘国在元封年间继续为侯。）
太初（前104—前101）			四（刘隅在太初年间继续为侯。）	四（刘德在太初年间继续为侯。）	四（刘都阳在太初年间继续为侯。）	四（刘国在太初年间继续为侯。）

国名	**繁安**（其地不详。）	**柳**（在今河北盐山县东北。）	**云**（有说在今山东阳信东南。）	**牟平**（在今山东烟台牟平区。）	**柴**（在今山东新泰西南。）	**柏阳**（在今河北保定南。）
王子号	齐孝王子。	齐孝王子。	齐孝王子。	齐孝王子。	齐孝王子。	赵敬肃王子。（赵敬肃王：刘彭祖：景帝之子。）
元光（前134—前129）						
元朔（前128—前123）	三　四年四月乙卯，侯刘忠元年。（四月乙卯：四月二十二。）	三　四年四月乙卯，康侯刘阳元年。	三　四年四月乙卯，夷侯刘信元年。	三　四年四月乙卯，共侯刘渫元年。	三　四年四月乙卯，原侯刘代元年。	二　五年十一月辛酉，侯刘终古元年。（十一月辛酉：十一月初一。）

元狩 （前 122—前 117）	六 （刘忠在元狩年间继续为侯。）	六 （刘阳在元狩年间继续为侯。）	六 （刘信在元狩年间继续为侯。）	二 （元狩二年刘渫卒。） 四　三年，今侯奴元年。	六 （刘代在元狩年间继续为侯。）	六 （刘终古在元狩年间继续为侯。）
元鼎 （前 116—前 111）	六 （刘忠在元鼎年间继续为侯。）	三 （元鼎三年刘阳卒。） 三　四年，侯罢师元年。	五 （元鼎五年刘信卒。） 一　六年，今侯岁发元年。	六 （刘奴在元鼎年间继续为侯。）	六 （刘代在元鼎年间继续为侯。）	六 （刘终古在元鼎年间继续为侯。）
元封 （前 110—前 105）	六 （刘忠在元封年间继续为侯。）	四 （元封四年刘罢师卒。） 二　五年，今侯自为元年。	六 （刘岁发在元封年间继续为侯。）	六 （刘奴在元封年间继续为侯。）	六 （刘代在元封年间继续为侯。）	六 （刘终古在元封年间继续为侯。）
太初 （前 104—前 101）	三 （刘忠卒于太初二年。） 一　四年，今侯寿元年。 （寿:《汉书》作“寿汉”。）	四 （刘自为在太初年间继续为侯。）	四 （刘岁发在太初年间继续为侯。）	四 （刘奴在太初年间继续为侯。）	四 （刘代在太初年间继续为侯。）	四 （刘终古在太初年间继续为侯。）

国名	**鄗**（在今河北柏乡县北。）	**桑丘**（在今河北保定徐水区。）	**高丘**（有说在今河北安平西南。）	**柳宿**（有说在今河北望都。）	**戎丘**（其地不详，有说在陇西者定非。）	**樊舆**（在今河北保定徐水区。）
王子号	赵敬肃王子。	中山靖王子。（中山靖王：刘胜，景帝之子。）	中山靖王子。	中山靖王子。	中山靖王子。	中山靖王子。
元光（前134—前129）						
元朔（前128—前123）	二　五年十一月辛酉，侯刘延年元年。	二　五年十一月辛酉，节侯刘洋元年。（梁玉绳曰："《汉表》作'三月癸酉'，是也。盖靖王九子皆以'三月癸酉'封，不应桑丘独先封四月。"）	二　五年三月癸酉，哀侯刘破胡元年。（三月癸酉：三月十五。）	二　五年三月癸酉，夷侯刘盖元年。	二　五年三月癸酉，侯刘让元年。	二　五年三月癸酉，节侯刘条元年。（刘条：《汉书》作"刘修"。"节"字为后人所增。）

元狩 （前122—前117）	六 （刘延年在元狩年间继续为侯。）	六 （刘洋在元狩年间继续为侯。）	六 （刘破奴在元狩年间继续为侯。）	二 （元狩二年刘盖卒。） 四　三年，侯苏元年。	六 （刘让在元狩年间继续为侯。）	六 （刘条在元狩年间继续为侯。）
元鼎 （前116—前111）	四　五年，侯延年坐酎金，国除。	三 （元鼎三年刘洋卒。） 三　四年，今侯德元年。	一（中华本原无"一"字，依表例补。）元年，侯破胡薨，无后，国除。	四　五年，侯苏坐酎金，国除。	四　五年，侯让坐酎金，国除。	六 （刘条在元鼎年间继续为侯。）
元封 （前110—前105）		六 （刘德在元封年间继续为侯。）				六 （刘条在元封年间继续为侯。）
太初 （前104—前101）		四 （刘德在太初年间继续为侯。）				四 （刘条在太初年间继续为侯。）

国名	**曲成** （有说在今山东招远西。）	**安郭** （在今河北安国东南。）	**安险** （在今河北定州东南。）	**安遥** （其地不详。）	**夫夷** （在今湖南邵阳县西。）	**春陵** （在今湖南宁远北。）
王子号	中山靖王子。	中山靖王子。	中山靖王子。	中山靖王子。 （梁玉绳曰：“疑此侯是长沙定王子，与下‘夫夷’六人同以‘六月壬子’封。”）	长沙定王子。 （长沙定王：刘发，景帝子。）	长沙定王子。
元光 （前134—前129）						
元朔 （前128—前123）	二　五年三月癸酉，侯刘万岁元年。 （三月癸酉：三月十五。）	二　五年三月癸酉，侯刘博元年。 （刘博：《汉书》作“刘传富”。）	二　五年三月癸酉，侯刘应元年。	二　五年三月癸酉，侯刘恢元年。 （三月癸酉：依梁说应作“六月壬子”。）	二　五年三月癸酉，敬侯刘义元年。 （梁玉绳曰：“长沙王子之封宜皆在六月壬子，不应夫夷独先三月。”）	二　五年六月壬子，侯刘买元年。 （六月壬子：六月二十五。梁玉绳曰：“买谥节，此失书。买为光武之高祖。”）

元狩 （前122—前117）	六 （刘万岁在元狩年间继续为侯。）	六 （刘博在元狩年间继续为侯。）	六 （刘应在元狩年间继续为侯。）	六 （刘恢在元狩年间继续为侯。）	六 （刘义在元狩年间继续为侯。）	六
元鼎 （前116—前111）	四　五年，侯万岁坐酎金，国除。	六 （刘博在元鼎年间继续为侯。）	四　五年，侯应坐酎金，国除。	四　五年，侯恢坐酎金，国除。	四 （元鼎四年刘义卒。） 二　五年，今侯禹元年。	六
元封 （前110—前105）		六 （刘博在元封年间继续为侯。）			六 （刘禹在元封年间继续为侯。）	六
太初 （前104—前101）		四 （刘博在太初年间继续为侯。）			四 （刘禹在太初年间继续为侯。）	四

国名	都梁（在今湖南武冈东。）	洮阳（在今广西全州东北。）	泉陵（在今湖南永州北。）	终弋（其地不详，有说在今河南光山县。）	麦（在今山东青岛黄岛区。）	巨合（有说在今山东平原县西南，有说在今山东济南历城区东。）
王子号	长沙定王子。	长沙定王子。	长沙定王子。	衡山王赐子。（衡山王赐：刘赐，刘长之子。）	城阳顷王子。（城阳顷王：刘延，刘喜之子，刘章之孙。）	城阳顷王子。
元光（前134—前129）						
元朔（前128—前123）	二　五年六月壬子，敬侯刘遂元年。（六月壬子：六月二十五。刘遂：《汉书》作“刘定”。）	二　五年六月壬子，靖侯刘狗彘元年。（狗彘：《汉书》作“狩燕”。）	二　五年六月壬子，节侯刘贤元年。（“节”字后人所增。）	一　六年四月丁丑，侯刘广置元年。（四月丁丑：此年四月无“丁丑”，此误。）		

元狩（前122—前117）	六（元狩六年刘遂卒。）	五［六］　六年，侯狗彘薨，无后，国除。	六（刘贤在元狩年间继续为侯。）	六（刘广置在元狩年间继续为侯。）	六　元年四月戊寅，侯刘昌元年。（四月戊寅：此年四月无“戊寅”，此误。）	六　元年四月戊寅，侯刘发元年。
元鼎（前116—前111）	六　元年，今侯系元年。		六（刘贤在元鼎年间继续为侯。）	四　五年，侯广置坐酎金，国除。	四　五年，侯昌坐酎金，国除。	四　五年，侯发坐酎金，国除。
元封（前110—前105）	六（刘系在元封年间继续为侯。）		六（刘贤在元封年间继续为侯。）			
太初（前104—前101）	四（刘系在太初年间继续为侯。）		四（刘贤在太初年间继续为侯。）			

国名	昌（在今山东诸城北。）	萯（或在今山东费县。）	雩殷（其地不详，大抵应在古之莱州一带。）	石洛（大抵在今山东诸城。陈直曰：“《小沧浪笔谈》有‘石洛侯’金印。又《十钟册房印举》举二、三页，有‘石洛家丞’印。《汉表》作‘原洛’，误。”）	扶浔（其地不详，大抵在今山东诸城附近。）	挍（在今山东临朐东。）
王子号	城阳顷王子。	城阳顷王子。	城阳顷王子。	城阳顷王子。	城阳顷王子。	城阳顷王子。
元光（前134—前129）						
元朔（前128—前123）						

元狩 （前122—前117）	六　元年四月戊寅，侯刘差元年。 （四月戊寅：此年四月无戊寅日，此误。）	六　元年四月戊寅，侯刘方元年。	六　元年四月戊寅，康侯刘泽元年。 （“康”字后人所增。）	六　元年四月戊寅，侯刘敬元年。	六　元年四月戊寅，侯刘昆吾元年。	六　元年四月戊寅，侯刘霸元年。 （刘霸：《汉书》作“刘云”，此似误。）
元鼎 （前116—前111）	四　五年，侯差坐酎金，国除。	四　五年，侯方坐酎金，国除。	六 （刘泽在元鼎年间继续为侯。）	六 （刘敬在元鼎年间继续为侯。）	六 （刘昆吾在元鼎年间继续为侯。）	六 （刘霸在元鼎年间继续为侯。）
元封 （前110—前105）			（中华本及诸本此格无字。武英殿刻本有“六”字。）	六 （刘敬在元封年间继续为侯。）	六 （刘昆吾在元封年间继续为侯。）	六 （刘霸在元封年间继续为侯。）
太初 （前104—前101）			四	四 （刘敬在太初年间继续为侯。）	四 （刘昆吾在太初年间继续为侯。）	四 （刘霸在太初年间继续为侯。）

国名	杨 （在今山东商河县东北。）	父城 （其地不详。当在东海郡境。一说在今河南宝丰东。）	庸 （在今山东青岛黄岛区。）	翟 （其地不详。）	鳣 （在今山东兰陵东南。）	彭 （其地不详，有说在今山东费县附近。）
王子号	城阳顷王子。	城阳顷王子。	城阳顷王子。	城阳顷王子。	城阳顷王子。	城阳顷王子。
元光 （前134—前129）						
元朔 （前128—前123）						

元狩（前122—前117）	六　元年四月戊寅，侯刘让元年。（四月戊寅：此年四月无戊寅日，此误。）	六　元年四月戊寅，侯刘光元年。	六　元年四月戊寅，侯刘谭元年。（刘谭：梁玉绳认为应依《汉书》作“刘餘”。）	六　元年四月戊寅，侯刘寿元年。	六　元年四月戊寅，侯刘应元年。	六　元年四月戊寅，侯刘偃元年。（刘偃：梁玉绳认为应依《汉书》作“刘彊”。）
元鼎（前116—前111）	六（刘让在元鼎年间继续为侯。）	四　五年，侯光坐酎金，国除。	六（刘谭在元鼎年间继续为侯。）	四　五年，侯寿坐酎金，国除。	四　五年，侯应坐酎金，国除。	四　五年，侯偃坐酎金，国除。
元封（前110—前105）	六（刘让在元封年间继续为侯。）		六（刘谭在元封年间继续为侯。）			
太初（前104—前101）	四（刘让在太初年间继续为侯。）		四（刘谭在太初年间继续为侯。）			

国名	**瓡**（hú）（梁玉绳认为“瓡”字应作“瓠”，其地有说在今山东寿光北。）	**虚水**（其地不详。）	**东淮**（其地不详，有说应作“东潍”，在今山东东南部。）	**栒**（有说在山东高青东南，有说在今江苏连云港西南。）	**涓**（在今山东诸城附近。）	**陆**（在今山东寿光。）	**广饶**（在今山东寿光北。）
王子号	城阳顷王子。	城阳顷王子。	城阳顷王子。	城阳顷王子。	城阳顷王子。	菑川靖王子。（菑川靖王：刘建，刘志之子，刘肥之孙。）	菑川靖王子。
元光（前134—前129）							
元朔（前128—前123）							

元狩（前122—前117）	六　元年四月戊寅，侯刘息元年。（四月戊寅：此年四月无戊寅日，此误。）	六　元年四月戊寅，侯刘禹元年。	六　元年四月戊寅，侯刘类元年。	六　元年四月戊寅，侯刘买元年。（刘买：《汉书》作“刘贤”。）	六　元年四月戊寅，侯刘不疑元年。	六　元年四月戊寅，侯刘何元年。（四月戊寅：梁玉绳认为应依《汉书》作“七月辛卯”。）	六　元年十月辛卯，康侯刘国元年。（十月：应作“七月”。七月辛卯：七月十七。“康”字后人所增。）
元鼎（前116—前111）	六（刘息在元鼎年间继续为侯。）	六（刘禹在元鼎年间继续为侯。）	四　五年，侯类坐酎金，国除。	四　五年，侯买坐酎金，国除。	四　五年，侯不疑坐酎金，国除。	六（刘何在元鼎年间继续为侯。）	六（刘国在元鼎年间继续为侯。）
元封（前110—前105）	六（刘息在元封年间继续为侯。）	六（刘禹在元封年间继续为侯。）				六（刘何在元封年间继续为侯。）	六（刘国在元封年间继续为侯。）
太初（前104—前101）	四（刘息在太初年间继续为侯。）	四（刘禹在太初年间继续为侯。）				四（刘何在太初年间继续为侯。）	四（刘国在太初年间继续为侯。）

国名	**缾**（在今山东临朐东南。）	**俞闾**（有说在今山东寿光东南。）	**甘井**（其地不详。）	**襄陵**（有说在今河北枣强东北。）	**皋虞**（在今山东青岛即墨区东北。）	**魏其**（在今山东临沂南。）	**祝兹**（在今山东胶州西南。）
王子号	菑川靖王子。	菑川靖王子。	广川穆王子。（广川穆王：刘齐，刘越之子，景帝之孙。）	广川穆王子。	胶东康王子。（胶东康王：刘寄，景帝之子。）	胶东康王子。	胶东康王子。
元光（前134—前129）							
元朔（前128—前123）							
元狩（前122—前117）	六　元年十月辛卯，侯刘成元年。（十月辛卯：应作七月辛卯，即七月十七。）	六　元年十月辛卯，侯刘不害元年。（十月：应作“七月”。不害：《汉书》作“毋害”。）	六　元年十月乙酉，侯刘元元年。（梁玉绳曰：“甘井、襄陵以元鼎元年七月己酉封，此皆误在元狩，而又讹其月日。）	六　元年十月乙酉，侯刘圣元年。			

元鼎（前116—前111）	六（刘成在元鼎年间继续为侯。）	六（刘不害在元鼎年间继续为侯。）	六（元狩格的字应移至此格。）	六（元狩格的字应移至此格。）	三　元年五月丙午，侯刘健元年。（五月丙午：五月初五。元鼎三年刘健卒。） 三　四年，今侯处元年。	六　元年五月丙午，畅侯刘昌元年。	四　元年五月丙午，侯刘延元年。五年，延坐弃印绶出国，不敬，国除。
元封（前110—前105）	六（刘成在元封年间继续为侯。）	六（刘不害在元封年间继续为侯。）	六（刘元在元封年间继续为侯。）	六（刘圣在元封年间继续为侯。）	六（刘处在元封年间继续为侯。）	六（刘昌在元封年间继续为侯。）	
太初（前104—前101）	四（刘成在太初年间继续为侯。）	四（刘不害在太初年间继续为侯。）	四（刘元在太初年间继续为侯。）	四（刘圣在太初年间继续为侯。）	四（刘处在太初年间继续为侯。）	四（刘吕在太初年间继续为侯。）	

［**简评**］　本表谱列了武帝时期所封王子侯一百六十三人，而绝大多数都是面临即将被废除、撤销的命运。尚镕称它为“锡鞶带而终朝三褫”，这是很生动、很形象的，热热闹闹而又昙花一现。买的不如卖的精，“推恩法”的施行，表现了汉武帝既有其当时之“势”，又有其手段之高明，于是彻底削弱割据势力的目的就这样达到了。有人说其坏处是为王莽篡汉准备了条件，这就是问题的另一面了。实现了中央集权，四海一统，要好一起好，要坏一起坏，中央一旦发生篡政夺权，下面谁也没办法。但对于汉武帝来说，此时此地，他的愿望是彻底实现了。“推恩法”名声很大，其实始于贾谊的“众建诸侯而少其力”，早在文帝时就已经使用了，“淮南一分为三”“齐国一分为七”，都是先将其诸子封侯，而后又将其晋封为王。景帝时将楚国一分为五，从梁国分出两个诸侯国。即以武帝而言，早在主父偃进言以前，就已经封了长沙王四子、江都王五子等。“推恩法”之所以仍有其重要性，“盖前此之封恩自上逮，或侯或不侯，不尽封也。至是始令诸侯各得推私恩分子弟，恩自下推，上特临定之耳。所以藩国悉分，支庶毕侯，不削而自弱也。”徐克范这段话讲得很好。应该补充的是，文帝时割据势力强大，以至贾谊觉得可为之痛哭，这是实情；到景帝平息七国之乱，对诸侯国实行了许多新的政策后，诸侯不断被分割、侵削，到又过了二十多年的武帝元朔二年，那时的诸侯国还有起兵造反的能力吗？还用主父偃这么费心劳神吗？这是由于汉武帝有其新的需要。汉武帝要大张旗鼓地讨伐四夷，新功臣如雨后春笋般出现，不消灭旧王侯哪里有土地分给新贵族？于是便炮制一个“酎金”问题，就废除诸王、列侯、王子侯等一百多个；其他如芒侯申生坐“尚南宫公主不敬”国除，祁侯它坐“从射擅罢”国除，绛阳侯禄、宁侯指，坐“出界”国除，武原侯不害坐“葬过律”国除，高苑侯信坐“出入属车间”国除，安丘侯指坐“入

上林谋盗鹿”国除,这些都算是什么罪名?不用问,这是武帝时代的现实需要,明白这一点就足够了。

［**集评**］《太史公自序》:“诸侯既强,七国为从,子弟众多,无爵封邑。推恩行义,其势销弱,德归京师,作《王子侯者年表》第九。”

梁玉绳曰:“王子之封,是分本国之邑以为侯国,乃表中国名颇有越封异地者。《中山靖王传》云:‘分封子弟,别属汉郡。’窃意当日众建之制,必上其分封邑户于朝,天子别以附近之郡地易而封之。且《汉书·地理志》据元始版籍,所书侯国以成帝元延末为断,皆录见存之侯,其间郡县之割隶移属不知凡几,故与汉初异。又国先绝者俱不书,侯国国除而其地废不为县者亦不书,故地多无考。”“案表自兹侯至祝兹共百六十二国,其实当有百六十三人,盖误脱城阳顷王子挍侯云也。”“诸王子之名大半相重,并有尊卑迭犯者,不知当日命名何以不稽谱牒乎?”(《史记志疑》)

汪越曰:“时主父偃说上曰:‘古者诸侯不过百里,强弱之形易制;今或连城数十,地方千里,缓则骄奢易为淫乱,急则阻其强而合纵,以逆京师。若以法制削之,则逆节萌起。今诸侯子弟或十数,而適嗣代立,余无尺寸地封。愿陛下令诸侯得推恩分子弟,以地侯之。彼人人喜得所愿,上以德施,实分其国,不削而自弱矣。’上从之。故太史公曰:‘盛哉,天子之德,一人有庆,天下赖之。’”“汉约非军功不侯,武帝始侯诸王子,有食邑,但即其父所封国使支庶侯者分食之,此所谓‘众建而少其力’,实贾谊遗策也。”“《史记》断自建元,以大封诸王支庶实始于主父偃策也。”“河间献王子十一人,长沙定王子十五人,楚安王子二人,鲁共王子六人,江都易王子七人,菑川懿王子十二人,城阳共王子十三人,赵敬肃王子十四人,中山靖王子十九人,广川惠王子四人,济北贞王子十一人，代共王子八人，齐孝王子十人，衡山王赐子一人，城阳顷王子十九人，菑川靖王子五人，广川穆王子二人，胶东康王子三人。有同是一王之子而前后别见者，盖异年封也。诸王子之后失侯者，坐酎金凡五十五，无后四。此外则不朝不敬一，弃绶出国不敬一。其甚者则篡死罪一，奸人妻一，奸姊妹一，杀人坐弃市一，杀弟坐弃市一，有罪不明所坐十，而谋叛者无闻焉，岂非户邑分而势销弱故欤？然汉自是遂无大藩国，至于哀、平之际，王氏专政，一岁之中无罪而免者数十，捽而去之如挥羊豕。其欲诛莽者，武平侯璜、陵乡侯会。翟义所立者严乡侯信，祇骈首就戮，无一人应，恶睹所谓百足不僵者乎！故观《王子侯表》，合《汉兴以来诸侯表》究其终始，此西京二百三十年之大势也。”（《读史记十表》）

尚镕曰：“王子侯一百六十二人，虽推恩分邑，实因主父偃之策削弱诸侯也。然旋坐酎金失侯者多至五十五人，则是锡盘带而终朝三褫矣。而迁反盛推天子之德，岂所谓讳莫如深耶？”（《史记辨证》）

吴见思曰：“只记推恩一诏，而寥寥一结，不似史公笔仗。盖当时失亡，而后人略摭数言以冠其篇，与如《三王世家》亦止（只）载分封三诏，详略虽不同，而事则一也。建元以来之王子侯，非推恩之意，乃削弱诸侯之计也。当时或有讥刺，而后人删之乎？”（《史记论文》）

张大可曰：“本表序与《汉兴以来诸侯王年表序》相照应，合观两表及序，西汉一代封建之利害变化一目了然。推恩分削诸侯，符合古制亲亲之义，有利于封建大一统的巩固，故司马迁盛赞之，特作专表，谓‘一人有庆，天下赖之’。”（《史记新注》）

杨燕起曰：“本表序言文字仅两行……讥刺了汉武帝以一种高明的手段，达到了削弱诸侯巩固中央集权的目的。在似乎是歌颂、宣扬的评论中，指出这种允许诸侯王‘推恩分子弟邑’的办法，在表面上显示出天子仁善、盛德的地方，却包藏着暗中使诸侯国化整为零，变强为弱的用心。结果是制造出一个有利的形势，实现了完全箝制诸侯王的企图。”（《史记全译》）

汉兴以来将相名臣年表第十

（此表无序。）

	前206	前205	前204	前203	前202
	高皇帝元年 （刘邦被项羽封汉王之元年）	二	三	四	五 （刘邦于此年始称帝。）
大事记 （《索隐》："谓诛伐、封建、薨叛。"）	春，沛公为汉王，之南郑。秋，还定雍。 （此年之四月刘邦去南郑赴汉王任。此年之八月刘邦用韩信计杀回关中，并很快平定之。南郑：在今陕西汉中南郑区。雍：章邯的封国，国都废丘，在今陕西兴平东南。按：当时用秦历，以十月为岁首。）	春，定塞、翟、魏、河南、韩、殷国。夏，伐项籍，至彭城。立太子。还据荥阳。 （塞：司马欣的封国，国都栎阳，在今陕西西安阎良区。翟：董翳的封国，国都高奴，在今陕西延安东北。魏：魏豹的封国，国都平阳，在今山西临汾西南。河南：申阳的封国，国都在今河南洛阳。韩：韩成的封国，国都阳翟，在今河南禹州。殷：司马卬的封国，国都朝歌，在今河南淇县。以上诸国均于此年春天被刘邦所平定。此年四月刘邦率领各路人马乘项羽北征齐国之际一举攻入项羽的国都彭城，在今江苏徐州。项羽闻讯从齐国驰回，大破刘邦于彭城下。刘邦溃退至荥阳，建立起防线，与项羽对峙。刘邦向西溃逃中得遇其子刘盈，遂将其送入关中，立为太子，令其与萧何共同镇守后方。）	魏豹反。使韩信别定魏，伐赵。楚围我荥阳。 （魏豹见刘邦失败，回到魏国反水，刘邦于二年八月派韩信攻灭之，同年九月，韩信灭代。三年十月，韩信破陈餘，灭赵。在中路主战场，刘邦形势艰难，此年之四、五、六月刘邦被项羽围困于荥阳。七月，刘邦与陈平等由荥阳逃出。）	使韩信别定齐及燕，太公自楚归，与楚界洪渠。 （韩信灭赵后，用李左车计招降燕王臧荼。此年之十一月韩信灭齐。此年，刘邦与项羽结约，以鸿沟为界两方休兵。项羽放回了刘太公与吕后。）	冬，破楚垓下，杀项籍。春，王践皇帝位定陶。入都关中。 （此年冬，刘邦破杀项羽，二月，刘邦即皇帝位于定陶，在今山东菏泽定陶区西北。刘邦原欲都于洛阳，后用娄敬议，入都关中。）

相位 （《索隐》：“置立丞相、太尉、三公。”）	一 丞相萧何守汉中。 （在刘邦攻取三秦的时候萧何为之镇守汉中后方。）	二 守关中。 （在刘邦东攻项羽以及与项羽相持于荥阳的时候，萧何为之镇守后方。）	三	四	五 罢太尉官。 （因卢绾被封燕王，故取消太尉官。）
将位 （《索隐》：“命将兴师。”）		一 太尉长安侯卢绾。 （卢绾是刘邦儿时的伙伴，后又是刘邦的亲信，事见《韩信卢绾列传》。太尉：国家的最高军事长官。郭嵩焘认为：似此时太尉不专兵，高帝因秦制而为之名，非汉制也。）	二	三 周苛守荥阳，死。 （时周苛任御史大夫，刘邦逃出荥阳后，周苛等守荥阳。此年三月，荥阳城破，周苛等被杀。）	四 后九月，绾为燕王。 （后九月：即闰九月，当时的闰月都放在年末。）
御史大夫位 （《索隐》：“亚相。”）	御史大夫周苛守荥阳。 （荥阳：在今河南荥阳东北。）			御史大夫汾阴侯周昌。 （周昌是周苛的堂弟。事迹见《张丞相列传》。）	

	前201	前200	前199	前198	前197	前196
	六	七	八	九	十	十一
大事记	尊太公为太上皇。刘仲为代王。立大市。更命咸阳曰长安。 （太公：刘邦之父。刘仲：刘邦的二哥。代王：国都在今河北蔚县东北。）	长乐宫成，自栎阳徙长安。伐匈奴，匈奴围我平城。 （长乐宫：在当时长安城的东部。栎阳：战国以来的关中名城，在今陕西西安阎良区，刘邦战时的留守都城。此年迁都马邑的韩王信勾结匈奴反汉，刘邦十月北讨，曾一度被匈奴围困于平城，在今山西大同东北。）	击韩信反虏于赵城。贯高作乱，明年觉，诛之。匈奴攻代王，代王弃国亡，废为郃阳侯。 （赵城：赵国的城邑，这里是指东垣，在今石家庄东北。贯高作乱：贯高是刘邦的女婿赵王张敖的丞相，因看不惯刘邦对张敖的无礼，令人刺杀刘邦，事情泄露被刘邦所杀。弃国亡：丢弃国土逃回长安。）	未央宫成，置酒前殿，太上皇辇上坐，帝奉玉卮上寿，曰："始常以臣不如仲力，今臣功孰与仲多？"太上皇笑，殿上称万岁。徙齐田，楚昭、屈、景于关中。 （未央宫：在当时长安城内的西部。不如仲力：不像刘仲那样卖力气。齐田：齐地的田氏家族。楚昭屈景：楚地的昭氏、屈氏、景氏等家族。以上诸族皆诸侯后裔，人多势大，故刘邦用刘敬议将其迁入关中。）	太上皇崩。陈豨反代地。 （太上皇崩：事在此年之七月。陈豨：时为代相，兼代、赵边兵，十年八月，起兵反汉。）	诛淮阴、彭越。黥布反。 （此年春，韩信以"谋反"罪名被灭三族；夏，又灭彭越三族，于是黥布于此年之七月起兵反。）

	六	七	八	九	十	十一
相位	封为酂侯。（酂 cuó：汉县名，在今河南永城西。）张苍为计相。（计相是在丞相属下分管财政经济的官员，不是丞相，不应列此。张苍的事迹见《张丞相列传》。）			迁为相国。（梁玉绳曰："萧何为相国在十一年，非九年也。"）		
将位						周勃为太尉。攻代。后官省。（郭嵩焘曰："此或当史官叙述之词，以后所历官称之。"攻代：攻反叛者陈豨等。）
御史大夫位				御史大夫昌为赵丞相。（刘邦为保护赵王刘如意，故将周昌降级使用。）	御史大夫江邑侯赵尧。（赵尧：原是周昌的下属，事迹见《张丞相列传》。）	

	前195	前194	前193	前192	前191	前190	前189
	十二（此年四月刘邦卒。）	**孝惠**元年（惠帝名盈，刘邦子，吕后所生。）	二	三	四	五	六
大事记	冬，击布。还过沛。（此年十月刘邦击斩黥布。回京时过沛，置酒甚欢。）夏，上崩，葬长陵。（刘邦卒于此年之四月。长陵：刘邦的陵墓，在今陕西咸阳东北。）	赵隐王如意死。始作长安城西北方。除诸侯丞相为相。（赵隐王如意：刘如意，戚夫人所生。刘邦死后，被吕后所杀。“隐”字是谥。除诸侯丞相为相：应作“改诸侯王相国为丞相”，以与朝廷的“相国”相区分。）	楚元王、齐悼惠王来朝。（楚元王：刘交，刘邦之弟，“元”字是谥。楚国的都城即今江苏徐州。齐悼惠王：刘肥，刘邦的私生子。“悼惠”是谥，齐国的都城临淄。） 七月辛未，何薨。（七月辛未：七月初五。）	初作长安城。蜀湔氐反，击之。（初作长安城：长安城之修建开始于惠帝二年正月，至三年春筑成。湔氐：湔氐道的氐族人。湔氐道在今四川松潘城北。当时凡县内有少数民族聚居的称“道”。）	三月甲子，赦，无所复作。（三月甲子：三月初七。赦，无所复作：犯人一旦被赦，就不再罚做苦役。）	为高祖立庙于沛城成，置歌儿一百二十人。（《高祖本纪》曰：“以沛宫为高祖原庙，高祖所教歌儿百二十人，皆令为吹乐，后有缺，辄补之。”） 八月乙丑，参卒。（八月乙丑：八月十七。）	七月，齐悼惠王薨。立太仓、西市。八月赦齐。（太仓：首都长安的大粮仓。西市：长安城中有东西二市，都在当时长安城的西北角。梁玉绳曰：“此宜作‘修敖仓、立西市’。《汉纪》云‘起长安西市，修敖仓’是也。立太仓在高帝七年，本纪书之矣。”敖仓：在当时荥阳城东北敖山上。）

	十二	十三	十四	二	三	四	一
相位			（萧何为相共十四年。） 七月癸巳，齐相平阳侯曹参为相国。 （七月癸巳：七月二十七。曹参：刘邦功臣，原为齐相。事迹见《曹相国世家》。）			（曹参为相共四年。）	十月己巳，安国侯王陵为右丞相。曲逆侯陈平为左丞相。 （按：此依刘邦遗言。又，右丞相的地位比左丞相高。）
将位							尧抵罪。 （赵尧因给刘邦设谋保护赵王如意，被吕后免去其御史大夫职。）
御史大夫位							广阿侯任敖为御史大夫。 （任敖的事迹见《张丞相列传》。按：赵尧抵罪与任敖为御史大夫皆在吕后元年，此误。）

	前188	前187	前186	前185	前184	前183
	七 （此年八月惠帝卒。）	**高后**元年 （吕后名雉，刘邦的发妻。称作“高后元年”，实际还有小傀儡皇帝在位。）	二	三	四	五
大事记	上崩。大臣用张辟彊计，吕氏权重，以吕台为吕王。立少帝。己卯，葬安陵。 （上崩：惠帝卒于此年之八月。张辟彊：张良之子，他首先怂恿陈平等迎合吕后，请吕后封吕氏诸人为王。吕王：封地为济南郡，国都东平陵，在今山东济南章丘区西。少帝：惠帝之子，宫人所生者。己卯：应依《吕太后本纪》作“九月辛丑”，即九月初五。安陵：惠帝的陵墓，在今陕西咸阳东北，刘邦的长陵之西。）	王孝惠诸子。置孝悌力田。 （王孝惠诸子：这些被吕后封王的孝惠诸子，后来都被陈平、周勃等说成是野种，非刘氏，从而被统统杀光。孝悌力田：朝廷选拔人才的科目名，经地方政府推荐，再由朝廷考核。梁玉绳曰：“是年除三族及妖言罪，此美事也，何以不书？”）	十二月，吕王台薨，子嘉代立为吕王。行八铢钱。 （十二月：应作“十一月”。吕王台薨：吕台墓在今山东济南东。八铢钱：一文钱的重量为八铢。一铢为一两的二十四分之一。）		废少帝，更立常山王弘为帝。 （废少帝：少帝之母是一地位低下的宫女，吕后杀其母，谎说少帝是张皇后所生，少帝听说后很生气，说日后定要为母报仇。吕后遂废而杀之，改立惠帝的另一子刘弘。）	八月，淮阳王薨，以其弟壶关侯武为淮阳王。令戍卒岁更。 （淮阳王：刘彊，惠帝之子。淮阳国的封土即当时的淮阳郡，国都在今河南周口淮阳区。壶关侯武：刘武，惠帝之子。壶关县在今山西长治。戍卒岁更：戍守边关的士兵，每年轮换一次。）

相位	二 （王陵为相二年免。）	三 十一月甲子，徙平为右丞相。辟阳侯审食其为左丞相。 （右丞相王陵因反对吕后封吕氏为王，被免职；陈平因迎合吕后被转为右丞相。审食其是吕后的亲信与男宠，故任左丞相，单管宫廷中的事情。）	四 平。 （陈平继续为右丞相。） 二 食其。 （审食其继续为左丞相。）	五 三	六 四 置太尉官。 （重新设置太尉官。）	七 五
将位					一 绛侯周勃为太尉。 （梁玉绳曰："事在惠帝六年，非高后四年。"）	二
御史大夫位			平阳侯曹窋为御史大夫。 （曹窋zhú：曹参之子。）		（梁玉绳以为曹窋为御史大夫在吕后四年。）	

	前182	前181	前180	前179	前178	前177
	六	七	八 （此年七月吕后卒。）	**孝文**元年 （文帝名恒，刘邦之子。）	二	三
大事记	以吕产为吕王。四月丁酉，赦天下。昼昏。 （吕产：吕台之弟，因吕台之子吕嘉“居处骄恣”，故吕后废之，改封吕产为吕王。四月丁酉：四月初三。）	赵王幽死，以吕禄为赵王。梁王徙赵，自杀。 （按：三句话的次序颠倒。事实是：吕后杀死赵王刘如意后，改令淮阳王刘友为赵王，刘友因不爱吕氏妃，被吕后活活饿死。吕后又改封梁王刘恢为赵王，刘恢因不堪忍受吕后耳目的虐待而自杀，于是吕后封次兄吕释之的儿子吕禄为赵王。吕后所杀的三个赵王都是刘邦的儿子。）	七月，高后崩。九月，诛诸吕。后九月，代王至，践皇帝位。 （吕氏于此年七月病死，八月刘章约其兄齐王刘襄率兵进京，吕氏派灌婴率兵抵挡，灌婴中途倒戈，朝廷上的周勃、陈平等迅即发动政变，杀光了吕氏家族与惠帝诸子，迎来代王刘恒，立之为皇帝。）	除收孥相坐律。立太子。赐民爵。 （收孥：指家中一人犯罪，余人连坐没入官府为奴。相坐：指一人犯罪，其亲属要连带受惩罚。太子：刘启，即日后的汉景帝。赐民爵：此指赐“天下民当代父后者爵各一级”。）	除诽谤律。皇子武为代王，参为太原王，胜为梁王。 （皇子武：刘武，即日后的梁孝王。代王：国都在今河北蔚县东北。太原王：国都晋阳，在今山西太原西南。梁王：国都睢阳，在今河南商丘南。）	徙代王武为淮阳王。上幸太原。济北王反。匈奴大入上郡。以地尽与太原，太原更号代。 （淮阳王：国都在今河南周口淮阳区。济北王反：济北王刘兴居，其兄刘章在诛吕氏的过程中功劳最大，文帝原说要封二人为赵王、梁王，后来反悔，只从其兄齐国的领地中割出二郡，封刘章为城阳王，刘兴居为济北王。刘章郁愤而死，刘兴居遂举兵反。上郡：郡治肤施，在今陕西榆林东南。）
			后九月，食其免相。		十月，丞相平薨。	十一月壬子，勃免相，之国。 （免去丞相职务，到封地绛县闲居。）

相位	八 六	九 七	十 七月辛巳，为帝太傅。九月丙戌，复为丞相。 （梁玉绳曰：“‘为帝’上缺‘食其’二字。”“辛巳”“丙戌”亦皆有误。） 八	十一（陈平为右丞相十一年。） 十一月辛巳，平徙为左丞相。太尉绛侯周勃为右丞相。 （因在平定诸吕的过程中周勃的功劳比陈平更大。）	一 十一月乙亥，绛侯勃复为丞相。 （陈平死，故周勃复为相。）	一 十二月乙亥，太尉颍阴侯灌婴为丞相。 （灌婴为丞相一年。） 罢太尉官。
将位	三	四	五 隆虑侯灶为将军，击南越。 （隆虑侯灶：周灶。南越：秦末大乱时赵佗在今两广一带建立南越国，国都在今广东广州。梁玉绳认为周灶击南越在吕后七年。）	六 勃为相，颍阴侯灌婴为太尉。 （灌婴在平定诸吕之乱中功勋卓著，故有此任。灌婴事迹见《樊郦滕灌列传》。）	一	二 棘蒲侯陈武为大将军，击济北。昌侯卢卿、共侯卢罢师、甯侯遫、深泽侯将夜皆为将军，属武，祁侯贺将兵屯荥阳。 （武祁侯贺：缯贺，刘邦功臣，封祁侯，武字是谥。）
御史大夫位			御史大夫苍。 （张苍为御史大夫。）			

	前176	前175	前174	前173	前172	前171
	四	五	六	七	八	九
大事记	十二月乙巳，婴卒。 （十二月乙巳：十二月初八。）	除钱律，民得铸钱。 （钱律：管制私人不得铸钱的律令。）	废淮南王，迁严道，道死雍。 （淮南王：刘长，刘邦之子。因图谋造反被发配严道，中途绝食而死。严道：汉县名，在今四川荥经。当时凡有少数民族杂居的县称作道。）	四月丙子，初置南陵。 （四月丙子：四月初四。初置南陵：设立南陵邑，并在此地为文帝母薄太后预修陵墓。陵邑的级别相当于县。因薄太后陵位于文帝的霸陵以南，故称南陵。）	太仆汝阴侯滕公卒。 （滕公：夏侯婴，因被刘邦封过滕县县令，故也称滕公。长期以来任太仆，也就是为皇帝赶车。）	温室钟自鸣。以芷阳乡为霸陵。 （芷阳是秦县名，在今陕西西安东北侧，县内又有芷阳乡，因文帝在此建造霸陵，故改此乡称霸陵邑，级别同县。）
相位	一 正月甲午，御史大夫北平侯张苍为丞相。 （正月甲午：正月初三。）	二	三	四	五	六

将位	安丘侯张说为将军，击胡，出代。（梁玉绳曰：“此事他所不载，然考《匈奴列传》是年方议和亲，不应有出代之师，疑误。”）					
御史大夫位	关中侯申屠嘉为御史大夫。（申屠嘉的事迹见《张丞相列传》。按：此时申屠嘉未为御史大夫，此年任御史大夫者名围。）		（此年冯敬任御史大夫。）			御史大夫敬。（梁玉绳曰：“冯敬为御史大夫在七年，此书于九年误。”）

	前170	前169	前168	前167	前166	前165
	十	十一	十二	十三	十四	十五
大事记	诸侯王皆至长安。（梁玉绳曰：“案表，是年止三国来朝，不得言‘皆至’。”）	上幸代。地动。（上幸代：文帝先曾为代王，其子刘参此时又任代王，故对代深有感情。当时代国的都城在晋阳。）	河决东郡金堤。徙淮阳王为梁王。（东郡：郡治濮阳，今河南濮阳县西南。金堤：当时黄河堤岸名。淮阳王徙梁王：文帝子刘武由淮阳王改封为梁王。）	除肉刑及田租税律、戍卒令。（除肉刑：肉刑指残害犯人躯体的刑罚，如刖刑、劓刑、宫刑等。汉文帝受孝女缇萦的感动，将以上刑罚改为用棍打鞭抽。也有人说宫刑仍依旧不改。除田租税律：意即下令对种田人不再征税。）	匈奴大入萧关，发兵击之，及屯长安旁。（萧关：古关塞名，在今宁夏固原东南。）	黄龙见成纪。上始郊见雍五帝。（成纪：汉县名，在今甘肃之静宁西南。按：所谓黄龙见成纪云云自然是公孙臣等骗子所玩弄的把戏。郊见雍五帝：到雍县祭祀五帝。雍县在今陕西宝鸡凤翔区南，其地有秦代以来的祭天坛台。郊：皇帝所行的一种祭天典礼。五帝：指东、西、南、北、中五位天神。）
相位	七	八	九	十	十一	十二

将位					成侯董赤、内史栾布、昌侯卢卿、隆虑侯灶、甯侯遬皆为将军，东阳侯张相如为大将军，皆击匈奴。中尉周舍、郎中令张武皆为将军，屯长安旁。（董赤：应作董赫。内史栾布：栾布未曾为内史。内史即日后之京兆尹。隆虑侯灶：周灶。甯侯遬：魏遬。中尉：首都的治安长官。郎中令：统领皇帝侍卫并守卫宫殿之门。）	
御史大夫位						

	前164	前163	前162	前161	前160	前159
	十六	后元年	二	三	四	五
大事记	上郊见渭阳五帝。（渭阳五帝：在渭水与霸水交汇处的北面所建的五帝庙。在当时长安城的东北。）	新垣平诈言方士，觉，诛之。（新垣平：一个弄虚作假的骗子，他说长安东北有神气，怂恿文帝修建五帝庙；又给文帝献神杯，怂恿文帝到汾阴的黄河中打捞周鼎，后骗术泄露被杀。）	匈奴和亲。地动。（前几年匈奴侵扰汉边境，文帝与匈奴单于书信往来，重结和亲之议，下诏颁布全国。） 八月戊辰，苍免相。（八月戊辰：八月初二。）	置谷口邑。（谷口：古邑名，在今陕西礼泉县东北，地当泾水的出山之口，文帝后三年在此设立谷口县。）		上幸雍。（此年三月，文帝又到雍县祭祀天神。梁玉绳曰："是年幸陇西、幸雍、幸代，此独书'幸雍'何也？"）

	十三	十四	十五	二	三	四
相位			（张苍共任丞相十五年。） 八月庚午，御史大夫申屠嘉为丞相，封故安侯。 （八月庚午：八月初四。申屠嘉：姓申屠，名嘉，刘邦的开国功劳，后封为关内侯，今以丞相封列侯。）			
将位						
御史大夫位	（据《汉书》，此年申屠嘉为御史大夫。）		御史大夫青。 （陶青，刘邦功臣陶舍之子，袭其父爵为开封侯。）			

	前158	前157	前156	前155	前154
	六	七 （此年六月文帝卒。）	**孝景**元年 （景帝名启，文帝之子，窦太后所生。）	二	三
大事记	匈奴三万人入上郡，二万人入云中。 （云中：郡治在今内蒙古托克托东北古城镇。）	六月己亥，孝文皇帝崩。其年丁未，太子立。民出临三日，葬霸陵。 （六月己亥：六月初一。丁未：六月初九。临：哭丧。）	立孝文皇帝庙，郡国为太宗庙。 （在京城立孝文皇帝庙，在各诸侯国都、各郡首府立太宗庙。太宗：全国吏民的最高宗仰者。）	立皇子德为河间王，阏为临江王，餘为淮阳王，非为汝南王，彭祖为广川王，发为长沙王。四月中，孝文太后崩。 （孝文太后：即薄太后，刘邦之妃，文帝之生母。） 嘉卒。 （丞相申屠嘉死。）	吴楚七国反，发兵击，皆破之。皇子端为胶西王，胜为中山王。 （吴楚七国：指吴王刘濞、楚王刘戊、赵王刘遂、胶东王刘雄渠、胶西王刘卬、济南王刘辟光、菑川王刘贤。中山王：国都卢奴，在今河北定州。）
相位	五	六	七 置司徒官。	八 （申屠嘉为丞相八年。） 开封侯陶青为丞相。	二 置太尉官。

将位	以中大夫令免为车骑将军，军飞狐；故楚相苏意为将军，军句注；将军张武屯北地；河内守周亚夫为将军，军细柳；宗正刘礼军霸上；祝兹侯徐厉军棘门：以备胡。数月，胡去，亦罢。 （飞狐：险塞名，在今河北涞源。句注：山名，在今山西代县西北。北地：郡治马领，在今甘肃庆阳西北。细柳：在当时长安城西的渭水北岸。霸上：在当时长安东南的霸水西岸。棘门：在今陕西咸阳东北。）	中尉亚夫为车骑将军，郎中令张武为复土将军，属国捍为将屯将军，詹事戎奴为车骑将军，侍太后。 （中尉亚夫：周亚夫，周勃之子，事迹见《绛侯周勃世家》。属国捍：典属国徐捍，徐广认为即祝兹侯徐厉。按："复土将军"的任务即修筑陵墓。）			中尉条侯周亚夫为太尉，击吴楚；曲周侯郦寄为将军，击赵；窦婴为大将军，屯荥阳；栾布为将军，击齐。 （郦寄：刘邦功臣郦商之子。窦婴：景帝母窦太后之侄，事迹见《魏其武安侯列传》。）
御史大夫位				御史大夫错。 （晁错：事迹见《袁盎晁错列传》。）	

	前153	前152	前151	前150	前149	前148	前147
	四	五	六	七	中元年	二	三
大事记	立太子。（立刘荣为太子，刘荣是栗姬所生。）	置阳陵邑。（景帝为自己预修陵墓，并设立阳陵邑。阳陵在今陕西咸阳东北，其地建有阳陵博物馆。） 丞相北平侯张苍卒。	徙广川王彭祖为赵王。（赵国的都城在今河北邯郸。）	废太子荣为临江王。四月丁巳，胶东王立为太子。（景帝姊大长公主与武帝母王夫人勾结，共同倾倒了栗姬与太子刘荣。不久，胶东王刘彻被立为太子。四月丁巳：四月二十九。） 青罢相。（陶青被免去丞相。）		皇子越为广川王，寄为胶东王。（胶东国的国都即墨，在今山东平度东南。）	皇子乘为清河王。 亚夫免相。
相位	三	四	五（陶青为丞相之第五年。）	六月乙巳，太尉条侯亚夫为丞相。（六月乙巳：六月十八。梁玉绳认为“六月”应作“二月”。） 罢太尉官。	二	三	四（周亚夫为相的第四年。） 御史大夫桃侯刘舍为丞相。

将位	二 太尉亚夫。 （周亚夫继续任太尉。）	三	四	五 （周亚夫为太尉之第五年。） 迁为丞相。			
御史大夫位	御史大夫蚡。 （田蚡，武帝之舅，武帝母王太后的同母异父弟，事见《魏其武安侯列传》。《汉书》于此作“御史大夫介”，田蚡未曾任御史大夫。）		御史大夫阳陵侯岑迈。 （陈直曰：“《史》记傅宽封阳陵侯，至元狩元年始国除，此时岑迈不得再封阳陵侯，当有误字。”岑迈事迹不详，《史记》中仅此一见。）	御史大夫舍。 （刘舍：刘襄之子，刘襄原名项襄，是项羽的族人，因随同项伯投靠刘邦，被封为桃侯，并赐姓刘。刘襄死，刘舍袭其父位为侯。）			御史大夫绾。 （卫绾：一个以平庸无为见称的官僚，事见《万石张叔列传》。）

	前146	前145	前144	前143	前142	前141
	四	五	六	后元年	二	三
大事记	临江王徵，自杀，葬蓝田，燕数万为衔土置冢上。（被陷害的太子刘荣又被召至京城，被逼自杀。蓝田：汉县名，在今陕西蓝田西。）	皇子舜为常山王。（常山王：国都元氏，在今河北元氏县西北。）	梁孝王武薨。分梁为五国，王诸子：子买为梁王，明为济川王，彭离为济东王，定为山阳王，不识为济阴王。	五月，地动。七月乙巳，日蚀。（七月乙巳：七月二十九。） 舍免相。		正月甲子，孝景皇帝崩。二月丙子，太子立。（正月甲子：正月二十七。二月丙子：二月初九。太子立：太子刘彻立为皇帝。）
相位	二	三	四	五（陶舍为丞相的第五年。） 八月壬辰，御史大夫建陵侯卫绾为丞相。（八月壬辰：八月无壬辰，此误。）	二	三

将位					六月丁丑，御史大夫岑迈卒。(六月丁丑:六月无丁丑,此误。)	
御史大夫位				御史大夫不疑。（直不疑：在此以前任卫尉。）		

	前 140	前 139	前 138	前 137	前 136	前 135
	孝武建元元年（武帝名彻，景帝子。）	二	三	四	五	六
大事记	绾免相。	置茂陵。（武帝为自己预修陵墓，并设立茂陵邑。茂陵在今陕西兴平东北。） 婴免相。（窦婴因倡导尊儒，被窦太后免相。）	东瓯王广武侯望率其众四万余人来降，处庐江郡。（是年闽越进攻东瓯，朝廷派兵往救，闽越退去，东瓯请求内迁，遂处之江淮间。东瓯王：越族君长，名望，汉封之为广武侯。原居于今浙江温州一带。庐江郡：郡治舒县，在今安徽庐江西南。）		行三分钱。（梁玉绳曰："《汉书武纪》云'罢三铢钱，行半两钱'；又《平准书》《食货志》云'半两钱法重四铢'，则此言'三分'非也。"）	正月，闽越王反。孝景太后崩。（闽越：居住在今福建一带的越族人，事见《东越列传》。孝景太后：景帝之母窦太后。事迹详见《外戚世家》。按：窦太后死在五月，闽越反在八月，此处先后颠倒。） 昌免相。（窦太后死，田蚡势力复起，故许昌被罢。）
相位	四（卫绾为丞相之第四年。） 魏其侯窦婴为丞相。 置太尉。	二月乙未，太常柏至侯许昌为丞相。 蚡免太尉。罢太尉官。（田蚡因鼓吹尊儒被窦太后免职。）	二	三	四	五（许昌为丞相之第五年。） 六月癸巳，武安侯田蚡为丞相。（六月癸巳：六月初三。窦太后死，王太后势力重振，故田蚡为相。）

将位	武安侯田蚡为太尉。（田蚡在协助武帝即位，稳定当时局面有功，故升任太尉。）					青翟为太子太傅。（庄青翟是窦太后一派，故降职。）
御史大夫位	御史大夫抵。（牛抵，事迹不详，《史记》中仅此一见。）	御史大夫赵绾。（赵绾是儒派人物，据《魏其武安侯列传》，赵绾于建元元年被田蚡等用为御史大夫，二年因请武帝不要再奏事窦太后而被免职，自杀。）		御史大夫青翟。（赵绾罢职自杀，窦太后用庄青翟为御史大夫。梁玉绳认为应在建元二年赵绾自杀后。）		御史大夫安国。（韩安国，事迹见《韩长孺列传》。）

	前 134	前 133	前 132	前 131	前 130	前 129
	元光元年	二	三	四	五	六
大事记		帝初之雍，郊见五畤。 （郊：皇帝祭天的典礼。五畤：修筑在当时雍县的五座祭祀天神的坛台，即密畤、鄜畤、吴阳上畤、吴阳下畤、北畤。详情见《封禅书》。）	五月丙子，河决于瓠子。 （五月丙子：五月初三。瓠子：河水名，自今河南濮阳南分黄河水东流入济水。此年五月黄河在瓠子河口发生泛滥。）	十二月丁亥，地动。 （十二月丁亥：十二月十七。） 蚡卒。 （田蚡弄权杀害了窦婴、灌夫，自己也暴病而死。按：田蚡死在元光三年，今书于四年，误。）	十月，族灌夫家，弃魏其侯市。 （灌夫、窦婴被田蚡所杀在元光三年，今书于五年，误。）	南夷始置邮亭。 （南夷：指以夜郎为代表的今贵州境内的少数民族。邮亭：犹言驿站，为过往官员提供服务与传递文书信件之用。）
相位	二	三	四 （田蚡实为相四年而死。薛泽接任为相。）	五[一] 平棘侯薛泽为丞相。 （薛泽：刘邦功臣薛欧的后代，袭其先人之爵为侯。）	二[三]	三[四]

将位		夏，御史大夫韩安国为护军将军，卫尉李广为骁骑将军，太仆公孙贺为轻车将军，大行王恢为将屯将军，太中大夫李息为材官将军，篡单于马邑，不合，诛恢。（篡：劫夺，这里指伏击。马邑：在今山西朔州。按：王恢建议引诱、伏击匈奴单于于马邑，事泄未果，以及王恢被杀事，详见《韩长孺列传》《匈奴列传》。）				太中大夫卫青为车骑将军，出上谷；卫尉李广为骁骑将军，出雁门；太中大夫公孙敖为骑将军，出代；太仆公孙贺为轻车将军，出云中：皆击匈奴。（卫青等四路出击匈奴事详见《卫将军骠骑列传》，但误作元光五年。此即军事史上所讲的“关市之战”。）
御史大夫位				御史大夫欧。（张欧，刘邦功臣张说之子，以平庸圆滑著称。）		

	前 128	前 127	前 126	前 125	前 124	前 123
	元朔元年	二	三	四	五	六
大事记	卫夫人立为皇后。（卫夫人：名子夫。夫人是皇帝姬妾的通称。）		匈奴败代太守友。（太守友：姓共，名友。）	匈奴入定襄、代、上郡。（定襄：郡治在今内蒙古和林格尔西北土城子。）	匈奴败代都尉朱英。（都尉：郡里的军事长官。） 泽免相。	
相位	四[五]	五[六]	六[七]	七[八]	八[九]（薛泽为丞相的第九年。） 十一月乙丑，御史大夫公孙弘为丞相，封平津侯。（十一月乙丑：十一月初五，应为前 125 年。）	二

将位	车骑将军青出雁门击匈奴，卫尉韩安国为将屯将军，军代。明年，屯渔阳卒。（雁门：郡治善无，在今山西右玉南。渔阳：郡治在今北京密云区西南。）	春，车骑将军卫青出云中，至高阙，取河南地。（云中：汉郡名，郡治在今内蒙古托克托东北。高阙：在今内蒙古杭锦后旗东北。河南地：指今内蒙古河套以南。按：此即军事史上所讲的“西河朔方之战”。）			春，长平侯卫青为大将军，击右贤。卫尉苏建为游击将军，属青。左内史李沮为强弩将军，太仆贺为车骑将军，代相李蔡为轻车将军，岸头侯张次公为将军，大行息为将军；皆属大将军，击匈奴。（右贤：指匈奴右贤王，匈奴西部地区的最高君长。太仆贺：公孙贺。大行息：李息。大行：官名，主管接待少数民族宾客。）	大将军青再出定襄击胡。合骑侯公孙敖为中将军，太仆贺为左将军，郎中令李广为后将军。翕侯赵信为前将军，败降匈奴。卫尉苏建为右将军，败，身脱。左内史沮为强弩将军。皆属青。（左内史：犹如日后的京兆尹，唯此时分为左右二区，分别置主官。按：此役即军事史上所讲的“漠南之战”。左内史沮：李沮。）
御史大夫位			御史大夫弘。（公孙弘：靠儒术平步青云，事迹见《平津侯主父列传》。）			

	前122	前121	前120	前119	前118	前117
	元狩元年	二	三	四	五	六
大事记	十月中，淮南王安、衡山王赐谋反，皆自杀，国除。（淮南王刘安、衡山王刘赐，都是刘邦之孙、老淮南王刘长之子。淮南王都寿春，在今安徽寿县。衡山王都邾，在今湖北黄冈西北。）	匈奴入雁门、代郡。江都王建反。胶东王子庆立为六安王。（江都王建：刘建，景帝之子，国都在今江苏扬州东南。胶东王子庆：刘寄之子刘庆。六安王：国都六县，在今安徽六安。） 弘卒。	匈奴入右北平、定襄。（右北平：汉郡名，郡治平刚，在今内蒙古宁城西南。）		蔡坐侵园堧，自杀。（李蔡因侵占景帝陵园的边地，犯罪自杀。）	四月乙巳，皇子闳为齐王，旦为燕王，胥为广陵王。（四月乙巳：四月二十八。武帝封其三子刘闳、刘旦、刘胥为王事见《三王世家》。）
相位	三	四（公孙弘为丞相之第四年。） 御史大夫乐安侯李蔡为丞相。	二	三	四（李蔡为丞相之第四年。） 太子少傅武彊侯庄青翟为丞相。	二

将位		冠军侯霍去病为骠骑将军，击胡，至祁连；合骑侯敖为将军，出北地；博望侯张骞、郎中令李广为将军，出右北平。 （祁连：山名，在今甘肃、青海交界处。按：霍去病此战即军事史上所说的“河西之战”。）		大将军青出定襄，郎中令李广为前将军，太仆公孙贺为左将军，主爵赵食其为右将军，平阳侯曹襄为后将军：击单于。 （此即军事史上所说的“漠北战役”，是汉代对匈奴作战以来成果最辉煌的一次，从此匈奴远去。）		
御史大夫位	御史大夫蔡。 （李蔡，李广之弟。）	御史大夫汤。 （张汤，当时有名的酷吏之一，事迹见《酷吏列传》。）				

	前116	前115	前114	前113	前112	前111
	元鼎元年	二	三	四	五	六
大事记		青翟有罪，自杀。		立常山宪王子平为真定王，商为泗水王。六月中，河东汾阴得宝鼎。	三月中，南越相嘉反，杀其王及汉使者。 （南越王兴与其母皆欲归汉，其相吕嘉欲令其王独立。汉使者与南越王欲杀吕嘉，未成，吕嘉遂杀南越王兴、王太后与汉使者，起兵反汉。） 八月，周坐酎金，自杀。 （赵周在此年九月因诸侯王、列侯酎金不足事被杀。）	十二月，东越反。 （汉平南越后，闽越王餘善闻汉将请讨闽越，遂发兵反。）
相位	三	四（庄青翟为丞相的第四年。） 太子太傅高陵侯赵周为丞相。 （赵周：其父赵夷吾，七国之乱时因告反被判王刘戊所杀，赵周因其父功被封侯，一生无事迹可述。）	二	三	四（赵周为丞相的第四年。） 九月辛巳，御史大夫石庆为丞相，封牧丘侯。 （九月辛巳：九月初六。据《汉书·百官公卿表》赵周死于九月辛巳，石庆为丞相在九月丙申，较为合理。）	二

将位		汤有罪，自杀。 （张汤被庄青翟的长史朱买臣等陷害下狱，自杀。）			卫尉路博德为伏波将军，出桂阳；主爵杨仆为楼船将军，出豫章，皆破南越。 （桂阳：汉郡名，郡治在今湖南郴州。豫章：汉郡名，郡治在今江西南昌。据《南越列传》，汉朝当时为五路进兵，不止以上二将。）	故龙頟侯韩说为横海将军，出会稽；楼船将军杨仆出豫章；中尉王温舒出会稽，皆破东越。 （会稽：汉郡名，郡治在今浙江绍兴。）
御史大夫位		御史大夫庆。 （石庆，万石君之子，以驯良圆滑著称，事迹见《万石张叔列传》。）				御史大夫式。 （卜式：以牧羊出仕，事迹见《平准书》。）

	前110	前109	前108	前107	前106	前105
	元封元年	二	三	四	五	六
大事记	（梁玉绳曰："元封以后'大事记'及'将位'多缺略不具。"）					
相位	三	四	五	六	七	八
将位		秋，楼船将军杨仆、左将军荀彘出辽东，击朝鲜。（杨仆率舟师浮海，荀彘出辽东，会师王险。王险在今朝鲜平壤大同江南岸。辽东：汉郡名，郡治在今辽宁辽阳。）				
御史大夫位	御史大夫宽。（兒宽，以儒生平步青云，事迹见《儒林列传。）					

	前104	前103	前102	前101	前100	前99
	太初元年	二	三	四	天汉元年	二
大事记	改历，以正月为岁首。（《索隐》曰：“始用夏正也。”）	正月戊寅，庆卒。（正月戊寅：正月二十二。）				
相位	九	十 三月丁卯，太仆公孙贺为丞相，封葛绎侯。（按：公孙贺受命为丞相时，极不情愿，曾痛哭推辞。）	二	三	四	五
将位						
御史大夫位			御史大夫延广。（延广：名延广，史失其姓，前曾为胶东太守。）		御史大夫卿。（王卿：曾为济南太守。）	

	前98	前97	前96	前95	前94	前93
	三	四	太始元年	二	三	四
大事记						
相位	六	七	八	九	十	十一

将位		春，贰师将军李广利出朔方，至余吾水上；游击将军韩说出五原；因杅将军公孙敖：皆击匈奴。 （李广利：武帝宠妃李夫人之兄，事迹见《大宛列传》。朔方：汉郡名，郡治在今内蒙古杭锦旗北。余吾水：即今蒙古国境内的图勒河，地当大漠南北交通冲要。公孙敖：伐匈奴的将领，见《卫将军骠骑列传》。）				
御史大夫位	御史大夫周。 （杜周：武帝时的著名酷吏，见《酷吏列传》。）				御史大夫胜之。 （暴胜之，先曾任绣衣直指，为皇帝检察郡国事务。）	

	前92	前91	前90	前89	前88	前87
	征和元年	二	三	四	后元元年	二 （此年二月武帝卒。）
大事记	冬，贺坐为蛊死。 （巫蛊之祸是武帝听信奸人江充挑动掀起的大冤案。蛊：以迷信手段祝诅害人。）	七月壬午，太子发兵，杀游击将军说、使者江充。 （七月壬午：七月初九。韩说与奸人江充受武帝委派到太子宫中查抄巫蛊事时，太子怒而斩之。韩说：韩王信的后代，因伐匈奴与讨东越两次被封侯。）	六月，刘屈氂因蛊斩。 （刘屈氂原是奉武帝命剿杀太子之“为蛊”，因他人诬告其妻子“为蛊”而被斩。）			
相位	十二 （公孙贺为丞相之第十二年。）	三月丁巳，涿郡太守刘屈氂为丞相，封彭城侯。 （三月丁巳：三月十一。太子斩韩说、江充后，武帝命丞相刘屈氂统兵捉拿太子，太子起兵与之战于长安。兵败外逃自杀。）	二 （刘屈氂为丞相之第二年。）	六月丁巳，大鸿胪田千秋为丞相，封富民侯。 （六月丁巳：六月二十五。田千秋：因开导武帝，为太子申诉冤情被任为丞相。）	二	三

将位			春，贰师将军李广利出朔方，以兵降胡。重合侯莽通出酒泉，御史大夫商丘成出河西，击匈奴。（李广利出朔方：《汉书》作“出五原”。此役李广利先与匈奴单于战于速邪燕然山，因听说其家因巫蛊被灭，遂降匈奴。）			二月己巳，光禄大夫霍光为大将军、博陆侯；都尉金日磾为车骑将军、秺侯；太仆安阳侯上官桀为大将军。（按：以上任命是武帝临终遗嘱。二月己巳：二月十六。武帝卒于二月十四，十六是霍光等正式上任之期。）
御史大夫位		御史大夫成。（姓商丘，名成。）				

	前86	前85	前84	前83	前82	前81
	孝昭始元元年 （昭帝名弗陵，武帝幼子。）	二	三	四	五	六
大事记						
相位	四 九月，日磾卒。	五	六	七	八	九
将位				三月癸酉，卫尉王莽为左将军，骑都尉上官安为车骑将军。 （王莽：此非日后篡汉之王莽，盖同名。上官安：上官桀之子。）		
御史大夫位						

	前80	前79	前78	前77	前76	前75
	元凤元年	二	三	四	五	六
大事记				三月甲戌，千秋卒。（千秋卒：丞相田千秋卒。）	十二月庚戌，䜣卒。（丞相王䜣卒。）	
相位	十	十一	十二（田千秋为丞相之第十二年。）	三月乙丑，御史大夫王䜣为丞相，封富春侯。	二	十一月乙丑，御史大夫杨敞为丞相，封安平侯。
将位	九月庚午，光禄勋张安世为右将军。（光禄勋：即以前之郎中令，统领皇帝侍卫及把守宫殿门户。张安世：张汤之子。）		十二月庚寅，中郎将范明友为度辽将军，击乌丸。（乌丸：即乌桓，当时游牧于今辽宁西部、内蒙古东南部一带的少数民族。）			九月庚寅，卫尉平陵侯范明友为度辽将军，击乌丸。（九月庚寅：《汉书·昭帝纪》载此事未言月日。）
御史大夫位	御史大夫䜣。（王䜣。）			御史大夫杨敞。（杨敞：司马迁的女婿。）		

	前74	前73	前72	前71	前70	前69
	元平元年 （此年四月昭帝卒。）	孝宣本始元年。 （宣帝名询，武帝的曾孙，太子刘据之孙。）	二	三	四	地节元年
大事记	敞卒。			三月戊子，皇后崩。 （许皇后被霍氏所杀。） 六月乙丑，义薨。	十月乙卯，立霍后。 （霍后：霍光之女。）	
相位	九月戊戌，御史大夫蔡义为丞相，封阳平侯。	二	三	六月甲辰，长信少府韦贤为丞相，封扶阳侯。 （韦贤：靠通儒术、依附权贵而位至卿相。夺将军印：即免去将军之职。） 田广明、田顺击胡还，皆自杀。充国夺将军印。	二	三

将位	四月甲申，光禄大夫龙頟侯韩曾为前将军。五月丁酉，水衡都尉赵充国为后将军，右将军张安世为车骑将军。（韩曾：韩说之子。）		七月庚寅，御史大夫田广明为祁连将军，龙頟侯韩曾为后将军，营平侯赵充国为蒲类将军，度辽将军平陵侯范明友为云中太守，富民侯田顺为虎牙将军：皆击匈奴。（田顺：田千秋之子。）			
御史大夫位	御史大夫昌水侯田广明。（田广明：田千秋之子。）			御史大夫魏相。		

	前68	前67	前66	前65	前64	前63
	二	三	四	元康元年	二	三
大事记		立太子。 （太子刘奭，即日后的汉元帝。） 五月甲申，贤老，赐金百斤。				
相位	四 （韦贤为相之第四年。） 三月庚午，将军光卒。 （大将军霍光卒。）	六月壬辰，御史大夫魏相为丞相，封高平侯。	二 七月壬寅，禹腰斩。 （大司马霍禹被杀，霍氏屡为不轨，被灭族。）	三	四	五

将位	二月丁卯，侍中、中郎将霍禹为右将军。（霍禹：霍光之子。）	七月，安世为大司马、卫将军。禹为大司马。				
御史大夫位		御史大夫邴吉。（邴吉：在宣帝幼年蒙难时邴吉多有救助。）				

	前62	前61	前60	前59	前58	前57
	四	神爵元年	二	三	四	五凤元年
大事记		上郊甘泉太畤、汾阴后土。 （甘泉太畤：即太一畤，祭祀天神太一的神坛，在甘泉宫南。汾阴后土：祭祀地神的神坛，在今山西万荣西南的汾水入黄河处。）	上郊雍五畤。祋祤出宝璧玉器。 （祋祤 duì xǔ：汉县名，县治在今陕西铜川耀州区。）	三月，相卒。 （魏相任丞相之第九年卒。）		
相位	六 八月丙寅，安世卒。 （大司马卫将军张安世卒。）	七	八 （魏相任丞相之第八年。）	四月戊戌，御史大夫邴吉为丞相，封博阳侯。	二	三
将位		四月，乐成侯许延寿为强弩将军。后将军充国击羌。酒泉太守辛武贤为破羌将军。韩曾为大司马、车骑将军。				
御史大夫位				御史大夫望之。 （萧望之。）		

	前56	前55	前54	前53	前52	前51
	二	三	四	甘露元年	二	三
大事记		正月，吉卒。 （丞相邴吉卒。）			赦殊死，赐高年及鳏寡孤独帛，女子牛酒。 （赦殊死：凡不是死罪的犯人一律赦免。）	三月己丑，霸薨。 （丞相黄霸卒。）
相位	四 （邴吉为相之第四年。） 五月己丑，曾卒。 （大司马车骑将军韩曾卒。）	三月壬申，御史大夫黄霸为丞相，封建成侯。	二	三 三月丁未，延寿卒。 （大司马车骑将军许延寿卒。）	四 （黄霸为相之第四年。）	七月丁巳，御史大夫于定国为丞相，封西平侯。
将位	五月，延寿为大司马、车骑将军。					
御史大夫位	御史大夫霸。 （黄霸。）	御史大夫延年。 （杜延年，杜周之子。）			御史大夫定国。 （于定国，原来任廷尉。）	太仆陈万年为御史大夫。 （陈万年：以谄媚权贵著称。）

	前50	前49	前48	前47	前46	前45
	四	黄龙元年 （此年之十二月宣帝卒。）	孝元初元元年 （元帝名奭，宣帝之子。）	二	三	四
大事记						
相位	二	三	四	五	六	七
将位		乐陵侯史子长为大司马、车骑将军。太子太傅萧望之为前将军。			十二月，执金吾冯奉世为右将军。 （执金吾：即以前之中尉，维持首都治安的长官。）	
御史大夫位						

	前44	前43	前42	前41	前40	前39
	五	永光元年	二	三	四	五
大事记		十月戊寅，定国免。 （于定国免相。）	三月壬戌朔，日蚀。			
相位	八	九 （于定国为丞相之第九年。） 七月，子长免，就第。 （大司马车骑将军史子长免官家居。）	二月丁酉，御史大夫韦玄成为丞相，封扶阳侯。丞相贤子。	二	三	四
将位	二月丁巳，平恩侯许嘉为左将军。	九月，卫尉平昌侯王接为大司马、车骑将军。 二月，广德免。 （恭广德免御史大夫。）	七月，太常任千秋为奋武将军，击西羌；云中太守韩次君为建威将军，击羌。后不行。	右将军平恩侯许嘉为车骑将军，侍中、光禄大夫乐昌侯王商为右将军，右将军冯奉世为左将军。		
御史大夫位	中少府贡禹为御史大夫。十二月丁未，长信少府薛广德为御史大夫。	七月，太子太傅韦玄成为御史大夫。 （韦玄成：韦贤之子。）	二月丁酉，右扶风郑弘为御史大夫。			

	前38	前37	前36	前35	前34	前33
	建昭元年	二	三	四	五	竟宁元年 （此年七月元帝卒。）
大事记			六月甲辰，玄成薨。 （丞相韦玄成卒。）			
相位	五	六	七月癸亥，御史大夫匡衡为丞相，封乐安侯。	二	三	四
将位		弘免。 （郑弘免御史大夫。）				六月己未，卫尉杨平侯王凤为大司马、大将军。 延寿卒。 （御史大夫繁延寿卒。）
御史大夫位		光禄勋匡衡为御史大夫。	卫尉繁延寿为御史大夫。 （繁：音 pó。）			三月丙寅，太子少傅张谭为御史大夫。

	前32	前31	前30	前29	前28	前27
	孝成建始元年 （成帝名骜，元帝子。）	二	三	四	河平元年	二
大事记			十二月丁丑，衡免。 （匡衡免相。）			
相位	五	六	七 （匡衡为相之第七年。） 八月癸丑，遣光禄勋诏嘉上印绶免，赐金二百斤。 （车骑将军许嘉被免官。）	三月甲申，右将军乐昌侯王商为右丞相。	二	三
将位			十月，右将军乐昌侯王商为光禄大夫、左将军，执金吾弋阳侯任千秋为右将军。 谭免。 （张谭免御史大夫。）	任千秋为左将军，长乐卫尉史丹为右将军。 十月己亥，尹忠自杀。 （御史大夫尹忠自杀。）		
御史大夫位			廷尉尹忠为御史大夫。	少府张忠为御史大夫。		

	前26	前25	前24	前23	前22	前21	前20
	三	四	阳朔元年	二	三	四	鸿嘉元年
大事记		四月壬寅，丞相商免。					三月，禹卒。
相位	四 （王商为丞相之第四年。）	六月丙午，诸吏散骑光禄大夫张禹为丞相。	二	三		七月乙丑，右将军光禄勋平安侯王章卒。	四月庚辰，薛宣为丞相。
将位	十月辛卯，史丹为左将军，太仆平安侯王章为右将军。			张忠卒。 （御史大夫张忠卒。）	九月甲子，御史大夫王音为车骑将军。	闰月壬戌，永卒。 （御史大夫于永卒。）	
御史大夫位				六月，太仆王音为御史大夫。	十月乙卯，光禄勋于永为御史大夫。		

［**简评**］ 此表无序。依班固、张晏说，本篇所列的表格也非司马迁之原作，但明、清以来的研究者们对此表持断然否定态度的却不很多，即如梁玉绳《史记志疑》，也仍认为“天汉”以前的部分是司马迁所作。但此表中的问题甚多，即如“大事记”一栏，许多重大事件缺失，有些小事反而写得较详。武帝时期的“大事记”有许多空格。有人认为这是司马迁意在言外，含有讥讽。该书的不书是讥讽，不该书的书了也是讥讽，这样一来就难免要失去客观性，杰出的历史家会存心设置这么多闷葫芦么？关于“倒书”问题，前人提出了许多解释，虽可供参考，但难成定论，因为原表在简策时代的“旁行斜上”究竟是什么样子谁也说不好，“倒书”是宋代刻本给我们提供的现象，是不是司马迁的原样尚未可知。我们此次出版，故不作“倒”排，改换字体用以说明。有人说表中记“行三分钱”“行八铢钱”体现了司马迁“重民用”的思想，但武帝时代的一系列经济活动，诸如铸钱、盐铁官营、平准均输，以及算缗、告缗等等又为什么不写呢？该表“相位”谱列的历朝丞相比较完备，但把张苍的“计相”也写进去就没有道理；“将位”应写太尉、大将军、骠骑将军一流，因为他们都属“三公”一级，而又写进许多前、后、左、右等将军是图个什么呢？岂不自乱其例？凡此种种皆不得其解。

［**集评**］ 《太史公自序》：“国有贤相良将，民之师表也。维见汉兴以来将相名臣年表，贤表记其治，不贤者彰其事，作《汉兴以来将相名臣年表》第十。”

张晏曰：“迁没之后，亡《景纪》《武纪》《礼书》《乐书》《兵书》《汉兴以来将相年表》《日者列传》《三王世家》《龟策列传》《傅靳列传》。元成之间褚先生补缺，作《武帝纪》《三王世家》《龟策日者传》，言辞鄙陋，非迁本意也。”（《汉书·司马迁传》）

王应麟曰:“史迁既易编年为纪传,而《将相名臣年表》之作复以汉兴以来大事为之记,盖以成《春秋》之法也。上自高祖肇造,下迄天汉,纪年之后凡开基创业则书之,高帝元年春王汉,秋定雍;二年定塞、翟等国,据荥阳;三年定魏、代、赵;四年定齐及燕;五年破楚、践位是也。伐畔(叛)除暴则书之,若高祖之击信、布,孝景之击吴、楚是也。凡定都营国则书之,若都关中、城长安,若长乐、未央之成,太仓、西市之立是也。封建朝觐则书之,若高祖王兄仲于代,文帝王诸子于太原等国,景(帝)立河间诸王,武(帝)立六安诸王,与夫楚元、齐悼之来朝,诸侯王之至长安是也。凡尊亲、立庙、册后、建储之礼则书之,若高祖之尊上皇,惠、景之立高、文庙,与夫太子之立书于高帝之二年,卫后之立书于元朔之初载是也。凡肆眚除虐、导民兴利则书之,若赦复作、除孥律,孝悌力田之置,八铢钱货之行是也。凡郊祀、正朔、祥瑞、灾异则书之,(若)渭阳之祀、雍畤之幸、建元之纪号、太初之正历,与夫汾阴宝鼎之出、河决地动之异是也。”(《玉海·汉大事纪》)

泷川资言曰:“史公自序《集解》引张晏云‘迁没之后,亡《汉兴已来将相年表》’,今本现在,未尝亡也。但推例,卷首当有序语,后来缺亡。天汉以后纪事,后人续之者,非史公手笔。”(《史记会注考证》)

陈直曰:“本表用倒书者有八种体例。如记官职之罢废,如罢太尉官是也。记官职之初置或复置,如置太尉官是也。记大臣之死,如周苛守荥阳死是也。记大臣之薨,如七月辛未何薨是也。记大臣之卒,如八月乙丑参卒是也(死、薨、卒,本同一例,本表自分为三例)。记大臣之抵罪,如尧抵罪是也。记大臣之免相,如后九月食其免相是也。记大臣之自杀,如汤有罪自杀是也。倒书之例,为太史公所特创,学者从未注意,亦从未有人阐明其体例。而后代史家,亦无仿效之者。一顺一倒,使读者易于分明。当日设用朱墨颜色顺写，固无不可，然在竹简用两色，比较复杂，故改创倒书之例。”“又此表所序各事，如立大市、关中侯申屠嘉、置谷口邑、置阳陵邑、御史大夫岑迈、行三分钱等条，皆不见于《汉书》，盖太史公根据当时档案记录，是最为可宝贵之材料。”(《陈直著作选》)

张大可曰：“颂扬贤相良将是《史记》的写作宗旨之一，也是司马迁‘一家之言’的重要内容之一。贤相良将既是民之师表，治平天下的保证，所以专列将相表，‘贤者记其治，不贤者彰其事’，特设‘大事记’一栏记载治行。但在专制政体下，贤相良将多无好下场，特别是汉武帝一朝，丞相多不善终。所以司马迁用倒书，将丞相之罢废死免倒书于‘大事记’栏，太尉之废置及将军的下场倒书于‘相位’栏，御史大夫之去职倒书于‘将位’栏，‘御相大夫位’中则无倒书。倒书升栏，与顺书形成鲜明对照，恰似两表之重合。顺书是记载将相的治行，倒书是揭露将相的危境和不平待遇的下场。不创倒书，这一层的意义就不明显。可以说倒书就是《将相表》的无字之序。因当世多忌讳，故司马迁特出此创造。《匈奴列传赞》突兀议论说：‘孔氏著《春秋》，隐、桓之间则章，至定、哀之际则微，为其切当世之文而罔褒，忌讳之辞也。世欲之言匈奴者，患其徼一时之权，而务谄纳其说，以便偏指，不参彼己；将率席中国广大，气奋，人主因以决策，是以建功不深。尧虽贤，兴事业不成，得禹而九州宁。且欲兴圣统，唯在择任将相哉！唯在择任将相哉！’可以说这段议论就是读《将相表》的凡例。择任将相关系国家兴亡，而汉家用人，赏轻罚重，尤其是汉武帝用亲斥疏，顺我者昌，逆我者亡，将相多危。司马迁用倒书作了集中的表现，丞相下场可悲，太尉废置无常，御史大夫多凶，不可用序以明书其旨，而用倒书暗喻其意，笔削之讥，用心良苦。这就是《将相表》有表、无序、倒书的原因。”(《史记全书新注》)

礼书第一

太史公曰：洋洋美德[①]乎！宰制万物，役使群众，岂人力也哉？余至大行礼官[②]，观三代损益，乃知缘人情而制礼，依人性而作仪，其所由来尚矣。

人道经纬万端，规矩无所不贯，诱进以仁义，束缚以刑罚，故德厚者位尊，禄重者宠荣，所以总一海内而整齐万民也。人体安驾乘，为之金舆错衡以繁其饰[③]；目好五色，为之黼黻文章以表其能[④]；耳乐钟磬，为之调谐八音以荡其心[⑤]；口甘五味，为之庶羞酸咸以致其美[⑥]；情好珍善，为之琢磨圭璧以通其意[⑦]。故大路越席，[⑧]皮弁布裳，[⑨]朱弦洞越，[⑩]大羹玄酒，[⑪]所以防其淫侈，救其凋敝。是以君臣朝廷尊卑贵贱之序，下及黎庶车舆衣服宫室饮食嫁娶丧祭之分，[⑫]事有宜适，物有节文[⑬]。仲尼曰："禘自既灌而往者，吾不欲观之矣。"[⑭]

周衰，礼废乐坏，大小相逾，管仲之家，兼备三归[⑮]。循法守正者见侮于世，奢溢僭差者谓之显荣。自子夏，门人之高弟也[⑯]，犹云"出见纷华盛丽而说，入闻夫子之道而乐，二者心战，未能自决"[⑰]，而况中庸[⑱]以下，渐渍[⑲]于失教，被服于成俗乎[⑳]！孔子曰："必也正名"，于卫所居不合[㉑]。仲尼没后，受业之徒沈湮而不举[22],或适齐、楚,或入河、海,岂不痛哉!

至秦有天下,悉内六国礼仪,[23]采择其善,虽不合圣制,其尊君抑臣,朝廷济济,依古以来。至于高祖,光有四海[24],叔孙通颇有所增益减损,大抵皆袭秦故[25]。自天子称号下至佐僚及宫室官名,少所变改。孝文即位,有司议欲定仪礼,孝文好道家之学,以为繁礼饰貌,无益于治,躬化谓何耳[26],故罢去之。孝景时,御史大夫晁错明于世务刑名,数干谏孝景曰:"诸侯藩辅,臣子一例[27],古今之制也。今大国专治异政,不禀京师,恐不可传后。"孝景用其计,而六国畔逆[28],以错首名[29],天子诛错以解难。事在《袁盎》语中。是后官者养交安禄而已,[30]莫敢复议。

今上即位,招致儒术之士,令共定仪,十余年不就。或言古者太平,万民和喜,瑞应辨至[31],乃采风俗,定制作[32]。上闻之,制诏御史曰:"盖受命而王,各有所由兴,殊路而同归,谓因民而作,追俗为制也。议者咸称太古[33],百姓何望?汉亦一家之事,典法[34]不传,谓子孙何?化隆者闳博,治浅者褊狭[35],可不勉与!"乃以太初之元改正朔,[36]易服色[37],封太山[38],定宗庙百官之仪,以为典常,垂之于后云。

(以上为第一段,总括礼制之缘起、发展及功用,为《礼书》之序,是司马迁的原文。)

①洋洋美德——洋洋:盛大充实,喻礼之广大。美德:指礼之功用。 ②大行礼官——指大鸿胪。大行:官名。掌礼仪及接待宾客。 ③"人体安驾乘"二句——安:舒适。金舆:黄金装饰的车。错:涂饰。衡:车辕前面的横木。 ④"目好五色"二句——五色:红、黄、蓝、白、黑。黼(fǔ)黻(fú):古代礼服上绘绣的花纹。文章:指错杂的色彩或花纹。 ⑤"耳乐钟磬"二句——钟磬:泛指乐器。八音:用金、石、丝、竹、匏(páo)、土、革、木八种材料制成的乐器。荡:涤除,清除。 ⑥"口甘五味"二句——甘:嗜好,喜爱。五味:酸、苦、甘、辛、咸。庶羞:多种佳肴。 ⑦"情好珍善"二句——琢磨:雕刻玉石。圭璧:古代诸侯朝会、祭祀时用作符信的玉器。上尖下方者为圭,圆者为璧。

⑧大路——装饰质朴的大车。路:即“辂”,古时天子所乘之车。 越席——结蒲草所成之席。 ⑨皮弁(biàn)——古冠名。用白鹿皮制作。 布裳——白布做的下衣。上衣为衣,下衣为裳。皮弁布裳为王者视朝的常服。 ⑩朱弦——乐器上的红色丝弦。 洞越——谓瑟底两孔相通,使瑟声迟重。越:瑟底孔。 ⑪大羹——古代祭祀时所用不调味的肉汁。大:通“太”,亦通“泰”。 玄酒——上古时祭祀所用代酒之水。 ⑫黎庶——民众,百姓。黎:众,多。 分——等级界限。 ⑬事有宜适,物有节文——谓做事有分寸,修饰有节制。节文:节制修饰。 ⑭“仲尼曰”句——见《论语·八佾》。禘(dì):古代天子举行的一种祭祀祖先的隆重典礼,因鲁国地位特殊,也享有举行这种祭祀的资格。灌:本作“祼(guàn)”,祭祖时第一次献酒给尸,为禘礼中的一部分。古代祭祀以活人代受祭者,称“尸”。吾不欲观之矣:因鲁文公将其生父僖公的牌位移到了在僖公之前为君的鲁闵公的牌位之前,破坏了应有的次序,所以孔子说从第一次献酒后就不想再看了。 ⑮三归——说法不一。一谓娶三姓女,二谓台名,三谓全国工商税收的十分之三。 ⑯自子夏,门人之高弟也——意谓尽管子夏是孔子门下最优秀的学生。自:即使,尽管。子夏:卜氏,名商。孔子学生,以文学见称。 ⑰“出见纷华盛丽而说”四句——见于《韩非子·喻老》,又见于《韩诗外传》。说:“悦”的古字。心战:犹言内心矛盾。 ⑱中庸——中等之才。 ⑲渐渍(zì)于失教——逐渐受不良教化的影响。渍:浸染、沾染。 ⑳被服于成俗——被社会上的积习所笼罩。被服:衾被衣服。这里用作动词。 ㉑于卫所居不合——谓当时孔子在卫国的所见所闻大都不合乎尊卑上下的礼仪。 ㉒沈湮(yān)而不举——埋没无闻。沈:同“沉”。举:指受提拔任用。 ㉓内——“纳”的古字,采纳。 六国——指战国七雄中齐、楚、魏、赵、韩、燕六国。 ㉔光有四海——即广有天下。光:广阔,遥远。 ㉕叔孙通颇有所增益减损,大抵皆袭秦故——叔孙通:原在秦朝为博士,后归刘邦,为刘邦制定了一套“颇采古礼与秦仪杂就”的朝仪。 ㉖躬化谓何耳——看你实际行动的效果如何。躬化:谓亲自示范,教化人民。 ㉗臣子一例——一律是天子的臣子。一例:一律,一概。 ㉘六国畔逆——“六”乃“七”字之误,即吴

楚七国之乱。畔:通“叛”。 ㉙以错首名——以诛晁错为起兵的第一借口。名:名义,借口。 ㉚养交——养私交,指用心结交朋友。 安禄——安分守己地享用自己应得的俸禄。 ㉛瑞应辨至——天降祥瑞以应人君之德。瑞:祥瑞,符瑞。阴阳家以自然界出现的某些特异现象和事物为祥瑞,以附会帝王统治为“应天承运”。辨:通“遍”。 ㉜制作——谓礼仪制度。 ㉝咸称太古——总是鼓吹远古的礼仪制度。 ㉞典法——指根据汉代具体情况制定汉家自己的礼仪制度。 ㉟化隆者闳(hóng)博,治浅者褊狭——意谓教化深远的统治者,应该是气象恢宏,目光远大;治绩平庸的,当然是心胸狭窄,不足以论大业。褊(biǎn)狭:器量狭隘。 ㊱太初之元——即太初元年,前104年。 改正朔——即实行新历法。正朔:一年的第一天。正:一年之始。朔:一月之始。 ㊲易服色——变易车马服饰所崇尚的颜色。古时各个王朝所用的车马、祭牲、服饰颜色不同,如夏尚黑、殷尚白、周尚赤之类。 ㊳封太山——古代帝王所行的一种祭天之礼,即所谓“封禅”。在泰山顶筑台祭天曰“封”,在泰山旁边的某小山下拓土祭地曰“禅”。太:通“泰”。

礼由人起。人生有欲,欲而不得则不能无忿,忿而无度量则争,争则乱。先王恶其乱,故制礼义以养人之欲,给人之求,使欲不穷于物,物不屈于欲,二者相待而长,是礼之所起也。故礼者养也。稻粱五味,所以养口也;椒兰芬茝,所以养鼻也;钟鼓管弦,所以养耳也;刻镂文章,所以养目也;疏房床笫几席,所以养体也。故礼者养也。

君子既得其养,又好其辨也。所谓辨者,贵贱有等,长少有差,贫富轻重皆有称也。故天子大路越席,所以养体也;侧载臭茝,所以养鼻也;前有错衡,所以养目也;和鸾之声,步中《武》《象》,骤中《韶》《濩》,所以养耳也;龙旂九斿,所以养信也;寝兕持虎,鲛韅弥龙,所以养威也。故大路之马,必信至教顺,然后乘之,所以养安也。孰知夫出死要节之所以养生也,孰知夫轻费用之所以养财也，孰知夫恭敬辞让之所以养安也，孰知夫礼义文理之所以养情也。

人苟生之为见，若者必死；苟利之为见，若者必害；怠惰之为安，若者必危；情胜之为安，若者必灭。故圣人一之于礼义，则两得之矣；一之于情性，则两失之矣。故儒者将使人两得之者也，墨者将使人两失之者也。是儒墨之分。

治辨之极也，强固之本也，威行之道也，功名之总也。王公由之，所以一天下，臣诸侯也；弗由之，所以捐社稷也。故坚革利兵不足以为胜，高城深池不足以为固，严令繁刑不足以为威。由其道则行，不由其道则废。楚人鲛革犀兕所以为甲，坚如金石；宛之钜铁施，钻如蜂虿，轻利剽遬，卒如熛风。然而兵殆于垂涉，唐昧死焉；庄蹻起，楚分而为四参。是岂无坚革利兵哉？其所以统之者非其道故也。汝、颍以为险，江、汉以为池，阻之以邓林，缘之以方城。然而秦师至，鄢郢举，若振槁。是岂无固塞险阻哉？其所以统之者非其道故也。纣剖比干，囚箕子，为炮格，刑杀无辜，时臣下懔然，莫必其命。然而周师至，而令不行乎下，不能用其民。是岂令不严，刑不陖哉？其所以统之者非其道故也。

古者之兵，戈矛弓矢而已，然而敌国不待试而诎。城郭不集，沟池不掘，固塞不树，机变不张，然而国晏然不畏外而固者，无他故焉，明道而均分之，时使而诚爱之，则下应之如景响。有不由命者，然后俟之以刑，则民知罪矣。故刑一人而天下服。罪人不尤其上，知罪之在己也。是故刑罚省而威行如流，无他故焉，由其道故也。故由其道则行，不由其道则废。古者帝尧之治天下也，盖杀一人刑二人而天下治。《传》曰“威厉而不试，刑措而不用”。

天地者，生之本也；先祖者，类之本也；君师者，治之本也。无天地恶生？无先祖恶出？无君师恶治？三者偏亡，则无安人。故礼，上事天，下事地，尊先祖而隆君师，是礼之三本也。

故王者天太祖,诸侯不敢怀,大夫士有常宗,所以辨贵贱。贵贱治,得之本也。郊畴乎天子,社至乎诸侯,函及士大夫,所以辨尊者事尊,卑者事卑,宜巨者巨,宜小者小。故有天下者事七世,有一国者事五世,有五乘之地者事三世,有三乘之地者事二世,有特牲而食者不得立宗庙,所以辨积厚者流泽广,积薄者流泽狭也。

大飨上玄尊,俎上腥鱼,先大羹,贵食饮之本也。大飨上玄尊而用薄酒,食先黍稷而饭稻粱,祭哜先大羹而饱庶羞,贵本而亲用也。贵本之谓文,亲用之谓理,两者合而成文,以归太一,是谓大隆。故尊之上玄尊也,俎之上腥鱼也,豆之先大羹,一也。利爵弗啐也,成事俎弗尝也,三侑之弗食也,大昏之未废齐也,大庙之未内尸也,始绝之未小敛,一也。大路之素帱也,郊之麻絻,丧服之先散麻,一也。三年哭之不反也,《清庙》之歌一倡而三叹,县一钟尚拊膈,朱弦而通越,一也。

凡礼始乎脱,成乎文,终乎税。故至备,情文俱尽;其次,情文代胜;其下,复情以归太一。天地以合,日月以明,四时以序,星辰以行,江河以流,万物以昌,好恶以节,喜怒以当。以为下则顺,以为上则明。

太史公曰:至矣哉!立隆以为极,而天下莫之能益损也。本末相顺,终始相应,至文有以辨,至察有以说。天下从之者治,不从者乱;从之者安,不从者危。小人不能则也。

礼之貌诚深矣,坚白同异之察,入焉而弱;其貌诚大矣,擅作典制褊陋之说,入焉而望;其貌诚高矣,暴慢恣睢,轻俗以为高之属,入焉而队。故绳诚陈,则不可欺以曲直;衡诚县,则不可欺以轻重;规矩诚错,则不可欺以方员;君子审礼,则不可欺以诈伪。故绳者,直之至也;衡者,平之至也;规矩者,方员之至也;礼者,人道之极也。然而不法礼者不足礼,谓之无方之民;法礼足礼,谓之有方之士。礼之中,能思索,谓之能虑;能虑勿易,谓之能固。能虑能固,加好之焉,圣矣。天者,高之极也;地者,下之极也;日月者,明之极也;无穷者,广大之极也;圣人者,道之极也。

以财物为用,以贵贱为文,以多少为异,以隆杀为要。文貌繁,情欲省,礼之隆也;文貌省,情欲繁,礼之杀也;文貌情欲相为内外表里,并行而杂,礼之中流也。君子上致其隆,下尽其杀,而中处其中。步骤驰骋广骛不外,是以君子之性守宫庭也。人域是域,士君子也;外是,民也。于是中焉,房皇周浃,曲得其次序,圣人也。故厚者,礼之积也;大者,礼之广也;高者,礼之隆也;明者,礼之尽也。

(以上为第二段,是后人追补的司马迁已佚《礼书》的文字,因其非司马迁之原文,故注释从略。)

[简评] 晋人张晏认为《礼书》是《史记》十篇"有录无书"者之一。而现存的《礼书》序有"事在袁盎语中"和"今上即位"等语,可知《礼书》序确系司马迁所作。正文从"礼由人起"至"是儒墨之分",采自《荀子·礼论》;从"治辨之极也"至"刑措而不用",采自《荀子·议兵》;从"天地者,生之本也"至篇末"明者,礼之尽也",亦采自《荀子·礼论》;又"至矣哉"前加"太史公曰"四字,殊觉错杂。

《礼书》序是司马迁论述礼之发生、功用及其发展历史的重要文献,其中包含了司马迁学术思想体系中三个重要方面的内容:一、序文表明了司马迁对儒家礼制的基本看法和他政治观及学术思想所受的荀子的深刻影响。二、序文回顾了礼制从西周至西汉的变化,体现了司马迁"世异备变"的历史进化观和辩证法思想。三、司马迁作"八书"的目的是记载历代改制的情况以"承敝通变",从而探索西汉改制的政治现实,而定礼乐以明等级则是改制的核心内容。因此,司马迁作"八书",以《礼书》为首,在汉初改制及建立大一统王朝统治秩序中具有重要的现实意义。

［**集评**］《太史公自序》："维三代之礼，所损益各殊务，然要以近性情，通王道，故礼因人质为之节文，略协古今之变。作《礼书》第一。"

王鸣盛曰："《礼书》《乐书》，虽是取《荀卿》《礼记》，其实亦是子长笔，非后人所补，不知张晏何以云亡。"（《十七史商榷》卷一）

钱大昕曰："张晏谓《礼书》《乐书》迁没之后亡，今二篇俱有'今上即位'之文，似非尽褚先生所补。"（《廿二史考异》卷三）

郭嵩焘曰："三代尊卑贵贱之等，其文繁矣，至秦而后一统其尊于君，自汉以来莫能易也。太史公反复制礼之原，以为僭乱陵替流极于秦，其激而相反也，亦势之所必趋也。亦会其时，圣人之道湮没不举，因革损益变通之宜，其适于道也亦鲜矣，此所以可叹也。其云'朝廷济济，依古以来'，盖曰朝廷君臣之分之严，三代之道固然也；而秦之所为尊君抑臣者，其礼是也，而其为文与其意之所存皆非也。用秦之文，行秦之意，而欲强三代之礼复见于今，其可得乎？文帝之让，与太初之改正朔、易服色，均之于礼无当也，此史公《礼书》立意最高处。"（《史记札记》卷三）

陈三立曰："太史公当以三代礼乐已废坏，不可深考，可考者，世多有其书，不可以遍举。至若汉兴，绵蕝之礼，俳倡协律之乐歌，宁可上续唐虞三代之盛邪！且已杂备《封禅书》中，而于此二书，但略有论述，以见意而已。当代巨典鸿业，承古今绝续之际，固宜若谦让未遑，示无所苟者，鲁两生不云乎：'礼乐百年然后兴。'太史公其盖喟然而有所待矣。"（《散原精舍文集》卷五）

刘咸炘曰："《评林》引杨慎曰：'自"礼由人起"……其为褚少孙补明矣。'殿本《考证》张照曰：'张晏所称褚先生补书未及《礼书》。今考"太史公曰：洋洋美德乎"以下，至"垂之于后云"

句,太史公《礼书》当如是止矣。以下则后人取《荀子》补之耳。不知礼意、礼制已备举数百言内,不必补也。末又横加“太史公曰”字作《礼书》赞,谬戾已甚。’按:此说极是。钱氏(按即钱大昕)谓有‘今上即位’之文,非褚生所补。梁氏(按即梁玉绳)亦知《荀子》乃后人补,而谓仅存一序,则误矣。崔適以此篇为伪,曰:‘叙论专为太初改正朔、易服色发,非麟止前语。录《礼论》,与汉事不相接。’按:崔氏何以知专为太初发,后人补何以专论太初耶?后加语亦岂得为前文全伪之证耶?宋林駉谓载孙卿《礼论》而不载叔孙绵蕞者,以见野仪之失,古礼之得,则又凿说。明茅坤谓《礼》《乐》书揣摩影响,反以褚少孙所割裂加‘太史公曰’以下为简古,尚镕且谓为思古伤今,是直不读《荀子》矣。”(《太史公书知意》)

乐书第二

太史公曰：余每读《虞书》[①]，至于君臣相敕[②]，维是几安[③]；而股肱[④]不良，万事堕坏[⑤]，未尝不流涕也。成王作《颂》[⑥]，推己惩艾[⑦]，悲彼家难[⑧]，可不谓战战恐惧，善守善终哉？君子不为约则修德，满则弃礼，佚能思初，安能惟始，沐浴膏泽而歌咏勤苦[⑨]，非大德谁能如斯！《传》曰"治定功成，礼乐乃兴"。海内人道[⑩]益深，其德益至，所乐者益异。满而不损则溢，盈而不持则倾。凡作乐者，所以节乐。君子以谦退为礼，以损减为乐，乐其如此也。以为州异国殊，情习不同，故博采风俗，协比声律，以补短移化[⑪]，助流[⑫]政教。天子躬于明堂临观，而万民咸荡涤邪秽，斟酌饱满，以饰厥性[⑬]。故云《雅》《颂》之音理而民正，噭噭之声[⑭]兴而士奋，郑、卫之曲[⑮]动而心淫。及其调和谐合，鸟兽尽感，而况怀五常[⑯]，含好恶，自然之势也！

治道亏缺而郑音兴起，封君世辟[⑰]，名显邻州，争以相高[⑱]。自仲尼不能与齐优遂容于鲁[⑲]，虽退正乐以诱世，[⑳]作五章[㉑]以刺时，犹莫之化。陵迟以至六国，[㉒]流沔沈佚，[㉓]遂往不返[㉔]，卒于丧身灭宗，并国于秦。

秦二世尤以为娱。丞相李斯进谏曰："放弃《诗》《书》，极意声色，祖伊[25]所以惧也；轻[26]积细过，恣心长夜，纣所以亡也。”赵高曰：“五帝、三王乐各殊名，示不相袭。上自朝廷，下至人民，得以接欢喜，合殷勤[27]。非此，和说不通，解泽不流[28]，亦各一世之化，度时之乐，何必华山之騄耳而后行远乎[29]！”二世然之。

高祖过沛诗《三侯之章》[30]，令小儿歌之。高祖崩，令沛得以四时歌儛宗庙。孝惠、孝文、孝景无所增更，于乐府习常肄旧而已。[31]

至今上即位，作十九章，令侍中李延年次序其声，拜为协律都尉。[32]通一经之士不能独知其辞，皆集会五经家，相与共讲习读之，乃能通知其意，多尔雅之文[33]。

汉家常以正月上辛祠太一甘泉[34]，以昏时夜祠，到明而终。常有流星经于祠坛上。使僮男僮女七十人俱歌。春歌《青阳》，夏歌《朱明》，秋歌《西暤》，冬歌《玄冥》。世多有，故不论[35]。

（以上为第一段，是本篇之序，阐述了音乐的政治功用、陶冶作用，及其发展的历史过程。是司马迁的原文。）

①《虞书》——《尚书》的一部分，包括《尧典》《皋陶谟》，古文《尚书》又增《舜典》《大禹谟》《益稷》，共五篇，主要记载尧、舜、禹等人的事迹。这里指《皋陶谟》。为后世人追记的舜、禹、皋陶三人讨论政务之语，兼及朝会乐舞歌诗之盛况。 ②敕（chì）——告诫，勉励。③维是几安——因此国家获得了大体的安定。几：几乎，近于。 ④股肱（gōng）——喻帝王左右得力大臣。股：大腿。肱：手臂从肩至肘的部分。 ⑤万事堕（huī）坏——谓国事败坏。堕：通“隳”。毁坏。⑥成王作《颂》——成王：周成王姬诵。周武王之子，西周第二代国君。《颂》：《诗经·周颂》。是西周宗庙祭祀时用来伴舞的乐歌。这里指《周颂》之《小毖》一诗。周成王年少即位，周公摄政，管叔、蔡叔散布流言离间成王与周公的关系，联合武庚和东夷发动叛乱，成王先是怀疑周公，后来悔悟又将周公迎回，作《小毖》之诗以自责。 ⑦推己惩艾（yì）——谓从自己的失败中吸取教训。惩艾：受惩创而戒惧，即吸取失败教训。艾：通“乂”，惩戒，警惕。 ⑧家难——家族内部叛乱带来的

危难，指管、蔡之乱。 ⑨“君子不为约则修德”五句——意谓君子不因贫困才修养道德，不因富足而放弃礼仪，逸乐时想着初起时的艰辛，平安时不忘创业时的危险，沐浴在幸福之中而念及从前的劳苦。约：不足，困穷。与下文“满”字相对成文。佚：通“逸”，安乐。膏泽：滋润万物的甘霖，比喻恩惠。 ⑩人道——人的道德规范。 ⑪补短移化——补救缺失，改变教化。 ⑫助流——佐助推行。流：流布，推广。 ⑬“天子躬于明堂临观”四句——意谓天子亲自到明堂观赏，而万民也都在音乐的陶冶下清除心灵的污浊，从音乐中吸取教益，使精神饱满，以修养自己的情操。躬：亲自。明堂：古代帝王宣明政教之所，凡朝会、祭祀、庆赏、选士、养老等大典都在此举行。荡涤：冲洗净尽。斟酌：注酒于杯，引申为吸取。饰：装饰，修整。厥：其。性：德性，涵养。 ⑭噭(jiào)噭(jiào)之声——激奋的呼叫声。 ⑮郑、卫之曲——春秋时郑国、卫国一带的俗乐。本指音调与雅乐不同的地方音乐，儒家以《论语·卫灵公》有“郑声淫”之语，遂附会郑声为《诗》之《郑风》。又因《诗》之《郑风》《卫风》多表现男女爱情，因以“郑卫之音”代指放荡淫邪的乐歌和文学作品。 ⑯五常——指仁、义、礼、智、信，儒家以五者为人类的基本道德原则。此外，也有以君臣、父子、兄弟、夫妇、朋友五种伦理关系为五常者。 ⑰封君世辟(bì)——指诸侯国君。封君：领有封地的贵族。世辟：犹世君，世代相袭的国君。 ⑱争以相高——争以郑声相夸耀。 ⑲自仲尼不能与齐优遂容于鲁——孔子任鲁国司寇，齐国认为鲁国强盛将是齐国的威胁，遂赠鲁定公女乐八十人，孔子认为爱淫乐者必导致政治腐败。季桓子接受了女乐，三日不听政，于是孔子离开鲁国。优：歌舞伎。遂容：并立，共处。 ⑳退正乐——退而整理音乐。 诱世——劝戒世人。 ㉑五章——有人以为指《孔子世家》所载孔子临行所作之歌：“彼妇人之口，可以出走。彼妇人之谒，可以死败。优哉游哉，聊以卒岁。”梁玉绳认为“五章”不知所指，即便如《孔子世家》所载，也只是五章之一，不能包括五章。 ㉒陵迟——衰落。 六国——指战国时齐、楚、燕、赵、魏、韩六国。 ㉓流沔——通“流湎”，放纵。 沈佚——沉溺。 ㉔不返——不能归于正道。 ㉕祖伊——商纣时的贤臣，曾劝纣王不要沉溺于声色，暴虐于民，纣王不听。 ㉖轻——不重视。 ㉗接欢喜,合殷勤——交流欢乐的感情,融洽亲切的情意。 ㉘和说不同,解泽不流——和乐的感情不能相通,推行的恩泽不能传布。说:"悦"的古字。解泽:散布恩泽。 ㉙"亦各一世之化"三句——意谓不同时代有不同时代的教化,各有适合时代需求的音乐,为什么非得华山的骏马騄耳才能走得快呢?騄(lù)耳:亦作"绿耳",良马名,周穆王八骏之一。 ㉚《三侯之章》——即《大风歌》:"大风起兮云飞扬,威加海内兮归故乡,安得猛士兮守四方!""侯""兮"同为语助辞,此诗有三"兮"字,故称"三侯之章"。 ㉛乐府——主管音乐的机关。汉惠帝时已有乐府令,武帝时始立乐府,掌管宫廷、巡狩、祭祀所用的音乐,也采民歌以配乐。 习常肄(yì)旧——意即经常练习。 ㉜十九章——指《郊祀歌》。《汉书·礼乐志》著录《郊祀歌》十九章为:《练时日》《帝临》《青阳》《朱明》《西颢》《玄冥》《惟泰元》《天地》《日出入》《天马》《天门》《景星》《齐房》《后皇》《华烨烨》《五神》《朝陇首》《象载瑜》《赤蛟》。 侍中李延年——侍中:皇帝的侍从官员。李延年:西汉武帝时的音乐家。 协律都尉——汉武帝为李延年特设的官职,佩二千石印绶,出入宫中,承旨谱曲。 ㉝尔雅之文——近乎典雅纯正之文。雅:正。 ㉞以正月上辛祠太一甘泉——元鼎五年(前112)汉武帝在甘泉宫立泰畤坛以祭天。祭日定为正月上旬的辛日。太一:神名。即天帝。甘泉:宫名,在今陕西淳化西北甘泉山。 ㉟世多有,故不论——言四时歌世上多有其词,故于此不再论载。

又尝得神马渥洼[①]水中,复次[②]以为《太一之歌》。歌曲曰:"太一贡兮天马下[③],沾赤汗兮沫流赭[④]。骋容与兮跇万里,今安匹兮龙为友。[⑤]"后伐大宛[⑥]得千里马,马名蒲梢,次作以为歌。歌诗曰:"天马来兮从西极,经万里兮归有德。承灵威兮降外国,涉流沙兮四夷服。"中尉汲黯[⑦]进曰:"凡王者作乐,上以承祖宗,下以化兆民。今陛下得马,诗以为歌,协于宗庙[⑧],先帝百姓岂能知其音邪?"上默然不说。丞相公孙弘曰:"黯诽谤圣制,当族。"[⑨]

（以上为第二段，也是《乐书》序的一部分，但用语多与史事不合，似为后人所增窜。）

①渥洼——在今甘肃安西。相传此处产神马，后用为神马的代称。 ②次——编排，谱写。 ③太一贡兮天马下——有曰“贡”应作“贶”，赐也，乃天所赐。 ④沾赤汗兮沫流赭（zhě）——身上冒出血色的汗珠，口中流出赭色的唾津。沾：沾濡，润泽。赭：赤褐色。 ⑤容与——从容自得的样子。 跇（yì）——超逾，跨越。 安匹——什么能与它相比。匹：敌，相配。 ⑥大宛——西域古国名，国都贵山城（今塔吉克斯坦的苦盏）。 ⑦中尉汲黯——中尉：官名，掌京师治安，汉代兼主北军。汲黯：武帝时的直臣，事迹详见《汲郑列传》，但本传中无汲黯为中尉事。 ⑧协于宗庙——演奏于宗庙。协：和谐音律，这里用作动词。 ⑨丞相公孙弘——武帝时人，以长于《春秋公羊传》而得拜相封侯，是司马迁厌恶的人物之一。 诽谤圣制，当族——诋毁皇帝的命令，应判以灭族之罪。

凡音之起，由人心生也。人心之动，物使之然也。感于物而动，故形于声；声相应，故生变；变成方，谓之音；比音而乐之，及干戚羽旄，谓之乐也。乐者，音之所由生也，其本在人心感于物也。是故其哀心感者，其声噍以杀；其乐心感者，其声啴以缓；其喜心感者，其声发以散；其怒心感者，其声粗以厉；其敬心感者，其声直以廉；其爱心感者，其声和以柔。六者非性也，感于物而后动，是故先王慎所以感之。故礼以导其志，乐以和其声，政以壹其行，刑以防其奸。礼乐刑政，其极一也，所以同民心而出治道也。

凡音者，生人心者也。情动于中，故形于声，声成文谓之音。是故治世之音安以乐，其正和；乱世之音怨以怒，其正乖；亡国之音哀以思，其民困。声音之道，与正通矣。宫为君，商为臣，角为民，徵为事，羽为物。五者不乱，则无惉懘之音矣。宫乱则荒，其君骄；商乱则搥，其臣坏；角乱则忧，其民怨；徵乱则哀，其事勤；

羽乱则危，其财匮。五者皆乱，迭相陵，谓之慢。如此则国之灭亡无日矣。郑、卫之音，乱世之音也，比于慢矣。桑间濮上之音，亡国之音也，其政散，其民流，诬上行私而不可止。

凡音者，生于人心者也；乐者，通于伦理者也。是故知声而不知音者，禽兽是也；知音而不知乐者，众庶是也。唯君子为能知乐。是故审声以知音，审音以知乐，审乐以知政，而治道备矣。是故不知声者不可与言音，不知音者不可与言乐。知乐则几于礼矣。礼乐皆得，谓之有德。德者，得也。是故乐之隆，非极音也；食飨之礼，非极味也。清庙之瑟，朱弦而疏越，一倡而三叹，有遗音者矣。大飨之礼，尚玄酒而俎腥鱼，大羹不和，有遗味者矣。是故先王之制礼乐也，非以极口腹耳目之欲也，将以教民平好恶而反人道之正也。

人生而静，天之性也；感于物而动，性之颂也。物至知知，然后好恶形焉。好恶无节于内，知诱于外，不能反己，天理灭矣。夫物之感人无穷，而人之好恶无节，则是物至而人化物也。人化物也者，灭天理而穷人欲者也。于是有悖逆诈伪之心，有淫佚作乱之事。是故强者胁弱，众者暴寡，知者诈愚，勇者苦怯，疾病不养，老幼孤寡不得其所，此大乱之道也。是故先王制礼乐，人为之节：衰麻哭泣，所以节丧纪也；钟鼓干戚，所以和安乐也；婚姻冠笄，所以别男女也；射乡食飨，所以正交接也。礼节民心，乐和民声，政以行之，刑以防之。礼乐刑政四达而不悖，则王道备矣。

乐者为同，礼者为异。同则相亲，异则相敬。乐胜则流，礼胜则离。合情饰貌者，礼乐之事也。礼义立，则贵贱等矣；乐文同，则上下和矣；好恶著，则贤不肖别矣；刑禁暴，爵举贤，则政均矣。仁以爱之，义以正之，如此则民治行矣。

乐由中出，礼自外作。乐由中出，故静；礼自外作，故文。大乐必易，大礼必简。乐至则无怨，礼至则不争。揖让而治天下者，礼乐之谓也。暴民不作，诸侯宾服，兵革不试，五刑不用，百姓无患,天子不怒,如此则乐达矣。合父子之亲,明长幼之序,以敬四海之内。天子如此,则礼行矣。

大乐与天地同和,大礼与天地同节。和,故百物不失;节,故祀天祭地。明则有礼乐,幽则有鬼神,如此则四海之内合敬同爱矣。礼者,殊事合敬者也;乐者,异文合爱者也。礼乐之情同,故明王以相沿也。故事与时并,名与功偕。故钟鼓管磬羽籥干戚,乐之器也;诎信俯仰级兆舒疾,乐之文也。簠簋俎豆制度文章,礼之器也;升降上下周旋裼袭,礼之文也。故知礼乐之情者能作,识礼乐之文者能术。作者之谓圣,术者之谓明。明圣者,术作之谓也。

乐者,天地之和也;礼者,天地之序也。和,故百物皆化;序,故群物皆别。乐由天作,礼以地制。过制则乱,过作则暴。明于天地,然后能兴礼乐也。论伦无患,乐之情也;欣喜欢爱,乐之容也。中正无邪,礼之质也;庄敬恭顺,礼之制也。若夫礼乐之施于金石,越于声音,用于宗庙社稷,事于山川鬼神,则此所以与民同也。

王者功成作乐,治定制礼。其功大者其乐备,其治辨者其礼具。干戚之舞,非备乐也;亨孰而祀,非达礼也。五帝殊时,不相沿乐;三王异世,不相袭礼。乐极则忧,礼粗则偏矣。及夫敦乐而无忧,礼备而不偏者,其唯大圣乎?天高地下,万物散殊,而礼制行也;流而不息,合同而化,而乐兴也。春作夏长,仁也;秋敛冬藏,义也。仁近于乐,义近于礼。乐者敦和,率神而从天;礼者辨宜,居鬼而从地。故圣人作乐以应天,作礼以配地。礼乐明备,天地官矣。

天尊地卑,君臣定矣。高卑已陈,贵贱位矣。动静有常,小大殊矣。方以类聚,物以群分,则性命不同矣。在天成象,在地成形,如此则礼者天地之别也。地气上跻,天气下降,阴阳相摩,天地相荡,鼓之以雷霆,奋之以风雨,动之以四时,煖之以日月,而百化兴焉，如此，则乐者天地之和也。

化不时则不生，男女无别则乱登，此天地之情也。及夫礼乐之极乎天而蟠乎地，行乎阴阳而通乎鬼神，穷高极远而测深厚，乐著太始而礼居成物。著不息者天也，著不动者地也。一动一静者，天地之间也。故圣人曰"礼云乐云"。

昔者舜作五弦之琴，以歌《南风》；夔始作乐，以赏诸侯。故天子之为乐也，以赏诸侯之有德者也。德盛而教尊，五谷时孰，然后赏之以乐。故其治民劳者，其舞行级远；其治民佚者，其舞行级短。故观其舞而知其德，闻其谥而知其行。《大章》，章之也；《咸池》，备也；《韶》，继也；《夏》，大也；殷、周之乐尽也。

天地之道，寒暑不时则疾，风雨不节则饥。教者，民之寒暑也，教不时则伤世。事者，民之风雨也，事不节则无功。然则先王之为乐也，以法治也，善则行象德矣。夫豢豕为酒，非以为祸也；而狱讼益烦，则酒之流生祸也。是故先王因为酒礼，一献之礼，宾主百拜，终日饮酒而不得醉焉，此先王之所以备酒祸也。故酒食者，所以合欢也。

乐者，所以象德也；礼者，所以闭淫也。是故先王有大事，必有礼以哀之；有大福，必有礼以乐之：哀乐之分，皆以礼终。

乐也者，施也；礼也者，报也。乐，乐其所自生；而礼，反其所自始。乐章德，礼报情反始也。所谓大路者，天子之舆也；龙旂九旒，天子之旌也；青黑缘者，天子之葆龟也；从之以牛羊之群，则所以赠诸侯也。

乐也者，情之不可变者也；礼也者，理之不可易者也。乐统同，礼别异，礼乐之说贯乎人情矣。穷本知变，乐之情也；著诚去伪，礼之经也。礼乐顺天地之诚，达神明之德，降兴上下之神，而凝是精粗之体，领父子君臣之节。

是故大人举礼乐，则天地将为昭焉。天地欣合，阴阳相得，煦妪覆育万物，然后草木茂，区萌达，羽翮奋，角觡生，蛰虫昭稣，羽者妪伏，毛者孕鬻，胎生者不殰而卵生者不殈，则乐之道归焉耳。

乐者，非谓黄钟大吕弦歌干扬也，乐之末节也，故童者舞之；布筵席，陈樽俎，列笾豆，以升降为礼者，礼之末节也，故有司掌之。乐师辩乎声诗，故北面而弦；宗祝辩乎宗庙之礼，故后尸；商祝辩乎丧礼，故后主人。是故德成而上，艺成而下；行成而先，事成而后。是故先王有上有下，有先有后，然后可以有制于天下也。

乐者，圣人之所乐也，而可以善民心。其感人深，其风移俗易，故先王著其教焉。

夫人有血气心知之性，而无哀乐喜怒之常，应感起物而动，然后心术形焉。是故志微焦衰之音作，而民思忧；啴缓慢易繁文简节之音作，而民康乐；粗厉猛起奋末广贲之音作，而民刚毅；廉直经正庄诚之音作，而民肃敬；宽裕肉好顺成和动之音作，而民慈爱；流辟邪散狄成涤滥之音作，而民淫乱。

是故先王本之情性，稽之度数，制之礼义，合生气之和，道五常之行，使之阳而不散，阴而不密，刚气不怒，柔气不慑，四畅交于中而发作于外，皆安其位而不相夺也。然后立之学等，广其节奏，省其文采，以绳德厚也。类小大之称，比终始之序，以象事行，使亲疏贵贱长幼男女之理皆形见于乐：故曰“乐观其深矣”。

土敝则草木不长，水烦则鱼鳖不大，气衰则生物不育，世乱则礼废而乐淫。是故其声哀而不庄，乐而不安，慢易以犯节，流湎以忘本。广则容奸，狭则思欲，感涤荡之气而灭平和之德，是以君子贱之也。

凡奸声感人而逆气应之，逆气成象而淫乐兴焉；正声感人而顺气应之，顺气成象而和乐兴焉。倡和有应，回邪曲直各归其分，而万物之理以类相动也。

是故君子反情以和其志，比类以成其行。奸声乱色不留聪明，淫乐废礼不接于心术，惰慢邪辟之气不设于身体，使耳目鼻口心知百体皆由顺正，以行其义。然后发以声音，文以琴瑟，动以干戚，饰以羽旄，从以箫管，奋至德之光，动四气之和，以著万物之理。是故清明象天，广大象地，终始象四时，周旋象风雨；五色成文而不乱，八风从律而不奸，百度得数而有常；小大相成，终始相生，倡和清浊，代相为经。故乐行而伦清，耳目聪明，血气和平，移风易俗，天下皆宁。故曰"乐者，乐也"。君子乐得其道，小人乐得其欲。以道制欲，则乐而不乱；以欲忘道，则惑而不乐。是故君子反情以和其志，广乐以成其教，乐行而民乡方，可以观德矣。

德者，性之端也；乐者，德之华也；金石丝竹，乐之器也。诗，言其志也，歌，咏其声也，舞，动其容也：三者本乎心，然后乐气从之。是故情深而文明，气盛而化神，和顺积中而英华发外，唯乐不可以为伪。

乐者，心之动也；声者，乐之象也；文采节奏，声之饰也。君子动其本，乐其象，然后治其饰。是故先鼓以警戒，三步以见方，再始以著往，复乱以饰归，奋疾而不拔，极幽而不隐。独乐其志，不厌其道；备举其道，不私其欲。是以情见而义立，乐终而德尊；君子以好善，小人以息过：故曰"生民之道，乐为大焉"。

君子曰"礼乐不可以斯须去身"。致乐以治心，则易直子谅之心油然生矣。易直子谅之心生则乐，乐则安，安则久，久则天，天则神。天则不言而信，神则不怒而威。致乐，以治心者也；致礼，以治躬者也。治躬则庄敬，庄敬则严威。心中斯须不和不乐，而鄙诈之心入之矣；外貌斯须不庄不敬，而慢易之心入之矣。故乐也者，动于内者也；礼也者，动于外者也。乐极和，礼极顺。内和而外顺，则民瞻其颜色而弗与争也，望其容貌而民不生易慢焉。德辉动乎内而民莫不承听，理发乎外而民莫不承顺，故曰"致礼乐之道，举而错之天下，无难矣"。

乐也者，动于内者也；礼也者，动于外者也。故礼主其谦，乐主其盈。礼谦而进，以进为文；乐盈而反，以反为文。礼谦而不进，则销；乐盈而不反，则放。故礼有报而乐有反。礼得其报则乐，乐得其反则安。礼之报，乐之反，其义一也。

夫乐者，乐也，人情之所不能免也。乐必发诸声音，形于动静，人道也。声音动静，性术之变，尽于此矣。故人不能无乐，乐不能无形。形而不为道，不能无乱。先王恶其乱，故制《雅》《颂》之声以道之，使其声足以乐而不流，使其文足以绝而不息，使其曲直繁省廉肉节奏，足以感动人之善心而已矣，不使放心邪气得接焉，是先王立乐之方也。是故乐在宗庙之中，君臣上下同听之，则莫不和敬；在族长乡里之中，长幼同听之，则莫不和顺；在闺门之内，父子兄弟同听之，则莫不和亲。故乐者，审一以定和，比物以饰节，节奏合以成文，所以合和父子君臣，附亲万民也，是先王立乐之方也。故听其《雅》《颂》之声，志意得广焉；执其干戚，习其俯仰诎信，容貌得庄焉；行其缀兆，要其节奏，行列得正焉，进退得齐焉。故乐者天地之齐，中和之纪，人情之所不能免也。

夫乐者，先王之所以饰喜也；军旅铁钺者，先王之所以饰怒也。故先王之喜怒皆得其齐矣。喜则天下和之，怒则暴乱者畏之。先王之道礼乐可谓盛矣。

魏文侯问于子夏曰："吾端冕而听古乐则唯恐卧，听郑、卫之音则不知倦。敢问古乐之如彼，何也？新乐之如此，何也？"

子夏答曰："今夫古乐，进旅而退旅，和正以广，弦匏笙簧合守拊鼓，始奏以文，止乱以武，治乱以相，讯疾以雅。君子于是语，于是道古，修身及家，平均天下：此古乐之发也。今夫新乐，进俯退俯，奸声以淫，溺而不止，及优侏儒，獶杂子女，不知父子。乐终不可以语，不可以道古：此新乐之发也。今君之所问者乐也，所好者音也。夫乐之与音，相近而不同。"

文侯曰:“敢问如何?”

子夏答曰:“夫古者天地顺而四时当,民有德而五谷昌,疾疢不作,而无祆祥,此之谓大当。然后圣人作为父子君臣以为之纪纲,纪纲既正,天下大定。天下大定,然后正六律,和五声,弦歌《诗·颂》,此之谓德音,德音之谓乐。《诗》曰:‘莫其德音,其德克明。克明克类,克长克君。王此大邦,克顺克俾。俾于文王,其德靡悔。既受帝祉,施于孙子。’此之谓也。今君之所好者,其溺音与?”

文侯曰:“敢问溺音者何从出也?”

子夏答曰:“郑音好滥淫志,宋音燕女溺志,卫音趣数烦志,齐音骜辟骄志,四者皆淫于色而害于德,是以祭祀不用也。《诗》曰:‘肃雍和鸣,先祖是听。’夫肃肃,敬也;雍雍,和也。夫敬以和,何事不行?为人君者,谨其所好恶而已矣。君好之则臣为之,上行之则民从之。《诗》曰‘诱民孔易’,此之谓也。然后圣人作为鼗鼓椌楬埙篪,此六者,德音之音也。然后钟磬竽瑟以和之,干戚旄狄以舞之。此所以祭先王之庙也,所以献酬酳酢也,所以官序贵贱各得其宜也,此所以示后世有尊卑长幼序也。钟声铿,铿以立号,号以立横,横以立武。君子听钟声则思武臣。石声硁,硁以立别,别以致死。君子听磬声则思死封疆之臣。丝声哀,哀以立廉,廉以立志。君子听琴瑟之声则思志义之臣。竹声滥,滥以立会,会以聚众。君子听竽笙箫管之声则思畜聚之臣。鼓鼙之声讙,讙以立动,动以进众。君子听鼓鼙之声则思将帅之臣。君子之听音,非听其铿鎗而已也,彼亦有所合之也。”

宾牟贾侍坐于孔子,孔子与之言,及乐,曰:“夫《武》之备戒之已久,何也?”

答曰:“病不得其众也。”

“永叹之,淫液之,何也?”

答曰:“恐不逮事也。”

“发扬蹈厉之已蚤，何也?”

答曰:“及时事也。”

“《武》坐致右宪左，何也?”

答曰:“非《武》坐也。”

“声淫及商，何也?”

答曰:“非《武》音也。”

子曰:“若非《武》音，则何音也?”

答曰:“有司失其传也。如非有司失其传，则武王之志荒矣。”

子曰:“唯丘之闻诸苌弘，亦若吾子之言是也。”

宾牟贾起，免席而请曰:“夫《武》之备戒之已久，则既闻命矣。敢问迟之迟而又久，何也?”

子曰:“居，吾语汝。夫乐者，象成者也。总干而山立，武王之事也;发扬蹈厉，太公之志也;《武》乱皆坐，周召之治也。且夫《武》，始而北出，再成而灭商，三成而南，四成而南国是疆，五成而分陕，周公左，召公右，六成复缀，以崇天子，夹振之而四伐，盛威于中国也。分夹而进，事蚤济也。久立于缀，以待诸侯之至也。且夫女独未闻牧野之语乎?武王克殷反商，未及下车，而封黄帝之后于蓟，封帝尧之后于祝，封帝舜之后于陈;下车而封夏后氏之后于杞，封殷之后于宋，封王子比干之墓，释箕子之囚，使之行商容而复其位。庶民弛政，庶士倍禄。济河而西，马散华山之阳而弗复乘;牛散桃林之野而不复服;车甲弢而藏之府库而弗复用;倒载干戈，苞之以虎皮;将率之士，使为诸侯，名之曰‘建櫜’:然后天下知武王之不复用兵也。散军而郊射，左射《貍首》，右射《驺虞》，而贯革之射息也;裨冕搢笏，而虎贲之士税剑也;祀乎明堂，而民知孝;朝觐，然后诸侯知所以臣;耕藉，然后诸侯知所以敬:五者，天下之大教也。食三老五更于太学，天子袒而割牲，执酱而馈，执爵而酳，冕而总干，所以教诸侯之悌也。若此，则周道四达，礼乐交通，则夫《武》之迟久，不亦宜乎？”

子贡见师乙而问焉，曰：“赐闻声歌各有宜也，如赐者宜何歌也？”师乙曰：“乙，贱工也，何足以问所宜。请诵其所闻，而吾子自执焉。宽而静，柔而正者，宜歌《颂》；广大而静，疏达而信者，宜歌《大雅》；恭俭而好礼者，宜歌《小雅》；正直清廉而谦者，宜歌《风》；肆直而慈爱者，宜歌《商》；温良而能断者，宜歌《齐》。夫歌者，直己而陈德；动己而天地应焉，四时和焉，星辰理焉，万物育焉。故《商》者，五帝之遗声也，商人志之，故谓之《商》；《齐》者，三代之遗声也，齐人志之，故谓之《齐》。明乎《商》之诗者，临事而屡断；明乎《齐》之诗者，见利而让也。临事而屡断，勇也；见利而让，义也。有勇有义，非歌孰能保此？故歌者，上如抗，下如队，曲如折，止如槁木，居中矩，句中钩，累累乎殷如贯珠。故歌之为言也，长言之也。说之，故言之；言之不足，故长言之；长言之不足，故嗟叹之；嗟叹之不足，故不知手之舞之，足之蹈之。”《子贡问乐》。

（以上为第三段，依次节取了《礼记·乐记》的内容。因不是司马迁的原文，故注释从略。）

凡音由于人心，天之与人有以相通，如景之象形，响之应声。故为善者天报之以福，为恶者天与之以殃，其自然者也。

故舜弹五弦之琴，歌《南风》之诗而天下治；纣为朝歌北鄙之音，身死国亡。舜之道何弘也？纣之道何隘也？夫《南风》之诗者生长之音也，舜乐好之，乐与天地同意，得万国之欢心，故天下治也。夫朝歌者不时也，北者败也，鄙者陋也，纣乐好之，与万国殊心，诸侯不附，百姓不亲，天下畔之，故身死国亡。

而卫灵公之时，将之晋，至于濮水之上，舍。夜半时闻鼓琴声，问左右，皆对曰“不闻”。乃召师涓曰：“吾闻鼓琴音，问左右，皆不闻。其状似鬼神，为我听而写之。”师涓曰：“诺。”因端坐援琴,听而写之。明日,曰:“臣得之矣,然未习也,请宿习之。”灵公曰:“可。”因复宿。明日,报曰:“习矣。”即去之晋,见晋平公。平公置酒于施惠之台。酒酣,灵公曰:“今者来,闻新声,请奏之。”平公曰:“可。”即令师涓坐师旷旁,援琴鼓之。未终,师旷抚而止之曰:“此亡国之声也,不可遂。”平公曰:“何道出?”师旷曰:“师延所作也。与纣为靡靡之乐,武王伐纣,师延东走,自投濮水之中,故闻此声必于濮水之上,先闻此声者国削。”平公曰:“寡人所好者音也,愿遂闻之。”师涓鼓而终之。

平公曰:“音无此最悲乎?”师旷曰:“有。”平公曰:“可得闻乎?”师旷曰:“君德义薄,不可以听之。”平公曰:“寡人所好者音也,愿闻之。”师旷不得已,援琴而鼓之。一奏之,有玄鹤二八集乎廊门;再奏之,延颈而鸣,舒翼而舞。

平公大喜,起而为师旷寿。反坐,问曰:“音无此最悲乎?”师旷曰:“有。昔者黄帝以大合鬼神,今君德义薄,不足以听之,听之将败。”平公曰:“寡人老矣,所好者音也,愿遂闻之。”师旷不得已,援琴而鼓之。一奏之,有白云从西北起;再奏之,大风至而雨随之,飞廊瓦,左右皆奔走。平公恐惧,伏于廊屋之间。晋国大旱,赤地三年。

听者或吉或凶。夫乐不可妄兴也。

太史公曰:夫上古明王举乐者,非以娱心自乐,快意恣欲,将欲为治也。正教者皆始于音,音正而行正。故音乐者,所以动荡血脉,通流精神而和正心也。故宫动脾而和正圣,商动肺而和正义,角动肝而和正仁,徵动心而和正礼,羽动肾而和正智。故乐所以内辅正心而外异贵贱也;上以事宗庙,下以变化黎庶也。琴长八尺一寸,正度也。弦大者为宫,而居中央,君也。商张右傍,其余大小相次,不失其次序,则君臣之位正矣。故闻宫音,使人温舒而广大;闻商音,使人方正而好义;闻角音,使人恻隐而爱人;闻徵音,使人乐善而好施;闻羽音,使人整齐而好礼。夫礼由外入，乐自内出。故君子不可须臾离礼，须臾离礼则暴慢之行穷外；不可须臾离乐，须臾离乐则奸邪之行穷内。故乐音者，君子之所养义也。夫古者，天子诸侯听钟磬未尝离于庭，卿大夫听琴瑟之音未尝离于前，所以养行义而防淫佚也。夫淫佚生于无礼，故圣王使人耳闻《雅》《颂》之音，目视威仪之礼，足行恭敬之容，口言仁义之道。故君子终日言而邪辟无由入也。

（以上为第四段，不知节自何处，余嘉锡认为是古《乐记》的佚文。）

［**简评**］　该篇亦是张晏所说《史记》十篇“有录无书”者之一。观《乐书》序，其首曰：“余每读《虞书》，至于君臣相敕，维是几安；而股肱不良，万事堕坏，未尝不流涕也。”其结语曰：“世多有，故不论。”云云，均为太史公书法，故《乐书》序为司马迁所作无疑。序文自“又尝得神马渥洼水中”至“黯诽谤圣制，当族”一段，与史实有较大出入，当为后人所续，非司马迁之笔，但也是《乐书》序的内容。《乐书》正文自“凡音之起”始，依次取《礼记·乐记》之《乐本》《乐论》《乐礼》《乐施》《乐情》《乐言》《乐象》《乐化》《魏文侯》《宾牟贾》《师乙》。自“凡音由于人心”至篇末，不见于今本《乐记》。余嘉锡认为此即古《乐记》之《奏乐》与《乐器》两篇的佚文。

《乐书》序在回顾历史的基础上，阐述了音乐与政治教化的密切关系，具体表现在四个方面：一、感叹舜禹君臣相敕，及成王作颂，推己惩艾，强调君子修德，认为乐不忘初和政治上的治定功成是礼乐兴建的基础；二、指出作乐是为了“节乐”，主张“君子以谦退为礼，以损减为乐”，反对极意享受，放纵声色；三、强调音乐具有陶冶感情的审美教育作用和移风易俗的巨大社会功能；四、系统记述了自春秋治道亏缺而郑音兴起，直至汉武帝喜颂功名，作《郊祀歌》十九章这一音乐演变的历史过程。其中汉武帝令李延年次序其声，以至夜祠明终，虽与定礼仪、改正朔服色同为"损益"之举,但显然不合"节乐"之旨,是司马迁所否定的。

［**集评**］《太史公自序》:"乐者,所以移风易俗也。自《雅》《颂》声兴,则已好郑卫之音,郑卫之音所从来久矣。人情之所感,远俗则怀。比《乐书》以述来古,作《乐书》第二。"

司马光曰:"《史记·乐书》:'武帝作十九章歌。常以正月上辛祠太一甘泉,使僮男僮女七十人俱歌。又尝得神马渥洼水中,复次以为《太一之歌》。后伐大宛,得千里马,次以为歌。中尉汲黯进曰"陛下得马,诗以为歌"云云,丞相公孙弘曰:"黯诽谤圣制,当族。"'《汉书·礼乐志》:'武帝定郊祀之礼,祠太一于甘泉,祭后土于汾阴,乃立乐府:作十九章之歌,以正月上辛用事甘泉圜丘。'按《天马歌》,本《志》云:'元狩三年,马生渥洼水中作。'《武纪》云:'元鼎四年秋,马生渥洼水中。五年十一月,立泰畤于甘泉。太初四年,贰师获汗血马,作《西极天马之歌》。'公孙弘以元狩二年薨,汲黯以元狩三年免右内史,五年为淮阳太守,元鼎五年卒。又黯未尝为中尉。或者马生渥洼水作歌在元狩三年,汲黯为右内史而讥之,言当族者非公孙弘也。虽未立泰畤,或以歌之于郊庙。其十九章之歌,当时未能尽备也。"(《资治通鉴考异》卷一)

梁玉绳曰:"《乐书》全缺,此乃后人所补,托之太史公也。以序言之,其曰仲尼作五章以刺时,不知所指,《索隐》谓即《彼妇之歌》,殊未确。便如其说,此歌止可五章之一,不得遂该五章也。其曰李斯谏二世放弃《诗》《书》,夫斯议焚书,安能有是谏。纵有是谏,亦决非李斯也。其曰高祖过沛诗《三侯之章》,《大风歌》有三兮,而无三侯。明方以智《通雅》四谓'兮与侯古通用,但侯乃发语辞,与兮字不同也'。其曰今上作十九章,令李延年次序其声。而《汉志》武帝时作《安世房中歌》十七章,《郊祀歌》十九章,以此为《房中乐》欤?不可言十九,以为郊祀乐欤?则十九章并太始三年《赤蛟歌》数之,又非史公所及睹。盖史公作《史》时尚未定十九章之名,《索隐》未经细究,遽云《房中乐》有十九章,妄矣。且同为《郊祀歌》,何以止载四时?《太一天马》六章,而《太一歌》不但字有增换,并删去'志椒傥'四句。《天马歌》全与《汉志》别,俱不可晓。《汉志·天马歌》凡六章,此独载《蒲梢之歌》,其事他无所见。而《蒲梢》亦云《天马》,首尾四语又与《天马歌》首章相似,疑此是咏乌孙马,《汉书》不载,补《史》者别记所闻,谬以为宛马歌耳。《大宛传》言天子得乌孙马好,名曰'天马',及得大宛汗血马,更名乌孙马曰'西极',名大宛马曰'天马'。或者《蒲梢》乃乌孙马之歌,而歌中有'天马来从西极'之句,故名为西极耶?(《汉书·武纪》称宛马歌为《西极天马之歌》,亦因歌有西极语。)其曰中尉汲黯讥马歌,丞相公孙弘谓黯诽谤圣制,当族。考马生渥洼水,作歌在元鼎四年之秋,《武纪》可证。《礼乐志》误以为元狩三年,其所以误者,因元狩二年曾得马余吾水中,遂移属于渥洼耳。获宛马作歌,在太初四年之春,而公孙弘卒于元狩二年三月,不但渥洼、大宛事不及见,即不作歌诗之余吾马亦不及见(得余吾马在元狩二年夏),安得有诽谤圣制之谮哉!黯未尝为中尉之官,得渥洼马时,黯在淮阳为太守,无缘面讥武帝,得大宛马时黯卒已十二年(卒于元鼎五年),又安得诽谤圣制哉!《困学纪闻》《通鉴答问》谓'《乐书》后人所续,厚诬古人,非史迁之笔,岂有迁在当时而乖舛如此'。《通鉴考异》不得其说,疑'马生渥洼作歌在元狩三年,汲黯为右内史而讥之',言当族者非公孙弘,殊不然也。至《乐书》中段既直写《乐记》,而增易升降,绝无意义。濮水闻琴节,又搀用韩子《十过篇》。末段尤为冗滥,徐氏《测议》谓是截旧文为之。前后两书'太史公曰',又称武帝为'今上',伪乱其词,欲以假冒真而不知其不能混耳。"(《史记志疑》)

郭嵩焘曰:"太史公《礼》《乐》二书,皆采缀旧文为之,仅有前序,其文亦疏缓。礼乐者,圣人所以纪纲万事,宰制群动,太史公列为八书之首,而于汉家制度无一语及之,此必史公有欿然不足于其心者,故虚立其篇名而隐其文,盖犹《叔孙通传》鲁两生之言:‘礼乐所由起,积德百年而后可兴也,吾不忍为公所为。’但与明其义而已。三代礼乐无复可征,秦、汉以下不足言矣,此史公之意也,概以为褚少孙所补,非也。”又曰:“武帝之制乐歌与始皇立石颂功德以鸣得意,同出一源,视三代王者功成作乐,扬诩万物之意,其本源相去远矣。首举古者君臣相敕,恐惧兢业以推知礼乐之原,秦、汉以下之为乐,即是而可以观其得失也,此史公用意最显处。”(《史记札记》)

律书第三

王者制事立法，物度轨则，[1]壹禀于六律[2]，六律为万事根本焉。

其于兵械尤所重[3]，故云“望敌知吉凶，闻声效胜负”，[4]百王不易之道也。

武王伐纣，吹律听声[5]，推孟春以至于季冬，杀气相并，而音尚宫[6]。同声相从[7]，物之自然，何足怪哉？

兵者，圣人所以讨强暴，平乱世，夷险阻，救危殆。自含血戴角之兽见犯则校，[8]而况于人怀好恶喜怒之气？喜则爱心生，怒则毒螫加，情性之理也。

昔黄帝有涿鹿之战，以定火灾[9]。颛顼有共工之陈，以平水害。[10]成汤有南巢之伐，以殄夏乱。[11]递兴递废，胜者用事，所受于天也。

自是之后，名士[12]迭兴。晋用咎犯，而齐用王子，吴用孙武。[13]申明军约，赏罚必信，卒伯诸侯，兼列邦土。[14]虽不及三代之诰誓[15]，然身宠君尊，当世显扬，可不谓荣焉？岂与世儒暗于大较，不权轻重，猥云德化，不当用兵。[16]大至君辱失守，小乃侵犯削弱，遂执不移等哉！[17]故教笞不可废于家，刑罚不可捐于国，诛伐不可偃于天下，用之有巧拙，行之有逆顺耳。[18]

夏桀、殷纣手搏豺狼，足追四马，勇非微也；百战克胜，诸侯慑服，权非轻也。秦二世宿军无用之地，连兵于边陲，力非弱也；结怨匈奴，絓祸於越，[19]势非寡也。及其威尽势极，闾巷之人为敌国[20]，咎生穷武之不知足，甘得之心不息也。[21]

高祖有天下，三边外畔[22]。大国之王虽称蕃辅，[23]臣节未尽。会高祖厌苦军事，亦有萧、张之谋[24]。故偃武一休息，羁縻不备。[25]

历至孝文即位，将军陈武等议曰："南越、朝鲜自全秦时内属为臣子，后且拥兵阻阸，选蠕观望。[26]高祖时天下新定，人民小安，未可复兴兵。今陛下仁惠抚百姓，恩泽加海内，宜及士民乐用，征讨逆党，以一封疆。"孝文曰："朕能任衣冠，念不到此。[27]会吕氏之乱，功臣宗室共不羞耻，[28]误居正位，常战战栗栗，恐事之不终。[29]且兵凶器，虽克所愿，动亦耗病，[30]谓百姓远方何？又先帝知劳民不可烦，故不以为意。[31]朕岂自谓能？今匈奴内侵，军吏无功，边民父子荷兵日久，朕常为动心伤痛，无日忘之。今未能销距，愿且坚边设候，结和通使，休宁北陲，为功多矣，且无议军。[32]"故百姓无内外之繇，得息肩于田亩，天下殷富，粟至十余钱[33]，鸣鸡吠狗，烟火万里，可谓和乐者乎！

太史公曰：文帝时，会天下新去汤火[34]，人民乐业，因其欲然[35]，能不扰乱，故百姓遂安。自年六七十翁亦未尝至市井，游敖嬉戏如小儿状。[36]孔子所称"有德君子"者邪[37]！

（以上是《律书》的序，《律书》的正文已经不存，但此序仍为司马迁所作，叙述了他对军事问题的总体看法。）

①制事立法——确定章程，建立法度。　物度轨则——测量器物，制定规则。物度：似应作"度物"。度：测量。　②壹禀于六律——一切都离不开律度。六律：六个定音管。《索隐》曰："律有十二，阳六为律：黄钟、太簇、姑洗、蕤（ruí）宾、夷则、无射；阴六为吕：大吕、夹钟、中吕、林钟、南吕、应钟是也。"　③其于兵械尤所重——对于军事家来说

尤其重要。兵械:张文虎认为应作“兵机”,这里指军事。 ④望敌知吉凶——《索隐》曰:“凡敌阵之上皆有气色,气强则声强,声强则其众劲。律者,所以通气,故知吉凶也。” 闻声效胜负——《周礼》有所谓“太师执同律以听军声而诏吉凶”之说,《左传》称师旷知南风之不竞,即谓此。效:验,明白。 ⑤吹律听声——太师吹律管,听其声音。⑥推孟春以至于季冬,杀气相并,而音尚宫——从声音中听出由正月到腊月都含有杀气,但都合于宫调。孟春:春天的第一个月;季冬:冬天的第三个月。《正义》曰:“兵书云:‘夫战,太师吹律,合商则战胜,军士强;角则军扰多变,失士心;宫则军和,士卒同心;徵则将急数怒,军士劳;羽则兵弱少威焉。’” ⑦同声相从——胜利的军声与吉祥的乐声是相互依傍的,所以听到乐声相和就可以断定战必胜。 ⑧含血戴角之兽——有牙有角,具有一定反抗能力的动物。 见犯则校(jiào)——受到侵犯时一定抵抗。校:反抗。 ⑨涿鹿之战,以定火灾——《五帝本纪》云:黄帝“与炎帝战于阪泉之野,三战,然后得其志”。古代阴阳五行学说认为炎帝属火德,“以定火灾”即指打败炎帝事。涿鹿:山名,在今河北涿鹿东南。相传黄帝与蚩尤战于涿鹿之野。

⑩颛顼(zhuān xū)——司马迁认为是黄帝之孙,也是古代的“五帝”之一。 共工——《集解》引文颖曰:“共工主水官也,少昊氏衰,秉政作虐,故颛顼伐之。” 以平水害——即指打败共工。按:颛顼打败共工事,《五帝本纪》不载。 ⑪成汤有南巢之伐——即商汤于前1600年打败夏桀建立商朝事。南巢:在今安徽巢湖市一带。 殄(tiǎn)——灭。 ⑫名士——知名的人物,这里主要指军事家。 ⑬咎犯——也称子犯,即狐偃,晋文公之舅,是协助文公艰苦创业的重要人物之一。

王子——名成父,春秋时期的齐国将领,曾为齐国打败长狄。 孙武——吴王阖庐的将领,曾与伍子胥率吴军破楚入郢。 ⑭卒伯诸侯——由于他们的军事胜利,使他们的君主称霸诸侯。伯:通“霸”。晋文公与吴王阖庐都是春秋霸主,齐襄公在王子成父辅佐下灭纪、灭莱,壮大齐国,为后来齐桓公的称霸奠定了基础。 兼列邦土——意即吞并小国,使自己国家的版图扩大。 ⑮三代之诰誓——“诰”是古代帝王或执政王公对臣民颁布的文告,如《盘庚》《大诰》等。“誓”是古代帝王在对敌作战前向全军发布的誓词，如汤伐夏桀的《汤誓》、武王伐纣的《牧誓》等。 ⑯世儒——社会上的一般儒生。 暗于大较——不明大节。大较：大道理，大举措。 权——衡量。 猥云德化，不当用兵——儒家早从孔丘、孟轲就有侈谈仁义，反对战争的“毛病”，这在春秋、战国那种特定的情势下是行不通的，故被人嘲笑为迂腐。 ⑰失守——指失去君位，甚至国家灭亡。 侵犯削弱——被侵犯、被削弱。 遂执不移——（直到遭惨败吃苦头）还在坚守教条，顽固不化。比如宋襄公。 ⑱偃——放倒，收起不用。 用之有巧拙，行之有逆顺——王元启认为：二句说尽兵家利害，用巧行逆与行顺用拙者同败耳，于此书则尤一篇之枢纽也。 ⑲絓（guà）祸——结祸，引起祸端。 於（wū）越——这里指岭南地区的南越，“於”字是发语词。秦始皇平定南越后，曾在今广东、广西及越南北部一带设置了南海、桂林、象郡三个郡。按：以上两件事都发生在秦始皇时期，今挂在秦二世头上，误。 ⑳闾巷之人为敌国——指陈胜、吴广等发动了反秦的农民大起义。闾巷之人：犹言“编户之民”，即平民百姓。 ㉑咎——灾难。 穷武——穷兵黩武，意即好战。 甘得——贪得，以获取为乐。 ㉒三边外畔——指北方的匈奴、岭南的南越、东北的朝鲜都乘机独立闹事，不受汉王朝管辖。畔：通“叛”。 ㉓大国之王——指楚王韩信、梁王彭越、淮南王黥布等。 蕃辅——古称诸侯国是中央朝廷的藩篱、屏障一样的拱卫者。蕃：通“藩”。 ㉔萧、张之谋——萧何、张良都是刘邦的开国功臣，对刘邦消灭异姓诸侯出谋划策，但对三边诸国有何筹划，史无明载。 ㉕一休息——全部休息。一：一概，全部。 羁縻不备——采取羁縻政策，不加武力防范。羁縻：谓笼络使不生异心。 ㉖阻阸（ài）——凭险而守。阸：通“阨”，狭隘，险要。 选蠕观望——犹言迟疑观望。选蠕：虫蠕动貌。 ㉗能任衣冠——能够自己穿衣服，谓孩童时期。 念不到此——想不到会有今天这一步，指政变后自己成为皇帝。 ㉘吕氏之乱——指惠帝死后，吕后出面执政，杀刘邦诸子，封吕氏诸人为王，让吕产、吕禄等掌握朝廷大权。 功臣宗室——在消灭诸吕的政变中有大功的“宗室”之臣是朱虚侯刘章；有大功的刘邦旧臣是绛侯周勃与丞相陈平、颍阴侯灌婴等。 共不羞耻——恭敬地奉承宗庙社稷,没有愧对先帝,隐指一举消灭了吕氏一党。共:通“恭”。 ㉙误居正位——谦言自己被宗室功臣拥立为帝。 恐事之不终——担心自己不能完成任务,没有好的结果。 ㉚且兵凶器——《老子》有言“兵者不祥之器”;又有“师之所处,荆棘生焉;大军之后,必有凶年”。 虽克所愿——即使达到了自己的目的,战胜了对方。 动亦耗病——军队一动就要消耗大量的人力物力。 ㉛先帝——指高祖刘邦。 劳民不可烦——即上文“天下新定,人民小安,未可复兴兵”。 不以为意——不以征伐四方、讨击不服为意。 ㉜销距——消除敌对状态。距:通“拒”,对峙。 坚边设候——坚守边防,远派哨探。候:哨探,这里指哨探人员。 且无议军——不要谈开战的事情。 ㉝粟至十余钱——十来个铜钱就能买一斗粮食。按:“粟”下似有脱文,应有“石”或“斗”字。 ㉞新去汤火——刚脱离战争的水深火热。 ㉟因其欲然——顺着百姓所向往的那种样子。 ㊱未尝至市井——极言其自给自足,纯朴无求。 游敖嬉戏如小儿状——敖:游嬉,闲游。古人视此为小农经济、自给自足的极乐境界。二句颇带道家色彩。 ㊲孔子所称“有德君子”者邪——《论语·子路》:“子曰:‘善人为邦百年,亦可以胜残去杀矣。’”有德君子:史公以之称赞汉文帝。按:司马迁极力歌颂汉文帝的偃武修文,言外之意即用此反射汉武帝的“多欲”政治,讽刺汉武帝对外战争的穷兵黩武、劳民伤财。

《书》曰“七正”,二十八舍。律历,天所以通五行八正之气,天所以成孰万物也。舍者,日月所舍。舍者,舒气也。

不周风居西北,主杀生。东壁居不周风东,主辟生气而东之。至于营室。营室者,主营胎阳气而产之。东至于危。危,垝也。言阳气之垝,故曰危。十月也,律中应钟。应钟者,阳气之应,不用事也。其于十二子为亥。亥者,该也。言阳气藏于下,故该也。

广莫风居北方。广莫者,言阳气在下,阴莫阳广大也,故曰广莫。东至于虚。虚者,能实能虚,言阳气冬则宛藏于虚,日冬至则一阴下藏，一阳上舒，故曰虚。东至于须女。言万物变动其所，阴阳气未相离，尚相如胥也，故曰须女。十一月也，律中黄钟。黄钟者，阳气踵黄泉而出也。其于十二子为子。子者，滋也；滋者，言万物滋于下也。其于十母为壬癸。壬之为言任也，言阳气任养万物于下也。癸之为言揆也，言万物可揆度，故曰癸。东至牵牛。牵牛者，言阳气牵引万物出之也。牛者，冒也，言地虽冻，能冒而生也。牛者，耕植种万物也。东至于建星。建星者，建诸生也。十二月也，律中大吕。大吕者，其于十二子为丑。

条风居东北，主出万物。条之言条治万物而出之，故曰条风。南至于箕。箕者，言万物根棋，故曰箕。正月也，律中泰蔟。泰蔟者，言万物蔟生也，故曰泰蔟。其于十二子为寅。寅言万物始生螾然也，故曰寅。南至于尾，言万物始生如尾也。南至于心，言万物始生有华心也。南至于房。房者，言万物门户也，至于门则出矣。

明庶风居东方。明庶者，明众物尽出也。二月也，律中夹钟。夹钟者，言阴阳相夹厕也。其于十二子为卯。卯之为言茂也，言万物茂也。其于十母为甲乙。甲者，言万物剖符甲而出也；乙者，言万物生轧轧也。南至于氐。氐者，言万物皆至也。南至于亢。亢者，言万物亢见也。南至于角。角者，言万物皆有枝格如角也。三月也，律中姑洗。姑洗者，言万物洗生。其于十二子为辰。辰者，言万物之蜄也。

清明风居东南维，主风吹万物而西之。至于轸。轸者，言万物益大而轸轸然。西至于翼。翼者，言万物皆有羽翼也。四月也，律中中吕。中吕者，言万物尽旅而西行也。其于十二子为巳。巳者，言阳气之已尽也。西至于七星。七星者，阳数成于七，故曰七星。西至于张。张者，言万物皆张也。西至于注。注者，言万物之始衰，阳气下注，故曰注。五月也，律中蕤宾。蕤宾者,言阴气幼少,故曰蕤;痿阳不用事,故曰宾。

景风居南方。景者,言阳气道竟,故曰景风。其于十二子为午。午者,阴阳交,故曰午。其于十母为丙丁。丙者,言阳道著明,故曰丙;丁者,言万物之丁壮也,故曰丁。西至于弧。弧者,言万物之吴落且就死也。西至于狼。狼者,言万物可度量,断万物,故曰狼。

凉风居西南维,主地。地者,沈夺万物气也。六月也,律中林钟。林钟者,言万物就死气林林然。其于十二子为未。未者,言万物皆成,有滋味也。北至于罚。罚者,言万物气夺可伐也。北至于参。参言万物可参也,故曰参。七月也,律中夷则。夷则,言阴气之贼万物也。其于十二子为申。申者,言阴用事,申贼万物,故曰申。北至于浊。浊者,触也,言万物皆触死也,故曰浊。北至于留。留者,言阳气之稽留也,故曰留。八月也,律中南吕。南吕者,言阳气之旅入藏也。其于十二子为酉。酉者,万物之老也,故曰酉。

阊阖风居西方。阊者,倡也;阖者,藏也。言阳气道万物,阖黄泉也。其于十母为庚辛。庚者,言阴气庚万物,故曰庚;辛者,言万物之辛生,故曰辛。北至于胃。胃者,言阳气就藏,皆胃胃也。北至于娄。娄者,呼万物且内之也。北至于奎。奎者,主毒螫杀万物也,奎而藏之。九月也,律中无射。无射者,阴气盛用事,阳气无余也,故曰无射。其于十二子为戌。戌者,言万物尽灭,故曰戌。

律数:

九九八十一以为宫。三分去一,五十四以为徵。三分益一,七十二以为商。三分去一,四十八以为羽。三分益一,六十四以为角。黄钟长八寸七分一,宫。大吕长七寸五分三分一。太蔟长七寸七分二,角。夹钟长六寸一分三分一。姑洗长六寸七分四,羽。仲吕长五寸九分三分二,徵。蕤宾长五寸六分三分一。

林钟长五寸七分四,角。夷则长五寸四分三分二,商。南吕长四寸七分八,徵。无射长四寸四分三分二。应钟长四寸二分三分二,羽。

生钟分:

子一分。丑三分二。寅九分八。卯二十七分十六。辰八十一分六十四。巳二百四十三分一百二十八。午七百二十九分五百一十二。未二千一百八十七分一千二十四。申六千五百六十一分四千九十六。酉一万九千六百八十三分八千一百九十二。戌五万九千四十九分三万二千七百六十八。亥十七万七千一百四十七分六万五千五百三十六。

生黄钟术曰:以下生者,倍其实,三其法。以上生者,四其实,三其法。上九,商八,羽七,角六,宫五,徵九。置一而九三之以为法。实如法,得长一寸。凡得九寸,命曰"黄钟之宫"。故曰音始于宫,穷于角;数始于一,终于十,成于三;气始于冬至,周而复生。

神生于无,形成于有,形然后数,形而成声,故曰神使气,气就形。形理如类有可类。或未形而未类,或同形而同类,类而可班,类而可识。圣人知天地识之别,故从有以至未有,以得细若气,微若声。然圣人因神而存之,虽妙必效情,核其华道者明矣。非有圣心以乘聪明,孰能存天地之神而成形之情哉?神者,物受之而不能知其去来,故圣人畏而欲存之。唯欲存之,神之亦存。其欲存之者,故莫贵焉。

太史公曰:在旋玑玉衡以齐七政,即天地二十八宿。十母,十二子,钟律调自上古。建律运历造日度,可据而度也。合符节,通道德,即从斯之谓也。

(以上为第二段,介绍八方、八风、二十八宿、十二月、十二律、十二子、十母之间的对应关系以及计算律数的方法,是后人对司马迁《律书》的补遗。因其非司马迁之原文,故注释从略。)

［**简评**］ 《太史公自序》云："非兵不强，非德不昌，黄帝、汤、武以兴，桀、纣、二世以崩，可不慎欤？《司马法》所从来尚矣，太公、孙、吴、王子能绍而明之，切世情（近世），极人变，作《律书》第三。"则《律书》显然应该是兵书，是写自古以来的战争及有关兵法方面的事情，这也恰好就是本篇开头序言所讲的内容。因此，本篇开头的序言部分是司马迁的原作，应该是没有疑义的。它明确地表现了司马迁的兵学思想，这种思想与儒家所空谈的"去兵、去食、存信"，一味否定战争是大不相同的。把司马迁这篇文章的序言与《史记》中其他有关军事家的篇章与段落串联起来，一部我国古代军事史的框架就已经清晰地摆在读者面前了。这是《史记》对我国古代文化做出的又一项卓越贡献。可惜作为这篇文章主体的具体史实、具体材料散失了，后人不理解散失的是什么，于是便将与历法相关的"音律"内容补了进来。这部分内容显然与本篇的序言不是一回事，因此，我们在这里不予置议。

［**集评**］ 《太史公自序》："非兵不强，非德不昌，黄帝、汤、武以兴，桀、纣、二世以崩，可不慎欤？《司马法》所从来尚矣，太公、孙、吴、王子能绍而明之，切近世，极人变。作《律书》第三。"

梁玉绳曰："律为兵家所重，故史公序律先言兵，昔贤谓《律书》即《兵书》，是已。然言用兵之事几七百言，未免于律意太远。且只述历代之用兵，而不详其制，又不及汉景、武两朝，毋乃疏乎？"（《史记志疑》）

黄履翁曰："迁之序《律书》，不言律而言兵，不言兵之用，而言兵之偃，其论文帝事，浩漫宏博，若不相类者，徐而考之，则知文帝之时，偃兵息民，绥和通使，而民气欢洽，阴阳洽和，天地之气亦随以正，此诚造律之本也。"（《古今源流至论·别集》）

沈括曰："《史记·律书》所论二十八舍，十二律，多皆臆配，殊无义理。至于言数，亦多差舛，如所谓‘律数者，八十一为宫，五十四为徵，七十二为商，四十八为羽，六十四为角’，此止是黄钟一均耳。十二律各有五音，岂得定以此为律数？如五十四，在黄钟则为徵，在夹钟则为角，在中吕则为商。兼律有多寡之数，有实积之数，有短长之数，有周径之数，有清浊之数，其八十一、五十四、七十二、四十八、六十四，止是实积数耳。又云：‘黄钟长八寸七分一，大吕长七寸五分三分一，太蔟长七寸七分二，夹钟长六寸二分三分一，姑洗长六寸七分四，中吕长五寸九分三分二，蕤宾长五寸六分二分一，林钟长五寸七分四，夷则长五寸四分三分二，南吕长四寸七分八，无射长四寸四分三分二，应钟长四寸二分三分二’，此尤误也，此亦实积耳，非律之长也。盖其间字又有误者，疑后人传写之，失也。余分下分数目，凡‘七’字皆当作‘十’字，误屈其中画耳。”（《梦溪笔谈·象数二》）

王光祈曰：“中国古代算律之法，其最要者共有两种。（甲）司马迁计算法。（乙）郑康成计算法。后世常奉为圭臬。……司马迁的计算法，（即）所谓三分损一者，就是拿 2/3 去乘；三分益一者，就是拿 4/3 去乘。……司马迁这种计算法恰与西洋用弦长表示音节高低之法完全相同。……只是司马迁在（未）项之中不应该用 2/3 去乘，应该用 4/3 去乘（因为照中国古法该项应该上生的缘故）。因为司马迁自（未）项以下屡次乘错的结果，故其所求得之大吕、夹钟、中吕三律皆是一种半律（即是高一个音级之大吕、夹钟、中吕），与古代制造律管之法不合。”（《东西乐制之研究》）

历书第四

昔自在古，历建正作于孟春[①]。于时冰泮发蛰[②]，百草奋兴，秭鴂先滜[③]。物乃岁具，生于东，次顺四时，卒于冬分[④]。时鸡三号，卒明。抚十二月节，卒于丑[⑤]。日月成，故明也[⑥]。明者孟也，幽者幼也，幽明者雌雄也[⑦]。雌雄代兴，而顺至正之统也[⑧]。日归于西，起明于东；月归于东，起明于西。正不率天，又不由人[⑨]，则凡事易坏而难成矣。

王者易姓受命，必慎始初，改正朔，易服色，推本天元[⑩]，顺承厥意。

太史公曰：神农以前尚矣。盖黄帝考定星历，建立五行，起消息，正闰余，于是有天地神祇物类之官，是谓五官[⑪]。各司其序，不相乱也。民是以能有信，神是以能有明德。民神异业，敬而不渎，故神降之嘉生，民以物享[⑫]，灾祸不生，所求不匮。

少皞氏之衰也，九黎乱德，[⑬]民神杂扰，不可放物[⑭]，祸灾荐至，莫尽其气[⑮]。颛顼受之，乃命南正重司天以属神[⑯]，命火正黎[⑰]司地以属民，使复旧常，无相侵渎。

其后三苗服九黎之德[⑱]，故二官咸废所职，而闰余乖次[⑲]，孟陬殄灭[⑳]，摄提无纪[㉑]，历数失序。尧复遂重、黎之后，不忘旧者，使复典之,而立羲和之官[22]。明时正度,则阴阳调,风雨节,茂气至,民无夭疫。年耆禅舜,申戒文祖[23],云:“天之历数在尔躬[24]。”舜亦以命禹。由是观之,王者所重也。

夏正以正月,殷正以十二月,周正以十一月。盖三王之正若循环[25],穷则反本。天下有道,则不失纪序;无道,则正朔不行于诸侯。

幽、厉之后[26],周室微,陪臣[27]执政,史不记时,君不告朔[28],故畴人[29]子弟分散,或在诸夏,或在夷狄,是以其禨祥废而不统[30]。周襄王二十六年闰三月,而《春秋》非之[31]。先王之正时也,履端于始,举正于中,归邪于终[32]。履端于始,序则不愆;举正于中,民则不惑;归邪于终,事则不悖。

其后战国并争,在于强国禽敌,救急解纷而已,岂遑念斯哉[33]!是时独有邹衍[34],明于五德之传[35],而散消息[36]之分,以显诸侯。而亦因秦灭六国,兵戎极烦,又升至尊之日浅,未暇遑也。而亦颇推五胜[37],而自以为获水德之瑞[38],更名河曰“德水”,而正以十月[39],色上黑。然历度闰余,未能睹其真也。

汉兴,高祖曰:“北畤待我而起[40]。”亦自以为获水德之瑞。虽明习历及张苍[41]等,咸以为然。是时天下初定,方纲纪大基,高后女主,皆未遑,故袭秦正朔服色。

至孝文时,鲁人公孙臣以终始五德上书,言“汉得土德,宜更元,改正朔,易服色。当有瑞,瑞黄龙见”。事下丞相张苍,张苍亦学律历,以为非是,罢之。其后黄龙见成纪[42],张苍自黜,所欲论著不成。而新垣平[43]以望气见,颇言正历服色事,贵幸,后作乱,故孝文帝废不复问。

至今上即位,招致方士唐都[44],分其天部[45];而巴落下闳[46]运算转历,然后日辰之度与夏正同。乃改元[47],更官号[48],封泰山。因诏御史曰:“乃者[49],有司言星度[50]之未定也,广延宣问,以理星度,未能詹[51]也。盖闻昔者黄帝合而不死,名察度验,定清浊,起五部，建气物分数[52]。然盖尚矣。书缺乐弛，朕甚闵焉。朕唯未能循明也，紬绩日分[53]，率应水德之胜。今日顺夏至，黄钟为宫，林钟为徵，太蔟为商，南吕为羽，姑洗为角。自是以后，气复正，羽声复清，名复正变[54]，以至子日当冬至，则阴阳离合之道[55]行焉。十一月甲子朔旦冬至已詹，其更以七年为太初元年。年名，焉逢摄提格[56]，月名'毕聚'[57]，日得甲子，夜半朔旦冬至。"

（以上为第一部分，论述历法的起源和演变）

①历建正作于孟春——意为历法的正月建置在春季的首月。②冰泮(pàn)发蛰(zhé)——冰融解了，蛰居的虫子开始活动起来。泮：融解。发：奋起。 ③秭鴂(zǐ guī)先滜(háo)——子规鸟最先鸣叫起来。滜：通"嗥"，鸣叫。 ④物乃岁具，生于东，次顺四时，卒于冬分——意谓万物生长一年一循环：从春季开始，依次经过夏季和秋季，结束在冬春之交。具：具备，言一岁万物循环一次。冬分：冬尽之后，分为来春，古云冬分。 ⑤抚十二月节，卒于丑——"月"字衍。《正义》："抚，犹'循'也。自平明寅至鸡鸣丑，凡十二辰。辰尽丑又至明朝寅，使一日一夜，故曰'幽明'。" ⑥日月成，故明也——有人认为此句应为"日月岁成，故幽明矣"。 ⑦幽明者雌雄也——幽明又为雌雄。幽明：犹"阴阳"。 ⑧雌雄代兴，而顺至正之统也——白昼曰"雄"，黑夜曰"雌"；春夏曰"雄"，秋冬曰"雌"。雌雄即阴阳。言阴阳循环，形成正常的秩序。 ⑨正不率天，又不由人——政不遵循天时，又不顺从人心。正：通"政"。率：遵循。 ⑩推本天元——推算历法的新起点。天元：又称上元，古历法术语，中国古历法选取的推算起点。 ⑪"盖黄帝考定星历"六句——这是讲黄帝时如何制定历法的。考定星历：即考察星象，确定历日，即以星象定时节。五行：即五时，或五节，春木、夏火、季夏土、秋金、冬水。起消息：即以星象来确定阴消阳长的时节。正闰余：即以星象的出没为标准，用设置闰余的办法来调整季节。五官：黄帝时设置的春、夏、秋、冬、中五种官职。 ⑫故神降之嘉生，民以物享——神给人好收成，人献牺牲给神享用。 ⑬少皞氏——传说中的远古东夷族首领，名挚。 九黎乱德——九黎：传说时代南方的古部

落名，即后之三苗氏，因种族繁多，故曰九黎、三苗。乱德：破坏已有的秩序，即造反。⑭放物——民与神失去依托。⑮祸灾荐至，莫尽其气——各种灾祸接踵而来，人们无法享尽天年。荐：连续，屡次。气：时节。⑯南正重司天以属神——南正：主管天时历象之官。颛顼曾任命重为南正，主管天时，以告民授时，便利农业。⑰黎——古史传说中掌管地面的官。故又称“地正”“北正”。⑱其后三苗服九黎之德——三苗：古民族名，分布在江、淮、荆州一带（今河南南部至湖南洞庭湖）。服：从，奉行。⑲闰余乖次——次：星空区域。古代天文学家将黄道、赤道附近天域分成十二份，由西向东依次为星纪、玄枵、娵訾、降娄、大梁、实沈、鹑首、鹑火、鹑尾、寿星、大火、析木。十二次用来指示太阳的周年视运动，以及五星的运行，并据此定出闰月和一年四季以及二十四节气的起止日期。如有错乱，会严重影响农牧业生产。⑳孟陬（zōu）殄（tiǎn）灭——孟陬：古代历法术语，就是孟春正月。殄灭：指历法上的正月不能正确地固定在应有的天文月上。㉑摄提无纪——摄提：古星官名，分左摄提与右摄提，属亢宿。摄提与斗杓一起，根据它的指向以建十二月时节。如果历法推算有误，是谓失序或失纪。㉒而立羲和之官——指尧立羲氏与和氏掌管治历之事。羲和：古史传说中掌管天文历法的官员。㉓申戒文祖——在祖庙告诫舜。㉔天之历数在尔躬——语出《论语·尧曰》。意谓按天体运行规律制定和颁行历法，事关重大，责任在你身上。㉕三王之正若循环——此为三正循环的理论，子、丑、寅三正循环交替。夏用寅正，殷用丑正，周用子正，秦汉又用寅正。㉖幽、厉之后——厉：指周厉王姬胡，前877年—前841年在位。幽：指周幽王姬宫涅（湦），前781年—前771年在位。幽、厉是西周中后期的两个昏暴之君。㉗陪臣——指各诸侯国掌握实权的卿大夫。㉘告朔——亦称“告月”，即每月朔日都要用羊到太庙祭祀的礼节。㉙畴人——古代对天文历算家统称为“畴人”。《集解》引如淳曰：“家业世世相传为畴。”㉚禨（jī）祥废而不统——没有统一的占卜吉凶的理论。禨祥：古代的星占术语，通过观察天象以见吉凶之兆。㉛周襄王二十六年闰三月，而《春秋》非之——周襄王二十六年（前626）鲁历将闰月设在三月，而按当时习惯，应是年终置闰，鲁国打破惯例，故引起《春秋》的非议。 ㉜"先王之正时也"四句——履端于始：言制定正确的历法，首先要选好历法的推算起点。举正于中：以往人们认为以中气所在，来定每个月的名称。一年二十四节气中有十二节气，十二个中气。夏历建寅，正月一定有中气"雨水"，二月有中气"春分"。余可类推。归邪于终：即将闰月归集于年终。邪：通"余"，指年历推算中剩余的日子，累计够了一个月，就置闰。 ㉝岂遑念斯哉——哪有闲暇考虑这件事。遑：闲暇。 ㉞邹衍——战国时阴阳家代表人物之一，创立"五德终始"之说。 ㉟五德之传——即五德终始学说，是一种大一统的历史循环理论。五德：即五行之德。五行相生为：木生火、火生土、土生金、金生水、水生木；五行相克为：水克火、火克金、金克木、木克土、土克水。五德终始说认为朝代的更替就是根据五行相胜的顺序进行的。 ㊱消息——即阴阳。司马迁说邹衍是"深观阴阳消息，而作怪迂之变"。 ㊲颇推五胜——推导五行相胜。如虞土、夏木、殷金、周火。 ㊳自以为获水德之瑞——秦也相信五胜之说，认为周火德衰，水胜火，故秦得水德。 ㊴正以十月——指以十月为年始。 ㊵北畤待我而起——天有五帝，秦立了四帝祠，北祠等着我建立。北畤：祠名。雍五畤之一，在今陕西宝鸡凤翔区。 ㊶张苍——刘邦的开国功臣，曾著书言阴阳律历之事。 ㊷成纪——汉县名，在今甘肃静宁西南。 ㊸新垣平——西汉星占家，文帝时，请求朝廷更正历法并改换服色，得到赏识，后因有人揭发其骗局被杀。 ㊹唐都——西汉天文术数家，曾重新划分和测定二十八宿各宿的距度(二十八宿相邻两宿距星的赤经差)和宿度(天空中标志星宿位置的度数)。武帝元封年间受诏参与制定《太初历》，司马谈曾向他学过天文。 ㊺分其天部——指西汉元封年间，唐都重新测定二十八宿的距星和宿度。天部：即天空区域，指星空十二次，二十八宿的距星和各宿间的星度。 ㊻落下闳——西汉天文历法家，精于天文、历算，武帝时应征参与创制《太初历》。转历：根据浑天学说转动浑天仪器而制定的历法。 ㊼乃改元——元封七年(前104)因颁布新历，五月改元太初。 ㊽更官号——太初元年汉武帝更改了百官名号和秩禄，表示与改历相应。 ㊾乃者——以往。 ㊿星度——指星辰的度分，即日月星辰运行的周期、速度、距离、位置，有时也指交冬至时太阳运行入二十八宿中某一宿的宿度。 ⑤詹——占筮。 ⑤②"盖闻昔者黄帝合而不死"五句——传说黄帝造历，由于合于天象的运行，所以能循环使用下去，这种历法能够分清各种天体的名称，测定它们的行度，审定律吕的清浊，建立起五气的运行，测清节气间相距的日数和天上各星体间的距离。 ⑤③紬(chōu)绩日分——紬绩：缉织，缀集。日分：日子。言造历者编排日数，犹如女工之缉织。 ⑤④名复正变——各种名称重新得到匡正，即二十四节气与实际天象又符合了。"变"字衍文。 ⑤⑤阴阳离合之道——《太初历》的历元甲子夜半，七曜皆会斗牵牛分度，是谓合；此后七曜按各自的轨道运行有迟有速，各异其行，是谓离。 ⑤⑥焉逢摄提格——即甲寅年。 ⑤⑦月名"毕聚"——毕聚：也写作"毕陬"，即寅月。

历术甲子篇

太初元年，岁名"焉逢摄提格"，月名"毕聚"，日得甲子，夜半朔旦冬至。

正北

十二

无大余，无小余；

无大余，无小余；

焉逢摄提格太初元年。

十二

大余五十四，小余三百四十八；

大余五，小余八；

端蒙单阏二年。

闰十三

大余四十八，小余六百九十六；

大余十，小余十六；

游兆执徐三年。

十二

大余十二,

小余六百三;大余十五,小余二十四;

强梧大荒落四年。

十二

大余七,小余十一;

大余二十一,无小余;

徒维敦牂天汉元年。

闰十三

大余一,小余三百五十九;

大余二十六,小余八;

祝犁协洽二年。

十二

大余二十五,小余二百六十六;

大余三十一,小余十六;

商横涒滩三年。

十二

大余十九,小余六百一十四;

大余三十六,小余二十四;

昭阳作鄂四年。

闰十三

大余十四,小余二十二;

大余四十二,无小余;

横艾淹茂太始元年。

十二

大余三十七,小余八百六十九;

大余四十七,小余八;

尚章大渊献二年。

闰十三

大余三十二,小余二百七十七;
大余五十二,小余一十六;
焉逢困敦三年。
十二
大余五十六,小余一百八十四;
大余五十七,小余二十四;
端蒙赤奋若四年。
十二
大余五十,小余五百三十二;
大余三,无小余;
游兆摄提格征和元年。
闰十三
大余四十四,小余八百八十;
大余八,小余八;
强梧单阏二年。
十二
大余八,小余七百八十七;
大余十三,小余十六;
徒维执徐三年。
十二
大余三,小余一百九十五;
大余十八,小余二十四;
祝犁大芒落四年。
闰十三
大余五十七,小余五百四十三;
大余二十四,无小余;
商横敦牂后元元年。
十二

大余二十一，小余四百五十；

大余二十九，小余八；

昭阳汁洽二年。

闰十三

大余十五，小余七百九十八；

大余三十四，小余十六；

横艾涒滩始元元年。

正西

十二

大余三十九，小余七百五；

大余三十九，小余二十四；

尚章作噩二年。

十二

大余三十四，小余一百一十三；

大余四十五，无小余；

焉逢淹茂三年。

闰十三

大余二十八，小余四百六十一；

大余五十，小余八；

端蒙大渊献四年。

十二

大余五十二，小余三百六十八；

大余五十五，小余十六；

游兆困敦五年。

十二

大余四十六，小余七百一十六；

无大余，小余二十四；

强梧赤奋若六年。

闰十三

大余四十一,小余一百二十四;

大余六,无小余;

徒维摄提格元凤元年。

十二

大余五,小余三十一;

大余十一,小余八;

祝犁单阏二年。

十二

大余五十九,小余三百七十九;

大余十六,小余十六;

商横执徐三年。

闰十三

大余五十三,小余七百二十七;

大余二十一,小余二十四;

昭阳大荒落四年。

十二

大余十七,小余六百三十四;

大余二十七,无小余;

横艾敦牂五年。

闰十三

大余十二,小余四十二;

大余三十二,小余八;

尚章汁洽六年。

十二

大余三十五,小余八百八十九;

大余三十七,小余十六;

焉逢涒滩元平元年。

十二

大余三十，小余二百九十七；

大余四十二，小余二十四；

端蒙作噩本始元年。

闰十三

大余二十四，小余六百四十五；

大余四十八，无小余；

游兆阉茂二年。

十二

大余四十八，小余五百五十二；

大余五十三，小余八；

强梧大渊献三年。

十二

大余四十二，小余九百；

大余五十八，小余十六；

徒维困敦四年。

闰十三

大余三十七，小余三百八；

大余三，小余二十四；

祝犁赤奋若地节元年。

十二

大余一，小余二百一十五；

大余九，无小余；

商横摄提格二年。

闰十三

大余五十五，小余五百六十三；

大余十四，小余八；

昭阳单阏三年。

正南
十二
大余十九,小余四百七十;
大余十九,小余十六;
横艾执徐四年。
十二
大余十三,小余八百一十八;
大余二十四,小余二十四;
尚章大荒落元康元年。
闰十三
大余八,小余二百二十六;
大余三十,无小余;
焉逢敦牂二年。
十二
大余三十二,小余一百三十三;
大余三十五,小余八;
端蒙协洽三年。
十二
大余二十六,小余四百八十一;
大余四十,小余十六;
游兆涒滩四年。
闰十三
大余二十,小余八百二十九;
大余四十五,小余二十四;
强梧作噩神雀元年。
十二
大余四十四,小余七百三十六;
大余五十一,无小余;

徒维淹茂二年。

十二

大余三十九，小余一百四十四；

大余五十六，小余八；

祝犁大渊献三年。

闰十三

大余三十三，小余四百九十二；

大余一，小余十六；

商横困敦四年。

十二

大余五十七，小余三百九十九；

大余六，小余二十四；

昭阳赤奋若五凤元年。

闰十三

大余五十一，小余七百四十七；

大余十二，无小余；

横艾摄提格二年。

十二

大余十五，小余六百五十四；

大余十七，小余八；

尚章单阏三年。

十二

大余十，小余六十二；

大余二十二，小余十六；

焉逢执徐四年。

闰十三

大余四，小余四百一十；

大余二十七，小余二十四；

端蒙大荒落甘露元年。

十二

大余二十八,小余三百一十七;

大余三十三,无小余;

游兆敦牂二年。

十二

大余二十二,小余六百六十五;

大余三十八,小余八;

强梧协洽三年。

闰十三

大余十七,小余七十三;

大余四十三,小余十六;

徒维涒滩四年。

十二

大余四十,小余九百二十;

大余四十八,小余二十四;

祝犁作噩黄龙元年。

闰十三

大余三十五,小余三百二十八;

大余五十四,无小余;

商横淹茂初元元年。

正东

十二

大余五十九,小余二百三十五;

大余五十九,小余八;

昭阳大渊献二年。

十二

大余五十三,小余五百八十三;

大余四，小余十六；

横艾困敦三年。

闰十三

大余四十七，小余九百三十一；

大余九，小余二十四；

尚章赤奋若四年。

十二

大余十一，小余八百三十八；

大余十五，无小余；

焉逢摄提格五年。

十二

大余六，小余二百四十六；

大余二十，小余八；

端蒙单阏永光元年。

闰十三

无大余，小余五百九十四；

大余二十五，小余十六；

游兆执徐二年。

十二

大余二十四，小余五百一；

大余三十，小余二十四；

强梧大荒落三年。

十二

大余十八，小余八百四十九；

大余三十六，无小余；

徒维敦牂四年。

闰十三

大余十三，小余二百五十七；

大余四十一，小余八；

祝犁协洽五年。

十二

大余三十七，小余一百六十四；

大余四十六，小余十六；

商横涒滩建昭元年。

闰十三

大余三十一，小余五百一十二；

大余五十一，小余二十四；

昭阳作噩二年。

十二

大余五十五，小余四百一十九；

大余五十七，无小余；

横艾阉茂三年。

十二

大余四十九，小余七百六十七；

大余二，小余八；

尚章大渊献四年。

闰十三

大余四十四，小余一百七十五；

大余七，小余十六；

焉逢困敦五年。

十二

大余八，小余八十二；

大余十二，小余二十四；

端蒙赤奋若竟宁元年。

十二

大余二，小余四百三十；

大余十八，无小余；

游兆摄提格建始元年。

闰十三

大余五十六，小余七百七十八；

大余二十三，小余八；

强梧单阏二年。

十二

大余二十，小余六百八十五；

大余二十八，小余十六；

徒维执徐三年。

闰十三

大余十五，小余九十三；

大余三十三，小余二十四；

祝犁大荒落四年。

右《历书》：大余者，日也。小余者，月也。端蒙者，年名也。支：丑名赤奋若，寅名摄提格。干：丙名游兆。正北，冬至加子时；正西，加酉时；正南，加午时；正东，加卯时。

（以上为第二部分，叙述《历术甲子篇》的内容）

［**简评**］ 历法是我国古代天文学的一个重要部分。它一方面是为农业服务，正如李约瑟在他的长篇巨著《中国科学技术史》中所言：对于农业经济来说，作为历法准则的天文学知识具有首要的意义，谁能把历法授予人民，他便有可能成为人民的领袖。这一点对于在很大程度上依靠人工灌溉的农业经济来说，尤为千真万确。（《科学技术史》第四卷）。历法的另一个方面也是为占星术服务，通过占星以通天意，由此来预测一个王朝的兴衰和国家所要发生的重大事件。这从我国历法绝大多数内容是对日月交食和五大行星运行的推算，这些与农业完全无关的内

容，以及颁布历法的权力被国家所垄断可以得到印证。

先秦时期使用的“古六历”，随着社会的变迁已经湮灭了，其内容只能在先秦的古籍中去寻找只言片语。这时期的历法尚未形成理论体系，有些甚至与物候历相掺杂。我国第一部完整的具有一定理论性的专业历法文献就是《史记·历书》。它对历法发生、发展的过程做了简要概括，也论述了历法对社会的重大意义，解释了历书上正月安排不同的历法和制历原则，指出了夏正、殷正、周正之间的关系。对汉武帝改历的背景，《历书》做了较详细说明。虽然其主要内容《历术甲子篇》只是给出了每年年首日和冬至日，但是根据这些数据，就可以推导出闰月、大小月，二十四节气等完整历谱。关于详细的推导过程，有兴趣的读者可参看刘次沅先生的《〈史记—历术甲子篇〉探讨》一文。（《天文学报》第三十七卷第一期）

由《历术甲子篇》的结构可见，该历的年首接近冬至。“建子”、置闰规则（辅助基本条件）规定十九年闰周中头两年为平年，就是保证了冬至总是在一月（如果第一年是闰年，那么当年有两个冬至，另一年就没有冬至）。由于《历术甲子篇》使用的基本条件很简单，因而其规律性很强。每七十六年一个周期，闰月、大小月、二十四节气完全相同（只是年名、日干支不同），使用十分方便。

《历术甲子篇》是否在太初年间行用过，天文史学家尚有争议。它与我国第一部完整、有体系的历法《太初历》大有渊源。司马迁发起了太初元年（前104）的历法改革，为制定新的历法，司马迁也曾“定东西，立晷仪，下漏刻，以追二十八宿相距于四方”，测定了很多数据，他对《太初历》的制定有着重大影响。新的历元，测定冬至点的位置，测定有关恒星和行星的基本数据，以及他发现的月食周期和五大行星逆行规律，对《太初历》具有指导意义。《太初历》的进步之处，几乎都与司马迁有关。

为什么《史记》这部长篇巨著未载《太初历》，而只附有《历术甲子篇》，这也是一个有争议的问题，甚至牵扯到司马迁的治史态度。但不管怎么说，司马迁有他自己独有的历法理论，他不苟同，也不迷信。在《史记·太史公自序》中有一段司马迁父亲司马谈的话："夫阴阳、四时、八位、十二度、二十四节各有教令，顺之者昌，逆之者不死则亡，未必然也，故曰'使人拘而多畏'。夫春生夏长，秋收冬藏，此天道之大经也，弗顺则无以为天下纲纪，故曰'四时之大顺，不可失也'。"从这里也许可见司马迁反对《太初历》的思想根源，这也在一定程度上抵制了阴阳家说和天人感应的迷信思想。

［**集评**］《太史公自序》："律居阴而治阳，历居阳而治阴，律历更相治，间不容翲忽。五家之文怫异，维太初之元论。作《历书》第四。"

梁玉绳曰："《历术甲子篇》……乃当时历家之书，后人因本书之缺，谬附于《史》，增入太初等年号、年数。其所说历法仍是古四分之术，非邓平、落下闳所更定之《太初历》也。起焉逢摄提格太初元年，至祝犁大荒落建始四年。所载岁名与《尔雅》全别，不止与《天官书》异者有四也。《史》讫太初，而叙至成帝建始，非妄续之的证耶？其他所算余分或大余小余，并篇末述干支之名，多有差脱，不复详辨。盖太初定历，别有成书，史公作《史》时，未经录入。孟坚作《志》，载《三统》而又不载《太初》，其法遂无传也。"（《史记志疑》）

王元启曰："《史》称太初元年，年名'焉逢摄提格'，盖甲寅之年也。《索隐》云，《汉志》以为其年在丙子，当由班固用三统法，与《太初历》不同。余谓历家推步之术，代有不同，甲曰'焉逢'，寅曰'摄提格'。从古更无异说，况《太初历》史公手定，不应年岁甲子尚有错记。篇末《历术甲子》所载天汉以后诸年号，说者谓皆褚少孙所补,果有舛谬,少孙不应贸贸然不加考正,反以非其年岁而强缀以他帝更元之号。且《汉志》云,以前历上元泰初四千六百一十七岁,至元封七年,复得阏逢摄提格之岁,则是岁之为甲寅,班氏亦即明知,而其下复有太岁在子之云,前后自为乖异,必误文也。""然则汉代之事,均属子所不知,曷不并《史记》阙之,而必以《历书》为信。应之曰:人无所不至,唯天不容伪,余据《历书》纠《汉志》,盖以天之行度决之也。天之行度有常,即有进退,亦必以渐而致……甲子,诸帝本纪不载,独太初星法具著,天官并此不信,将疑汉代无更历之事而可乎?此吾所以断然以《历书》之言为信也。"(《史记三书正讹·太初改历年名辨》)

陈遵妫曰:"(《历术甲子篇》)以太初元年前十一月甲子朔为历元的四分历法;当时并且还颁布过施行这种历法的诏书。但这种历法把当时人们算为丙子的太初元年,改称为甲寅岁,并以立春正月改为冬至正月;可以说是完全属于理想的历法。以致施行的时候,曾经遭到各方面的激烈反对,不得不把施行这历法的命令撤回。"(《中国天文学史》)

刘次沅曰:"成书于西汉中期的《史记·历书》,是我国历史上第一部历法专书。汉武帝元封七年(公元104年),太史令司马迁等上书皇帝要求改历,于是征召天文学家,开展天文观测计算,共形成十八种历法,皇帝采用了邓平、落下闳等人的'八十一分'历法,改元实施,即今所谓《太初历》。《太初历》经西汉末年刘歆的修订,以《三统历》之名存于《汉书·律历志》,是流传至今最早的完整历法。……(但)从种种迹象看来,身为太史令的司马迁对此是持反对态度的。司马迁在《历书》中,除极简短地概述自古以来的历事外,以主要篇幅列出了一个《历术甲子篇》,而对当时行用的《太初历》内容并未记载,显然,《历术甲子篇》代表了司马迁的历法理论。"(《〈史记—历术甲子篇〉探讨》)

天官书第五

中宫天极星[1],其一明者[2],太一常居也[3];旁三星三公[4],或曰子属。后句四星,末大星正妃[5],余三星后宫之属也。环之匡卫十二星[6],藩臣。皆曰紫宫[7]。

前列直斗口三星,随北端兑[8],若见若不,曰阴德,或曰天一。紫宫左三星曰天枪[9],右五星曰天棓[10],后六星绝汉抵营室[11],曰阁道[12]。

北斗七星,所谓"旋、玑、玉衡以齐七政"[13]。杓携龙角[14],衡殷南斗[15],魁枕参首[16]。用昏建[17]者杓;杓,自华以西南[18]。夜半建[19]者衡;衡,殷中州河、济之间[20]。平旦建[21]者魁;魁,海岱[22]以东北也。斗为帝车,运于中央,临制四乡。分阴阳,建四时,均五行,移节度,定诸纪,皆系于斗[23]。

斗魁戴匡六星曰文昌宫[24]:一曰上将,二曰次将,三曰贵相,四曰司命,五曰司中,六曰司禄[25]。在斗魁中,贵人之牢[26]。魁下六星,两两相比者,名曰三能[27]。三能色齐[28],君臣和;不齐,为乖戾。辅星明近,辅臣亲强[29];斥小,疏弱。

杓端有两星:一内为矛,招摇[30];一外为盾,天锋[31]。有句圜十五星[32],属杓,曰贱人之牢,其牢中星实则囚多,虚则开出[33]。

天一、枪、棓、矛、盾动摇,角[34]大,兵起。

东宫苍龙,房、心[35]。心为明堂[36],大星天王[37],前后星[38]子属。不欲直,直则天王失计。房为府,曰天驷[39]。其阴,右骖[40]。旁有两星曰衿[41];北一星曰舝[42]。东北曲十二星曰旗[43]。旗中四星天市[44];中六星曰市楼[45]。市中星众者实;其虚则秏。房南众星曰骑官[46]。

左角,李;右角,将[47]。大角[48]者,天王帝廷。其两旁各有三星,鼎足句之,曰摄提[49]。摄提者,直斗杓所指,以建时节,故曰"摄提格"[50]。亢为疏庙[51],主疾。其南北两大星,曰南门[52]。氐为天根[53],主疫。

尾为九子[54],曰君臣;斥绝,不和。箕为敖客[55],曰口舌。

火犯守角[56],则有战。房、心,王者恶之也。

南宫朱鸟,权、衡[57]。衡,太微,三光之廷[58]。匡卫十二星[59],藩臣:西,将;东,相;南四星,执法[60];中,端门[61];门左右,掖门[62]。门内六星,诸侯[63]。其内五星,五帝坐[64]。后聚一十五星,蔚然,曰郎位[65];傍一大星,将位也[66]。月、五星顺入,轨道[67],司其出,所守,天子所诛也[68]。其逆入,若不轨道,以所犯命之;中坐,成形,皆群下从谋也。金、火尤甚。廷藩西有隋星五[69],曰少微,士大夫。权,轩辕。轩辕,黄龙体。前大星[70],女主象;旁小星[71],御者后宫属。月、五星守犯者,如衡占。

东井[72]为水事。其西曲星曰钺[73]。钺北,北河[74];南,南河[75];两河、天阙间为关梁[76]。舆鬼[77],鬼祠事;中白者为质[78]。火守南北河,兵起,谷不登。故德成衡,观成潢[79],伤成钺[80],祸成井[81],诛成质[82]。

柳为鸟注[83],主木草。七星,颈,为员官[84]。主急事。张,素,为厨[85],主觞客。翼为羽翮[86],主远客。

轸[87]为车,主风。其旁有一小星,曰长沙星[88],星不欲明,明与四星等,若五星入轸中,兵大起。轸南众星曰天库楼[89],库有五车[90]。车星角若益众,及不具,无处车马。

西宫咸池,曰天五潢。五潢,五帝车舍[91]。火入,旱;金,兵;水,水。中有三柱,柱不具,兵起[92]。

奎曰封豕[93],为沟渎。娄为聚众[94]。胃[95]为天仓。其南众星曰廥[96]积。

昴曰髦头[97],胡星也,为白衣会。毕[98]曰罕车,为边兵,主弋猎。其大星旁小星为附耳[99]。附耳摇动,有谗乱臣在侧。昴、毕间为天街[100]。其阴,阴国;阳,阳国[101]。

参为白虎[102]。三星直者,是为衡石[103]。下有三星,兑,曰罚[104],为斩艾事。其外四星,左右肩股也。小三星隅置,曰觜觿[105],为虎首,主葆旅[106]事。其南有四星,曰天厕[107]。厕下一星,曰天矢[108]。矢黄则吉;青、白、黑,凶。其西有句曲九星,三处罗:一曰天旗[109],二曰天苑[110],三曰九游[111]。其东有大星曰狼[112]。狼角[113]变色,多盗贼。下有四星曰弧[114],直狼。狼比地有大星,曰南极老人[115]。老人见,治安;不见,兵起。常以秋分时候之于南郊。

附耳入毕中,兵起。

北宫玄武,虚、危[116]。危为盖屋[117];虚[118]为哭泣之事。

其南有众星,曰羽林天军[119]。军西为垒[120],或曰钺。旁有一大星为北落[121]。北落若微亡,军星动角益希,及五星犯北落,入军[122],军起。火、金、水尤甚。火,军忧;水,水患[123];木、土,军吉。危东六星,两两相比,曰司空[124]。

营室为清庙,曰离宫[125]、阁道。汉中四星,曰天驷[126]。旁一星,曰王良[127]。王良策[128]马,车骑满野。旁有八星,绝汉,曰天潢[129]。天潢旁,江星。江星动,人涉水[130]。

杵、臼四星,在危南[131]。匏瓜[132],有青黑星守之,鱼盐贵。

南斗[133]为庙,其北建星[134]。建星者,旗也。牵牛[135]为牺牲。其北河鼓[136]。河鼓大星,上将;左右,左右将[137]。婺女[138],其北织女[139]。织女,天女孙也。

（以上为第一段，描述全天星官。）

①中宫天极星——中宫：又称紫宫，指靠近北极星附近的天区。天极星：星官名，即北极星官，今属小熊座。由五颗星组成。 ②其一明者——其中最亮的那一颗。 ③太一常居也——意为太一常居正北不动。太一：星官名，古人将位于北天极邻近，连成如一串明珠之五颗星中最亮的一颗称为帝星，认为是太一，今指小熊星座的β星。 ④旁三星三公——陈遵妫（guī）认为这是“帝星”旁边的太子、庶子、后，而不是紫微垣中的三公。这三颗星都属小熊座。 ⑤后句四星，末大星正妃——（天极星）后边弯曲排列四颗星的末端，代表正妃。 ⑥匡卫十二星——据考证当为十五星，东藩八，西藩七，依次为：左枢、上宰、少宰、上弼、少弼、上卫、少卫、少丞和右枢、少尉、上辅、少辅、上卫、少卫、上丞，均以官名之，表示与人事相应。 ⑦紫宫——即中宫。 ⑧前列直斗口三星，随北端兑——挡在紫宫门口内三星，排列成向北比较尖锐的形状。直：通“值”，正当。兑：通“锐”。 ⑨天枪（chèng）——星官名，今属牧夫座。 ⑩天棓——星官名，今属天龙座和武仙座。棓：通“棒”。天棓与天枪均为守卫宫门的兵器。 ⑪绝汉抵营室——汉：银河。营室：星官名，原包括室宿和壁宿，后专指室宿，二十八宿之一，今属飞马座。 ⑫阁道——星官名，今属仙后座。 ⑬旋、玑、玉衡以齐七政——古天文术语。意为用观测北斗星的第二星（名旋）、第三星（名玑）、第五星（名玉衡）来考正日月五星和岁时季节。旋、玑、玉衡：星名，今均属大熊座。 ⑭杓（biāo）携龙角——斗杓沿长线连着东方苍龙龙角的大角星。 ⑮衡殷南斗——南斗：即斗宿，二十八宿之一，今属人马座。衡星与斗宿中的二星正好在一条直线上，故曰“衡殷南斗”。 ⑯魁枕参首——参：星官名，二十八宿之一，今属猎户座。魁四星位于参宿的两肩上，参宿的左右肩分别与魁四星中的左右两星两两相连，成两条平行的直线，故曰“魁枕参首”。 ⑰昏建——古天文术语，黄昏太阳落入地平约六至八度时，观察北斗斗杓所指十二辰方位以称呼该月月名的月建方法叫昏建。 ⑱杓，自华以西南——斗杓指向华山及其西南地区。华：华山，主峰太华山在今陕西华阴。 ⑲夜半建——古天文术语。指子夜时观测北斗斗杓所指十二辰方位以称呼该

月月名的月建方法。 ⑳衡,殷中州河、济之间——斗衡代表中州黄河、济水之间的区域。中州:古地区名,相当于今河南中原地区,因地处古九州之中而得名。河:黄河。济:济水,发源于河南济源西王屋山。 ㉑平旦建——古天文术语,指黎明时观测北斗斗魁所指十二辰方位以称呼该月月名的月建方法。 ㉒海岱——指渤海和泰山之间地区,就是古代的青州。海:东海,今之渤海。岱:泰山。 ㉓分阴阳,建四时,均五行,移节度,定诸纪,皆系于斗——太阳一岁在黄道上运行一周,每月移动一辰,故黄昏时看北斗斗柄的指向,每月移十二方位中的一个方位。斗建与月序相差一辰则设置闰月。 ㉔斗魁戴匡六星曰文昌宫——文昌宫:星官名,今属大熊座。全句可释为"与斗魁相值的匡扶天帝的六星称为文昌宫"。 ㉕"一曰上将"六句——皆古星名。 ㉖在斗魁中,贵人之牢——在斗魁内,几乎看不见星,像是贵人的牢房。 ㉗魁下六星,两两相比者,名曰三能——斗魁下方有六颗星两两临近,名叫三能。三能:星官名,今属大熊座。 ㉘色齐——颜色相同。 ㉙辅星明近,辅臣亲强——北斗第六星开阳和它旁边的辅星相邻,如果辅星明亮并靠近开阳,是辅臣能力强并且尽职的吉兆。辅星:星名,指大熊座的ζ星。 ㉚招摇——指牧夫座的γ星。 ㉛天锋——星名,一说即元戈,今属牧夫座。 ㉜句圜十五星——句七星曰七公,圜八星曰贯索。七公今在武仙座和牧夫座,贯索星在今北冕座。 ㉝贱人之牢,其牢中星实则囚多,虚则开出——"贱人之牢"主要包括北冕座的半圆形部分,其中有两颗变星,可见时,牢中星实,反之可称为虚。 ㉞角——芒角,星的光芒。恒星在天空背景上只是一个点,但是由于大气波动造成星象闪烁,看起来恒星似乎就有了芒角。 ㉟东宫苍龙,房、心——东宫的主体形象似一条苍龙,主要星官是房宿和心宿。东宫:古星区名,包含角、亢、氐、房、心、尾、箕七宿。房:房宿,又名天驷,二十八宿之一,今属天蝎座。心:心宿,又名商星,二十八宿之一,今属天蝎座。 ㊱明堂——古代天子宣明政教的地方,凡朝会、祭祀、庆赏、选士、养老、教学等大典均在此举行。 ㊲天王——指心宿二,又名"大火",是观象授时的主要星辰,今指天蝎座α星,因相当于东方苍龙心脏而得名。 ㊳前后星——指心宿一和心宿三,属于天蝎座。

㊴天驷——即指房宿。 ㊵右骖——星名，指天龙座 α 星。㊶衿——指钩衿一和钩衿二，分别对应今天蝎座 Ëω1、ω2。 ㊷鎋(xiá)——即牵星，后称键闭，今指天蝎座 γ 星。 ㊸东北曲十二星曰旗——或说“东北曲二十二星曰旗”。它们指西边的河中、河间、晋、周、秦、巴、梁、楚、韩，今属武仙座、巨蛇座、蛇夫座；东边的魏、赵、九河、中山、齐、吴越、徐、东海、燕、南海、宋，它们今属武仙座、巨蛇座、蛇夫座、天鹰座。 ㊹天市——指天市垣的宗正一、斛二、帝座、侯。 ㊺市楼——星官名，今属蛇夫座和巨蛇座。 ㊻骑官——星官名，今属豺狼座和半人马座。 ㊼左角，李；右角，将——角宿左边是理星，右边是将星。由于角宿横跨黄道南北，按日自西向东运行，故有左右之分。㊽大角——星名，今指牧夫座的 α 星。 ㊾摄提——古星官名，左摄提与右摄提之合称，在今牧夫座。摄提可与斗杓一起，根据斗杓的指向以建十二时节。 ㊿摄提格——古代纪年名称。古人认为岁星运行十二年为一周天，将黄、赤道附近天域均匀划分为十二部分，称作十二星次，岁星每年走一次。摄提格为十二次之第三位，与十二地支的“寅”相当。 (51)亢为疏庙——亢宿外形像庙宇。亢：亢宿，二十八宿之一，今属室女座。疏庙：天王的外庙。 (52)南门——星官名，指南门一和南门二，今属半人马座。 (53)氐为天根——氐宿比亢宿更接近地平，就像天的根柢。氐：氐宿，二十八宿之一，今属天秤座。 (54)尾为九子——指尾宿九星，也为古代星占用语。尾：尾宿，二十八宿之一，今属人马座。 (55)箕为敖客——箕宿是说客，它是口舌是非的表象。箕：星官名，二十八宿之一，今属人马座。敖客：拨弄是非的人。 (56)火犯守角——火星运行接近或停留在角宿。火：指荧惑；角：指角宿。凌、犯、守均是星占用语，表示两天体接近的程度。 (57)南宫朱鸟，权、衡——南宫的主体形象是一只大鸟，主要星官是权、衡。南宫：古代星区名，包含有井、鬼、柳、星、张、翼、轸七宿。朱鸟：又名朱雀或鹑。权：即轩辕，星官名，今属狮子座和天猫座。衡：据陈遵妫先生考证，衡是与权东并列的大星座，叫作太微，是天帝的南宫，乃三光入朝之庭，在今后发座、狮子座、室女座。 (58)三光之廷——三光：古代天文术语，日、月、星的总称。黄道经过太微垣的南部，为三光必经之路，故曰“三光之廷”。 (59)匡卫十

二星——太微垣共有十颗星:分别指太微西垣的右执法、西上将、西次将、西上相、西次相五星,和太微东垣的左执法、东上相、东次相、东上将、东次将五星,它们均属狮子座。 ⑥⓪执法——左执法和右执法的总称。今属室女座。在今星图上,左右执法各为一颗星。 ⑥①端门——古天文术语。"端门"本是皇宫南面之正门,古人把天穹的紫宫和太微也比作天帝的宫殿,而把紫宫的左枢、右枢两星,太微的左执法、右执法两星都视作端门。 ⑥②掖门——陈遵妫先生认为掖门当指《晋书·天文志》所谓左执法之东的左掖门和右执法之西的右掖门。 ⑥③诸侯——又名五诸侯,今属后发座。据陈遵妫先生考证,五诸侯指太微西北垣内的五颗星。 ⑥④五帝坐——古星官名,今属狮子座。 ⑥⑤郎位——古星官名,今属后发座,据考证,郎位所在处是一个疏散星团。

⑥⑥傍一大星,将位也——薄树人认为在《天官书》中对恒星的亮度有定性式的反映,这里的大星就是一例。 ⑥⑦月、五星顺入,轨道——月亮和五星自西向东运行,循顺行轨道由西进入太微垣。 ⑥⑧司其出,所守,天子所诛也——郭嵩焘认为:司其出,谓自太微庭过五帝座而东也。守者,留而不去也;犯者,猎其旁也。 ⑥⑨廷藩西有隋星五——太微廷外靠西边有从上垂下的五颗星,它们是少微和士大夫。少微:星官名,有四颗星,今属狮子座和小狮座。 ⑦⓪前大星——此星指轩辕十四,它应在五帝座之旁。 ⑦①旁小星——指轩辕十四以北众星,因其小,故称后宫之属。 ⑦②东井——即井宿,今属双子座。 ⑦③钺(yuè)——星官名,今属双子座。 ⑦④北河——星官名,今属双子座。 ⑦⑤南河——星官名,今属小犬座。 ⑦⑥两河、天阙间为关梁——两河,天阙间为日月五星的通道。天阙:星官名,又名阙丘,占星家认为它是天府之宫,故名之,今属麒麟座。关梁:指水陆的交通要道,比喻为日月五星之交通要道。 ⑦⑦舆鬼——即鬼宿,又名舆鬼,在今巨蟹座,二十八宿之一。

⑦⑧质——也称天质,即《观象玩占》所谓积尸气,也即鬼星团 M34,在今巨蟹座。 ⑦⑨德成衡,观成潢——《集解》引晋灼曰:"日、月、五星不轨道也。衡,太微廷也,观占也。潢,五帝车舍。" ⑧⓪伤成钺——《集解》引晋灼曰:"贼伤之占先成形于钺。" ⑧①祸成井——《集解》引晋灼曰:"东井主水事,火入之一星居其旁,天子且以火败,故曰祸也。"

㉜诛成质——《集解》引晋灼曰:“荧惑入舆鬼天质占曰大臣有诛。”
㉝柳为鸟注(zhòu)——柳为朱鸟的嘴。柳:即柳宿,二十八宿之一,属长蛇座。注:通“咮”,鸟口。 ㉞七星,颈,为员官——星宿七星在朱鸟的颈部,是朱鸟的喉咙。星:星宿,二十八宿之一,今属长蛇座。员官:喉咙。 ㉟张,素,为厨——张宿是朱鸟的嗉囊,为天厨。张:张宿,二十八宿之一,在今长蛇座。 ㊱羽翮(hé)——指鸟的翅膀。 ㊲轸(zhěn)——轸宿,二十八宿之一,在今乌鸦座。 ㊳长沙星——星名,属轸宿,在今乌鸦座。 ㊴天库楼——星官名,又名库楼,今属半人马座。 ㊵库有五车——五车指天市内外的五柱。 ㊶西宫咸池,曰天五潢。五潢,五帝车舍——西宫的主要星官是咸池,又叫天五潢。西宫:星区名,它包括奎、娄、胃、昴、毕、觜(zī)、参七宿。咸池:古星官名,今属御夫座。陈久金认为此句句读应为“西宫。咸池,曰天五潢。五潢,五帝车舍”。 ㊷中有三柱,柱不具,兵起——五潢中有三柱,柱星看不清楚,可能有战事发生。三柱:星官名,今属御夫座。 ㊸封豕——奎宿的别称,又叫天豕,二十八宿之一,今属仙女座和双鱼座。

㊹娄为聚众——《正义》云:“娄三星为苑,牧养牺牲以共祭祀,亦曰聚众。”娄:娄宿,今属白羊座。 ㊺胃——胃宿,二十八宿之一,今属白羊座。 ㊻廥:音 kuài。 ㊼髦头——昴宿的别称。昴:二十八宿之一,即著名的昴星团,肉眼可看到七颗星,因而又叫七姐妹星团,在今金牛座。 ㊽毕——毕宿,二十八宿之一,今属金牛座。 ㊾其大星旁小星为附耳——大星为天高星,其旁小星为附耳,今属金牛座。 ⑩⓪天街——星官名,今属金牛座。昴在黄道北,毕在黄道南,其间正是日、月、五星的通道,故称天街。 ⑩①其阴,阴国;阳,阳国——在天街两星中,北星为“阴国”,南星为“阳国”。 ⑩②参为白虎——参星是西宫白虎的主体,参四星为左右肩,可见参宿为虎身。觜是虎头,罚为虎尾,其口为毕宿,虎须为昴宿。 ⑩③衡石——参宿中部横列三星的名称,今属猎户座。 ⑩④罚——古星官名,在今猎户座。 ⑩⑤觜觿(xī)——古星官名,简称觜,二十八宿之一,今属猎户座。 ⑩⑥葆旅——或谓守军,或谓野菜。由于虎为凶猛的象征,主战事杀伐,虎头更不能与此相应,不能想象虎头去找野菜吃,当解释为守军,主战事杀伐。 ⑩⑦天厕——古

星官名，今属天兔座。 ⑩⑧天矢——古星名，亦名天屎，今属天鸽座。天矢一星是一颗变星，亮度随时间变化。 ⑩⑨天旗——古星官名，参宿西北参旗九星称为“天旗”，今在猎户座。 ⑪⑩天苑——古星官名，今属波江座。天苑星当为十六星。 ⑪⑪九游——古星官名，今属波江座和天兔座。 ⑪⑫狼——即天狼星，亦称“犬星”，是夜空中最亮的一颗星，今指大犬座的α星。 ⑪⑬狼角——天狼星其色青白，光强炫目，似有芒角。 ⑪⑭弧——弧矢之简称，又名“天弓”“狼弧”，今属小犬座、船尾座。 ⑪⑮南极老人——星名，今指船底座α星，是夜空中著名的亮星。但由于老人星近南极，只有在秋分前后，其位于正南方时，才能偶见。 ⑪⑯北宫玄武，虚、危——北宫的整体形象类似灵龟。主要星官是虚宿和危宿。北宫：古代星区名，包括斗、牛、女、虚、危、室、壁。玄武：相传是一种灵龟。玄：黑色，又训北方，又训幽远。北方在五行中属水，故北宫星象多与水生动物有关，如南斗又称玄龟之首，斗、箕二宿南有天鳖、天龟二星，壁宿又称天池。又根据幽玄之意，派生出虚、玄宫（室宿）等星。 ⑪⑰危为盖屋——危：危宿，二十八宿之一，今属宝瓶座和飞马座。 ⑪⑱虚——虚宿，二十八宿之一，今属宝瓶座和小马座。⑪⑲羽林天军——古星官名，又名“羽林军”，或“天军”，今属宝瓶座和南鱼座。 ⑫⑩垒——古星官名，壁垒阵的简称，在今双鱼座。 ⑫①北落——古星官名，南鱼座的α星。北落接近地平线时为蒙气所遮蔽，故有“北落若微亡”之称。又由于北落师门是月道所必经，故五星都可犯它。 ⑫②入军——羽林军占黄道南一度到北十六度，故五星都能入之。 ⑫③水，水患——天军星运行到水星的位置，就要发生水灾。 ⑫④司空——古星官名。《正义》云：“危东两两相比者，是司命等星也。司空唯一星耳，又不在危东，恐‘命’字误为‘空’也。” ⑫⑤营室为清庙，曰离宫——“营室”室宿二星与壁宿二星，成一大正四方形，古称定星。离宫：古星官名，今属飞马座。营室为清庙，又称为离宫，可见《天官书》将营室、离宫合为一个星官。 ⑫⑥天驷——《索隐》引《元命包》云：“汉中四星曰骑，一曰天驷也。”此处不是指房宿的天驷。 ⑫⑦王良——古星名，今属仙后座。自晋以后，天驷与王良合称为王良五星。⑫⑧策——驾驭，有人认为策应指王良与阁道间的策星。 ⑫⑨天潢——

也称“天津”，古星官名。 ⑬⓪江星动，人涉水——本是古语，言观察到江星颤动，就要下大雨了，后世由此衍生出人星。江星：可能是天津四，在今天鹅座。 ⑬①杵、臼四星，在危南——杵、臼星官有四颗星，危宿在它们的南边。杵：古星官名，当为内杵，属蝎虎座和飞马座。臼：古星官名，在今天鹅座和飞马座。 ⑬②匏（páo）瓜——古星官名，今属海豚座。 ⑬③南斗——斗宿的别称，在今人马座。二十八宿之一，与北斗星相对应。 ⑬④建星——古星官名，在今人马座。 ⑬⑤牵牛——为牛宿的别称，二十八宿之一，在今摩羯座。 ⑬⑥河鼓——古星官名，又称“天鼓”，今属天鹰座。 ⑬⑦左右，左右将——分指河鼓星官的河鼓一，河鼓三，分别对应今天天鹰座的α、γ星。 ⑬⑧婺（wù）女——古星官名，一作“须女”，即女宿，二十八宿之一，在今宝瓶座。 ⑬⑨织女——即织女星，今指天琴座α星。

察日、月之行以揆岁星顺逆[①]。曰东方，木，主春，日甲乙[②]。义失者，罚出岁星。岁星赢缩[③]，以其舍命国[④]。所在国不可伐，可以罚人。其趋舍[⑤]而前曰赢，退舍[⑥]曰缩。赢，其国有兵不复；缩，其国有忧，将亡，国倾败。其所在，五星皆从而聚于一舍[⑦]，其下之国可以义致天下。

以摄提格岁：岁阴左行在寅，岁星右转居丑[⑧]。正月，与斗、牵牛晨出东方，名曰监德[⑨]。色苍苍有光[⑩]。其失次，有应见柳[⑪]。岁早，水；晚，旱。

岁星出，东行十二度，百日而止，反逆行；逆行八度，百日，复东行。岁行三十度十六分度之七，率日[⑫]行十二分度之一，十二岁而周天。出常东方，以晨；入于西方，用昏[⑬]。

单阏岁：岁阴在卯，星居子。以二月与婺女、虚、危晨出，曰降入。大有光。其失次，有应见张，其岁大水[⑭]。

执徐岁：岁阴在辰，星居亥。以三月与营室、东壁晨出[⑮]，曰青章。青青甚章[⑯]。其失次；有应见轸。岁早[⑰]，旱；晚，水。

大荒骆岁：岁阴在巳，星居戌。以四月与奎、娄晨出，曰跰踵[18]。熊熊赤色[19],有光。其失次,有应见亢。

敦牂岁:岁阴在午,星居酉。以五月与胃、昴、毕晨出,曰开明。炎炎有光[20]。偃[21]兵,唯利公王[22],不利治兵。其失次,有应见房。岁早,旱;晚,水。

叶洽岁:岁阴在未,星居申。以六月与觜觿、参晨出,曰长列。昭昭有光[23]。利行兵。其失次,有应见箕。

涒滩岁:岁阴在申,星居未。以七月与东井、舆鬼晨出,曰大音。昭昭白。其失次,有应见牵牛。

作鄂岁:岁阴在酉,星居午。以八月与柳、七星、张晨出,曰长王[24]。作作有芒[25]。国其昌,熟谷。其失次,有应见危。有旱而昌[26],有女丧,民疾。

阉茂岁:岁阴在戌,星居巳。以九月与翼、轸晨出,曰天睢。白色大明。其失次,有应见东壁。岁水,女丧。

大渊献岁:岁阴在亥,星居辰。以十月与角、亢晨出,曰大章。苍苍然[27],星若跃而阴出旦,是谓"正平"[28]。起师旅,其率必武;其国有德,将有四海。其失次,有应见娄。

困敦岁:岁阴在子,星居卯。以十一月与氐、房、心晨出,曰天泉。玄色甚明[29]。江池其昌,不利起兵。其失次,有应见昴[30]。

赤奋若岁:岁阴在丑,星居寅,以十二月与尾、箕晨出,曰天皓。黫然[31]黑色甚明。其失次,有应见参。

当居不居[32],居之又左右摇,未当去去之,与他星会,其国凶。所居久,国有德厚。其角动,乍小乍大,若色数变,人主有忧。

其失次舍以下,进而东北,三月生天棓[33],长四丈,末兑,进而东南,三月生彗星[34],长二丈,类彗。退而西北,三月生天欃,长四丈,末兑。退而西南,三月生天枪,长数丈,两头兑。谨视其所见之国,不可举事用兵。其出如浮如沈[35],其国有土功;如沉如浮,其野亡。色赤而有角,其所居国昌。迎角而战者,不胜。星色赤黄而沉,所居野大穰。色青白而赤灰,所居野有忧。岁星入月[36],

其野有逐相；与太白斗[37]，其野有破军。

岁星一曰摄提，曰重华，曰应星，曰纪星。营室为清庙，岁星庙也。

察刚气以处荧惑[38]。曰南方，火，主夏，日丙、丁。礼失，罚出荧惑，荧惑失行是也。出则有兵，入则兵散。以其舍命国。荧惑为勃乱[39]，残贼、疾、丧、饥、兵。反道二舍以上[40]，居之，三月有殃，五月受兵，七月半亡地，九月太半亡地。因与俱出入，国绝祀。居之，殃还[41]至，虽大当小；久而至，当小反大。其南为丈夫丧[42]，北为女子丧。若角动绕环之，及乍前乍后，左右，殃益大。与他星斗，光相逮，为害；不相逮[43]，不害。五星皆从而聚于一舍，其下国可以礼致天下。

法，出东行十六舍而止[44]；逆行二舍；六旬，复东行，自所止数十舍，十月而入西方；伏行五月，出东方。其出西方曰“反明”[45]，主命者恶之。东行急，一日行一度半。

其行东、西、南、北疾也[46]。兵各聚其下；用战，顺之胜，逆之败。荧惑从太白，军忧；离之，军却。出太白阴，有分军；行其阳，有偏将战。当其行，太白逮之，破军杀将。其入守犯太微、轩辕、营室，主命恶之。心为明堂，荧惑庙也。谨候此[47]。

历斗之会以定填星之位[48]。曰中央，土，主季夏，日戊、己，黄帝，主德，女主象也。岁填一宿[49]，其所居国吉。未当居而居，若已去而复还，还居之，其国得土，不乃得女。若当居而不居，既已居之，又西东去，其国失土，不乃失女，不可举事用兵。其居久，其国福厚；易，福薄。

其一名曰地侯[50]，主岁[51]。岁行[52]十三度百十二分度之五，日行二十八分度之一，二十八岁周天。其所居，五星皆从而聚于一舍，其下之国，可以重[53]致天下。礼、德、义、杀、刑尽失，而填星乃为之动摇。

赢，为王不宁；其缩，有军不复[54]。填星，其色黄，九芒，音曰黄钟宫[55]。其失次上二三宿曰赢,有主命不成,不乃大水。失次下二三宿曰缩,有后戚,其岁不复,不乃天裂若地动。

斗为文太室[56],填星庙,天子之星也。

木星与土合[57],为内乱。饥,主勿用战,败;水则变谋而更事;火为旱;金为白衣会若水。金在南曰牝牡[58],年谷熟,金在北,岁偏无。火与水合为焠[59],与金合为铄[60],为丧,皆不可举事,用兵大败。土为忧,主孽卿[61];大饥,战败,为北军,军困,举事大败。土与水合,穰而拥阏[62],有覆军,其国不可举事。出,亡地;入,得地。金为疾,为内兵,亡地。三星若合,其宿地国外内有兵与丧,改立公王。四星合,兵与丧起,君子忧,小人流[63]。五星合,是为易行,有德,受庆,改立大人[64],掩有四方[65],子孙蕃昌;无德,受殃若亡。五星皆大,其事亦大;皆小,事亦小。

蚤出者为赢,赢者为客。晚出者为缩,缩者为主人。必有天应见于杓星。同舍为合。相陵为斗,七寸以内必之矣。

五星色白圜,为丧旱;赤圜,则中不平,为兵;青圜,为忧水;黑圜,为疾,多死;黄圜,则吉。赤角犯我城,黄角地之争,白角哭泣之声,青角有兵忧,黑角则水。意,行穷兵之所终[66]。五星同色,天下偃兵,百姓宁昌。春风秋雨,冬寒夏暑,动摇常以此[67]。

填星出百二十日而逆西行,西行百二十日反东行。见三百三十日而入,入三十日复出东方。太岁在甲寅,镇星在东壁,故在营室[68]。

察日行以处位太白[69],曰西方,秋,日庚、辛,主杀[70]。杀失者,罚出太白。太白失行,以其舍命国。其出行十八舍二百四十日而入。入东方,伏行十一舍百三十日;其入西方,伏行三舍十六日而出。当出不出,当入不入,是谓失舍,不有破军,必有国君之篡。

其纪上元[71],以摄提格之岁,与营室晨出东方,至角而入;与营室夕出西方,至角而入;与角晨出,入毕;与角夕出,入毕;与毕晨出，入箕；与毕夕出，入箕；与箕晨出，入柳；与箕夕出，入柳；与柳晨出，入营室；与柳夕出，入营室。凡出入东西各五，为八岁，二百二十日，复与营室晨出东方[72]。其大率[73]，岁一周天[74]。其始出东方，行迟，率日半度，一百二十日，必逆行一二舍；上极[75]而反，东行，行日一度半，一百二十日入。其庳，近日，曰明星，柔[76]；高，远日，曰大嚣，刚。其始出西方[77]，行疾，率日一度半，百二十日；上极而行迟，日半度，百二十日，旦入，必逆行一二舍而入。其庳，近日，曰大白，柔；高，远日，曰大相，刚[78]。出以辰、戌，入以丑、未。[79]

当出不出，未当入而入，天下偃兵，兵在外，入。未当出而出，当入而不入，天下起兵[80]，有破国。其当期出也，其国昌。其出东为东，入东为北方[81]；出西为西，入西为南方。所居久，其乡[82]利；易[83]，其乡凶。

出西至东[84]，正西国吉。出东至西，正东国吉。其出不经天，经天，天下革政[85]。

小以角动，兵起。始出大，后小，兵弱；出小，后大，兵强。出高，用兵深吉，浅凶；庳，浅吉，深凶。日方南金居其南，日方北金居其北，曰赢，侯王不宁，用兵进吉退凶。日方南金居其北，日方北金居其南，曰缩，侯王有忧，用兵退吉进凶。用兵象太白：太白行疾，疾行；迟，迟行。角，敢战。动摇躁，躁。圜以静，静。顺角所指，吉；反之，皆凶。出则出兵，入则入兵。赤角，有战；白角，有丧；黑圜角，忧，有水事；青圜小角，忧，有木事；黄圜和角，有土事，有年[86]。其已出三日而复，有微入，入三日乃复盛出，是谓耎[87]，其下国有军败将北。其已入三日又复微出，出三日而复盛入[88]，其下国有忧；师有粮食兵革，遗[89]人用之；卒虽众，将为人虏[90]。其出西失行，外国败；其出东失行，中国[91]败。其色大圜黄滜[92]，可为好事；其圜大赤，兵盛不战。

太白白，比狼[93]；赤，比心；黄，比参左肩[94]；苍，比参右肩；黑，比奎大星[95]。五星皆从太白而聚乎一舍,其下之国可以兵从天下。居实,有得也;居虚,无得也。行胜色,色胜位,有位胜无位,有色胜无色,行得尽胜之。出而留桑榆[96]间,疾其下国。上而疾,未尽其日,过参天[97],疾其对国。上复下,下复上,有反将。其入月,将僇。金、木星合,光,其下战不合,兵虽起而不斗;合相毁[98],野有破军。出西方,昏而出阴,阴兵强;暮食[99]出,小弱;夜半出,中弱;鸡鸣出,大弱:是谓阴陷于阳。其在东方,乘明而出阳,阳兵之强,鸡鸣[100]出,小弱;夜半出,中弱;昏出,大弱:是谓阳陷于阴。太白伏也,以出兵,兵有殃。其出卯南,南胜北方;出卯北,北胜南方;正在卯,东国利。出西北,北胜南方;出西南,南胜北方;正在西,西国胜。

其与列星相犯[101],小战;五星,大战。其相犯,太白出其南,南国败;出其北,北国败。行疾,武;不行,文。色白五芒,出蚤为月蚀[102],晚为天夭[103]及彗星,将发其国。出东为德,举事左之迎之,吉。出西为刑,举事右之背之,吉。反之皆凶。太白光见景[104],战胜。昼见而经天,是谓争明,强国弱,小国强,女主昌。

亢为疏庙,太白庙也。太白,大臣也,其号上公[105]。其他名殷星、太正、营星、观星、宫星、明星、大衰、大泽、终星、大相、天浩、序星、月纬。大司马[106]位谨候此。

察日辰之会,以治辰星之位[107]。曰北方水,太阴之精,主冬,日壬、癸。刑失者,罚出辰星,以其宿命国。

是正四时[108]:仲春春分,夕出郊[109]奎、娄、胃东五舍,为齐[110];仲夏夏至,夕出郊东井、舆鬼、柳东七舍,为楚[111];仲秋秋分,夕出郊角、亢、氐、房东四舍,为汉[112];仲冬冬至,晨出郊东方,与尾、箕、斗、牵牛俱西,为中国。其出入常以辰、戌、丑、未。

其蚤,为月蚀;晚,为彗星及天夭。其时宜效,不效为失[113],追兵在外不战。一时不出,其时不和;四时不出,天下大饥。其当效而出也,色白为旱,黄为五谷熟,赤为兵,黑为水。出东方,大而白，有兵于外，解[114]。常在东方，其赤，中国胜；其西而赤，外国利。无兵于外而赤，兵起。其与太白俱出东方，皆赤而角，外国大败，中国胜；其与太白俱出西方，皆赤而角，外国利。五星分天之中，积于东方，中国利；积于西方，外国用兵者利[115]。五星皆从辰星而聚于一舍，其所舍之国可以法致天下。辰星不出，太白为客；其出，太白为主。出而与太白不相从，野虽有军，不战。出东方，太白出西方；若出西方，太白出东方，为格[116]，野虽有兵不战。失其时而出，为当寒反温，当温反寒。当出不出，是谓击卒，兵大起。其入太白中而上出，破军杀将，客军胜；下出，客亡地。辰星来抵[117]太白，太白不去，将死。正旗上出，破军杀将，客胜；下出，客亡地[118]。视旗所指，以命破军。其绕环太白，若与斗，大战，客胜。免[119]过太白，间可椷剑[120]，小战，客胜。免居太白前，军罢；出太白左，小战；摩[121]太白，有数万人战，主人吏死；出太白右，去三尺，军急约战。青角，兵忧；黑角，水。赤行穷兵之所终[122]。

免七命[123]，曰小正、辰星、天欃、安周星、细爽、能星、钩星。其色黄而小，出而易处[124]，天下之文变而不善矣。免五色，青圜忧，白圜丧，赤圜中不平，黑圜吉。赤角犯我城，黄角地之争，白角号泣之声。

其出东方，行四舍四十八日[125]，其数二十日，而反入于东方；其出西方，行四舍四十八日，其数二十日，而反入于西方。其一候之营室、角、毕、箕、柳。出房、心间，地动。

辰星之色：春，青黄；夏，赤白；秋，青白，而岁熟；冬，黄而不明。即变其色，其时不昌。春不见，大风，秋则不实。夏不见，有六十日之旱，月蚀。秋不见，有兵，春则不生。冬不见，阴雨六十日，有流邑[126]，夏则不长。

（以上为第二段，介绍了五大行星的运行及其相关占法。）

①察日、月之行以揆岁星顺逆——观察日月的运动，可以判断木星是顺行还是逆行。岁星即木星。 ②东方，木，主春，日甲乙——根据

五行学说，把五行与五方配合：东方木、南方火、西方金、北方水、中央土；把五行与四季配合，木主春、火主夏、金主秋、水主冬，土与四季配合也主季夏(夏季的最后一个月，即农历六月)；把五行与纪日的十干配合，甲乙木、丙丁火、戊己土、庚辛金、壬癸水。 ③赢缩——古天文术语。行星视运动有快有慢有顺有逆，有时停留不动。行星运行速度较快超过推算位置而到达下一宿称赢，运动较慢未达到推算位置而落后一宿叫作缩。 ④以其舍命国——以赢缩所出现的星宿为该星宿所对应的分野国作占。舍：就是宿，是对天空区域划分。 ⑤趋舍——岁星快于推算速度而超过应停留的星宿。 ⑥退舍——岁星慢于推算速度而落后应停留的星宿。 ⑦五星皆从而聚于一舍——指五大行星同时出现于一星宿内时，古代称为“五星聚”或“五星连珠”。这种现象不常发生，所以古人认为它是祥瑞。 ⑧以摄提格岁：岁阴左行在寅，岁星右转居丑——摄提格岁就是寅年，和木星运动方向相反的假想点岁阴向左运行在寅位，木星向右运行而在丑位。 ⑨监德——古代岁星纪年法的一种别名，即摄提格岁。古人根据正月晨见东方之时的月份，又专门给岁星纪年法起了一套别名，如下边的降入、青章等都是。 ⑩色苍苍有光——光色青苍，比较明亮。 ⑪其失次，有应见柳——岁星的周期为十二年，但岁星的实际周期为11.86年。所以每年所行比一个星次多，十二年比一周天多四五度，累积起来，八十多年就要超越一星次，即八十多年后，本来推算木星应到的星次，木星却过了头，到了不应该到的下一个星次，便是“失次”。当岁星晨见于东方时，一般来说，柳宿已经隐没于西方。但当岁星缩行或逆行时，其间距就不足十二宿，岁星和柳宿便能分别见于东、西方，故曰“有应见柳”。 ⑫率日——每天。 ⑬出常东方，以晨；入于西方，用昏——初见岁星总是在东方，所以叫作晨星；消逝于阳光淹没之中，则在西方，表现为昏星。 ⑭其岁大水——这一年要有大水灾。 ⑮以三月与营室、东壁晨出——在三月与营室、东壁二星早晨出现。 ⑯青青甚章——光色青青甚为明亮。章：明显。 ⑰岁早——意谓轸星在这一年中较早表现出异常。 ⑱曰跰踵(pián zhǒng)——这种现象叫作“跰踵”。 ⑲熊熊赤色——光色红而明亮。熊熊：光盛貌。 ⑳炎炎有光——星光明亮。炎炎：光强貌。 ㉑偃——止息，停止。 ㉒公王——指太平盛世的帝王诸侯。 ㉓昭昭有光——星光灿烂。昭昭：光明貌。 ㉔曰长王——这种现象叫作“长王”。 ㉕作作有芒——星很亮，像有芒角。 ㉖有旱而昌——虽有旱灾，但国运仍昌盛。 ㉗苍苍然——青黑貌。 ㉘星若跃而阴出旦，是谓“正平”——岁星像是从黑暗中突然跳出，出现在明亮的晨曦之中似的，叫作“正平”，这是《史记》中的专称。 ㉙玄色甚明——星的颜色为黑色，但比较明亮。 ㉚有应见昴——在昴星上表现出异常。 ㉛黫(yān)然——黑貌。 ㉜当居不居——木星按推算它该留某一宿而没有留。因木星由顺行转为逆行，或由逆行转为顺行时要经留，此时木星看起来似乎不动，故为“居”。 ㉝天棓——指妖星中的天棓，而不是恒星中的天棓。以下天欃(chán)、天枪与此相同，皆属妖星。这些妖星可能是彗星的不同形态。 ㉞彗星——绕太阳运行的一种天体，呈云雾状，外貌独特，体积庞大，由于其外貌独特，民间又称为扫帚星，古人认为它们的出现是灾祸的象征。 ㉟如浮如沈——木星运行中看上去似要向北上浮，实际却沉向南方。沈：同“沉”。 ㊱岁星入月——当木星运行到跟月亮、地球为一条直线时，观测者的视线被月亮遮断看不见木星。 ㊲斗——星的光芒相接触。 ㊳察刚气以处荧惑——荧惑表现一种刚正执法的气概。刚气：刚毅之气，古人认为火星象征执法者。 ㊴荧惑为勃乱——勃：通“悖”，违反，迷惑。 ㊵反道二舍以上——火星逆行超过两宿以上。 ㊶还——通“旋”，不久，即刻。 ㊷其南为丈夫丧——这颗星出在南方意味着男人将有灾难。 ㊸逮——及，到。 ㊹法，出东行十六舍而止——法：常规，即火星运行的规律。出：日出前，火星晨初出现于东方。东行十六舍而止：根据《汉书·天文志》，出东行二百七十六日，历百九十度。以平均每舍十三度计之，十六舍当二百八十度，误差较大，王元启认为此处每舍合十度。 ㊺其出西方曰“反明”——如果火星在西方消失之后，又出现在西方，叫作反明。按：火星轨道在地球轨道外，为地外行星，只能始见于东方，没有出现在西方的可能。 ㊻其行东、西、南、北疾也——火星在恒星背景上的轨迹是曲折的，它可以在东、西、南、北任何一个方向上急速运行。疾：急速。 ㊼谨候此——谨慎占候火星的情况。候:占验星相,根据天象的变化来预测吉凶。⑱历斗之会以定填星之位——言推算时,以填星与斗宿相会为起点,此后填星离斗宿越来越远,故可用斗宿来确定填星的位置。历:推算。填星:即土星。 ⑲岁填一宿——古代观测土星约二十八年(实际为29.46年)运行一周,每年行程相当于一宿天区。 ⑳地侯——土星之别名。古人认为它的运动与岁收丰歉有关,故又称其为地侯。 ㉑岁——年景,一年的收成。 ㉒岁行——岁星运行。 ㉓重——庄严敦厚的德行。 ㉔复——还转,返回。 ㉕黄钟宫——古代乐律名,居十二律之首,声调最为洪大响亮。 ㉖文太室——有文采的帝王祖庙的中室。 ㉗木星与土合——当作"凡星五,木与土合"。 ㉘金在南曰牝牡(pìn mǔ)——金星在木星南而发生合叫"牝牡"。金星象征阴,木星象征阳,故名之。牝:雌性,阴性。牡:雄性,阳性。 ㉙焠——金属烧红,浸入水中。 ㉚铄——用火熔化金属。 ㉛孽卿——庶子担任大臣。 ㉜穰(ráng)而拥阏(è)——农业虽有丰收,但流通受阻。拥阏:阻碍。 ㉝君子忧,小人流——当权者忧虑,百姓流离失所。君子:古代指统治阶级,也用以称有才德的人。小人:古代指平民百姓,也指无才德的人。 ㉞大人——指帝王。 ㉟掩有四方——拥有四方的土地。掩:覆盖,包括。 ㊱意,行穷兵之所终——它们的形状、颜色能应验军事行动的最终结果。此句应是衍文。 ㊲动摇常以此——春风秋雨,冬寒夏暑,变化常以此应验。 ㊳太岁在甲寅,镇星在东壁,故在营室——东壁,壁宿的一种别称。《天官书》以甲寅为历元,历元正月时,日、月、五星皆在营室。 ㊴察日行以处位太白——金星总出现在太阳的左右,所以确定金星的位置需要观察太阳的运行。 ㊵主杀——意味着将有杀伐之事。 ㊶上元——中国古历法选取的推算起点,称"历元"。一般历法选取甲子日夜半作为起点,此时正好交冬至日月合朔。为使日、月、五星交会计算方便,往往再上推找出某一个甲子日、夜半、日月合璧,正好交冬至节,又恰逢五星连珠的时刻作为起算点,像这样理想的起算点,称作"上元"。 ㊷凡出入东西各五,为八岁,二百二十日,复与营室晨出东方——前文已述及上元时太白与营室晨出东方,经一个会合周期后,至角宿晨出东方,第三次与壁,第四次与箕,第五次与柳,第六次又与营室晨出东方,完成一个周期,共需八年。

⑦③大率——大都,大抵。 ⑦④岁一周天——一年转一周天。按:根据现在的实测,金星的公转周期约为224.7天。 ⑦⑤上极——到达极点。

⑦⑥近日,曰明星,柔——早上它靠近太阳时,叫明星,光线比较柔和。明星:金星的别名之一。以下的大白、大嚣、大相等都与此相同。 ⑦⑦始出西方——刚从西方升起的时候。 ⑦⑧刚——在夜空中极亮,显得刚烈。 ⑦⑨辰、戌——辰:辰位,相当于东偏南;戌:相当于西偏北。

丑、未——丑:相当于北偏东;未:相当于南偏西。 ⑧⓪天下起兵——到处将有兵起。 ⑧①其出东为东,入东为北方——它出现在东方兆应就出现在东方,隐没在东方则兆应出现在北方。按:此句与下句皆言金星出没的方位,及其占卜与所主方位的国家的关系。 ⑧②乡——通"向",对着。 ⑧③易——挪动了位置。 ⑧④出西至东——出于西方,向东方运行。 ⑧⑤其出不经天,经天,天下革政——金星和太阳的距离总是保持在一定范围之内,所以它的运行不会经历周天出现在任意天区,如果是周天运行,天下就要改革政治了。另一说昼见为中天。 ⑧⑥有年——指丰收年。 ⑧⑦耎(ruǎn)——软弱,退缩。 ⑧⑧其已入三日又复微出,出三日而复盛入——如果出现三日而又隐没,且隐没的时间很短,三天后出现的时间较长。 ⑧⑨遗(wèi)——致送,赠予。 ⑨⓪将为人虏——将帅要被俘虏,另一说为将要做人家的俘虏。 ⑨①中国——或指京师,或指华夏地区,以其居四夷之中,故名之。又因华夏汉族多建国于黄河流域,故"中国"也与"中土""中原""中州"同义。

⑨②滜——同"泽"。光润。 ⑨③太白白,比狼——衡量太白的颜色用恒星做对比,与狼星相似为白色。比:比较,类比。狼:即天狼星,大犬座α星。是天空中最亮的恒星。 ⑨④黄,比参左肩——太白和参宿左肩的参宿四相似为黄色。 ⑨⑤黑,比奎大星——太白与奎宿南的西南大星天豕目相比为黑色。 ⑨⑥桑榆——指代一般的树木。 ⑨⑦上而疾,未尽其日,过参天——金星上升很快,没到一天运行已超过三分之一宿。参天:三分之一星空。 ⑨⑧合相毁——金星与木星相合后,光浅变暗。 ⑨⑨暮食——古代计时术语。在昏时以后,半夜以前。又称"夜食时",约为戌、亥时分。 ⑩⓪鸡鸣——古代计时术语,指丑时。 ⑩①其

与列星相犯——指太白和恒星相遇。列星:众星,指恒星。 ⑩出蚤为月蚀——其出现早于推算时间,就可能出现月蚀。蚤:通“早”。 ⑩天夭——古人把不是正常出现的天体,如彗星等统称为妖星。 ⑩太白光见景——太白星光明亮得能在地上投下影子。景:“影”的本字。 ⑩上公——周代官制,三公(太师、太傅、太保)中有特殊德行者,尊称上公。汉代称太傅为上公,因它的位置在三公(大司马、大司徒、大司空)之上。 ⑩大司马——周代官名,由大司马掌管庶政。秦代和汉代初期,设太尉掌管军事,为三公之一。到汉武帝时,废太尉,改设大司马,作为权力最大的将军的加衔。 ⑩察日辰之会,以治辰星之位——水星和太阳的距离不超过一辰所以叫辰星,观察它和太阳的会合就可以确定辰星的位置。治:确定。 ⑩正四时——确定四季。正:确定。 ⑩出郊——出现。“郊”字应作“效”,下文三“郊”与此相同。 ⑩齐——指战国时代的齐国,在今山东北部。 ⑪楚——指战国时代的楚国,今湖北、湖南一带地区。 ⑪汉——指汉朝京都长安附近的三辅地区,约今陕西中部地区。 ⑪其时宜效,不效为失——应当出现的时候就该出现,不出现就是失行。效:显现。 ⑪有兵于外,解——虽然有兵在外,仍可以化解危险。 ⑪外国用兵者利——意即有利于敌对国家。 ⑪格——《索隐》曰:“谓辰星出西方。辰,水也。太白出东方。太白,金也。水生金,母子不相从,故野有军不战;今母子各出一方,故为格。格谓不和同,故野虽有兵,不战也。” ⑪抵——靠近。 ⑪“正旗上出”至“客亡地”——梁玉绳以此十五字为衍文,应删。 ⑪免——免星,水星的别名。 ⑫间可椷(hán)剑——水星与太白星距离近得只能容纳一把剑。椷:通“函”,容纳。间:距离。 ⑫摩——接近,迫近。 ⑫赤行穷兵之所终——颜色赤红而且运行是败兵末日来临的征兆。此句当为衍文。 ⑫命——名称。 ⑫其色黄而小,出而易处——这是辰星的特征。 ⑫行四舍四十八日——应是“四十八度”之误。出东方至入东方,两个基本数据一是度数,一是日数,此处开头载舍数,后面载日数,有了日数以后,中间就不可能再载日数,必是将舍数折合成度数。如取一舍为十二度,四十八正是四舍之度。下文“四十八日”也应是“四十八度”之误。 ⑫流邑——被大水冲坏的城邑。

角、亢、氐，兖州[①]。房、心，豫州[②]。尾、箕，幽州[③]。斗，江、湖[④]。牵牛、婺女，扬州[⑤]。虚、危，青州[⑥]。营室至东壁，并州[⑦]。奎、娄、胃，徐州[⑧]。昴、毕，冀州[⑨]。觜觿、参，益州[⑩]。东井、舆鬼，雍州[⑪]。柳、七星、张，三河[⑫]。翼、轸，荆州[⑬]。

七星为员官，辰星庙，蛮夷星也[⑭]。

（以上为第三段，记载二十八宿和地理分野的关系。）

①角、亢、氐，兖（yǎn）州——角、亢、氐三宿，分野在兖州。兖州：也作“兗州”，古州名，此处及以下各州，皆是汉武帝采古九州而设立的十三刺史部，兖州约在今山东西南部及河南东部地区。 ②豫州——约今河南东部和安徽北部。 ③幽州——约今北京、山西小部、天津海河以北、河北北部、辽宁大部和朝鲜大同江流域。 ④江、湖——江，指长江下游地区；湖，指太湖流域一带。 ⑤扬州——约今安徽淮河和江苏长江以南及江西、浙江、福建一带。 ⑥青州——约今山东德州、齐河以东，马颊河以南，济南、临朐（qú）、安丘、高密、莱阳、栖霞、乳山等市县以北、以东和河北吴桥地。 ⑦并州——约今山西大部和内蒙古、河北的一部。 ⑧徐州——约今江苏长江以北和山东东南部。 ⑨冀州——约今河北中部和山东西端与河南北端地区。 ⑩益州——约今四川折多山和云南怒山、哀牢山以东，甘肃陇南、两当和陕西秦岭以南，湖北十堰郧阳区、保康西北，贵州除东边以外地区。 ⑪雍州——古州名，汉代改为凉州，约今陕西中部、甘肃东南部、宁夏南部及青海黄河以南一部。 ⑫三河——指河东、河内、河南三郡，约今山西西南部和河南大部。 ⑬荆州——约今湖北、湖南两省和广东、广西、贵州、河南一部。 ⑭七星为员官，辰星庙，蛮夷星也——陈仁锡认为：“七星……蛮夷星也”，当在上文“辰星，出房，心间，地动”之下。蛮夷：古代华夏族统治者对四方异族的贬称。

两军相当，日晕晕等[①]，力钧；厚长大，有胜；薄短小，无胜。

重抱,大破无[2]。抱为和,背[3]为不和,为分离相去。直为自立[4],立侯王;破军杀将[5]。负且戴[6],有喜。围在中,中胜;在外,外胜[7]。青外赤中,以和相去;赤外青中,以恶相去。气晕[8]先至而后去,居军[9]胜。先至先去,前利后病[10];后至后去,前病后利;后至先去,前后皆病,居军不胜。见而去,其发疾[11],虽胜无功。见半日以上,功大。白虹[12]屈短,上下兑,有者下大流血。日晕制胜[13],近期三十日,远期六十日。

其食[14],食所不利;复生[15],生所利;而食益尽[16],为主位。以其直及日所宿[17],加以日时[18],用命其国也。

月行中道[19],安宁和平。阴间[20],多水,阴事[21]。外北三尺,阴星。北三尺,太阴[22],大水,兵。阳间,骄恣[23]。阳星,多暴狱。太阳,大旱丧也。角、天门[24],十月为四月,十一月为五月[25],十二月为六月,水发,近三尺,远五尺。犯四辅[26],辅臣诛。行南北河,以阴阳[27]言,旱水兵丧。

月蚀岁星[28],其宿地,饥若亡。荧惑也乱,填星也下犯上,太白也强国以战败,辰星也女乱。蚀大角[29],主命者恶之;心,则为内贼乱也;列星,其宿地忧。

月食始日,五月者六,六月者五,五月复六,六月者一,而五月者五,凡百一十三月而复始[30]。故月蚀,常也;日蚀,为不臧也[31]。甲、乙,四海之外,日月不占[32]。丙、丁,江、淮、海岱也。戊、己,中州、河、济也。庚、辛,华山以西。壬、癸,恒山[33]以北。日蚀,国君[34];月蚀,将相当之。

国皇星[35],大而赤,状类南极。所出,其下起兵,兵强;其冲[36]不利。

昭明星[37],大而白,无角,乍上乍下。所出国,起兵,多变。

五残星[38],出正东东方之野。其星状类辰星,去地可六丈。

大贼星[39],出正南南方之野。星去地可六丈,大而赤,数动,有光。

司危星[40]，出正西西方之野。星去地可六丈，大而白，类太白。

狱汉星[41]，出正北北方之野。星去地可六丈，大而赤，数动，察之中青。此四野星所出，出非其方，其下有兵，冲不利。

四填星[42]，所出四隅[43]，去地可四丈。

地维咸光[44]，亦出四隅，去地可三丈，若月始出。所见，下有乱；乱者亡，有德者昌。

烛星[45]，状如太白，其出也不行。见则灭[46]。所烛者，城邑乱。

如星非星，如云非云，命曰归邪[47]。归邪出，必有归国者[48]。

星者，金之散气，其本曰火[49]。星众，国吉；少则凶。

汉者，亦金之散气，其本曰水。汉，星多，多水，少则旱，其大经[50]也。

天鼓[51]，有音如雷非雷，音在地而下及地[52]。其所往者，兵发其下。

天狗[53]，状如大奔星[54]，有声，其下止地，类狗。所堕及，望之如火光炎炎冲天。其下圜如数顷田处，上兑者则有黄色，千里破军杀将。

格泽星[55]者，如炎火之状。黄白，起地而上。下大，上兑。其见也，不种而获；不有土功，必有大害。

蚩尤之旗[56]，类彗而后曲，象旗。见则王者征伐四方。

旬始[57]，出于北斗旁，状如雄鸡。其怒，青黑，象伏鳖。

枉矢[58]，类大流星，蛇行而仓黑，望之如有毛羽然。

长庚[59]，如一匹布著天。此星见，兵起。

星坠至地，则石也。河、济之间，时有坠星。

天精而见景星[60]。景星者，德星也。其状无常，常出于有道之国。

（以上为第四段，介绍异常天象的占候。）

①日晕晕等——“晕”字重出，应删其一。“日晕”是一种大气现

象。太阳光线经云层中的冰晶折射和反射形成的一种环绕太阳,视半径为二十二度和四十六度(较为罕见)之白色或彩色光环。多在暖锋云系前方卷层云进入当地天空时出现。光环内部的天空,明显要比其余晦暗。 ②重抱,大破无——日晕的光气重重环抱向日,军将大破。抱:指日晕的光环环抱向日,无:应依《汉书·天文志》作“亡”。③背——指日晕的光气背日向外。 ④直为自立——日晕直,主自立。直:光晕笔直。 ⑤破军杀将——军被敌所破,将被敌所杀。 ⑥负且戴——指太阳上下方都有光晕。负:有光晕在日下方称负。戴:有光晕在日上方称戴。 ⑦围在中,中胜;在外,外胜——日晕紧围是被围困者取胜的征兆,日晕在外边很远的地方围着,是围困者取胜的征兆。⑧气晕——由悬浮在空中的冰晶对光线的反射和折射形成的一种光学现象,多发生在日、月周围。看起来似云非云,似气非气,多呈环状,亦有弧状、柱状或亮点状,古人常用来占卜征伐吉凶。 ⑨居军——守军,即驻守防卫的军队。 ⑩病——窘迫,处境不利。 ⑪见而去,其发疾——日晕从出现到消逝时间很短。 ⑫白虹——横亘天际,成带状如虹的淡白云气。古人通过观察以占卜征战之吉凶胜负。 ⑬制胜——决断胜败。 ⑭食——指日食。 ⑮复生——指日食结束,太阳复现。 ⑯而食益尽——指日食最深的时候。 ⑰以其直及日所宿——用太阳的方位及所在的星宿。其直:日食部位所当。日所宿:太阳所在的天正。 ⑱日时——日食所发生的干支日期及时刻,并与一定的地区对应。 ⑲月行中道——指月亮在黄道附近运动。中道:星体运行路线的名称,指房宿四星的中间。《索隐》曰:“案:中道,房室星之中间也。房有四星,若人之房三间有四表然,故曰房。南为阳间,北为阴间,则中道房星之中间也。故房是日月五星之常行道。” ⑳阴间——参看前注。 ㉑阴事——不可告人的丑事或秘闻。 ㉒外北三尺,阴星。北三尺,太阴——古人称太阳的轨道为中道或黄道,称月亮的轨道为月道或白道。黄白两道相交,故月行出入中道南北。《天官书》将位于中道北的白道称为太阴道,位于中道南的称为太阳道。黄白交角为五度左右,古人对此十分注意观察,故将位于黄道南北五度左右的星定名为阳星、阴星。 ㉓骄恣——骄傲放恣。 ㉔天门——古星官名,在角宿南,属角宿,在今之室女座。 ㉕十月为四月,十一月为五月——《索隐》曰:"谓月行入角与天门,若十月犯之,当为来年四月成灾;十一月,则主五月也。" ㉖四辅——《索隐》曰:"案:谓月犯房星也。四辅,房四星也。房以辅心,故曰四辅也。" ㉗阴阳——北河星以北,南河星以南。 ㉘月蚀岁星——月掩岁星。 ㉙蚀大角——月亮遮住了大角星。 ㉚"月食始日"七句——月食的发生是有周期的,从月食开始的那一天起,间隔五个月发生的有六次,再间隔六个月发生有五次,再间隔五月是六次,再间隔六月为一次,五月为五次,总共是一百二十一个月为一周期。用公式表达即是:$6\times5+5\times6+6\times5+1\times6+5\times5=121$。"百一十三月"应为"百二十一月"。 ㉛故月蚀,常也;日蚀,为不臧也——此由《诗经·小雅·十月之交》"彼月而食,则维其常;此日而食,于何不臧"变化而来。意为月食比较常见,而日食不常见,见必有灾。 ㉜甲、乙,四海之外,日月不占——发生在甲、乙日的日、月食,应验见于四海之外,故一般不用于占候。 ㉝恒山——古山名,在今河北曲阳西北,古代称为"北岳"。自清顺治中移祀北岳于山西浑源境内的恒山以后,此山通称大茂山。 ㉞日蚀,国君——意为日蚀应验在国君身上。 ㉟国皇星——古代奇异天象,所指可能是彗星或超新星,或新星。 ㊱冲——对着。 ㊲昭明星——又名"笔星",可能是新星或超新星爆发现象。 ㊳五残星——又名"五锋",星的表面有"如晕之气",形似羽毛状,为红色大星,移动频繁。五残星可能是指天亮以前出现在东方的短尾彗星或无尾彗星。 ㊴大贼星——正南方看到的火流星。 ㊵司危星——出现于天空正西方,可能为双尾彗星。 ㊶狱汉星——又名"咸汉",出现在天空正北方,可能是火流星,与大气摩擦燃烧而红亮,背面颜色偏暗,空气阻力使它出现左右或上下闪动现象。

㊷四填星——在任何方向都有可能看到,可能是出现于东南、西南、西北、东北四个方向的彗星或流星。 ㊸四隅——指星空的四角。 ㊹地维咸光——一作"地维藏光"。可能是彗星,也可能是新星或超新星爆发现象。 ㊺烛星——明亮似金星,瞬息即灭,可能是沿观测者视线方向出现的流星,故亮的时间显得略比其他流星长,并且看不出移动,但很快燃尽而灭。 ㊻见则灭——瞬息即逝。 ㊼归邪——可能

是彗星或新星。也有人认为是一种极光现象。 ㊽归国者——回到本国的大臣或国君。一说为归顺本国的人。 ㊾其本曰火——其本质是火。 ㊿大经——总的规律。 51天鼓——可能是穿越大气层的火流星。白天出现时，虽光不突出，但星体与大气激烈摩擦而发出似雷的轰鸣。 52音在地而下及地——它的声音由地表直传到地下。 53天狗——可能是近地火流星，并伴有陨星落地，之所以用天狗命名，是因为星体在运行中与大气摩擦而发出啸叫声。 54大奔星——古代奇异天象名称，“奔星”即流星，指形大行疾的流星和火流星。 55格泽星——古代奇异天象名称，像火焰，呈黄白色，由地面升起，上锐下大，可能是极光或黄道光。 56蚩尤之旗——形态有二，一种像红色的云；另一种上部呈黄色，下部呈白色，可能是彗星或极光。 57旬始——可能是彗星，也有人认为是极光。由于极光形态万千，朦胧多变，故名称甚多。 58枉矢——小流星在燃尽前因空气阻力而形成蛇形轨迹，燃烧余迹似羽毛飘散，亦可泛指流星。 59长庚——此处非金星，可能是极光。 60天精而见景星——《集解》引孟康曰：“精，明也。有赤方气与青方气相连，赤方中有两黄星，青方中一黄星，凡三星合为景星。”

凡望云气①，仰而望之，三四百里；平望，在桑榆上，千余二千里②；登高而望之，下属地者三千里。云气有兽居上者，胜。

自华以南，气下黑上赤。嵩高、三河之郊③，气正赤。恒山之北，气下黑下青。勃、碣④、海、岱之间，气皆黑。江、淮之间，气皆白。

徒气⑤白。土功气⑥黄。车气⑦乍高乍下，往往而聚。骑气⑧卑而布。卒气⑨抟。前卑而后高者，疾；前方而后高者，兑；后兑而卑者，却。其气平者其行徐。前高而后卑者，不止而反。气相遇者，卑胜高，兑胜方。气来卑而循车通者，不过三四日，去之五六里见⑩。气来高七八尺者，不过五六日，去之十余里见。气来高丈余二丈者，不过三四十日，去之五六十里见。

稍云⑪精白者，其将悍，其士怯。其大根而前绝远者⑫，当战。

青白，其前低者，战胜；其前赤而仰者，战不胜。阵云[13]如立垣。杼云类杼[14]。轴云[15]抟两端兑。杓云[16]如绳者，居前亘天，其半半天。其蛪者类阙旗故[17]。钩云句曲。诸此云见，以五色合占。而泽抟密，其见动人，乃有占[18]；兵必起，合斗其直。

王朔[19]所候，决于日旁。日旁云气，人主象。皆如其形以占。

故北夷之气如群畜穹闾，南夷之气类舟船幡旗。大水处，败军场，破国之虚，下有积钱，金宝之上，皆有气，不可不察。海旁蜃气[20]象楼台；广野气成宫阙然。云气各象其山川人民所聚积[21]。

故候息秏[22]者，入国邑，视封疆田畴之正治[23]，城郭室屋门户之润泽，次至车服畜产精华。实息者，吉；虚秏者，凶。

若烟非烟，若云非云，郁郁[24]纷纷，萧索轮囷[25]，是谓卿云[26]。卿云见，喜气也[27]。若雾非雾，衣冠而不濡，见则其域被甲而趋[28]。

夫雷电、虾虹[29]、辟历[30]、夜明[31]者，阳气之动者也，春夏则发，秋冬则藏，故候者无不司之。

天开县物[32]，地动坼绝[33]。山崩及徙[34]，川塞溪垘[35]；水澹地长[36]，泽竭见象[37]。城郭门闾，闺臬槁枯[38]；宫庙邸第，人民所次[39]。谣俗[40]车服，观民饮食。五谷草木，观其所属[41]。仓府厩库，四通之路[42]。六畜禽兽，所产去就[43]；鱼鳖鸟鼠，观其所处[44]。鬼哭若呼，其人逢俉[45]。化言，诚然[46]。

凡候岁美恶，谨候岁始[47]。岁始或冬至日，产气[48]始萌。腊明日，人众卒岁[49]，一会饮食，发阳气，故曰初岁。正月旦[50]，王者岁首；立春日，四时之始也[51]。四始者，候之日[52]。

而汉魏鲜集腊明、正月旦决八风[53]。风从南方来，大旱；西南，小旱；西方，有兵；西北，戎菽为[54]，小雨[55]，趣兵[56]；北方，为中岁[57]；东北，为上岁；东方，大水；东南，民有疾疫，岁恶。故八风各与其冲对[58]，课多者为胜[59]。多胜少，久胜亟[60]，疾胜徐。旦至食，为麦[61]；食至日昳，为稷[62]；昳至餔[63]为黍；餔至下餔[64]，为菽；下餔至日入[65]，为麻。欲[66]终日有云，有风，有日。日当其时者，深而多实[67];无云有风日,当其时,浅而多实[68];有云风,无日,当其时,深而少实;有日,无云,不风,当其时者稼有败[69]。如食顷[70],小败;熟五斗米顷[71],大败。则[72]风复起,有云,其稼复起[73]。各以其时用云色占种所宜[74]。其雨雪若寒[75],岁恶。

是日光明,听都邑人民之声[76]。声宫[77],则岁善,吉;商,则有兵;徵,旱;羽,水;角,岁恶。

或从正月旦比数雨[78]。率日食一升,至七升而极[79];过之,不占[80]。数至十二日,日直其月,占水旱[81]。为其环域千里内占,则为天下候[82],竟正月[83]。月所离[84]列宿,日、风、云,占其国。然必察太岁所在。在金,穰;水,毁;木,饥;火,旱。此其大经也。

正月上甲[85],风从东方,宜蚕;风从西方,若旦黄云,恶。

冬至短极,县土炭[86],炭动,鹿解角[87],兰根出,泉水跃,略以知日至[88],要决晷景[89]。岁星所在,五谷逢昌[90]。其对为冲[91],岁乃有殃。

(以上为第五段,介绍云气、风、以及其他方面的占候。)

①云气——云雾烟气。 ②千余二千里——一千多里,将近两千里。 ③嵩高、三河之郊——嵩高:即嵩山,古代亦称为中岳,在今河南登封北。三河:大致在今河南洛阳一带。 ④勃、碣——勃:即渤海。碣:即碣石山,在今河北昌黎北。 ⑤徒气——兵家通过望气,占卜征战之吉凶胜负,这是预兆备战的一种气。 ⑥土功气——预兆修建防御工事的一种气。 ⑦车气——预兆车战的一种气。 ⑧骑气——一种常在大气低层的云气,分布很广,占卜家认为它是预兆骑战之气。⑨卒气——天空中的一种云气,有前后两端低而移动迅速者;有前端高,后端低而反复往来不停者,有前后高低一致而移动缓慢者,有后端尖锐而低,向后移动者。古人观察它用以占卜步兵的作战情况。⑩气来卑而循车通者,不过三四日,去之五六里见——云气来得很低,而且循着车辙,不超过三四天,距离也就五六里。车通:应作“车辙”。

⑪稍云——一种在天空中时时摇动,色白,呈羽毛状的云气,可能是近代气象学上的毛卷云。 ⑫其大根而前绝远者——云气底部庞大而

前部极远。 ⑬阵云——从形状看，其与近代气象学上的“水积云”相似，古人通过观测它以占卜兵患。 ⑭杼（zhù）云类杼——很像织布用的梭子。杼：织梭。 ⑮轴云——一种状如螺旋，两端尖锐的云气。 ⑯杓云——形状似一条拉直的横亘天空的绳子。 ⑰其蛪（ní）者类阙旗故——杓云的雌云像天空中飘动着的战斗的旗帜。蛪：形状像虹的云。阙旗：应作“斗旗”。 ⑱而泽抟密，其见动人，乃有占——只有云气中那些润泽、流动、浓密的，出现时极引人注目，才可以入占。 ⑲王朔——汉武帝时术士，占候家，精通观测云气，占卜吉凶。 ⑳蜄气——海面上出现像楼台一样的云气。蜄：同“蜃”，大蛤蜊。古人误认为“海市蜃楼”是蜃所吐的气，实际上是一种大气折光现象。 ㉑云气各象其山川人民所聚积——《正义》引《淮南子》云：“土地各以类生人，是故山气多勇，泽气多喑，风气多聋，林气多躄，木气多伛，石气多力，险阻气多寿，谷气多痹，丘气多狂，庙气多仁，陵气多贪，轻土多利足，重土多迟，清水音小，浊水音大，湍水人重，中土多圣人，皆象其气，皆应其类也。” ㉒息秏——滋长、消亡。秏：同“耗”。 ㉓视封疆田畴之正治——考察疆界田地的整理和耕作。封疆：指疆界。田畴：耕种的土地。正治：疆界明确，田地耕作得好。 ㉔郁郁——多文采貌。 ㉕萧索轮囷（qūn）——指云气飘动的样子。 ㉖卿云——一种似烟非烟、似云非云的云气。卿：通“庆”。占候家通过观望用以占卜国力之强弱和百姓生活情况。据现代天文学家研究，卿云可能是一种无定形的弥散光面型彩色光象（类似极光）。 ㉗卿云见，喜气也——卿云出现，意味着将有喜事。 ㉘见则其域被甲而趋——出现这样的气，这地方将有战事，人们已经披甲以待了。被：通“披”。趋：奔走。 ㉙虾虹——一种在雨幕或雾上形成的彩虹。 ㉚辟历——即雷震、雷暴及看不到闪电之响雷，或由一组响雷产生的突然放电现象。 ㉛夜明——古人用以占卜岁时美恶、国力强弱的一种高空大气现象。 ㉜天开县物——天空裂开，呈现悬空的现象。县：同“悬”。 ㉝地动坼绝——大地震动并且龟裂分离。地动：土地变形开裂，土石崩落移动，地面凸起凹陷等现象，多由地震引起。坼绝：绝裂。 ㉞山崩及徙——山陵崩塌及迁移。 ㉟川塞溪垘（fú）——河川壅塞，溪谷断流。

垘:阻塞。 ㊱水澹地长——水无故自动,土地自己生长。水澹:波浪起伏,流水回旋。 ㊲泽竭见象——沼泽枯竭表现出奇异现象。见:出现。 ㊳城郭门闾,闺臬槁枯——城郭里巷的门轴出现润滑与枯涩。闾:里巷的大门。闺臬:应作"润泽",潮湿的意思。 ㊴宫庙邸第,人民所次——宫庙官邸,人们所住的地方。邸:封国王侯在京城的住所。第:贵族、官僚的住宅。次:居住。 ㊵谣俗——民间风俗。 ㊶五谷草木,观其所属——五谷草木要看它们生长的地方。 ㊷仓府厩库,四通之路——还要留意粮仓钱府、马厩、武库、道路交通。府:储藏财物的地方。厩:马棚,牲畜棚。库:储藏武器的地方。 ㊸六畜禽兽,所产去就——六畜禽兽,要留意它们生长繁衍的环境是否适宜。六畜:指牛、马、羊、猪、狗、鸡。 ㊹鱼鳖鸟鼠,观其所处——鱼鳖鸟鼠,要观察它们栖息的地方。处:居止,栖息。 ㊺鬼哭若呼,其人逢俉(wù)——鬼的哭声好像在呼叫,有人曾经意外遇上。逢俉:意外碰上。俉:相遇。 ㊻化言,诚然——谣言流语等确实都是征兆。化言:谣言,妖言。化:应作"讹"。 ㊼岁始——一年的开始。《史记》中记述了占候采用的四种岁始:冬至日、腊明日、正月初一、立春日。 ㊽产气——生气。 ㊾腊明日,人众卒岁——在腊明日之时,人们聚在一起庆祝一年的结束。腊明日又叫"初岁"。一说指腊月之第二日,即十二月初二日。一说是指腊日(冬至后第三个戌日,或称十二月八日)。又一说腊乃岁终,一年最后一天,"腊明日"指正月初一日,即元旦。 ㊿正月旦——正月初一日之早晨。亦称"元旦"。 51立春日,四时之始也——立春是四季的开始。立春:正月的节气,二十四节气之一。四时:春夏秋冬。我国古代以四立(立春、立夏、立秋、立冬)作为四时的开始。 52四始者,候之日——四始都是占候的日子。四始:历法术语。一说指冬至日,万物生气始发;腊明日,阳气始发;正月旦,岁之初始;立春日,四季之初始。另一说指正月初一日早晨是岁、月、日、时四种计时单位之起点。 53而汉魏鲜集腊明正月旦决八风——汉代魏鲜总结出在腊月,正月初一日观风的占候方法叫决八风。魏鲜:西汉时天文气象学家。

54戎菽(shū)为——大豆成熟。为:成熟。 55小雨——衍文,应删。 56趣兵——迅速发生战争。 57中岁——中等年成。 58故八风各与其冲对——八方来风各有从相对方向来的风与其相对或抵消。对:敌对,抵消。 ⑲课多者为胜——占候时以来风次数多的做决断。课:考核,比较。 ⑳亟——急速,短暂。 ㉑旦至食,为麦——风来在旦时到食时,占麦类作物的收成。旦:平旦,指寅时,相当于现在的三时到五时。食:食时,指辰时,相当于现在的七时到九时。 ㉒食至日昳(dié),为稷——风来在食时至日昳,占稷类作物的收成。昳:未时(相当于现在的十三时至十五时),又指午后日偏斜。 ㉓餔(bū)——通“晡”,指申时,相当于现在的十五时至十七时。 ㉔下餔——申时过后五刻,相当于现在的十八时过后。 ㉕日入——指酉时,相当于现在的十七时到十九时。 ㉖欲——希望。 ㉗日当其时者,深而多实——这两天正是有风、有云、有太阳的天气,那么农作物种植面积大而且结实多。日:衍文,当删。 ㉘无云有风日,当其时,浅而多实——两日后没有云,有风有太阳,那么农作物种植面积小,但结实多。㉙当其时者稼有败——如果两天里有太阳,无云无风,那么庄稼将要歉收。有:助词,无义。 ㉚如食顷——只有一顿饭的工夫,比喻时间短。

㉛熟五斗米顷——煮熟五斗米长的时间无风,比喻时间长。㉜则——倘若,如果,假设连词。 ㉝其稼复起——说明形势可转变为对庄稼有利。 ㉞各以其时用云色占种所宜——决定种什么作物收成好,要靠风来的时间并参考云的颜色做决定。 ㉟其雨雪若寒——如果下雪而且气候寒冷。雨:名词作动词,降下。 ㊱都邑人民之声——都邑:都市,集镇。声:指乐声和歌声。 ㊲宫——古乐五声音节的名称。依次是:宫、商、角(jué)、徵(zhǐ)、羽。它们先分别跟五行配合:宫为土、商为金、角为木、徵为火、羽为水,再牵强附会人事的吉凶。㊳或从正月旦比数雨——还有一种占候方法是从正月初一日起计算连续下雨的日数。比:排列,接连。数:计算。 ㊴率日食一升,至七升而极——按一日雨相应有一升实物收成的比例计算收获,到七升为极限。

㊵过之,不占——超过了七升就不再入占。 ㊶数至十二日,日直其月,占水旱——将正月初一到十二日,当成本年的一月到十二月,用十二天各天的雨量占本年各月的水旱。 ㊷为其环域千里内占,则为天下候——对于疆域千里的范围,实际上是对天下的占候。环域:环绕国

境。 ㊃竟正月——在整个正月计数的方法。竟:自始至终。㊄离——经历。 ㊅正月上甲——正月上旬的甲日。 ㊆县土炭——《集解》引孟康曰:"先冬至三日,县土炭于衡两端,轻重适均,冬至日阳气至则炭重,夏至日阴气至则土重。"这是根据土和炭对空气中湿度感应灵敏度的不同而判断的。冬至以后太阳回归,湿度增大,炭的重量也逐渐增加,平衡器向着悬炭的一方倾斜。但在北方冬至后"数九",气温下降,相对湿度也下降,实际上应是炭轻,所以这一说法因地域而异。 ㊇鹿解角——公鹿的角每年初春脱落,到暮春复生。解:脱落。㊈略以知日至——告诉人们冬至已经降临。日至:冬至、夏至,日长至、日短至的总称。黄道上距离赤道最远的两个点,一在南,一在北。每年六月二十二日前后,太阳到达黄道最北点,称为夏至点,该日地球上北半球白昼最长,称夏至,又称日长至、日北至。每年十二月二十二日左右,太阳到达黄道上最南点,称作冬至点。该日地球北半球白昼最短,称作冬至,又称日短至、日南至。 ㊉要决晷(guǐ)景——要准确定出冬至日,就要依靠圭表测影来决定。决:确定。晷景:指圭表的表影。景:"影"的本字。 ⑨⓪逢昌——大丰收。逢:大。 ⑨①其对为冲——跟木星所在天区相对的星次叫冲。例如木星在星纪次,鹑首次就是冲,木星在玄枵次,鹑火次就是冲。在这种情况下,鹑首次和鹑火次所对应的分野国就要遭殃了。

太史公曰:自初生民以来,世主曷尝不历日月星辰[①]?及至五家[②]、三代[③],绍而明之[④],内冠带,外夷狄[⑤],分中国为十有二州[⑥],仰则观象于天,俯则法类[⑦]于地。天则有日月,地则有阴阳。天有五星[⑧],地有五行。天则有列宿,地则有州域。三光者,阴阳之精,气本在地,而圣人统理[⑨]之。

幽厉以往,尚矣[⑩]。所见天变[⑪],皆国殊窟穴,家占物怪[⑫],以合时应,其文图籍禨祥不法[⑬]。是以孔子论六经[⑭],纪异而说不书[⑮]。至天道命[⑯],不传;传其人[⑰],不待告[⑱];告非其人,虽言不著[⑲]。

昔之传天数[20]者：高辛[21]之前，重、黎[22]；于唐[23]、虞[24]，羲、和[25]；有夏[26]，昆吾[27]；殷商[28]，巫咸[29]；周[30]室，史佚[31]、苌弘[32]；于宋[33]，子韦[34]；郑则裨灶[35]；在齐[36]，甘公[37]；楚[38]，唐昧[39]；赵[40]，尹皋[41]；魏[42]，石申[43]。

夫天运[44]，三十岁一小变，百年中变，五百载大变；三大变一纪，三纪而大备[45]：此其大数[46]也。为国者必贵三五[47]。上下各千岁，然后天人之际续备[48]。

太史公推古天变，未有可考于今者。盖略以《春秋》二百四十二年之间，日蚀三十六，彗星三见[49]，宋襄公时星陨如雨[50]。天子微[51]，诸侯力政，五伯[52]代兴，更[53]为主命，自是之后，众暴[54]寡，大并小。秦[55]、楚、吴[56]、越[57]，夷狄也，为强伯。田氏篡齐[58]，三家分晋[59]，并为战国。争于攻取，兵革更起[60]，城邑数屠[61]，因以饥馑疾疫焦苦，臣主共忧患，其察禨祥候星气尤急。近世十二诸侯七国相王，[62]言从衡者继踵[63]，而皋、唐、甘、石因时务论其书传[64]，故其占验凌杂米盐[65]。

二十八舍主十二州，斗秉兼之，所从来久矣。秦之疆也，候在太白，占于狼、弧。吴、楚之疆，候在荧惑，占于鸟衡[66]。燕[67]、齐之疆，候在辰星，占于虚、危。宋、郑之疆，候在岁星，占于房、心。晋[68]之疆，亦候在辰星，占于参罚。

及秦并吞三晋、燕、代[69]，自河、山[70]以南者中国。中国于四海内则在东南，为阳；阳则日、岁星、荧惑、填星；占于街南[71]，毕主之。其西北则胡、貉、月氏诸衣旃裘引弓之民[72]，为阴；阴则月、太白、辰星；占于街北，昴主之。故中国山川东北流，其维[73]，首在陇、蜀[74]，尾没于勃、碣。是以秦、晋好用兵，复占太白，太白主中国；而胡、貉数侵掠，独占辰星，辰星出入躁疾，常主夷狄：其大经也。此更为客主人[75]。荧惑为孛[76]，外则理兵，内则理政。故曰‘虽有明天子，必视荧惑所在’。诸侯更强，时灾异记，无可录者[77]。

秦始皇之时，十五年彗星四见，久者八十日，长或竟天[78]。其后秦遂以兵灭六王[79]，并中国，外攘四夷[80]，死人如乱麻，因以张楚[81]并起，三十年之间兵相骀藉[82]，不可胜数。自蚩尤[83]以来，未尝若斯也。

项羽救巨鹿[84]，枉矢西流，山东[85]遂合从诸侯，西坑秦人[86]，诛屠咸阳[87]。

汉之兴，五星聚于东井。平城之围[88]，月晕参、毕七重[89]。诸吕作乱[90]，日蚀，昼晦[91]。吴楚七国叛逆[92]，彗星数丈，天狗过梁[93]野；及兵起，遂伏尸流血其下。元光、元狩[94]，蚩尤之旗再见，长则半天。其后京师师四出，诛夷狄者数十年[95]，而伐胡尤甚。越之亡[96]，荧惑守斗；朝鲜之拔[97]，星茀于河戍[98]；兵征大宛[99]，星茀招摇：此其荦荦[100]大者。若至委曲[101]小变，不可胜道。由是观之，未有不先形见而应随之者也。

夫自汉之为天数者，星则唐都[102]，气则王朔，占岁则魏鲜。故甘、石历五星法[103]，唯独荧惑有反逆行；逆行所守，及他星逆行，日月薄[104]蚀，皆以为占。

余观史记[105]，考行事[106]，百年之中，五星无出而不反逆行，反逆行，尝盛大[107]而变色；日月薄蚀，行南北有时[108]：此其大度[109]也。故紫宫、房心、权衡、咸池、虚危列宿部星[110]，此天之五官坐位也，为经，不移徙，大小有差，阔狭有常。水、火、金、木、填星，此五星者，天之五佐[111]，为经纬，见伏有时[112]，所过行赢缩有度。

日变修德[113]，月变省刑[114]，星变结和[115]。凡天变，过度[116]乃占。国君强大，有德者昌；弱小，饰诈[117]者亡。太上[118]修德，其次修政[119]，其次修救[120]，其次修禳[121]，正下无之[122]。夫常星[123]之变希见，而三光之占亟[124]用。日月晕适[125]，云风，此天之客气[126]，其发见亦有大运[127]。然其与政事俯仰[128]，最近天人之符[129]。此五者，天之感动[130]。为天数者，必通三五。终始古今[131]，深观时变，察其精粗[132]，则天官备矣。

（以上为第六段，回顾过去星占家所取得的成就，并且记述各个时期不寻常的天象以及它们所兆应的大事件。）

①世主曷尝不历日月星辰——历代帝王有哪个不重视观测日月星辰制定历法的？曷尝：何尝，何曾。星辰：有两解：一、众星的总称；二、星指五星，辰指二十八宿。 ②五家——指黄帝、高阳、高辛、唐尧、虞舜。 ③三代——指夏、商、周三个朝代。 ④绍而明之——历法经过五帝、三代的继承发展，其规律更加明显了。绍：继承。 ⑤内冠带，外夷狄——对内亲近华夏各族，对外抵御夷狄等族。内：亲近。冠带：礼帽和腰带，本是贵族的服装，引申为文明的意思，借指华夏族。外：疏远。夷狄：古代对四方外族的贬称。夷：指东方外族。狄：指北方外族。 ⑥十有二州——《尚书·舜典》有"肇十有二州"，但并没有记载州名，后人根据《尚书·禹贡》《周礼·职方》《尔雅·释地》三种九州名称，拼凑成为冀、幽、并、兖、青、营、徐、扬、荆、豫、梁、雍十二州。 ⑦法类——效法物类。 ⑧五星——又称"五宫""五佐"，太阳系中水、金、火、木、土五颗行星的总称。 ⑨统理——统一调理。 ⑩幽厉以往，尚矣——周厉王、周幽王以前，已经很久远了。周厉王：公元前877年—前841年在位。周幽王：公元前781年—前771年在位，厉王之孙。尚：久远。 ⑪天变——异常的天象，通常指日食、月食、彗星、客星、流星、陨星、五大行星的凌犯、守、留、月亮掩食、日晕、月晕、彩虹与其他奇形怪状的云气等。 ⑫皆国殊窟穴，家占物怪——那时所看见的天象变化，由于各国取的应验有各自的标准，记录下不同的奇异现象和物怪变化，以符合各自的国情。殊：异，不同。窟穴：洞穴。借指灾异现象。物怪：怪异的事物。 ⑬其文图籍禨（jī）祥不法——他们图文典籍中所记占候吉凶的方法不统一，无法效法。禨祥：吉凶的先兆。法：效法。 ⑭六经——书名，六部儒家经典，指《诗》《书》《礼》《乐》《易》《春秋》。 ⑮纪异而说不书——叙述他们记载的异象而不寻求他们的解释方法。 ⑯天道命——指天道、天命。天道：古代哲学概念，包含有日、月、星辰等天体运行规律和以此来推测吉凶祸福两个方面。 ⑰其人——指所谓懂得天道、天命的圣哲。 ⑱不待告——谓只能自己领悟其奥妙。 ⑲著——明白，通晓。 ⑳天数——《易经》

曰:“天一、地二、天三、地四、天五、地六、天七、地八、天九、地十。”其中一、三、五、七、九为天数,二、四、六、八、十为地数。后把天文学、天算、历算也称为天数。 ㉑高辛——帝喾(kù),号高辛氏。 ㉒重、黎——重为少昊氏玄嚣的后代句(gōu)芒,黎为帝颛顼高阳氏孙子祝融,此是第一代重、黎。其子孙各继其位为重、黎,至高辛氏时仍有此官,帝挚时废弃。另有“重黎”为楚之先祖。 ㉓唐——陶唐氏,传说中远古部落名,居于平阳(今山西临汾西南)。尧为其领袖。 ㉔虞——有虞氏,传说中远古部落名。居于蒲阪(今山西永济西南蒲州镇)。舜为其首领。 ㉕羲、和——羲氏与和氏,古史传说中掌管天文历法的官员。 ㉖有夏——夏代,约公元前2070—前1600年。有:用在专有名词之前的助词。 ㉗昆吾——夏朝的诸侯,夏桀时为侯伯,后为商汤诛灭。 ㉘殷商——商汤灭夏建立的朝代。约公元前1600—前1046年。 ㉙巫咸——商朝大臣,占星家。帝太戊时政局一度不稳,诸侯或不至,在巫咸和伊陟的共同辅佐下,使“殷复兴,诸侯归之”。 ㉚周——周武王灭商建立的朝代名,约公元前1046—前256年。 ㉛史佚——西周初期史官,亦称“尹佚”。周武王时,任太史,曾辅佐武王伐纣,与姜尚及周、召二公并称“四圣”。 ㉜苌弘——春秋时人,周敬王的大臣刘文公的大夫。于天地之气、日月之行、风雨之变、律历之数无所不通。 ㉝宋——先秦时期的诸侯国名,建都商丘(今河南商丘南),战国时为齐国所灭。 ㉞子韦——春秋时宋国天文学家。 ㉟郑则裨灶——郑:先秦时期的诸侯国名,战国初期为韩国所灭。裨灶:春秋时的占星家,郑国大夫。 ㊱齐——西周初期功臣姜尚受封建立的诸侯国名,都营丘(后称“临淄”,在今山东淄博临淄区北),至春秋末年其政权为大臣田氏所夺,仍称齐国,为战国七雄之一。 ㊲甘公——战国初期天文学家,名德,著有《天文星占》八卷,今佚。世传《甘石星经》并非甘公和石申所作,而是后人所传。 ㊳楚——先秦时期的诸侯国名,战国时为七雄之一。 ㊴唐昧(mèi)——战国时楚国的占星家。 ㊵赵——战国时国名,建都晋阳,前386年迁都邯郸。 ㊶尹皋——赵国人,擅长天文术数。 ㊷魏——战国时国名,建都安邑(今山西夏县西北),后迁都大梁(今河南开封)。 ㊸石申——魏国人,战国时天文学家,相传由他测定的恒星,有一百三十八座,八百余个。著有《天文》八卷,今佚。 ㊹天运——指日月星辰的运行以及异常天象的出现和变化。 ㊺三纪而大备——经过三纪就完成了整个的变化周期,这是它的大周期。 ㊻大数——自然的分限。 ㊼为国者必贵三五——主持国政的人一定要知道并重视日、月、五大行星的运行周期。三五:《索隐》曰:"'三五'谓三十岁一小变,五百岁一大变。" ㊽上下各千岁,然后天人之际续备——考察上下各一千年的变化,然后才能完备地了解天人之间的关系。天人之际:天道和人事之间的相互关系。续备:上下继承,前后贯通。 ㊾《春秋》二百四十二年之间,日蚀三十六,彗星三见——《春秋》:孔子根据鲁史资料,以编年体形式编成的一部历史书,共记载了从鲁隐公元年(前722)到鲁哀公十四年(前481)二百四十二年的历史。 ㊿宋襄公时星陨如雨——《春秋》记载陨星有两次:一是鲁庄公七年(前687)发生在鲁国,这时是宋闵(湣)公五年,原文作"夜中星陨如雨"。一次是鲁僖(釐)公十六年(前644)发生在宋国,这时是宋襄公七年,原文作"陨石于宋五"。 ⑤①天子微——指中央政权衰微。天子:指周天子。 ⑤②五伯——指春秋五霸:一说是春秋时期的齐桓公、晋文公、秦穆公、宋襄公、楚庄王。二说是齐桓公、晋文公、楚庄王、吴王阖庐、越王句践。 ⑤③更——连续,交替。 ⑤④暴——欺侮,践踏。 ⑤⑤秦——秦国在战国中期以后日益强大,至公元前221年秦始皇统一全国。 ⑤⑥吴——春秋后期崛起于长江下游的诸侯国,后被越国所灭。 ⑤⑦越——春秋后期崛起于今浙江境内的诸侯国,公元前473年消灭吴国,强盛一时,战国时为楚国所灭。 ⑤⑧田氏篡齐——齐相田常,于齐简公四年(前481)发动政变,杀死齐简公,另立齐平公,操纵齐国政权。至其孙田和遂篡姜氏之齐而代之,齐成为战国七雄之一。 ⑤⑨三家分晋——指战国初期韩、赵、魏三家瓜分晋室,分别建国。 ⑥⓪兵革更起——指战争此起彼伏。更:迭,一个接一个。 ⑥①数屠——屡次被屠灭。 ⑥②近世十二诸侯——指春秋时期的齐、晋、秦、楚、宋、卫、陈、蔡、曹、郑、燕、吴十二个诸侯国。 七国相王——指战国中期相互推尊为王的齐、楚、燕、韩、赵、魏、秦等七个强国。相王:互相尊称为王。 ⑥③言从衡者继踵——游说合纵连横的人穿梭接踵,频繁往来。从衡:指合纵连横的外交斗争。从:“纵”的古字。衡:通“横”。继踵:前后相接。 ㊿因时务论其书传——天文星占家根据不同国君的需要而写出不同的占候著述。因:就,针对。书传:此指占候的著作。 65故其占验凌杂米盐——这使他们的占验互相矛盾杂乱无章,琐碎得如同米盐。 66鸟衡——当指南宫朱鸟和太微庭。 67燕——先秦时期诸侯国,战国时为七雄之一。 68晋——先秦时期诸侯国,战国初为韩、赵、魏所瓜分。 69代——春秋时期诸侯国,在今河北蔚县东北,后被赵襄子所灭。 70河、山——黄河、华山。 71街南——天街星官的南边。 72其西北则胡、貉、月氏诸衣旃裘引弓之民——西北方居住的是胡、貉、月氏等穿兽皮、弯弓打猎的民族。胡:我国古代对北方和西方少数民族的泛称。貉:也作“貊”(mò),古代对东北部族的贬称。月氏(yuè zhī):古族名,秦汉之际游牧于敦煌、祁连间。旃(zhān)裘:古代西北少数民族用兽毛制成的衣服。 73维——系统,脉络。 74陇、蜀——陇山南连蜀之岷山,故称“陇蜀”。一说陇山险阻,与蜀道并称,故云“陇蜀”。 75此更为客主人——金星和水星交替处在客位和主位。 76孛——逆乱。一说应作“理”。与下文“理”字相同。 77时灾异记,无可录者——当时这些灾异占候的记录众说纷纭,无法收录于书。 78竟天——横贯天空。 79六王——指韩王韩安、赵王赵迁、魏王魏假、楚王熊负刍、燕王姬喜、齐王田建。 80外攘四夷——指汉武帝时北击匈奴、南平南越等事。攘:击,驱逐。 81张楚——秦末农民起义领袖陈胜于公元前209年在陈县(今河南周口淮阳区)建立的国号。 82骀藉(tái jí)——践踏。 83蚩尤——传说中的东方九黎族首领,曾与黄帝交战,兵败被杀。 84巨鹿——古县名,在今河北平乡县西南,项羽曾大破秦将章邯于此。 85山东——战国、秦、汉通称华山或崤山以东地区为山东。 86西坑秦人——项羽在巨鹿之战后,秦军主力投降项羽,后项羽在西进途中坑杀秦军二十多万于新安县城南。 87咸阳——秦朝的都城,遗址在今陕西咸阳东15千米。 88平城之围——公元前200年,刘邦率领大军出击匈奴,被匈奴围困于平城(今山西大同东北)的白登山。 89月晕参、毕七重——有月晕七重出现在参宿与毕宿。月晕:月亮光线经云层中冰晶的折射和反射而形成的一种环绕月亮的白色或彩色光环。
⑩诸吕作乱——公元前180年吕雉死后,她的侄儿吕产、吕禄等企图夺取政权,被周勃、陈平、刘章等人诛灭。 ⑪昼晦——白天天色昏暗下来。 ⑫吴楚七国叛逆——公元前154年,吴王刘濞联合楚王刘戊、赵王刘遂、胶西王刘卬(áng)、胶东王刘雄渠、济南王刘辟光、菑川王刘贤共同反抗朝廷,被太尉周亚夫等平定。 ⑬梁——汉代诸侯国,七国之乱时的梁王为景帝之弟刘武,国都睢阳,在今河南商丘南。 ⑭元光、元狩——皆汉武帝年号。元光为公元前134—前129年;元狩为公元前122—前117年。 ⑮诛夷狄者数十年——指汉武帝时期对匈奴、西南夷、百越、朝鲜、西域发动的历次战争。 ⑯越之亡——公元前112年,南越相吕嘉反,汉武帝派兵征讨,平定南越,设置南海等九郡。越:指南越。 ⑰朝鲜之拔——公元前109年,朝鲜王卫右渠攻掠辽东,汉武帝派兵进击,平定朝鲜,设置乐浪等四郡。 ⑱星茀于河戍——孛星出现在和它相应的天区北河与南河。星茀:茀,古同"孛"。指心星出现于某个星宿,或彗星扫某一星官。河戍:指南河星和北河星,因为它们的位置是天帝的关梁,是需要守卫的交通要冲。 ⑲兵征大宛——公元前104—前102年,武帝派兵征服大宛。大宛:古西域国名,在今费尔干纳盆地,首都贵山城(今塔吉克斯坦的苦盏)。 ⑳荦荦(luò)——分明貌。 ㉑委曲——隐微不显,含蓄曲折。 ㉒唐都——西汉天文术数家,汉武帝元封年间受诏参与制定《太初历》。 ㉓五星法——利用五星作占之法。 ㉔薄——太阳或月亮被高空云气遮掩,因而昏暗无光。 ㉕史记——泛指古代的历史书籍。 ㉖考行事——指自己的观察实践。 ㉗盛大——指光线强烈闪耀。 ㉘日月薄蚀,行南北有时——指日月接近的时候是否出现交食,和它们在南北方向的相对位置关系。南北:指天球黄道的南北。 ㉙大度——指一般规律。
⑩部星——分区管辖的众星。 ⑪五佐——指水、火、金、木、土五星,"佐天行德"。 ⑫见伏有时——指五星的出现和隐没都是有规律的。
⑬修德——修养德行。 ⑭省刑——减少刑罚。 ⑮星变结和——发生星变时要对外睦邻对内亲和。 ⑯过度——超出常规。 ⑰饰诈——虚伪狡猾。 ⑱太上——最上,指国君。 ⑲修政——修明政

治，执行好的政策。 ⑫⓪修救——发现错误时，及时提出补救措施。 ⑫①修禳(ráng)——出现灾祸后，虔诚祈祷上天结束或减轻灾害。 ⑫②正下无之——最糟糕的就是不闻不问，无视出现的天变。正下：最下。无：无视。 ⑫③常星——恒星。 ⑫④亟——屡次。 ⑫⑤晕适——《集解》引孟康曰："晕，日旁气也。适，日之将食，先有黑气之变。" ⑫⑥客气——暂时停留的云气。客：不久留。 ⑫⑦大运——即天运。 ⑫⑧俯仰——上下变化。 ⑫⑨天人之符——天道和人事的同一性。 ⑬⓪天之感动——上天受到人事的影响而发生相应的变化。 ⑬①终始古今——要能纵观古今上下。终始：从头到尾贯通。 ⑬②精粗——精髓和皮毛。一说精指天道，粗为天变之象。

苍帝行德，天门为之开。赤帝行德，天牢为之空。黄帝行德，天夭为之起。风从西北来，必以庚、辛。一秋中，五至，大赦；三至，小赦。白帝行德，以正月二十日、二十一日，月晕围，常大赦载，谓有太阳也。一曰：白帝行德，毕、昴为之围。围三暮，德乃成；不三暮，及围不合，德不成。二曰：以辰围，不出其旬。黑帝行德，天关为之动。天行德，天子更立年；不德，风雨破石。三能、三衡者，天廷也。客星出天廷，有奇令。

（以上为第七段，疑为后人增窜，故注释从略。）

［简评］ 我国古人为了方便辨认恒星，观测和记录天象，把相邻或相近的恒星多寡不等地组合起来，并予以命名，这种组合单位，称为天官，亦称为星官。在早期，不同的天文学派有各自不同的星官命名和星官体系，过去人们认为《天官书》的星官是抄自石申的著作，但经过薄树人先生研究，《天官书》的星官体系是司马氏的体系，也是汉代皇家机构所使用的体系。《天官书》是中国古代天文学名著，也是一部星占学著作、史学著作、哲学著作，可以看作是两千年前的一部天文综合全书。它包含了丰富的天文学内容。首先，它建立了一个完整的星官体系——司

马氏的星官体系。司马氏将全天划分为五大部分,即“中、东、南、西、北”,并且有条不紊地加以描述。同时将北极和黄、赤道带的中间天区,以及不属于二十八宿的星官也划归到了五个星官中去,形成了自己独有的特点,这与后代三垣二十八宿的划分法是不同的。司马氏的星官体系,是汉代皇家天文机构长期使用的体系。其次,他对恒星的颜色与亮度都有记载,确定了观测星体颜色的标准,同时对恒星的视亮度也有了一个粗略的定性式描述,譬如“大星,小星,星星不欲明,若见若否”就是例子。再次,《天官书》对于行星的运动状态做了详尽讨论。司马氏指出五星都有逆行,从而对行星的视运动有了正确认识。最后,《天官书》对太阳系其他天体以及不常见天象的各种表现都详加记录,还将其名称与同物异名一并列出,这对于阅读古籍是十分有用的。

星占是我国古代一种重要的社会活动。我国古代天文学能够快速发展的一个重要原因就是为占星术服务。在西汉时期“天人合一”“天人感应”的思想极为盛行。司马迁也曾说过,他立志通过《史记》这部书“究天人之际,通古今之变,成一家之言”,而“究天人之际”最直接的途径就是研究占星术了。历代的帝王都深信王朝的兴衰,世代的更迭,上天都会有所预示,他们不得不求助于天文学家、星占学家以了解上天的旨意,这就使中国古代的天文学具有明显的官办特点。作为史学家的司马迁,为我们详尽地记录了当时的星占活动,但作为哲学家的他对星占并不迷信,他叙述这些星占只是为了“警时君修德修政”。他批判地继承了历史上各星占家的记述,总结了汉代以前的星占学。就这一方面而言,不能将《天官书》当成仅讲星占方法的书,司马氏是对星占进行了客观地记录和整理,又加入自己一针见血的评论,闪耀着唯物主义的思想光辉。

［**集评**］《太史公自序》:“星气之书,多杂禨祥,不经;推其文,考其应,不殊。比集论其行事,验于轨度以次,作《天官书》第五。”

刘知幾曰:“夫两曜百星,丽于玄象,非如九州万国,废置无恒。故海田可变,而景纬无易,古之天犹今之天也,今之天即古之天也,必欲刊之国史,施于何代不可也。但《史记》包括所及,区域绵长,故书有《天官》。读者竟亡其误,推而为论,未见其宜。”(《史通》)

梁启超曰:“自《史记·天官书》迄《明史·天文志》皆以星座躔度等记载充满篇幅,此属于天文学范围,不宜以入历史,固也。虽然,就他方面言之,我国人何时发明中星,何时发明置闰,何时发明岁差,乃至恒星、行星之辨别,盖天、浑天之论争,黄道、赤道之推步……等等,此正吾国民继续努力之结果,其活动状态之表示,则历史范围以内之事也。”(《中国历史研究法》)

李约瑟曰:“他(指司马迁)的《天官书》的写法很有系统(他本人曾担任国家天文占星方面的最高官职):首先是检阅中、东、南、西、北‘五宫’的恒星和星座,然后对五星的运行(包括逆行)进行详细讨论;接着按占星术关于天上各星宿同地上各分野的关系的说法,来解释日月的异常及彗星、流星、云、气(包括极光)、地震和丰歉预兆等异常现象。全篇的结束是这位史学家的感想。他指出,自古以来,统治者无不仔细地观测日、月、星辰,他还回顾过去完成的伟大进步,列举了以石申殿后的一长列星象家的姓名。然后,他提到各个时期见于记载的交食次数,不寻常的流星雨,以及它们所预兆的或随之发生的大事件。对于中国古代天文学来说,《天官书》是一种最重要的资料。”(《中国科学技术史》)

陈遵妫曰:“我国最早叙述星官的著作是司马迁著的《史记·天官书》,它包括星、气、岁三节。……《天官书》可能参考了当时还留存的这类著作(指一些古老的星占著作),总结了当时星官的知识,是研究汉代以前天文知识的重要文献。……《天官书》在古代可称为经典之作,它把星官分为五官,显然可和五行说联系起来,所以后世迷信的阴阳家,都常附会使用,它所命名的星官名字,大部分也沿用了下来。”(《中国天文学史》)

封禅书第六

自古受命帝王，曷尝不封禅？[①]盖有无其应而用事者矣，未有睹符瑞见而不臻乎泰山者也。[②]虽受命而功不至，至梁父矣而德不洽。[③]洽矣而日有不暇给，是以即事用希。[④]传[⑤]曰："三年不为礼，礼必废；三年不为乐，乐必坏。"每世之隆，则封禅答焉，及衰而息。[⑥]厥旷远者千有余载，近者数百载，故其仪阙然堙灭，其详不可得而记闻云。

《尚书》曰，舜在璇玑玉衡，以齐七政。[⑦]遂类于上帝，禋于六宗。[⑧]望山川，遍群神。[⑨]辑五瑞，择吉月日，见四岳诸牧，还瑞。[⑩]岁二月，东巡狩，至于岱宗。岱宗，泰山也。柴，望秩于山川。[⑪]遂觐东后[⑫]。东后者，诸侯也。合时月正日，同律度量衡。[⑬]修五礼，五玉三帛二生一死贽。[⑭]五月，巡狩至南岳。南岳，衡山也。八月，巡狩至西岳。西岳，华山也。十一月，巡狩至北岳。北岳，恒山也。皆如岱宗之礼。中岳，嵩高也。五载一巡狩。

禹遵之。后十四世，至帝孔甲，淫德好神，神渎，二龙去之。[⑮]其后三世，汤伐桀，欲迁夏社，不可，[⑯]作《夏社》。后八世，至帝太戊，有桑穀生于廷，一暮大拱，[⑰]惧。伊陟[⑱]曰："妖不胜德。"太戊修德，桑穀死。伊陟赞巫咸，巫咸之兴自此始。[⑲]

后十四世，帝武丁得傅说为相，殷复兴焉，称高宗。有雉登鼎耳雊[20]，武丁惧。祖己[21]曰："修德。"武丁从之，位以永宁。后五世，帝武乙慢神而震死。后三世，帝纣淫乱，武王伐之。由此观之，始未尝不肃祗，后稍怠慢也。

《周官》曰：冬日至，祀天于南郊，迎长日之至。[22]夏日至，祭地祇，皆用乐舞，而神乃可得而礼也。天子祭天下名山大川，五岳视三公，四渎视诸侯，[23]诸侯祭其疆内名山大川。四渎者，江、河、淮、济也。天子曰明堂、辟雍，诸侯曰泮宫。[24]

周公既相成王，郊祀后稷以配天，宗祀文王于明堂以配上帝。[25]自禹兴而修社祀，后稷稼穑，故有稷祠，郊社所从来尚矣。[26]

自周克殷后十四世，世益衰，礼乐废，诸侯恣行，而幽王为犬戎所败，周东徙雒邑。秦襄公攻戎救周，始列为诸侯。秦襄公既侯，居西垂，自以为主少暤之神，作西畤，祠白帝，[27]其牲用騮驹黄牛羝羊各一云。[28]其后十六年，秦文公东猎汧渭之间，卜居之而吉。文公梦黄蛇自天下属地，其口止于鄜衍。[29]文公问史敦，敦曰："此上帝之征，君其祠之。"于是作鄜畤，用三牲郊祭白帝焉。[30]

自未作鄜畤也，而雍旁故有吴阳武畤，雍东有好畤，皆废无祠。[31]或曰："自古以雍州积高，神明之隩，[32]故立畤郊上帝，诸神祠皆聚云。盖黄帝时尝用事，虽晚周亦郊焉。"其语不经见，缙绅者不道。

作鄜畤后九年，文公获若石云，于陈仓北阪城祠之。[33]其神或岁不至，或岁数来，来也常以夜，光辉若流星，从东南来集于祠城，则若雄鸡，其声殷云，野鸡夜雊。[34]以一牢祠，命曰陈宝[35]。

作鄜畤后七十八年，秦德公既立，卜居雍，"后子孙饮马于河"，遂都雍。雍之诸祠自此兴。用三百牢于鄜畤[36]。作伏祠，磔狗邑四门，以御蛊灾。[37]

德公立二年卒。其后四年，秦宣公作密畤于渭南，祭青帝。[38]

其后十四年，秦缪公立，病卧五日不寤；寤，乃言梦见上帝，上帝命缪公平晋乱，史书而记，藏之府。而后世皆曰秦缪公上天。

秦缪公即位九年，齐桓公既霸，会诸侯于葵丘，而欲封禅。管仲曰："古者封泰山禅梁父者七十二家，而夷吾所记者十有二焉。昔无怀氏封泰山，禅云云；[39]虙羲[40]封泰山，禅云云；神农封泰山，禅云云；炎帝封泰山，禅云云；黄帝封泰山，禅亭亭[41]；颛顼封泰山，禅云云；帝俈封泰山，禅云云；尧封泰山，禅云云；舜封泰山，禅云云；禹封泰山，禅会稽；汤封泰山，禅云云；周成王封泰山，禅社首[42]：皆受命然后得封禅。"桓公曰："寡人北伐山戎，过孤竹；[43]西伐大夏，涉流沙，[44]束马悬车，上卑耳之山；[45]南伐至召陵，登熊耳山以望江汉。[46]兵车之会三，而乘车之会六，[47]九合诸侯，一匡天下，诸侯莫违我。昔三代受命，亦何以异乎！"于是管仲睹桓公不可穷以辞，因设之以事，[48]曰："古之封禅，鄗上之黍，北里之禾，所以为盛。[49]江淮之间，一茅三脊，所以为藉也。[50]东海致比目之鱼，西海致比翼之鸟，然后物有不召而自至者十有五焉。今凤皇麒麟不来，嘉谷不生，而蓬蒿藜莠茂，鸱枭数至，而欲封禅，毋乃不可乎？"于是桓公乃止。是岁，秦缪公内晋君夷吾，其后三置晋国之君，平其乱。缪公立三十九年而卒。

其后百有余年，而孔子论述六蓺，传略言易姓而王，封泰山禅乎梁父者七十余王矣，其俎豆之礼不章，盖难言之。[51]或问禘之说，孔子曰："不知。知禘之说，其于天下也视其掌。"[52]《诗》云纣在位，文王受命，政不及泰山。[53]武王克殷二年，天下未宁而崩[54]。爰周德之洽维成王，成王之封禅则近之矣。[55]及后陪臣执政，季氏旅于泰山，仲尼讥之。[56]

是时苌弘以方事周灵王，诸侯莫朝周，周力少，苌弘乃明鬼神事，设射狸首。[57]狸首者，诸侯之不来者，依物怪欲以致诸侯[58]。诸侯不从，而晋人执杀苌弘。周人之言方怪者自苌弘。

其后百余年，秦灵公作吴阳上畤[59]，祭黄帝；作下畤，祭炎帝。

后四十八年，周太史儋见秦献公曰："秦始与周合，合而离，五百岁当复合，合十七年而霸王出焉[60]。"栎阳雨金，秦献公自以为得金瑞，故作畦畤栎阳而祀白帝。[61]

其后百二十岁而秦灭周，周之九鼎[62]入于秦。或曰宋太丘社亡[63]，而鼎没于泗水彭城下。

其后百一十五年而秦并天下。

（以上为第一段，追溯了古代帝王有关封禅的传说。）

①受命——接受天命。　曷尝不封禅（shàn）——曷：何，什么。封禅：在泰山上筑土为坛以祭天，报天之功，故曰封；在泰山下小山（一说为梁父山）上除地，报地之功，故曰禅。　②无其应——上天没有显示相应的灵异。　用事——指行封禅之礼。　符瑞——上天对下界帝王显示嘉奖的信号，如出现"麒麟""凤凰""甘霖"，以及"海晏""河清"等。　臻——至。　③虽受命而功不至——有的君王虽然"受命"为帝了，但他的功业还没有达到应有的程度。　至梁父矣而德不洽——"梁父"二字衍。意谓有的帝王功业到位了，但他的道德还不到位。不洽：不周，不能让黎民普遍受惠。　④洽矣而日有不暇给——有的帝王功业、道德都到位了，偏偏又顾不上，没有时间上泰山。不暇给：顾不过来。　事用希——举行过封禅活动的帝王不多。希：稀少。⑤传——汉代统称儒家"五经"以外的贤人著作为"传"，这里是指的《论语》。　⑥世之隆——国家兴盛。　封禅答焉——以封禅之礼报答上天。　及衰而息——等到国家衰败时，封禅活动也就停止了。⑦璇玑玉衡——用美玉制作的观测天文星象的仪器，璇玑是仪器上的旋转部分，玉衡是管状的观测镜。　以齐七政——以观测日月星辰的运行是否正常。七政：指日、月与金、木、水、火、土五星。　⑧类——祭天而以事告之。　禋（yīn）于六宗——禋：升烟以祭。六宗：郑玄认为指星、辰、司中、司命、风师、雨师。　⑨望山川——遥望山川而祭。望：祭祀名。　遍群神——遍祭山川丘陵坟衍与古之圣贤诸神。　⑩辑五瑞——将各地诸侯所执的瑞玉收集起来。辑：敛。五瑞：公、侯、伯、子、男所执玉器，以为瑞信者。　四岳诸牧——四方的诸侯之长，与各地区

的地方官。四岳:分掌四方之诸侯。诸牧:九州的官长。 还瑞——把瑞玉发还给他们。 ⑪柴——祭祀名,积柴加牲其上而燔之。 望秩于山川——对东方的山川按等级进行望祭。秩:等级。 ⑫觐东后——接受东方诸侯的朝见。觐:进见。后:君长。 ⑬合时月正日——即统一各地区的历法。合、正:都是协调、调整的意思。时:四时,春、夏、秋、冬。 同律度量衡——乐之十二律,度之丈尺,量之斗斛,衡之斤两,皆使天下相同。 ⑭五礼——吉、凶、军、宾、嘉五方面的礼仪。 五玉——即前文所说之"五瑞"。 三帛——诸侯世子执纁,公之孤执玄,附庸之君执黄。 二生——谓活的羔、雁,卿执羔,大夫执雁。 一死——指死雉,士之所执。 贽——礼品,这里指不同等级的人拜见天子时所持的不同礼品。 ⑮淫德好神——即自比为鬼神,自己装扮成鬼神。 神渎——神被太甲的行为所亵渎。 二龙去之——二龙离夏庭而去。相传夏之衰也,褒人之神化为二龙降于王庭,夏人请其漦(chí)水而藏之,二龙乃去。 ⑯汤伐桀——桀是夏朝的末代君主,被商汤所灭。 欲迁夏社,不可——想改变夏朝祭祀土神所供的勾龙,但找不到更合适的对象,只好作罢。 ⑰桑穀(gǔ)生于廷——谓桑、穀二木合而生于庭。廷:通"庭"。 一暮大拱——一夜之间就长到两手合拱那么粗。 ⑱伊陟——商帝太戊时的贤臣,伊尹的后代。 ⑲赞——告。 巫咸之兴——指朝廷设立巫觋(xí)这种神职官员。巫咸:巫者名咸,是以筮占卜的创始者,又是占星家。 ⑳雉登鼎耳雊(gòu)——一只野鸡立在鼎耳上叫。 ㉑祖己——武丁时的贤臣。 ㉒冬日至——即"冬至"那一天。 迎长日之至——从"冬至"开始,白天就一天比一天长了。 ㉓五岳视三公——祭祀五岳之神的规格相当于国家对"三公"的礼遇。三公:周朝指司徒、司马、司空;秦汉时指丞相、太尉、御史大夫。视:取齐,相当。 四渎视诸侯——祭祀四条大河之神的规格相当于对各国诸侯的礼遇。 ㉔明堂——古代天子举行典礼的厅堂。 辟雍——古代举行典礼、宣明教化的地方,后代也用以称太学。 泮(pàn)宫——诸侯举行典礼的地方,后世也用以称诸侯国的太学。后泛指学宫。 ㉕郊祀后稷以配天——在南郊祭天的时候,以周朝的始祖后稷为配享。 宗祀文王于明堂以配上帝——意谓在明堂祭祀上帝的时候，以周朝的奠基者文王为配享。 ㉖自禹兴——谓自大禹平治水土以来。 社祀——对土神的祭祀。 后稷稼穑——谓自周朝祖先后稷发展农业以来。 稷祠——对农作物之神的祭祀。 郊社所从来尚矣——对“天神”“地神”“土神”“谷神”的祭祀，起源可是早得很啦。郊：兼指南郊祭天与北郊祭地；社：指祭祀土神，也兼指谷神。 ㉗西垂——也称“西犬丘”，秦人发祥地，在今甘肃天水西南。主少暤(hào)之神——应该主持对少暤之神的祭祀。少暤：也作“少昊”，号“金天氏”，后来被供奉为“西帝”。暤：同“皞”。 西畤(zhì)——在西垂附近修建的祭天坛台。 白帝——西方的上帝，即少昊。 ㉘牲——牺牲，祭祀用的牛、羊等。 駵(liú)驹——赤马黑鬣曰駵。駵：后作“骝”。 羝(dī)羊——公羊。 ㉙自天下属地——从天上垂下，一直垂到地面。属：连接。 其口止于鄜(fū)衍——蛇的嘴落在鄜衍(今陕西宝鸡凤翔区)。 ㉚史敦——秦国的史官名敦，当时的史官也主管祭祀。 此上帝之征——这是白帝显灵的征象。 鄜畤——祭天用的坛台。 三牲——指牛、羊、猪。 ㉛雍旁——雍县(今陕西宝鸡凤翔区西南)附近。 吴阳武畤——修筑在吴山之南的“武畤”，也是祭天的坛台。 废无祠——日久废毁，无人祭祀。 ㉜雍州——古九州之一，在今陕西、甘肃二省和青海的东部一带。 积高，神明之隩(ào)——地势高，是神灵居住的地方。隩：同“墺”，可定居的土地。 ㉝获若石云——获得了一块像是石头的东西，即所谓陈宝。云：语助词，表示疑以传疑的口气。 陈仓——秦邑名，在今陕西宝鸡东。 北阪——地名，在今宝鸡南，当时在陈仓西南。 城祠之——修城建庙将其供奉起来。 ㉞集——落。 则若雄鸡，其声殷云——“雄鸡”当依《汉书·郊祀志》作“雄雉”；“殷云”当作“殷殷(yǐn)”，拟声词。 野鸡夜雊(gòu)——陈宝若来而有声，则野鸡皆鸣以应之。 ㉟命曰陈宝——遂称此神灵为“陈宝”。 ㊱用三百牢于鄜畤——在鄜畤祭天时，用的供品是牛、羊、猪各三百头。 ㊲作伏祠——首次进行夏天入“伏”的祭祀。 磔(zhé)狗邑四门，以御蛊(gǔ)灾——磔：剁成碎块。蛊灾：热毒恶气伤害人，故磔狗以御之。 ㊳渭南——应指雍县城南的渭水南岸。 青帝——东方的天神。

㊴无怀氏——传说中远古部落名，传其民安居乐业，鸡犬之声相闻，老死不相往来。又传是最早举行封禅之礼的部落。　云云——泰山下的小山，在上文所说的“梁父”以东。　㊵虙(fú)羲——即“伏羲”，传说中的古代帝王，据说他教人结网，从事渔猎，并画制八卦。虙：亦作“伏”。　㊶亭亭——泰山下的小山，距上所谓“云云”不远，在今山东泰安南。　㊷社首——泰山下的小山，在今山东泰安西南。　㊸山戎——春秋时期活动于今河北东北部与辽宁西南部的少数民族。　孤竹——当时留存的古代小国，相传为姜姓，在今河北卢龙东南。　㊹大夏——今山西太原市一带。　流沙——钱穆认为指今山西平陆东之沙涧水。　㊺束马悬车——将上山，缠束其马，悬钩其车。　卑耳——也作“辟耳”，山名，在今山西平陆西北。　㊻召陵——古邑名，在今河南漯河召陵区。　熊耳山——在今河南西北部。　江汉——长江、汉水。　㊼兵车之会——与诸侯会师共伐某国。　乘车之会——召集诸侯举行和平性质的会盟。乘车：用于文事之车，与“兵车”相对而言。　㊽不可穷以辞——不能以言语说服。　设之以事——又拿其他的一些事情推托。　㊾鄗(hào)上之黍，北里之禾——有人说是地名，有人说是山名。　所以为盛——以上述两地所产的“黍”与“禾”作为供品。盛：装满供器。　㊿一茅三脊——一种三棱形的茅草，被认为是灵茅。　以为藉——祭祀时以茅草铺地。　51传略言——有的书上简略地记载着孔子的相关言论。　易姓而王——指改朝换代后的新君。　俎(zǔ)豆之礼——祭祀的礼节、仪式。俎是摆祭品的案子，豆是盛祭品的容器。　不章——不分明，不清楚。　盖难言之——看来这些事情连孔子也没法讲。　52禘(dì)——杨伯峻认为这是古代一种极为隆重的大祭之礼，只有天子才能举行。　知禘之说，其于天下也视其掌——谁要是明白“禘”祭的规矩，那他治理天下就会像看自己的掌纹一样容易。按：孔子此语见《论语·八佾》。　53《诗》云——按：虞、芮(ruì)二侯有争执欲请文王评断，见《诗经·大雅·绵》。　纣在位，文王受命——相传虞、芮二君入周受教育而返后，诸侯闻之曰：“西伯盖受命之君。”　政不及泰山——意谓周文王虽已受命为王了，但并没有去封泰山。　54武王克殷二年，天下未宁而崩——意谓武王灭商后，因天下

动荡且早死也没有封泰山。 ⑤⑤爰周德之洽维成王——周王之德能普施于人者是周成王。爰:于是,因此。洽:周遍。 成王之封禅则近之矣——意谓像周成王这样的君主,如果想去封禅泰山,那就差不多了。言外之意是周成王竟然也没有去。 ⑤⑥及后——指春秋后期。 季氏——也称“季孙氏”,鲁庄公之弟季友的后代,世掌鲁政。此时当权的“季氏”为季桓子,名斯。 旅于泰山——即祭祀泰山。旅:祭祀山川之礼。 仲尼讥之——泰山在鲁国境内,鲁国诸侯是可以祭祀泰山的,但季氏只是大夫,他没有祭祀泰山的资格,故孔子讥之。 ⑤⑦苌弘——春秋时周大夫,通晓天象历数之学,常用以解说政治。 方——方术,指称述迷信,装神弄鬼的一套把戏。 周力少——春秋后期,周天子几乎成了傀儡。 射狸首——古代的一种巫术,在箭靶上写某个人的名字,用箭射之,以诅咒其人因此而死。 ⑤⑧依物怪欲以致诸侯——想通过这种鬼怪神异的手段让诸侯前来朝周。物:古人用以称常理以外的怪事或精灵。 ⑤⑨吴阳上畤——祭天的坛台,在当时秦都雍县南的三畤原上。 ⑥⑩秦始与周合,合而离,五百岁当复合,合十七年而霸王出焉——类似文字又见于《周本纪》《秦本纪》《老子韩非列传》。此处所云与《周本纪》《秦本纪》大致接近,与《老子韩非列传》区别较大。盖秦、汉之际的谶(chèn)纬者以古人口气编造的“预言”,各家曲为解释,皆难以弥缝。就其大意推断,开始的所谓合,应该是指秦的祖先在周国为官,如孟增幸于成王,造父幸于穆王,非子幸于孝王等。所谓离,应该是指秦襄公被周平王封为诸侯,秦国成为独立国家。所谓再合,应该是指周国被秦所灭。所谓霸王,应该是指秦始皇。 ⑥①栎(yuè)阳雨金——栎阳城里降下金屑。栎阳:秦国的新都,在今陕西西安阎良区东南武屯街道。秦献公二年(前383)迁都于此。 金瑞——“雨金”预示的好征兆。瑞:好征兆。 畦畤——祭天的坛台名。
⑥②九鼎——夏禹用各地贡金(铜)所铸造,后世历朝视为传国之宝。
⑥③宋太丘社亡——宋国太丘邑的社树忽然失踪。太丘:在今河南永城西北。

秦始皇既并天下而帝,或曰:“黄帝得土德,黄龙地螾见。[1]夏得木德，青龙止于郊，[②]草木畅茂。殷得金德，银自山溢。[③]周得火德，有赤乌之符。[④]今秦变周，水德之时[⑤]。昔秦文公出猎，获黑龙，此其水德之瑞[⑥]。"于是秦更命河曰"德水"，以冬十月为年首，色上黑，度以六为名，[⑦]音上大吕，事统上法。[⑧]

即帝位三年，东巡郡县，祠驺峄山[⑨]，颂秦功业。于是征从[⑩]齐鲁之儒生博士七十人，至乎泰山下。诸儒生或议曰："古者封禅为蒲车，恶伤山之土石草木；埽地而祭，席用菹秸，[⑪]言其易遵也。"始皇闻此议各乖异，难施用，由此绌儒生。[⑫]而遂除车道，上自泰山阳至巅，立石颂秦始皇帝德，明其得封也。[⑬]从阴道下，禅于梁父，其礼颇采太祝之祀雍上帝所用，而封藏皆秘之，[⑭]世不得而记也。

始皇之上泰山，中阪[⑮]遇暴风雨，休于大树下。诸儒生既绌，不得与用于封事之礼，闻始皇遇风雨，则讥之。[⑯]

于是始皇遂东游海上，行礼祠名山大川及八神，求仙人羡门[⑰]之属。八神将自古而有之，或曰太公[⑱]以来作之。齐所以为齐，以天齐也，其祀绝，莫知起时。[⑲]八神：一曰天主，祠天齐，[⑳]天齐渊水，居临菑南郊山下者[㉑]。二曰地主，祠泰山梁父。盖天好阴，祠之必于高山之下，小山之上，命曰"畤"，地贵阳，祭之必于泽中圜丘云。[㉒]三曰兵主，祠蚩尤。蚩尤在东平陆监乡[㉓]，齐之西境也。四曰阴主，祠三山[㉔]。五曰阳主，祠之罘[㉕]。六曰月主，祠之莱山[㉖]。皆在齐北，並勃海。[㉗]七曰日主，祠成山[㉘]。成山斗入海，最居齐东北隅，[㉙]以迎日出云。八曰四时主，祠琅邪[㉚]。琅邪在齐东方，盖岁之所始[㉛]。皆各用一牢具祠，而巫祝所损益，珪币杂异焉。[㉜]

自齐威、宣之时，驺子之徒论著终始五德之运，[㉝]及秦帝而齐人奏之[㉞]，故始皇采用之。而宋毋忌、正伯侨、充尚、羡门高，[㉟]最后皆燕人，为方仙道，形解销化，依于鬼神之事。[㊱]驺衍以阴阳主运[㊲]显于诸侯，而燕齐海上之方士传其术不能通，然则怪迂阿谀苟合之徒自此兴,不可胜数也。

自威、宣、燕昭使人入海求蓬莱、方丈、瀛洲。此三神山者,其傅在勃海中[38],去人不远患且至,则船风引而去[39]。盖尝有至者,诸仙人及不死之药皆在焉。其物禽兽尽白,而黄金银为宫阙。未至,望之如云;及到,三神山反居水下。临之,风辄引去,终莫能至云。世主莫不甘心焉。[40]及至秦始皇并天下,至海上,则方士言之不可胜数。始皇自以为至海上而恐不及矣[41],使人乃赍童男女入海求之。船交海中,皆以风为解,[42]曰未能至,望见之焉。其明年,始皇复游海上,至琅邪,过恒山,从上党归。后三年,游碣石,考入海方士,从上郡归。后五年,始皇南至湘山[43],遂登会稽,並海上[44],冀遇海中三神山之奇药。不得,还至沙丘崩。

二世元年,东巡碣石,并海南,历泰山,至会稽,皆礼祠之。而刻勒始皇所立石书旁,以章始皇之功德。其秋,诸侯畔秦。三年而二世弑死。

始皇封禅之后十二岁,秦亡。诸儒生疾秦焚诗书,诛僇文学,百姓怨其法,天下畔之,皆讹曰[45]:"始皇上泰山,为暴风雨所击,不得封禅。"此岂所谓无其德而用事者邪[46]?

(以上为第二段,写秦始皇封禅、求仙的情景。)

①黄帝得土德——战国以来的阴阳五行家,将历代王朝的更替与金、木、水、火、土五行相互比附,他们说黄帝与"土"相应,故谓其"得土德"。 地螾——一种神奇的大蚯蚓。螾:同"蚓"。 ②夏得木德——夏朝与五行中的"木"相应。 青龙止于郊——五行家又将金、木、水、火、土与西、东、北、南、中相比附,认为"木"相应于东方,又相应于一年四季里的春天,故有"青龙"出现,以及"草木畅茂"云云。③殷得金德——金德对应西方,又与四季的秋天相应。 银自山溢——山上往下流银子,这是"金"性帝王的瑞应。 ④周得火德——火德与南方、夏天相应。 有赤乌之符——有天降火鸟的瑞应。符:瑞应,好的征兆。据《周本纪》,武王伐纣渡河时有所谓"有火自上复于下,至于王屋,流为乌,其色赤,其声魄云"。 ⑤今秦变周,水德之

时——周为“火”德，秦能灭周，故是“水”德。按：秦代的祖先都是祭白帝，认为自己与“西方”之神相应，现在又开始改称是“水德”，与“北方”之神相应。这些都是五行家的欺人之谈。⑥获黑龙，此其水德之瑞——按：五行家又以金、木、水、火、土与白、青、黑、红、黄五种颜色相配，“水”与黑色相应，故称黑龙出现是秦国兴旺之兆。⑦更命河曰“德水”——给黄河改名为“德水”。以冬十月为年首——秦朝以自己为“水德”，“水”与“冬天”相应，故改用阴历十月，即冬天的第一个月作为每年的开头。色上黑——以黑色为贵，如皇帝的礼服、车驾等都用黑色。上：通“尚”。崇尚。度以六为名——《秦始皇本纪》云：“数以六为纪，符、法冠皆六寸，而舆六尺，六尺为步，乘六马。”⑧音上大吕——大吕：古代音乐的十二律之一。事统上法——办任何事情都以法律为准则。⑨驺峄山——邹县的峄山。驺：即邹县，在今山东邹城。峄山在今邹城东南。⑩征从——召来，使之跟着。⑪蒲车——以蒲草裹车轮，减少颠簸。席用葅秸（zū jiē）——以草与禾秆做垫，人在上面行礼。葅：枯草。秸：禾秆，可以编席子。⑫乖异——相互矛盾，各不相同。绌——通“黜”，贬退，排除。⑬除——开拓，开通。上自泰山阳至巅——从泰山南面上到了顶峰。明其得封——说明了他封泰山的理由。⑭阴道——从北面上山的路。太祝——朝廷主管祭祀的官员，属太常。祀雍上帝——在雍县诸畤祭祀上帝。封藏——指祭祀时埋藏在山上的祭品与告天的文字等。⑮中阪——半山腰的斜坡。⑯与用——参与，被用。闻始皇遇风雨，则讥之——听闻秦始皇登泰山遇风雨，儒生们便造说上天以此表现不喜欢始皇之所为。亦有造说始皇根本没能上得山去，事见后文“齐人丁公”之所言。⑰羡门——姓羡门，名高，也有称其名为“子高”。

⑱太公——吕尚，姜姓，吕氏，名望，一说字子牙，周武王的开国功臣，齐国始封之君。⑲齐所以为齐，以天齐也——齐国之所以称为“齐”，是因为它正对着天的肚脐。齐：通“脐”。其祀绝，莫知起时——关于天齐的祭祀现已断绝，不知当初是从什么时候开始的。⑳天主——犹言“天神”，下同。祠天齐——祭祀天的肚脐。㉑临菑南郊山下者——《索隐》引《齐记》云：“临菑城南有天齐泉，五泉并

出,有异于常,言如天之腹脐也。” ㉒畤——在小山上修的祭台,所以称为“畤”者,盖神灵之所栖止。 泽中圜丘——在低湿的水草地上修建的圆台。 ㉓蚩尤在东平陆监乡——按:此指蚩尤墓。东平陆:即古平陆县,在今山东汶上北。 ㉔三山——有谓指蓬莱、方丈、瀛洲三神山。也有人以为指东莱曲成(今山东莱州北)之“三山”(也作“参山”)。 ㉕之罘(fú)——海岛名,也是海岛上的小山名,即今山东烟台芝罘岛。 ㉖祠之莱山——当云“祠莱山”,“之”字衍。莱山:在今山东龙口。 ㉗齐北——齐国北部。 並勃海——沿着勃海。並:通“傍”,沿着。 ㉘成山——即今所谓成山角,在山东荣成,是一个伸入黄海中的小半岛。 ㉙斗——通“陡”,突出。 最居齐东北隅——处于齐国的最东北角。 ㉚琅邪——即所谓琅邪台,在今山东青岛黄岛区琅琊镇,其山如台状。 ㉛岁之所始——是一年开头最早的地方,因其居东海之滨,筑有“四时祠”。 ㉜皆各用一牢具祠——对八神的祭祀,都统一用一太牢的祭品。一太牢指牛、羊、猪各一头。具:犹今所谓一套、一桌,指招待人的筵席或祭神的供品。 巫祝所损益,珪币杂异焉——大意谓只是使用巫祝和用于祭神的珪币多少有些不同而已。巫祝:主管祭祀的神职人员。珪币:祭祀用的玉璧、丝帛等。币:帛,古人常用作祭祀或馈赠的礼品。后用作礼物的通称。 ㉝威、宣——齐威王、齐宣王。齐威王名因齐,公元前356—前320年在位;齐宣王名辟疆,威王之子,公元前319—前301年在位。 驺子——指驺衍,早期阴阳家的代表人物。亦作“邹衍”。 ㉞秦帝——秦始皇称帝以后。齐人——谓驺衍的徒子徒孙。 奏——进献,谓进献“五德终始”之书。 ㉟宋毋忌——传说中的月中仙人,也有人称之为火仙。 正伯侨——也写作“征伯侨”,古仙人之名。 充尚——有说即《列仙传》中的“元俗”。 羡门高——神仙之流,其人见于《秦始皇本纪》。 ㊱最后皆燕人——“最后”二字不可通,王念孙认为应作“聚谷”,亦仙人之名。 为方仙道——讲究修道成仙的方法。 形解销化,依于鬼神之事——即神仙家所谓的尸解,谓修道成功后,抛下肉身,真人“飞升”而去。 ㊲阴阳主运——指驺衍学说的基本内容,其书有《主运》篇。㊳其傅在渤海中——“傅”字应依《汉书》作“传”,即传说在渤海中。

㊴患且至，则船风引而去——麻烦的是，每当船只靠近三山时，船就被风吹到别处去了。患：灾难，麻烦。 ㊵世主——世间的帝王。 甘心——其意似为"为求得仙山而不惜付出任何代价"。 ㊶始皇自以为至海上而恐不及矣——按：语略不顺。意谓始皇帝本想亲自去，但又怕去了找不到。 ㊷船交海中——即船到海中以后。交：达。 以风为解——以"被风吹开"为借口。 ㊸湘山——即今湖南岳阳西洞庭湖中的君山，上有湘妃祠。 ㊹並海上——沿海边北行。 ㊺讹曰——编造谣言说。 ㊻此岂所谓无其德而用事者邪——与本文开始"至梁父矣而德不洽"句相应，明说秦始皇，暗中兼指汉武帝。

昔三代之君皆在河雒之间[①]，故嵩高为中岳，而四岳各如其方，四渎咸在山东。[②]至秦称帝，都咸阳，则五岳、四渎皆并在东方。自五帝以至秦，轶兴轶衰[③]，名山大川或在诸侯，或在天子，其礼损益世殊，不可胜记。及秦并天下，令祠官所常奉天地名山大川鬼神可得而序也。

于是自崤以东，名山五，大川祠二。曰太室。太室，嵩高也。恒山，泰山，会稽，湘山。水曰济，曰淮。春以脯酒为岁祠，因泮冻，秋涸冻，冬塞祷祠。[④]其牲用牛犊各一，牢具珪币各异。[⑤]

自华以西[⑥]，名山七，名川四。曰华山，薄山。薄山者，衰山也[⑦]。岳山，岐山，吴岳，鸿冢，渎山。渎山，蜀之汶山。[⑧]水曰河，祠临晋；[⑨]沔，祠汉中；[⑩]湫渊，祠朝那；[⑪]江水，祠蜀。[⑫]亦春秋泮涸祷塞[⑬]，如东方名山川；而牲牛犊[⑭]牢具珪币各异。而四大冢鸿、岐、吴、岳，皆有尝禾。[⑮]

陈宝节来祠[⑯]。其河加有尝醪[⑰]。此皆在雍州之域，近天子之都，故加车一乘，骝驹四。[⑱]

灞、产、长水、沣、涝、泾、渭皆非大川，[⑲]以近咸阳，尽得比山川祠，而无诸加。[⑳]

汧、洛二渊，鸣泽、蒲山、岳嵴山之属，为小山川，亦皆岁祷塞泮涸祠，礼不必同。[㉑]

而雍有日、月、参、辰、南北斗、荧惑、太白、岁星、填星、辰星,[22]二十八宿、风伯、雨师、四海、九臣、十四臣,[23]诸布、诸严、诸逑[24]之属,百有余庙;西[25]亦有数十祠,于湖有周天子祠,[26]于下邽有天神,[27]沣、镐有昭明、天子辟池;[28]于社、亳有三社主之祠、寿星祠,[29]而雍营庙亦有杜主,杜主,故周之右将军,[30]其在秦中,最小鬼之神者:各以岁时奉祠。[31]

唯雍四畤上帝为尊,其光景动人民唯陈宝。[32]故雍四畤,春以为岁祷,因泮冻,秋涸冻,冬塞祠,五月尝驹,[33]及四仲之月月祠,若陈宝节来一祠[34]。春夏用骍[35],秋冬用駵。畤驹四匹,木禺龙栾车一驷,木禺车马一驷,各如其帝色。[36]黄犊羔各四,珪币各有数,皆生瘗埋,无俎豆之具。[37]三年一郊,秦以冬十月为岁首,故常以十月上宿郊见。[38]通权火,拜于咸阳之旁,而衣上白,其用如经祠云。[39]西畤、畦畤,祠如其故,上不亲往。[40]

诸此祠皆太祝常主,以岁时奉祠之。至如他名山川诸鬼及八神之属,上过则祠,去则已。郡县远方神祠者,民各自奉祠,不领于天子之祝官。祝官有秘祝,即有灾祥,辄祝祠,移过于下。[41]

(以上为第三段,缕述秦汉时代统治者所供奉、祭祀的各种神祇。)

①昔三代之居皆在河雒之间——相传夏禹都阳城(今河南登封东南告成镇),殷汤曾都于偃师(今河南洛阳偃师区),周公营雒邑,为成周城所在,都在今河南境内的黄河、洛河流域。 ②嵩高——即今嵩山,在今河南登封北。 四岳各如其方——谓东岳在嵩山东方,西岳在嵩山西方,南岳在其南,北岳在其北。 山东——此指崤山以东。 ③轶兴轶衰——即此起彼伏之意。 ④脯酒——干肉与酒。 为岁祠——为祈求农业丰收而祭祀。 因泮(pàn)冻——趁河冰刚解冻的时候。 秋涸(hé)冻——秋天的祭祀是在水渐干涸,开始结冰的时候。 冬塞祷祠——冬天进行感谢河神一年赐福的祭祀。塞:同"赛",感谢神赐福的祭祀。 ⑤牢具——祭祀用的牲畜和盛放这些祭品的祭器。 珪币——祭神用的玉器与丝帛等。 ⑥自华以西——自华山以西。 ⑦薄山者,衰山也——衰山:《汉书·郊祀志》作"襄山",

旧注皆认为即今山西境内的中条山，但此与文中所谓“自华以西”不合。 ⑧岳山——梁玉绳认为应作“垂山”，太乙山之北峰，在今陕西武功南。 岐山——在今陕西岐山县东北。 吴岳——也称“吴山”“岳山”“汧(qiān)山”，在今陕西陇县西南。 鸿冢——在今陕西宝鸡凤翔区，相传黄帝的大臣名“鬼臾区”，号“大鸿”者葬于此山，因以为名。 汶山——也称“岷山”，在今四川中北部。 ⑨水曰河——要祭祀的河流第一是黄河。 祠临晋——祭祀黄河的地点是在临晋县(今陕西大荔东)。 ⑩沔(miǎn)——这里指汉水。 祠汉中——在汉中(今陕西汉中)立庙祭祀汉水。 ⑪湫渊——湖泊名，在今宁夏固原西南。 朝那——汉县名，在今宁夏固原东南。 ⑫江水——即今长江。蜀——秦郡名，这里指蜀郡的郡治成都。江渎祠在成都南。 ⑬亦春秋泮涸祷塞——也是在春天解冰、深秋结冰和冬天的时候进行祭祀。⑭牲牛犊——以牛犊作为供品。“牲”字用作动词。 ⑮四大冢——自华山以西七座名山里的四座大山。 尝禾——祭祀名，意思是让四山之神尝到新粮食。 ⑯陈宝节来祠——谓祠官按节气来祭陈宝。 ⑰其河加有尝醪(láo)——祭祀黄河时要加新酿制的米酒。⑱雍州——古九州名，约当今陕西、甘肃二省和青海省东部地区。 加车一乘，騂驹四——意谓对雍州地区的七座山、四条河，以及对陈宝的祭祀，除了和祭祀东方山川用相同的祭品外，还额外增加一辆车、四匹红马驹。 ⑲灞——灞水，自蓝田东流来，流经当时的长安东，汇入渭水。 产——产水，自蓝田西南流来，在长安城东汇入灞水。 长水——产水的一条支流，流经长安县汇入产水。 沣——沣水，源出今陕西西安长安区西南秦岭山中，北流至西安西北汇入渭水。 涝——涝水，即今陕西西安鄠邑区西渭河支流涝峪河。 泾——泾水，源出今宁夏南部六盘山东麓，东南流经甘肃省，至陕西西安高陵区汇入渭河。渭——渭水，源出今甘肃渭源鸟鼠山，东流横贯陕西渭河平原，在潼关县入黄河。 ⑳比山川祠——享受和其他名山大川一样的祭祀。无诸加——不像前述自华山以西的七山四河等还要增加一些东方山川所享受不到的东西，如所谓“车一乘，騂驹四”云云。 ㉑汧、洛二渊——即汧水、洛水。汧水即今陕西省西部渭河支流千河。洛水上源出自陕西白于山西端，在吴起县与乱石头川汇合后始称“洛水”，东南流经志丹、洛川、蒲城等县，到大荔南三河口附近入渭水。 鸣泽——钱穆认为即今甘肃平凉崆峒山之弹筝峡。 蒲山——钱穆认为或即今陕西蒲城北之尧山。 岳嵴山——有说在今华山之西。 岁祷塞泮涸祠——在年冬时举行报谢神赐的祭祀，春天解冰、秋天结冰的时候照例举行祭祀。 ㉒雍——此指雍县，春秋时代的秦国都城，在今陕西宝鸡凤翔区南。 参(shēn)、辰——二十八宿中的两个星宿名。辰：也称“心宿”。 南北斗——南斗也称“斗宿”，二十八宿之一；北斗即今所谓北斗七星，属大熊星座。 荧惑——即火星。 太白——即金星。 岁星——即木星。 填星——即土星。填：通“镇”。 辰星——即水星。 ㉓四海——四海的海神。 九臣、十四臣——郭嵩焘认为：九臣、十四臣祀之雍，盖皆周臣之有功者也。 ㉔诸布、诸严、诸逑——有人认为“诸严”即“诸庄”，汉人避明帝刘庄讳改“庄”为“严”。“庄”是四通八达之道，这里指路神；“诸逑”应作“诸遂”，“遂”是田间小路，也是指路神。也有人说“布”即瀑布，“严”即山岩，“遂”即隧洞。 ㉕西——即“西垂”，在今甘肃天水西南，为秦国发祥地。 ㉖湖——古邑名，在今河南灵宝西北，汉代立为县。 周天子祠——湖县属京兆，有周天子祠二所。 ㉗下邽(guī)——古县名，在今陕西渭南东北。 有天神——有天神祠。 ㉘沣、镐——即丰、镐，周朝的都城名。据说文王都丰(今西安长安区西北沣河西岸)，武王都镐(今西安长安区西北)。 昭明——火星庙，《索隐》：“荧惑星散为昭明。” 天子辟池——沈钦韩认为：周辟雍故地，故曰辟池，所祀者“滈池君”也。 ㉙社、亳——梁玉绳认为应作“杜亳”，即杜县(今西安东南)境内的亳亭。因西周末时曾有戎族的亳王居此，故称为亳，后被秦宁公所灭。 社主——应作“杜主”。关于“杜主”的事迹见下文。 寿星——南极老人星，祠之以祈福寿。 ㉚雍菅(jiān)庙亦有杜主——雍县的草庵小庙也有供奉“杜主”的。菅：茅草。 故周之右将军——梁玉绳曰：“盖杜伯为最小鬼之神者，朱衣冠而操弓矢，厥状甚武，因以‘将军’目之。‘右将军’者，以‘右’尊故也。” ㉛秦中——含义与狭义的“关中”略同。指今陕西中部平原地区。 最小鬼之神者——其鬼虽小，而有神灵。 ㉜雍四畤——雍县附近的四畤，即鄜畤、密畤、吴阳上畤、吴阳下畤，分别祭祀白帝、青帝、黄帝、炎帝。 光景动人民——谓“神灵”降临时的景象激动人心，如前所谓“来也常以夜，光辉若流星，从东南来集于祠城，则若雄鸡，其声殷云，野鸡夜雊”。 ㉝岁祷——祈求丰收。 五月尝驹——除春、秋、冬三次正规的祭祀外，还要在五月用一车四騂驹作为加祭。 ㉞及四仲之月月祠，若陈宝节来一祠——每个季度的第二个月都要祭祀四畤，至于陈宝祠则只有在陈宝节时举行祭祀。仲月：每季度的第二个月。按：上下文都是讲祭祀四畤，而中间插入一句祭祀陈宝，文字颇觉混乱。 ㉟春夏用骍（xīng）——春夏两季的祭祀，用红马为牺牲。骍：红马。 ㊱畤驹四匹——每个畤的供品，用四匹马驹。 木禺龙栾车一驷——木龙拉的车子一辆。木禺：通“木偶”。栾车：即“銮车”，有铃的帝王之车。 各如其帝色——如祭白帝用白色祭品，祭黄帝用黄色祭品。 ㊲黄犊羔各四——黄牛犊、黄羊羔各四个。 生瘞（yì）埋——活埋。瘞：埋。 无俎豆之具——指将犊羔珪币直接埋在土里，不用祭器盛装。 ㊳三年一郊——帝王每三年举行一次南郊祭天的典礼。 上宿郊见——帝王亲自斋戒并在南郊拜见上帝。宿：斋戒。 ㊴通权火——有说“权火”即“烽火”。也有说“权火”即“举火”。 拜于咸阳之旁——主语为秦朝皇帝。 衣上白——谓祭祀时身着白衣。上：通“尚”。 其用如经祠——使用的祭品和平常的祭祀一样，不因帝王亲祭而加多。经：常。 ㊵西畤、畦畤——“畦畤”应作“鄜畤”。盖西畤在西垂，鄜畤在雍县，皆秦国远祖所建，且距咸阳遥远；至于畦畤，乃战国时献公所建，且近在栎阳，故不可与西畤并称。 祠如其故——还按过去的办法祭祀。 ㊶祝官有秘祝——有些祝官在祭祀时向鬼神进行诡秘的祈祷。 即有灾祥，辄祝祠，移过于下——一旦见到灾变的征兆，就向鬼神祈祷，请鬼神把谴责转移到下面的人身上。如《宋微子世家》景公时“荧惑守心……景公忧之”，宋之“司星”则曰“可移于相”“可移于民”，即此类。

汉兴，高祖之微时，尝杀大蛇。有物曰：“蛇，白帝子也，而杀者赤帝子。”高祖初起，祷丰枌榆社[①]。徇沛，为沛公，则祠蚩尤，衅鼓旗。[2]遂以十月至灞上,与诸侯平咸阳,立为汉王。因以十月为年首,而色上赤。

二年,东击项籍而还入关,问:“故秦时上帝祠何帝也?”对曰:“四帝,有白、青、黄、赤帝之祠。”高祖曰:“吾闻天有五帝,而有四,何也?”莫知其说。于是高祖曰:“吾知之矣,乃待我而具五[3]也。”乃立黑帝祠,命曰北畤。有司进祠[4],上不亲往。悉召故秦祝官,复置太祝、太宰,如其故仪礼。因令县为公社[5]。下诏曰:“吾甚重祠而敬祭,今上帝之祭及山川诸神当祠者,各以其时礼祠之如故。”

后四岁,天下已定,诏御史,令丰谨治枌榆社,常以四时,春以羊彘祠之。[6]令祝官立蚩尤之祠于长安。长安置祠祝官、女巫:其梁巫祠天、地、天社、天水、房中、堂上之属;[7]晋巫祠五帝、东君、云中、司命、巫社、巫祠、族人、先炊之属;[8]秦巫祠社主、巫保、族累之属;[9]荆巫祠堂下、巫先、司命、施糜之属;[10]九天巫[11]祠九天:皆以岁时祠宫中。其河巫祠河于临晋,而南山巫祠南山秦中。[12]秦中者,二世皇帝[13]。各有时日。

其后二岁,或曰周兴而邑邰,立后稷之祠,至今血食天下。[14]于是高祖制诏御史:“其令郡国县立灵星祠,[15]常以岁时祠以牛。”

高祖十年春,有司请令县常以春二月及腊祠社稷以羊豕,民里社各自财以祠。[16]制曰:“可。”

其后十八年,孝文帝即位。即位十三年,下诏曰:“今秘祝移过于下,朕甚不取,自今除之。”

始名山大川在诸侯,诸侯祝各自奉祠,天子官不领。及齐、淮南国废,令太祝尽以岁时致礼如故。[17]

是岁,制曰:“朕即位十三年于今,赖宗庙之灵,社稷之福,方内艾安,民人靡疾。[18]间者比年登,[19]朕之不德,何以飨此?皆上帝诸神之赐也。盖闻古者飨其德必报其功,欲有增诸神祠[20]。有司议增雍五畤路车各一乘,驾被具;[21]西畤、畦畤禺车各一乘,禺马四匹，驾被具；[22]其河、湫、汉水加玉各二；[23]及诸祠，各增广坛场，珪币俎豆以差加之[24]。而祝禧者归福于朕，百姓不与焉。[25]自今祝致敬，毋有所祈[26]。”

鲁人公孙臣上书曰：“始秦得水德，今汉受之，推终始传，则汉当土德，土德之应黄龙见。宜改正朔，易服色，色上黄。”是时丞相张苍好律历，以为汉乃水德之始，故河决金堤，其符也。[27]年始冬十月，色外黑内赤[28]，与德相应。如公孙臣言，非也。罢之。后三岁，黄龙见成纪。文帝乃召公孙臣，拜为博士，与诸生草改历服色事。其夏，下诏曰：“异物之神见于成纪，无害于民，岁以有年。朕祈郊上帝诸神，礼官议，无讳以劳朕。[29]”有司皆曰：“古者天子夏亲郊，祀上帝于郊[30]，故曰郊。”于是夏四月，文帝始郊见雍五畤祠[31]，衣皆上赤。

其明年，赵人新垣平以望气见上，言“长安东北有神气，成五采，若人冠絻[32]焉。或曰东北神明之舍，西方神明之墓也。天瑞下，宜立祠上帝，以合符应”。于是作渭阳五帝庙，同宇，帝一殿，面各五门，各如其帝色。[33]祠所用及仪亦如雍五畤。

夏四月，文帝亲拜霸渭之会，以郊见渭阳五帝。[34]五帝庙南临渭，北穿蒲池沟水[35]。权火举而祠，若光辉然属天焉。[36]于是贵平上大夫[37]，赐累千金。而使博士诸生刺《六经》中作《王制》[38]，谋议巡狩封禅事。

文帝出长门，若见五人于道北，遂因其直北立五帝坛，祠以五牢具。[39]

其明年，新垣平使人持玉杯，上书阙下献之。平言上曰：“阙下有宝玉气来者。”已视之，果有献玉杯者，刻曰“人主延寿”。平又言“臣候日再中[40]”。居顷之，日却复中[41]。于是始更以十七年为元年[42]，令天下大酺。

平言曰：“周鼎亡在泗水中，今河溢通泗[43]，臣望东北汾阴直有金宝气，意周鼎其出乎？兆见不迎则不至。”于是上使使治庙汾阴南，临河，欲祠出周鼎[44]。

人有上书告新垣平所言气神事皆诈也。下平吏治，诛夷新垣平。[45]自是之后，文帝怠于改正朔服色神明之事，而渭阳、长门五帝使祠官领，以时致礼，不往焉。

明年，匈奴数入边，兴兵守御。后岁少不登。[46]

数年而孝景即位。十六年，祠官各以岁时祠如故，无有所兴，至今天子。

（以上为第四段，写西汉初期诸帝祭祀天地鬼神的情形。）

①祷丰枌(fén)榆社——在丰邑的枌榆社前祈祷。枌榆社：枌榆乡的土神庙。 ②徇沛，为沛公——攻下沛县后，刘邦就当了沛公。徇：以兵巡而取之。 祠蚩尤——祭祀蚩尤。相传蚩尤好五兵，因而被奉为战争之神。 衅鼓旗——杀牲以其血抹在旗、鼓上，表示对旗、鼓的祭祀。 ③待我而具五——等着我来给凑满“五个”。 ④有司进祠——让主管该项事务的官员前往祭祀。 ⑤令县为公社——让每一个县都修建一座祭祀天地的庙宇。公社：供全县官民共同祭祀的庙宇。 ⑥丰——秦时为沛县里的一个乡邑，刘邦建国后，将丰邑升为县。 谨治——指认真管理好、祭祀好。 常以四时，春以羊彘祠之——语句不顺。似谓一年四季要按时祭祀，而春季则要用羊、猪为祭品。 ⑦梁巫——从大梁(今河南开封)一带选调来的女巫。 天社、天水、房中、堂上——《索隐》认为是祭祀的地点，也就是祠庙名。中井积德认为是神名。 ⑧晋巫——从晋地(今山西)选来的女巫。 五帝——指黄、白、赤、青、黑五方之帝。 东君——据《楚辞·九歌》应是太阳神。 云中——即《九歌》中的云神。 司命——据《九歌》应是司人寿命的神。 巫社、巫祠——师古曰：“皆古巫之神也。” 族人、先炊——《正义》曰：“先炊，古炊母之神也。” ⑨秦巫——从秦地(今陕西)选来的女巫。 社主——《汉书·郊祀志》作“杜主”，即杜伯之神。 巫保、族累之属——《索隐》曰：“二神名。” ⑩荆巫——从楚地选来的女巫。 堂下、巫先、司命、施糜——皆神名。 ⑪九天巫——主管祭祀九天的女巫。九天：九方之天。 ⑫河巫——主管祭祀黄河的女巫。 临

晋——古县名,在今陕西大荔东。 南山巫——主管祭祀南山的女巫。南山:也称“终南山”,在今西安南,为秦岭的一段。 ⑬秦中者,二世皇帝——张晏认为秦二世属于“强死”,魂魄为厉,故祠之。 ⑭周兴而邑邰(tái)——周武王建国后在邰重建城邑。邰:在今陕西武功西,周族的祖先后稷被舜封于此,是周王朝的发祥地。 立后稷之祠——在邰邑建立后稷之祠。 血食——指享受祭祀,因祭品中有新杀的牲畜,故曰“血食”。 ⑮郡国县——各郡、各诸侯国的所属县。汉制,郡与诸侯国为同一级,皆下属若干县。 灵星祠——祭祀龙星的庙宇。 ⑯常以春二月及腊祠社稷以羊豕——常在春天的二月和冬天的腊月以羊和猪为供品祭祀农神。 民里社各自财以祠——民间里巷的土神庙,让百姓们根据自己的能力选择祭祀的方法。自财:通“自裁”,自己决定。 ⑰齐、淮南国废——齐文王刘则因死后无子,地入于汉;淮南王刘长因图谋叛乱,自杀国除。 令太祝尽以岁时致礼如故——齐国境内有泰山,淮南境内有天柱山,过去分别由齐国、淮南国祭祀,如今这两个国家被废,于是由朝廷主管祭祀的官员接过来按时祭祀。 ⑱方内艾(yì)安——意即国家太平。方内:犹言“海内”,四海之内。艾安:平安。艾:通“乂”,治理。 靡疾——没有灾害。 ⑲间者——这些年来,近来。 比年登——连年丰收。 ⑳欲有增诸神祠——想给各处的神庙增加供品的分量。 ㉑雍五畤——密畤、鄜畤、吴阳上畤、吴阳下畤、北畤。 路车——亦作“辂车”,帝王所乘之车。 驾被具——师古曰:“驾车被马之饰皆具也。” ㉒禺车——用木制或用泥塑的车子。禺:通“偶”。 禺马——用木制或泥塑的马。 ㉓河——黄河。 湫——湫渊,与下文“汉水”皆在华山以西的“名川”之数,注已见前。 加玉各二——祭时各加玉璧二枚。 ㉔以差加之——按不同等级予以追加。 ㉕祝禧——祷告求福。禧:神降之福。 归福于朕——意即“都是为我求福”。 百姓不与——百姓们得不到。 ㉖自今祝致敬,毋有所祈——今后再祷告时,只是向神灵表示敬意,而不许再祈求什么。 ㉗以为汉乃水德之始——“始”应作“时”。 河决金堤,其符也——黄河在金堤决口,这就兆示了汉朝是“水”德。符:征兆。河决东郡金堤在文帝前元十二年(前168)。金堤:指今河南濮阳(当时的东郡郡治)一带的黄河大堤。 ㉘色外黑内赤——既坚持其继续秦朝的“色上黑”之论,又不排斥刘邦所倡的“上赤”之说,此足见张苍等既“顽固”又“圆滑”。 ㉙朕祈郊上帝诸神——我打算去祭祀上帝诸神。 礼官议,无讳以劳朕——请主管礼仪的部门议论一下,提出个方案,不要怕劳累我而该说的不说。 ㉚夏亲郊,祀上帝于郊——即夏至日在南郊祭天。 ㉛始郊见雍五畤祠——第一次在雍县南郊的五畤拜祭上帝。 ㉜若人冠絻——好像是人的帽子。絻:通“冕”,帝王、诸侯、卿大夫所戴的礼帽。 ㉝渭阳——渭水北岸。 同宇,帝一殿,面各五门——在同一套大房子里,每帝各居一殿,每殿一门,前面共有五个门。 ㉞霸渭之会——灞水与渭水的汇口,在今西安东北,高陵区西南。 郊见——祭拜。 ㉟北穿蒲池沟水——按:文字不顺。梁玉绳曰:“言穿沟引渭水入兰池也,疑‘兰’字误作为‘蒲’。” ㊱权火举而祠——烽火点燃后进行祭祀。 若光辉然属天焉——按:文字不顺。大意谓火光照耀,好像是一直烧到天上。然:“燃”的本字。属:连。 ㊲贵平上大夫——尊宠新垣平,任为上大夫。上大夫:低于列卿。 ㊳刺《六经》中作《王制》——意即搜罗、摘取《六经》中的句子,拼成一篇文献,名叫《王制》。不是今本《礼记》中的《王制》。 ㊴长门——亭名,在产水西岸,距产水与霸水的汇口不远。 因其直北——在五个人所站立的正北方。 五牢具——以五太牢规格的祭品,即牛、羊、猪各五头。 ㊵候日再中——占测太阳的运行,将连续出现的两次居中。即正午过后,太阳又一次回到正午。 ㊶日却复中——果然出现了过午之后太阳又退回到正午的现象。 ㊷更以十七年为元年——改称“十七年”为“后元元年”。 ㊸河溢通泗——黄河决口,河水与泗水通连。 ㊹欲祠出周鼎——想通过祭祀,祈求周鼎出现。 ㊺下平吏治——将新垣平交法官审问。治:整治,推问。 诛夷——诛其本人,夷其三族。 ㊻后岁——文帝后元三年,前161年。 少不登——粮食歉收。少:稍;登:成熟。

今天子初即位,尤敬鬼神之祀。

元年,汉兴已六十余岁矣,天下艾安,搢绅之属皆望天子封禅改正度[①]也，而上乡儒术，招贤良，赵绾、王臧等以文学为公卿，欲议古立明堂城南，以朝诸侯。草巡狩封禅改历服色事未就，会窦太后[②]治黄老言，不好儒术，使人微伺得赵绾等奸利事，召案绾、臧，绾、臧自杀，诸所兴为皆废。

后六年，窦太后崩。其明年，征文学之士公孙弘等。

明年，今上初至雍，郊见五畤，后常三岁一郊。是时上求神君，舍之上林中蹄氏观。[③]神君者，长陵女子，以子死，见神于先后宛若。[④]宛若祠之其室，民多往祠。平原君[⑤]往祠，其后子孙以尊显。及今上即位，则厚礼置祠之内中[⑥]。闻其言，不见其人云。

是时李少君亦以祠灶、谷道、却老方见上，[⑦]上尊之。少君者，故深泽侯舍人，主方。[⑧]匿其年及其生长，常自谓七十，能使物[⑨]，却老。其游以方遍诸侯。无妻子。人闻其能使物及不死，更馈遗之，常余金钱衣食。人皆以为不治生业而饶给，又不知其何所人，愈信，争事之。少君资好方，善为巧发奇中。[⑩]尝从武安侯饮，坐中有九十余老人，少君乃言与其大父游射处。[⑪]老人为儿时从其大父，识其处[⑫]，一坐尽惊。少君见上，上有故铜器，问少君。少君曰："此器齐桓公十年陈于柏寝[⑬]。"已而案其刻，果齐桓公器。一宫尽骇，以为少君神，数百岁人也。

少君言上曰："祠灶则致物[⑭]，致物而丹沙可化为黄金，黄金成以为饮食器则益寿，益寿而海中蓬莱仙者乃可见，见之以封禅则不死，黄帝是也。臣尝游海上，见安期生，安期生食巨枣，大如瓜。安期生仙者，通蓬莱中，合则见人，不合则隐。[⑮]"于是天子始亲祠灶，遣方士入海求蓬莱安期生之属，而事化丹沙诸药齐为黄金矣[⑯]。

居久之，李少君病死。天子以为化去不死，而使黄锤史宽舒受其方。[⑰]求蓬莱安期生莫能得，而海上燕齐怪迂之方士多更来言神事矣。

亳人谬忌奏祠太一方，[⑱]曰："天神贵者太一，太一佐曰五帝。[19]古者天子以春秋祭太一东南郊，用太牢，七日，为坛开八通之鬼道。[20]”于是天子令太祝立其祠长安东南郊，常奉祠如忌方。其后人有上书，言“古者天子三年壹用太牢祠神三一：天一、地一、太一”[21]。天子许之，令太祝领祠之于忌太一坛上，如其方。后人复有上书，言“古者天子常以春解祠[22]，祠黄帝用一枭、破镜[23]；冥羊用羊祠，马行用一青牡马，太一、泽山君地长用牛，武夷君用干鱼，阴阳使者以一牛”[24]。令祠官领之如其方，而祠于忌太一坛旁。

其后，天子苑有白鹿，以其皮为币，以发瑞应，造白金焉[25]。

其明年，郊雍，获一角兽，若麃然[26]。有司曰：“陛下肃祗郊祀，上帝报享，锡一角兽，盖麟云。[27]”于是以荐五畤，畤加一牛以燎。[28]锡诸侯白金，风符应合于天也。[29]

于是济北王以为天子且封禅，乃上书献太山及其旁邑，天子以他县偿之。常山王有罪，迁，天子封其弟于真定，以续先王祀，而以常山为郡，然后五岳皆在天子之邦。

其明年，齐人少翁以鬼神方见上。上有所幸王夫人，夫人卒，少翁以方盖夜致王夫人及灶鬼之貌云，天子自帷中望见焉。于是乃拜少翁为文成将军，赏赐甚多，以客礼礼之。文成言曰：“上即欲与神通，宫室被服非象神，神物不至。”乃作画云气车，及各以胜日驾车辟恶鬼。[30]又作甘泉宫，中为台室，画天、地、太一诸鬼神，而置祭具以致天神。居岁余，其方益衰，神不至。乃为帛书以饭牛，详不知，[31]言曰此牛腹中有奇。杀视得书，书言甚怪。天子识其手书，问其人，果是伪书，于是诛文成将军，隐之。

其后则又作柏梁、铜柱、承露仙人掌之属矣[32]。

文成死明年，天子病鼎湖[33]甚，巫医无所不致，不愈。游水发根言上郡有巫，病而鬼神下之。[34]上召置祠之甘泉。及病，使人问神君[35]。神君言曰：“天子无忧病。病少愈，强与我会甘泉。”于是病愈，遂起，幸甘泉，病良已。大赦，置寿宫神君[36]。寿宫神君最贵者太一[37]，其佐曰大禁、司命之属，皆从之。非可得见，闻其言，言与人音等。时去时来，来则风肃然。居室帷中，时昼言，然常以夜。天子祓，然后入[38]。因巫为主人，关饮食，所以言，行下。[39]又置寿宫、北宫，张羽旗，设供具，以礼神君。神君所言，上使人受书其言，命之曰"画法[40]"。其所语，世俗之所知也，无绝殊者，而天子心独喜。其事，世莫知也。

其后三年，有司言元宜以天瑞命，不宜以一二数[41]。一元曰建，二元以长星曰光，三元以郊得一角兽曰狩云。[42]

其明年冬，天子郊雍，议曰："今上帝朕亲郊，而后土无祀，则礼不答也。[43]"有司与太史公、祠官宽舒议[44]："天地牲角茧栗[45]。今陛下亲祠后土，后土宜于泽中圜丘为五坛，坛一黄犊太牢具，已祠尽瘗，而从祠衣上黄。[46]"于是天子遂东，始立后土祠汾阴脽丘，[47]如宽舒等议。上亲望拜，如上帝礼。礼毕，天子遂至荥阳而还。过雒阳，下诏曰："三代邈绝，远矣难存。其以三十里地封周后为周子南君，以奉其先祀焉。"是岁，天子始巡郡县，侵寻于泰山矣[48]。

其春，乐成侯上书言栾大。栾大，胶东宫人[49]，故尝与文成将军同师，已而为胶东王尚方[50]。而乐成侯姊为康王[51]后，无子。康王死，他姬子立为王。[52]而康后有淫行，与王不相中，相危以法。[53]康后闻文成已死，而欲自媚于上，乃遣栾大因乐成侯求见言方。[54]天子既诛文成，后悔其蚤死，惜其方不尽，及见栾大，大说。大为人长美，言多方略，而敢为大言处之不疑。大言曰："臣常往来海中，见安期、羡门之属。顾以臣为贱，不信臣。又以为康王诸侯耳，不足与方。臣数言康王，康王又不用臣。臣之师曰：'黄金可成，而河决可塞，不死之药可得，仙人可致也。'然臣恐效文成，则方士皆奄口，恶敢言方哉！[55]"上曰："文成食马肝死耳。子诚能修其方，我何爱乎！[56]"大曰："臣师非有求人，人者求之。陛下必欲致之，则贵其使者，令有亲属，以客礼待之，勿卑。[57]使各佩其信印，乃可使通言于神人。神人尚肯邪不邪[58]。致尊其使，然后可致也。"于是上使验小方，斗棋，棋自相触击[59]。

是时上方忧河决，而黄金不就，乃拜大为五利将军。居月余，得四印，佩天士将军、地士将军、大通将军印。制诏御史："昔禹疏九江，决四渎。间者河溢皋陆，堤繇不息。[60]朕临天下二十有八年，天若遗朕士而大通焉[61]。《乾》称'蜚龙'，'鸿渐于般'，朕意庶几与焉。[62]其以二千户封地士将军大为乐通侯。"赐列侯甲第，僮千人，乘舆斥车马帷幄器物[63]以充其家。又以卫长公主妻之，赍金万斤，更命其邑曰当利公主。[64]天子亲如五利之第。使者存问供给，相属于道。自大主将相以下，皆置酒其家，献遗之。[65]于是天子又刻玉印曰"天道将军"，使使衣羽衣，夜立白茅上，五利将军亦衣羽衣，夜立白茅上受印，以示不臣也。而佩"天道"者，且为天子道天神也[66]。于是五利常夜祠其家，欲以下神。神未至而百鬼集矣，然颇能使之。其后装治行，东入海，求其师云。大见数月，佩六印，贵震天下，而海上燕齐之间，莫不扼捥而自言有禁方，能神仙矣。

其夏六月中，汾阴巫锦为民祠魏脽后土营旁，见地如钩状，掊视得鼎。[67]鼎大异于众鼎，文镂无款识，怪之，言吏。吏告河东太守胜，胜以闻。天子使使验问巫得鼎无奸诈，乃以礼祠，迎鼎至甘泉，从行，上荐之。[68]至中山，曣（日昷），[69]有黄云盖焉。有麃过，上自射之，因以祭。至长安，公卿大夫皆议请尊宝鼎。天子曰："间者河溢，岁数不登，故巡祭后土，祈为百姓育谷。今岁丰庑未报[70]，鼎曷为出哉？"有司皆曰："闻昔泰帝兴神鼎一，一者壹统，天地万物所系终也。[71]黄帝作宝鼎三，象天地人。禹收九牧之金，铸九鼎，皆尝亨鬺上帝鬼神。[72]遭圣则兴，鼎迁于夏商。[73]周德衰，宋之社亡，鼎乃沦没，伏而不见。《颂》云：'自堂徂基，自羊徂牛；鼐鼎及鼒，不吴不骜，胡考之休。[74]'今鼎至甘泉，光润龙变，承休无疆。[75]合兹中山，有黄白云降盖，若兽为符，路弓乘矢，集获坛下，报祠大享[76]。唯受命而帝者心知其意而合德焉。鼎宜见于祖祢，藏于帝廷，以合明应。[77]”制曰：“可。”

入海求蓬莱者，言蓬莱不远，而不能至者，殆不见其气。上乃遣望气佐候其气云。[78]

其秋，上幸雍，且郊，或曰“五帝，太一之佐也，宜立太一而上亲郊之”。[79]上疑未定。齐人公孙卿曰：“今年得宝鼎，其冬辛巳朔旦冬至，与黄帝时等。[80]卿有札书曰：‘黄帝得宝鼎宛朐，问于鬼臾区。[81]鬼臾区对曰：黄帝得宝鼎神策，是岁己酉朔旦冬至，得天之纪，终而复始。[82]’于是黄帝迎日推策，后率二十岁复朔旦冬至。[83]凡二十推，三百八十年，黄帝仙登于天。[84]”卿因所忠欲奏之，所忠视其书不经，[85]疑其妄书，谢曰：“宝鼎事已决矣，尚何以为！”卿因嬖人奏之。上大说，乃召问卿。对曰：“受此书申公，申公已死。”上曰：“申公何人也？”卿曰：“申公，齐人。与安期生通，受黄帝言，无书，独有此鼎书。曰‘汉兴复当黄帝之时[86]’，曰‘汉之圣者在高祖之孙且曾孙也，宝鼎出而与神通，封禅。封禅七十二王，唯黄帝得上泰山封’。申公曰：‘汉主亦当上封，上封则能仙登天矣。黄帝时万诸侯，而神灵之封居七千[87]。天下名山八，而三在蛮夷，五在中国。中国华山、首山、太室、泰山、东莱[88]，此五山黄帝之所常游，与神会。黄帝且战且学仙。患百姓非其道者，乃断斩非鬼神者。百余岁然后得与神通。黄帝郊雍上帝，宿三月。鬼臾区号大鸿，死葬雍，故鸿冢是也。其后黄帝接万灵明廷。明廷者，甘泉也。所谓寒门者，谷口[89]也。黄帝采首山铜，铸鼎于荆山[90]下。鼎既成，有龙垂胡髯下迎黄帝。黄帝上骑，群臣后宫从上者七十余人，龙乃上去。余小臣不得上，乃悉持龙髯，龙髯拔，堕，堕黄帝之弓。百姓仰望黄帝既上天，乃抱其弓与胡髯号，故后世因名其处曰鼎湖，其弓曰乌号。’”于是天子曰：“嗟乎！吾诚得如黄帝，吾视去妻子如脱躧耳。”乃拜卿为郎，东使候神于太室。

上遂郊雍，至陇西，西登崆峒，幸甘泉。令祠官宽舒等具太一祠坛，祠坛放薄忌太一坛，坛三垓。[91]五帝坛环居其下，各如其方，黄帝西南，除八通鬼道。太一，其所用如雍一畤物，而加醴枣脯之属，杀一狸牛以为俎豆牢具。[92]而五帝独有俎豆醴进[93]。其下四方地，为醊食群神从者及北斗云。[94]已祠，胙余皆燎之。[95]其牛色白，鹿居其中，彘在鹿中，水而洎之[96]。祭日以牛，祭月以羊彘特[97]。太一祝宰则衣紫及绣。五帝各如其色，日赤，月白。[98]

十一月辛巳朔旦冬至，昧爽，天子始郊拜太一。[99]朝朝日，夕夕月，则揖；[100]而见太一如雍郊礼。其赞飨曰："天始以宝鼎神策授皇帝，朔而又朔，终而复始[101]，皇帝敬拜见焉。"而衣上黄。其祠列火满坛，坛旁亨炊具。[102]有司云"祠上有光焉"。公卿言"皇帝始郊见太一云阳，有司奉瑄玉嘉牲荐飨。是夜有美光，及昼，黄气上属天"。太史公、祠官宽舒等曰："神灵之休，祐福兆祥，宜因此地光域立太畤坛以明应。[103]令太祝领，秋及腊间祠。三岁天子一郊见。"

其秋，为伐南越，告祷太一。以牡荆画幡日月北斗登龙，以象太一三星，为太一锋，[104]命曰"灵旗"。为兵祷，则太史奉以指所伐国。而五利将军使不敢入海，之泰山祠。上使人随验，实毋所见。五利妄言见其师，其方尽，多不雠[105]，上乃诛五利。

其冬，公孙卿候神河南，言见仙人迹缑氏[106]城上，有物如雉，往来城上。天子亲幸缑氏城视迹。问卿："得毋效文成、五利乎？"卿曰："仙者非有求人主，人主者求之。其道非少宽假，神不来。言神事，事如迂诞，积以岁乃可致也。"于是郡国各除道，缮治宫观名山神祠所，以望幸矣。

其春，既灭南越，上有嬖臣李延年以好音见。[107]上善之，下公卿议，曰："民间祠尚有鼓舞乐，今郊祀而无乐，岂称乎？"公卿曰："古者祠天地皆有乐，而神祇可得而礼。"或曰："太帝使素女鼓五十弦瑟，悲，帝禁不止，故破其瑟为二十五弦。"于是塞南越[108]，祷祠太一、后土，始用乐舞，益召歌儿，作二十五弦及空侯琴瑟[109]自此起。

（以上为第五段，写武帝前期因迷信鬼神而被诸骗子愚弄的情景。）

①改正度——正：正朔；度：度量衡。 ②窦太后——景帝之母，武帝之祖母。自景帝在位时，窦太后就干预朝政；武帝即位后，窦太后仍权欲未减，故与武帝朝臣矛盾尖锐。 ③舍——设其神位，即供奉。上林中蹏氏观——上林苑中的台观名。上林苑是秦汉时期的皇家猎场，故址在今陕西西安西及周至、鄠邑区界。 ④长陵——刘邦的陵墓，高祖十二年（前195）筑陵置邑，元帝时改为县，治今咸阳东北。以子死——即难产而死。 见神于其先后宛若——向妯娌宛若显灵。见：同“现”。先后：古谓之“娣姒”，今谓之“妯娌”，关中俗呼为“先后”。宛若：人名。 ⑤平原君——武帝的外祖母，王太后的母亲，名臧儿，武帝即位后尊之为“平原君”。 ⑥内中——犹言“禁中”，指皇家的宫苑之内，这里指“上林中蹏氏观”。 ⑦祠灶——祭祀灶神。 谷道——辟谷不食之道。 却老——延缓衰老。 ⑧深泽侯——始封者为刘邦的开国功臣赵将夜，景帝时继其封者为赵胡。 主方——主管方药。 ⑨使物——指使精灵魔怪。物：有特异功能的精灵魔怪。⑩资好方——凭借着讲究长生不老之方。 善为巧发奇中——善于在合适的时机表明自己的看法，往往能应验。 ⑪尝从武安侯饮——有一次跟田蚡（fén）一道喝酒。武安侯：田蚡，武帝之舅，王太后的同母异父弟，封武安侯。 大父——祖父。 ⑫识其处——记得那个地方。识：通“志”，记住。 ⑬柏寝——齐国的台观名，故址在今山东广饶。⑭致物——招致精灵前来。 ⑮通蓬莱中——与蓬莱仙山的人们相往来。 合——谓道相合。 ⑯而事化丹沙诸药齐为黄金矣——诸药齐：各种药材。齐：通“剂”。 ⑰黄锤史宽舒——黄锤县人姓史名宽舒。黄锤：初为一县，后乃分为二。黄县在今山东龙口东；锤，也作“腄”，在今山东烟台福山区。 受其方——修其遗方。 ⑱亳人谬忌——亳：也作“薄”，在今山东曹县。一说在今河南商丘北。谬忌：姓谬，名忌，居亳，故也称之为“薄忌”。 太一——也作“泰一”，最高的

天神。 ⑲佐——辅佐者,帝王的左膀右臂。 五帝——五方之帝,即前所谓青帝、白帝、赤帝、黑帝、黄帝,与《五帝本纪》所云之“五帝”非一事。 ⑳用太牢,七日——每日用一太牢,凡七日。 八通之鬼道——坛有八个台阶,对着八个门口。 ㉑祠神三一:天一、地一、太一——《汉书·郊祀志》与此同,而梁玉绳以为应断作“祠神三,一天、一地、一太一”,与下文“甘泉宫画天、地、太一诸神”相类,录以备考。 ㉒以春解祠——在春天举行祈求免除祸祟的祭祀。解祠:祭祀以求解祸。㉓用一枭、破镜——用一只枭鸟、一只破镜为祭品。枭:猫头鹰。破镜:一种眼睛像虎的野兽。 ㉔冥羊——神名。 马行——神名。 武夷君——武夷山的山神。武夷山今为福建省与江西省的分界。 阴阳使者——阴阳之神。 ㉕以发瑞应,造白金焉——为了引发上帝显示瑞应,于是铸造白金钱。白金:据《平准书》,当时皇家的仓库里堆有大量银锡,为使这些不太值钱的东西昂贵起来,政府使用这两种金属的化合物铸造了三种货币,一种龙纹、一种马纹、一种龟纹,价值都定得很高,于是兑来了许多钱。按:武帝造白金、皮币在元狩四年(前119),此乃叙于元狩元年之“获麟”前,误。 ㉖麃(páo)——一种类似獐鹿的动物。 ㉗肃祗——恭敬。 报享——回报下界的祭祀。 锡——赐。㉘以荐五畤——谓将此一角兽进献给上帝。荐:进献。 畤加一牛以燎——每个畤所用的祭品再外加一头牛,架在火上烧。 ㉙锡诸侯白金——将“白金”给各国诸侯王发一点,意思是告诉他们今后国家要使用这种货币。 风符应合于天也——向诸侯们示意,朝廷铸造“白金”是合乎天意的,其“符应”就是“麒麟”出现了。风:吹风,示意。㉚作画云气车——“作”“画”动词连用,谓先以材料制作,而又彩绘之。各以胜日驾车辟恶鬼——每天改乘不同颜色的车子,以驱避恶鬼。㉛为帛书以饭牛——在帛上写字,让牛吞下去。 详不知——假装不知道。详:通“佯”,假装。 ㉜作柏梁、铜柱、承露仙人掌之属矣——建造柏梁台,又建造铜柱,上立铜人举盘以承露水。柏梁台:在当时未央宫北的桂宫内,高数十丈,相传是用“香柏”为之。 ㉝鼎湖——宫名,和宜春宫相距不远。 ㉞游水发根——人名,姓游水,名发根。 病而鬼神下之——在他患病的时候有鬼附了他的体。 ㉟神君——即这个被鬼神附了体的上郡病巫。 ㊱置寿宫神君——疑当作“置神君寿宫”，即将那个鬼神附体的上郡“神汉”在“寿宫”里供奉起来。 ㊲寿宫神君最贵者太一——此句错讹不可读。张文虎认为：“寿宫”二字疑衍。“太一”，《补武纪》作“大夫”。按：“神君所贵者大夫”，意谓在巫婆、神汉这些神职人员中，地位最高的叫“大夫”，其下有“大禁”“司命”等。 ㊳天子祓(fú)，然后入——皇帝要是想见他，必须先在外面做一些祈福除灾仪式，而后才能进去。祓：驱除不祥的一种宗教仪式。 ㊴因巫为主人——由一个巫祝来做他的总管，包括照料其起居，以及传达它的意旨等。 关饮食——向里头送水送饭。关：通达。 所以言，行下——大意谓神君有什么话要说，有什么事要做，都是先对巫说，而后再由此巫向外传达。 ㊵画法——武帝唯神命是从，命人记录下这位神君讲的话，称为“画法”，其实就是魔术中的“腹语术”表演。 ㊶元宜以天瑞命，不宜以一二数——古者有年数无年号，汉初犹然，其后乃有“中元”“后元”。武帝即位以来，大约六年一改元，二十七年之间改元者五，当时以“一元”“二元”“三元”“四元”“五元”为别。“五元”之三年，有司言“元宜以天瑞命，不宜以一二数”，于是武帝遂将以前之年一一进行了追改。 ㊷一元曰“建”——即所谓建元。 二元以长星曰“光”——即所谓元光。 三元以郊得一角兽曰“狩”——即所谓元狩。 ㊸后土——谓后土之神。 礼不答——与祭祀上帝的礼节不相称。 ㊹太史公——指司马谈，司马迁之父，当时正为太史令。 宽舒——姓史，名宽舒，以方士而任祠官者。 ㊺天地牲角茧栗——祭祀天地所用的牲畜，应是刚开始长角的牛犊。角茧栗：牛角之形或如茧，或如栗，言其小时。 ㊻泽中圜丘为五坛——在大泽中建一圆丘，上立五个台子，分别象征五方的后土之神。 坛一黄犊太牢具——对每一方的后土之神都用黄牛犊加羊加猪的规格来祭祀。 已祠尽瘗(yì)——祭祀用过的牲畜全都埋在土里。瘗：埋。 从祠衣上黄——侍祠之人皆着黄衣。 ㊼遂东——离长安东行。 汾阴脽(shuí)丘——汾阴县(今山西万荣西南)城西的大土丘，地处黄河东岸，宽两里，高十余丈。 ㊽始巡郡县，侵寻于泰山矣——先巡视其他郡县，逐渐靠近泰山，以免突然东封，招致舆论非议。侵寻：渐进。 ㊾

胶东宫人——胶东王刘贤宫里的侍应人员，此处指宦官。胶东：诸侯国名，国都为即墨县（今山东平度东南）。 ⑩尚方——负责制造宫廷器具的官署。此指栾大为尚方吏，主管方药。 ⑪康王——刘贤之父刘寄，景帝之子。 ⑫康王死——康王二十八年（前121），刘寄因受淮南王谋反事牵连，伤恐发病而死。 他姬子立为王——即刘贤被武帝立为胶东王。 ⑬不相中——不相和睦，即今所谓合不来。 相危以法——相互罗织罪名，欲陷对方于法。 ⑭自媚——讨好求宠。 言方——进言长生不死之方。 ⑮恐效文成——怕也像文成一样落个被杀的下场。 则方士皆奄口，恶敢言方哉——按：语略不顺。意谓自文成被杀后，方士们全都吓得闭上了嘴，谁还敢对您谈长生不死之术呢？奄口：闭口。恶敢：焉敢，岂敢。 ⑯食马肝死——汉时相传马肝有毒，食马肝可致人死。 我何爱乎——谓不吝金宝及禄位。爱：吝惜。⑰贵其使者——首先尊宠这个派去寻找他的使者，即自己。 令有亲属——让他具有达官贵人一类的亲戚，意即给他结一门好亲。 勿卑——不能让他的爵位太低。 ⑱神人尚肯邪不邪——您说神仙见到这种局面是肯来呢，还是不肯来呢？ ⑲斗棋，棋自相触击——按：现代科学称这种斗棋的特异功能实际是利用磁力设计的戏法。 ⑳河溢皋陆——指二十年来一直未能堵塞的黄河决口。皋：水边陆地。 堤繇不息——修筑堤防，徭役不息。 ㉑天若遗（wèi）朕士而大通焉——上帝像是给我派下来一个人，这个人就是栾大，他是来沟通我与上帝之间关系的。遗：致送，赠予。 ㉒《乾》称蜚龙，鸿渐于般——《易经·乾卦》九五爻辞有所谓"飞龙在天"，《易经·渐卦》六二爻辞有所谓"鸿渐于磐"。方苞认为："飞龙在天，利见大人"，言君之得臣也；"鸿渐于般，饮食衎衎"，言臣之得君也。武帝以栾大为"天所遗士"，故引此。蜚：通"飞"；般：即"磐"。 朕意庶几与焉——我想我现在差不多就正是《周易》所说的这种情况。庶几：近是，差不多。与：相与，相同。 ㉓乘轝斥车马帷幄器物——此谓皇帝将自己身边不用的车马、帷帐以及各种器物，拨给栾大使用。斥：多余的，不用的。乘轝：代指皇帝。轝：同"舆"。 ㉔卫长公主——皇后卫子夫所生的大女儿。 赍（jī）——携带，陪嫁。 更命其邑曰当利公主——按：词语不顺。意谓将其原有的汤沐邑某县改名为"当利县",其原称为某公主改称为"当利公主"。 ⑥⑤大主——大长公主,名嫖,窦太后之女,武帝之姑。 献遗(wèi)之——给栾大贡献财物。 ⑥⑥且为天子道天神也——且:将,行将。道:引导。 ⑥⑦汾阴巫锦——汾阴县的巫者名锦。 魏脽(shuí)后土——即前文所说武帝在汾阴修的后土祠,因此地在战国时属魏,故称"魏脽后土"。 营旁——后土祠的区域之旁。营:即"茔",祠坛、陵墓所占的地域。 掊(póu)视——用手扒开看。 ⑥⑧迎鼎至甘泉——谓派人从长安到汾阴迎鼎,而后送往甘泉宫。 从行,上荐之——谓武帝也跟着一道前去,准备将此鼎进献于上帝。 ⑥⑨中山——山名,在今陕西淳化东南。 曣𥈑——又作"晏温",意谓天气晴暖。 ⑦⓪丰庑未报——今年的丰歉尚无定准。丰庑:意即"丰收"。庑:通"芜"。 ⑦①泰帝——太昊伏羲氏。 兴神鼎一——铸造了一只神鼎。 一者壹统——之所以只铸造一个,就是为了象征一统。 天地万物所系终也——天地万物都系属于此。"终"字应依《汉书·郊祀志》作"象"。 ⑦②九牧之金——九州进贡来的黄铜。九牧:九州的诸侯,这里代指九州。 亨鬺(shāng)——《孝武本纪》作"鬺烹",师古曰:"煮而祀也。"亨:"烹"的本字;鬺:烹煮。 ⑦③遭圣则兴——遇到圣世,这些鼎就会出现。 鼎迁于夏商——这些鼎一直传到夏朝、商朝。 ⑦④自堂徂(cú)基,自羊徂牛;鼐(nài)鼎及鼒(zī),不吴不骜,胡考之休——以上五句见《诗经·周颂·丝衣》,这是一首写祭祀的诗,佞幸引之以赞美武帝之虔诚于祭祀。 ⑦⑤光润龙变——即前文所谓鼎之"晏温"。师古谓"鼎至甘泉之后,光润变见,若龙之神,能幽能明,能小能大"云云。 承休无疆——谓武帝获承上天无边之福。休:美,福祥。 ⑦⑥若兽为符,路弓乘矢,集获坛下,报祠大享——即前文所谓"有麃过,上自射之,因以祭云"。报祠大享:回报上帝的恩赏。 ⑦⑦鼎宜见于祖祢(nǐ)——应把此鼎进献宗庙,让先帝们看看。祢:父亲的灵位,此指祭祀亡父的宗庙。 明应——上天已经明确显示的符应。 ⑦⑧望气——望气者,以觇测云气为务的方术之士。 佐候——协助观测。候:观测。 ⑦⑨且郊——将要祭祀上帝之前。 宜立太一而上亲郊之——前文谬忌已曾提及青、红、黄、白、黑五帝为太一之佐,如果武帝还像过去的帝王亲祭太一之佐，就等于错了辈分，故而有人建议皇帝只应亲祭“太一”。 ⑧⓪辛巳朔旦冬至——阴历十一月的辛巳日是朔日，其日凌晨交冬至节（中气）。 与黄帝时等——与当年黄帝时的节令刚好一样。时：节气，节令。 ⑧①札书——写在木片（简）上的文字。 宛朐（yuān qú）——也作“冤句”，古县名，在今山东菏泽西南。 鬼臾区——黄帝之臣。 ⑧②神策——神灵所降的筹码。策：小竹棍，用为推算或计算的筹码。一说为神妙的蓍策，谓占卜通神。 己酉朔旦冬至——己酉日是初一，这天的早晨交“冬至”节。 得天之纪——得到了上天规定的某种定律，指历法而言。 ⑧③迎日推策——即按照日月的运行推算未来的历法。 率二十岁复朔旦冬至——大概是二十年后，又重新在初一的早晨交“冬至”节。按：我国古代没有这样一种历法，此公孙卿所妄言。 ⑧④二十推——即按照上述方法向后推出了二十个初一早晨所交的“冬至”节，也就是推到四百年以后了。 三百八十年，黄帝仙登于天——结果未等四百年，在第三百八十年的时候，黄帝就成仙升天了。 ⑧⑤卿因所忠欲奏之——公孙卿想通过所忠将他这册“札书”进呈皇帝。所忠：人名，武帝宠臣。 不经——荒诞不合常理。 ⑧⑥复当黄帝之时——当重新采用黄帝时代的历法。 ⑧⑦神灵之封居七千——谓黄帝时诸侯有七千人成仙，其神灵享受山川之封。 ⑧⑧华山、首山、太室、泰山、东莱——即所谓“五在中国”者。首山：也称“雷首山”，有人认今山西永济蒲州镇南者当之；也有人认今河南襄城南者当之。太室：即嵩山，在今河南登封北。东莱：也称“莱山”，在今山东龙口东南。 ⑧⑨谷口——汉县名，在今陕西礼泉东北，与前文所说的“中山”相距不远。 ⑨⓪荆山——也称“覆釜山”，在今河南灵宝阌乡南，与今山西永济蒲州镇南的“首山”隔黄河相望。 ⑨①具——治备，修建。 放薄忌太一坛——仿照薄忌倡议所建的那个太一神坛。放：通“仿”。 坛三垓（gāi）——神坛共有三层。垓：台阶的级次。 ⑨②如雍一畤物——和祭祀雍县某畤的祭品大体相同。 醴——甜酒。 杀一狸牛以为俎豆牢具——再杀一头牦牛装入祭器，用作补充祭品。狸牛：应同《孝武本纪》作“犛牛”，即牦牛。 ⑨③俎豆醴进——供品有俎豆和酒醴，无牢具。 ⑨④其下四方地——谓太一神坛、五帝神坛以外的四方空地。为醊(zhuì)食群神从者及北斗——以酒洒地,以享群神的从者与北斗之神。醊:酹,以酒洒地。 ⑮胙余——祭祀剩下的肉。燎——架在火上焚烧。 ⑯其牛色白,鹿居其中,彘在鹿中,水而洎(jì)之——洎:肉汁。谓将白鹿纳于牛腹,又将彘纳入鹿腹,再把水与肉汁全都浇在上面,合并以祭。 ⑰祭日以牛,祭月以羊彘特——祭日神用一头牛,祭月神用一只羊或猪。特:或牛,或羊,或彘,只用一头。 ⑱五帝各如其色——祭祀五帝的巫祝与宰夫,都身穿与该帝相同颜色的礼服。日赤,月白——祭日神的穿红衣服,祭月神的穿白衣服。 ⑲昧爽——天将亮未亮时。始郊——开始祭天。 ⑳朝朝(zhāo cháo)日——太阳始出的时候朝拜日神。夕夕月——晚上月出的时候朝拜月神。则揖——天子朝拜日神、月神,只用揖礼。 ㉑朔而又朔,终而复始——犹言年复一年、月复一月,永无止境。朔:夏历每月初一日。 ㉒其祠列火满坛——祭祀的时候坛上排满火炬。坛旁亨炊具——坛边排列着烹煮的灶具。 ㉓神灵之休——指上述"美光""黄气"等神灵所降的美好征象。休:美。祐福兆祥——保佑人得福,给人预示吉祥。此地光域——"地"字应作"夜",意谓在此夜出现"美光"的地方。太畤坛——供奉太一神的祠庙。以明应——以标明美光及黄气的瑞应。 ㉔以牡荆画幡日月北斗登龙——按:语句不顺。师古曰:"以牡荆为幡竿,而画幡为日月龙及星。"牡荆:荆之无籽者。登龙:即飞龙。以象太一三星,为太一锋——晋灼曰:"画一星在后,三星在前,为太一鏠旗也。" ㉕其方尽,多不雠——栾大的"仙方"都已用尽,大都不能应验。不雠:事实与其所言不符。 ㉖缑(gōu)氏——汉县名,在今河南洛阳偃师区东南,离嵩山不远。 ㉗李延年——武帝宠妃李夫人之兄,贰师将军李广利之弟,汉代著名的音乐家。好音——精通音律。 ㉘塞南越——祭神以感谢其在伐越战争中对汉军的福佑。塞:同"赛",报谢神赐。 ㉙作二十五弦及空侯琴瑟——"琴"字衍文,"瑟"字应在"二十五弦"下。空侯:也作"箜篌"。

其来年冬,上议曰:"古者先振兵泽旅,然后封禅。"[1]乃遂北巡朔方，勒兵十余万。[②]还祭黄帝冢桥山，释兵须如。[③]上曰："吾闻黄帝不死，今有冢，何也？"或对曰："黄帝已仙上天，群臣葬其衣冠。"既至甘泉，为且用事泰山，先类祠太一。[④]

自得宝鼎，上与公卿诸生议封禅。封禅用希，旷绝，[⑤]莫知其仪礼，而群儒采封禅《尚书》《周官》《王制》之望祀射牛事[⑥]。齐人丁公年九十余，曰："封禅者，合不死之名也，秦皇帝不得上封。[⑦]陛下必欲上，稍上即无风雨，遂上封矣[⑧]。"上于是乃令诸儒习射牛，草封禅仪。数年，至且行，天子既闻公孙卿及方士之言，黄帝以上封禅，皆致怪物与神通。[⑨]欲放黄帝以上接神仙人蓬莱士，高世比德于九皇，而颇采儒术以文之。[⑩]群儒既已不能辨明封禅事，又牵拘于《诗》《书》古文而不能骋。[⑪]上为封禅祠器示群儒，群儒或曰"不与古同"；徐偃又曰"太常诸生行礼不如鲁善"，[⑫]周霸属图封禅事，[⑬]于是上绌偃、霸，而尽罢诸儒不用。

三月，遂东幸缑氏，礼登中岳太室。从官在山下闻若有言"万岁"云。问上，上不言；问下，下不言。于是以三百户封太室奉祠，命曰崇高邑。[⑭]东上泰山，泰山之草木叶未生，乃令人上石立之泰山巅。

上遂东巡海上，行礼祠八神。齐人之上疏言神怪奇方者以万数，然无验者。乃益发船，令言海中神山者数千人求蓬莱神人。公孙卿持节常先行候名山，至东莱[⑮]，言夜见大人，长数丈，就之则不见，见其迹甚大，类禽兽云。群臣有言见一老父牵狗，言"吾欲见巨公[⑯]"，已忽不见。上即见大迹，未信，及群臣有言老父，则大以为仙人也。宿留海上，予方士传车及间使求仙人以千数。[⑰]

四月，还至奉高[⑱]。上念诸儒及方士言封禅人人殊，不经，难施行。天子至梁父，礼祠地主[⑲]。乙卯，令侍中儒者皮弁荐绅，射牛行事。[⑳]封泰山下东方[㉑]，如郊祠太一之礼。封广丈二尺，高九尺，其下则有玉牒书，书秘。[㉒]礼毕，天子独与侍中奉车子侯上泰山，亦有封，其事皆禁。[23]明日，下阴道[24]。丙辰，禅泰山下阯东北肃然山[25]，如祭后土礼。天子皆亲拜见，衣上黄而尽用乐焉。江淮间一茅三脊为神藉，五色土益杂封。[26]纵远方奇兽蜚禽及白雉诸物，颇以加礼。兕牛犀象之属不用[27]。皆至泰山，祭后土[28]。封禅祠[29]，其夜若有光，昼有白云起封中。

天子从禅还，坐明堂，群臣更上寿。于是制诏御史："朕以眇眇之身承至尊，兢兢焉惧不任。维德菲薄，不明于礼乐。修祠太一，若有象景光，屑如有望，[30]震于怪物，欲止不敢，[31]遂登封太山，至于梁父，而后禅肃然。自新，嘉与士大夫更始[32]，赐民百户牛一酒十石，加年八十孤寡布帛二匹。复博、奉高、蛇丘、历城，[33]无出今年租税。其大赦天下，如乙卯赦令。行所过毋有复作[34]。事在二年前，皆勿听治[35]。"又下诏曰："古者天子五载一巡狩，用事泰山，诸侯有朝宿地，其令诸侯各治邸泰山下。"

天子既已封泰山，无风雨灾，而方士更言蓬莱诸神若将可得，于是上欣然庶几遇之，乃复东至海上望，冀遇蓬莱焉。奉车子侯暴病，一日死。上乃遂去，並海上，北至碣石，巡自辽西，历北边至九原。[36]五月，反至甘泉。有司言宝鼎出为"元鼎"，以今年为"元封"元年[37]。

其秋，有星茀于东井[38]。后十余日，有星茀于三能[39]。望气王朔言："候独见填星出如瓜，食顷复入焉。"[40]有司皆曰："陛下建汉家封禅，天其报德星云[41]。"

其来年冬，郊雍五帝。还，拜祝祠太一。赞飨曰："德星昭衍，厥维休祥。[42]寿星仍出，渊耀光明。[43]信星昭见，皇帝敬拜太祝之享。[44]"

其春，公孙卿言见神人东莱山，若云"欲见天子"。天子于是幸缑氏城，拜卿为中大夫。遂至东莱，宿留之数日，无所见，见大人迹云。复遣方士求神怪采芝药以千数。是岁旱。于是天子既出无名，乃祷万里沙，[45]过祠泰山。还至瓠子，自临塞决河，留二日,沈祠而去。[46]使二卿将卒塞决河,徙二渠,复禹之故迹焉。[47]

是时既灭两越,越人勇之乃言"越人俗鬼,而其祠皆见鬼,[48]数有效。昔东瓯王[49]敬鬼,寿百六十岁。后世怠慢,故衰耗[50]"。乃令越巫立越祝祠,安台无坛,亦祠天神上帝百鬼,而以鸡卜。[51]上信之,越祠鸡卜始用。

公孙卿曰:"仙人可见,而上往常遽[52],以故不见。今陛下可为观,如缑城[53],置脯枣,神人宜可致也。且仙人好楼居。"于是上令长安则作蜚廉桂观,甘泉则作益延寿观,使卿持节设具而候神人。乃作通天茎台,置祠具其下,将招来仙神人之属。[54]于是甘泉更置前殿,始广诸宫室。夏,有芝生殿房内中。天子为塞河,兴通天台,若见有光云。乃下诏:"甘泉房中生芝九茎,赦天下,毋有复作。"

其明年,伐朝鲜。夏,旱。公孙卿曰:"黄帝时封则天旱,干封三年。[55]"上乃下诏曰:"天旱,意干封乎?其令天下尊祠灵星焉。[56]"

其明年,上郊雍,通回中道[57],巡之。春,至鸣泽,从西河归。[58]

其明年冬,上巡南郡,至江陵而东。登礼灊之天柱山,[59]号曰南岳。浮江,自寻阳出枞阳,过彭蠡,[60]礼其名山川。北至琅邪,并海上,四月中,至奉高修封[61]焉。

初,天子封泰山,泰山东北阯古时有明堂处,处险不敞。上欲治明堂奉高旁,未晓其制度,济南人公王带上黄帝时明堂图。明堂图中有一殿,四面无壁,以茅盖,通水,圜宫垣为复道。上有楼,从西南入,命曰昆仑,天子从之入,以拜祠上帝焉。于是上令奉高作明堂汶上,如带图[62]。及五年修封,则祠太一、五帝于明堂上坐,令高皇帝祠坐对之。祠后土于下房,以二十太牢。天子从昆仑道入,始拜明堂如郊礼。礼毕,燎堂下[63]。而上又上泰山,自有秘祠[64]其巅。而泰山下祠五帝,各如其方,黄帝并赤帝,而有司侍祠焉。[65]山上举火,下悉应之。

其后二岁，十一月甲子朔旦冬至，推历者以本统。[66]天子亲至泰山，以十一月甲子朔旦冬至日祠上帝明堂，毋修封禅。其赞飨曰："天增授皇帝太元神策[67]，周而复始。皇帝敬拜太一。"东至海上，考入海及方士求神者，莫验，然益遣，冀遇之。

十一月乙酉，柏梁灾[68]。十二月甲午朔，上亲禅高里[69]，祠后土。临勃海，将以望祀蓬莱之属，冀至殊廷[70]焉。

上还，以柏梁灾故，朝受计甘泉[71]。公孙卿曰："黄帝就青灵台[72]，十二日烧，黄帝乃治明廷。明廷，甘泉也[73]。"方士多言古帝王有都甘泉者，其后天子又朝诸侯甘泉，甘泉作诸侯邸[74]。勇之乃曰："越俗有火灾，复起屋必以大，用胜服之[75]。"于是作建章宫，度为千门万户，前殿度高未央。[76]其东则凤阙，高二十余丈；其西则唐中，[77]数十里虎圈；其北治大池，渐台高二十余丈，命曰太液池，中有蓬莱、方丈、瀛洲、壶梁，象海中神山龟鱼之属；其南有玉堂、璧门、大鸟之属。[78]乃立神明台、井干楼，度五十丈，辇道相属焉。

夏，汉改历，以正月为岁首，[79]而色上黄，官名更印章以五字[80]，为太初元年。是岁，西伐大宛。蝗大起。丁夫人、雒阳虞初等以方祠诅匈奴、大宛焉。[81]

其明年，有司上言雍五畤无牢熟具[82]，芬芳不备。乃令祠官进畤犊牢具，色食所胜，而以木禺马代驹焉。[83]独五月尝驹，行亲郊用驹，及诸名山川用驹者，悉以木禺马代，行过乃用驹[84]。他礼如故。

其明年，东巡海上，考神仙之属，未有验者。方士有言"黄帝时为五城十二楼，以候神人于执期[85]，命曰'迎年'"。上许作之如方，命曰"明年"，上亲礼祠上帝焉。[86]

公王带曰："黄帝时虽封泰山，然风后、封钜、岐伯令黄帝封东泰山，禅凡山，合符，然后不死焉。[87]"天子既令设祠具，至东泰山，东泰山卑小，不称其声，乃令祠官礼之，而不封禅焉。其后令带奉祠候神物。夏，遂还泰山，修五年之礼如前，而加以禅祠石闾[88]。石闾者，在泰山下阯南方，方士多言此仙人之闾也，故上亲禅焉。

其后五年，复至泰山修封，还过祭恒山。[89]

今天子所兴祠，太一、后土，三年亲郊祠，建汉家封禅，五年一修封。薄忌太一及三一、冥羊、马行、赤星，五，宽舒之祠官以岁时致礼。[90]凡六祠，皆太祝领之。至如八神诸神，明年、凡山他名祠，行过则祠，行去则已[91]。方士所兴祠，各自主，其人终则已，祠官不主。他祠皆如其故。今上封禅，其后十二岁而还，遍于五岳、四渎矣[92]。而方士之候祠神人，入海求蓬莱，终无有验。而公孙卿之候神者，犹以大人之迹为解，无有效。天子益怠厌方士之怪迂语矣，然羁縻不绝[93]，冀遇其真。自此之后，方士言神祠者弥众，然其效可睹矣。

（以上为第六段，写武帝后期封禅、求仙的种种荒唐行为。）

①其来年冬——元封元年（前110）岁首。　振兵泽旅——泽：通“释”。“振兵释旅”是一场战争或一次军事演习的全过程。振兵：即“治军”，整理部队，进行军事动员，做好战斗准备。释旅：即解除战备状态。　②朔方——汉郡名，郡治在今内蒙古鄂尔多斯杭锦旗北。勒兵十余万——谓向匈奴人炫耀武力。勒兵：指挥军队，统兵列阵。③黄帝冢——即今所谓黄帝陵。　桥山——小山名，旧说皆认为在上郡阳周县（今陕西子长）西南，后世则改说在今黄陵县北，黄帝陵即在此山上。　释兵须如——军队行至须如时，宣布解除战备状态。须如：地名，方位不详，应距黄陵县不远。　④且用事泰山——将去泰山封禅。且：将。　类祠太一——即祭祀太一。类：祭祀名。　⑤封禅用希——谓举行封禅之礼者稀少。希：稀少、罕见。　旷绝——谓时隔久远，礼制缺失。　⑥群儒采封禅《尚书》《周官》《王制》之望祀射牛事——现通行本对《封禅书》《武帝本纪》《汉书·郊祀志》皆如此标点，后之《史记》诸本皆从之，然词语不顺。疑“封禅”二字为当时古术士所编造的书名，如公孙卿之“札书”然。若此则稍为顺畅。《周官》：即今

之《周礼》。《王制》:《礼记》中的篇名。望祀:古代祭祀的一种,即遥望而祭。射牛:师古曰:"天子有事宗庙,必自射牲,盖示亲杀也。" ⑦合不死之名也——是"不死"的另一种说法。合:符合,相当。 秦皇帝不得上封——秦始皇当年就没能上去。 ⑧稍上即无风雨,遂上封矣——意谓先向上走一段试试,如果没有风雨,那就可以一直上去了。即:若。 ⑨黄帝以上——指黄帝以前的历代上古帝王。 致——招致,招来。 ⑩放——通"仿",效法。 高世——高于世上的一切其他帝王。 比德于九皇——与五帝以前的"九皇"相媲美。九皇:诸说不一,盖方士妄言。 颇采儒术以文之——意谓将这些来自方士的妄言,用儒家的学说予以装点粉饰。颇:稍微,略微。 ⑪牵拘于《诗》《书》古文——意谓他们摆脱不了《诗经》《尚书》这些古代文献的束缚,经典中没有关于封禅的说法。 不能骋——又不能大胆地驰骋自己的想象。 ⑫徐偃——儒生申培的弟子,此时为博士。 太常诸生——太常属下的儒生。太常:本称"奉常",主持宗庙礼仪之官,为九卿之一。 ⑬周霸——亦当时参与起草封禅礼仪的博士。 属(zhǔ)图封禅事——正在思考有关封禅的事情。属:适值,恰好。图:谋划。 ⑭以三百户封太室奉祠——意即封给太室山三百户人家,以这三百户人家的赋税作为祭祀太室山神的开销。 命曰崇高邑——称此三百户人家的村镇为"崇高邑"。古崇高邑在今河南登封。 ⑮东莱——汉郡名,郡治在今山东莱州,其北即有神秘的参山。 ⑯巨公——隐指皇帝。 ⑰传(zhuàn)车——驿站中供过往使者所用的马车。 间使——密使,不公开身份的使者。 ⑱奉高——汉县名,在今山东泰安东,当时为泰山郡的郡治。 ⑲礼祠地主——恭敬地祭祀地神,即所谓禅。 ⑳皮弁(biàn)荐绅——头戴皮帽,腰插笏(hù)板,是一种参加典礼的装束。 射牛行事——即准备祭祀用的牲畜。据前注,"射牲"本应该帝王亲自动手,这里是武帝让"侍中儒者"代他去干。 ㉑封泰山下东方——在泰山的东面山脚下举行祭祀。 ㉒封广丈二尺——祭台为一丈二尺见方。封:这里指祭台。 其下则有玉牒书——祭台下埋着刻写在玉牒上的祷文。玉牒书:用玉片连缀的书册,上刻皇帝的祈祷之辞。 书秘——内容大概是求仙。 ㉓奉车子侯——奉车都尉霍子侯。奉车:奉车都尉的简称。子侯:霍嬗,字子侯,霍去病之子。亦有封——意即也有祭台、玉牒书之类。皆禁——犹言“皆秘”,他人不得而知。㉔下阴道——谓从泰山的北路下山。㉕禅泰山下阯东北肃然山——在泰山山脚东北方向的肃然山祭祀地神。下阯:山脚下。㉖一茅三脊为神藉——祭坛上用三脊茅草铺地。五色土益杂封——把从五方取来的五种颜色的土覆盖在祭坛上。杂封:用各色土混杂筑成的祭坛。㉗纵远方奇兽蜚禽及白雉诸物,颇以加礼。兕牛犀象之属不用——按:数句错杂不顺。“礼”字似应作“祠”。加礼:谓附加供品。所带诸兽本想用以加祠,今并纵之。㉘皆至泰山,祭后土——按:二句亦欠贯通。《汉书》作“皆至泰山,然后去”,似与上文相连,谓这些充作附加祭品用的禽兽都已带到了泰山,但皇帝一转念又将它们全都放了。㉙封禅祠——意谓在封禅的这段时间里。㉚修祠太一,若有象景光——指元鼎四年(前113)在甘泉祭祀太一的情景。景光:即前文所谓“美光”。屑(xiè)如有望——《汉书》作“屑然如有闻”。屑:同“屑”,此指声音低微。按:此句上似脱“用事嵩高”数字,以与“修祠太一”相对,今则错落不齐,龃龉难通。㉛震于怪物——被这些奇怪的现象所惊吓。欲止不敢——想停下来,但又不敢。㉜自新,嘉与士大夫更始——我自己想有一个新的开端,也很高兴和你们一道重新开始,意即更改年号。㉝复——免除徭役赋税。博——汉县名,在泰山南。奉高——汉县名,在今山东泰安东南。蛇丘——汉县名,在今山东肥城东南。历城——汉县名,在今济南,在泰山北。㉞行所过毋有复作——凡此次皇帝出行所路过的地方,所有劳改犯人一律赦免。复作:被罚苦役的犯人。㉟事在二年前,皆勿听治——两年前犯的罪过,一律不再追究。听:盘查;治:审理。㊱並海上——沿海边北行。並:通“傍”,沿着。碣石——山名,在今河北昌黎西北。辽西——汉郡名,辖今河北迁西、乐亭,辽宁松岭山以东,长城以南,大凌河下游以西地区。郡治阳乐(今辽宁义县西)。

历北边——沿北部边境西行。九原——县名,在今内蒙古包头西北,当时为五原郡的郡治所在地。㊲有司言宝鼎出为“元鼎”,以今年为“元封”元年——既然前因宝鼎出而年号称“元鼎”,则今年有封泰山也应改号称“元封”。 ㊳有星茀于东井——彗星出现在井宿的位置。茀：也作“孛”，彗星，这里用作动词，即火光四射的样子。东井：即二十八宿中的井宿。 ㊴有星茀于三能——彗星又出现在三能星座。三能：“能”读作“台”，也作“三台”，属于现代天文学的“大熊星座”。古人一般认为彗星出现是将有战争、动乱的征兆。 ㊵望气王朔——望气者名王朔。望气：以观测天文、气象为职业的方术之士。 候——谓占测天文气象。 填星——有本作“旗星”。《孝武本纪》作“候独见其星出如瓠”，梁玉绳认为此处应作“其星出如瓠”，盖即指上文“茀于东井”“茀于三能”之星也。 食顷复入——过了一顿饭的工夫又隐去不见了。 ㊶天其报德星云——上帝为报谢下界的皇帝，而出现了“德星”。德星：表示祥瑞的星。梁玉绳曰：“以彗孛为‘德星’，犹以天旱为‘干封’，阿谀无理，足供千古捬掌之资。” ㊷昭衍——光辉明亮，所照广远。 厥维休祥——显示了莫大的吉祥。维：为，是。休：美。 ㊸寿星——南极老人星，为人主寿命延长之应。 仍出——频频出现。仍：频繁。 渊耀——沉静清澈的样子。 ㊹信星——传达信息之星，即前文称之为“德星”的彗星。 昭见——明亮地显现。 敬拜太祝之享——恭敬地将太祝所准备的这些供品进献给太一神。 ㊺无名——说不出一个光明正大“为国为民”的理由。 万里沙——地区名，也是当地的祠庙名，在今山东莱州东北。 ㊻瓠子——地名，在今河南濮阳县西南，处于当时黄河的南侧。 自临塞决河——皇帝亲自到黄河的决口处视察。黄河于元光三年（前132）决口于此，至此时已二十三年。 沈祠——将供品沉河，以祭祀河神。沈：同“沉”。按：《河渠书》云：“于是天子已用事万里沙，则还自临决河，沈白马玉璧于河，令群臣从官自将军已下皆负薪寘决河。” ㊼二卿——指汲仁、郭昌。汲仁为汲黯之弟，曾官至九卿。郭昌为当时名将。 徙二渠——修通两条渠道，以分黄河之水。二渠：一指故“大河”，自今河南滑县引河水北行；一指漯（tà）水，自今河南浚县西南引河水东行。 复禹之故迹——梁玉绳认为汉时之黄河已非禹时所行之故道，认为“《史》不书河徙已属疏略，而此与《封禅书》并称武帝‘道二渠，复禹迹’，岂史公明知非禹所穿，而以武帝自多其功，姑妄纪之乎”。 ㊽两越——谓闽越、南越。　勇之——人名。　俗鬼——言其土俗尚鬼神之事。　其祠皆见鬼——祭祀的时候都要拜见群鬼。　㊾东瓯王——也称“东越王”，名摇，越王句践的后裔，秦末战乱时在今浙江南部建国。建元三年（前 138）其后人为避闽越侵袭而降汉，率众迁于今安徽中部。㊿衰耗——谓寿命不长，国事衰败。　51越祝祠——以越人为巫祝的祠庙。　安台无坛——意谓只有平台，而无高坛。　以鸡卜——以鸡骨占卜吉凶。　52上往常遽（jù）——皇帝每次总是去得太突然，时间也太短暂。遽：骤，突然。　53可为观，如缑城——可单独修一座台观，样子就像缑氏城。　54通天茎台——“茎”字衍文，通天台在云阳西北八十里，武帝以五月避暑，八月乃还。　招来——招致。来：同“徕”，“来”的使动用法。　55封则天旱——一进行封禅，天就干旱不雨。干封三年——为把皇帝新修祭坛的湿土晒干，要用三年的时间。56意干封乎——莫非就是为了晒干修祭坛用的湿土吗？　灵星——即“龙星”。主稼穑事。　57回中道——关中平原与陇东高原间的咽喉通道，东起今陕西陇县，西北至今甘肃华亭。　58鸣泽——沼泽名，方位不详，约在今河北涿州西。　西河——汉郡名，郡治平定，在今内蒙古鄂尔多斯东南。　59登礼——登高祭祀。　灊（qián）之天柱山——灊县境内的天柱山。灊：汉县名，在今安徽霍山县东北。天柱山在今霍山县西南。　60浮江——谓乘船顺长江而下。　寻阳——汉县名，在今湖北武穴东北。　枞（zōng）阳——汉县名，即今安徽枞阳。　彭蠡（lǐ）——湖泊名，约在今之江西、湖北、安徽三省的交界地带。自西汉以后，彭蠡逐渐南移并扩展为今鄱阳湖。　61至奉高修封——到泰山东南侧的奉高县举行祭天活动。　62作明堂汶上，如带图——在汶水边上按照公玊（sù）带所献的图修造了一座明堂。当时的汶水流经奉高县城的西北侧。　63燎堂下——在堂下架柴，将祭品置于其上焚烧。

64秘祠——令诸臣回避的秘密祭祀。　65各如其方——各按其本来的方位，如祭青帝则在泰山东侧，祭白帝则在泰山西侧。　黄帝并赤帝——黄帝理应居中，但由于没法摆，只好将其和赤帝排在一起。　有司侍祠——山下的祭祀五帝是由主管官员分头负责。侍祠：即“奉祠”。　66其后二岁——元封七年，后来改称“太初元年”（前 104）。

十一月甲子朔旦冬至——十一月的初一是“甲子”日，这天的早晨交“冬至”节。 推历者以为本统——推算历法的人认为甲子日早晨交“冬至”节乃是一个新周期的始点，即所谓“本统”，而要等下一个甲子日的早晨交“冬至”节，就要到好多年以后了。汉武帝后来之所以要用“太初”这个年号，并称这一年为“太初元年”，也正因这“本统”而来。 ㊼太元神策——实际即指《太初历》，因前文公孙卿有所谓“黄帝得宝鼎神策”“黄帝迎日推策”，以及“终而复始”云云，故此时人们遂称《太初历》的推算方法为“天增授”。太元：即“太初”。 ㊽柏梁灾——柏梁台被焚毁。 ㊾高里——泰山下的小山名，在今泰安西南。 ㊿冀至殊廷——希望到达一种别样的境界。 (71)朝受计甘泉——在甘泉宫接受各郡国上计官员的朝见，并听取各郡国经济收支情况的报告。按当时规定，各郡国每年都要派专人携带簿记向朝廷报告本郡国的经济收支状况，这个差使叫作“上计”，担负这项工作的官员叫作“计吏”。 (72)就青灵台——刚造好青灵台。就：成，完成。据文意，此台应是祭神所用。 (73)明廷，甘泉也——黄帝的“明廷”，就建造在甘泉宫。 (74)甘泉作诸侯邸——在甘泉宫周围建造了许多来朝诸侯的宅第。 (75)用胜服之——以此来压倒火神。胜：也称“压胜”，用符咒等法术手段来祛除邪恶和获得吉祥的行为。 (76)建章宫——在当时长安城的西墙外，与城墙内的未央宫隔城墙相对。 度——计划，设计。 度高未央——格局比未央宫还要高大。未央宫：汉初萧何为刘邦建造的宫殿，后为西汉历代皇帝所居之处。 (77)凤阙——阙上有铜凤，故称。 唐中——宫殿名，班固《西都赋》有“前唐中而后太液”之语。 (78)玉堂、璧门——皆殿台名，以玉为堂，以璧为门。 大鸟——立有大鸟的雕塑。 (79)汉改历——即改用《太初历》。 以正月为岁首——按：在此以前，一直使用秦历，以“十月”为岁首，今改以“正月”为岁首。 (80)官名更印章以五字——应依《汉书》作“官更印章以五字”，“名”字衍文。汉为土德，数用五，故印文皆五字，若丞相曰“丞相之印章”。 (81)丁夫人——丁姓，史失其名。 虞初——与丁某同为方士、巫祝之流。 以方祠诅——祈祷鬼神给某人降灾。 (82)牢熟具——煮熟的三牲祭品。 (83)进畤犊牢具——每个祭坛献上一份熟牛犊的供品。 色食所胜——让该帝享用它所能“胜”之的颜色的牲牢，如祭赤帝则用白色牛犊，祭黑帝则用赤色牛犊。 以木禺马代驹——因国家马少，故用木偶替代。禺：通“偶”。 ㉞行亲郊用驹，及诸名山川用驹者，悉以木禺马代，行过乃用驹——按：以上四句行文重复，《汉书》并为三句：“及诸名山川用驹者，悉以木寓马代，独行过亲祠，乃用驹”，较此顺畅。 ㉟执期——骗子们捏造的地名。 ㊱明年——泷川资言认为是宫殿名。 上亲礼祠上帝焉——“上帝”应作“上黄”，意即供品之牲用黄色者。 ㊲风后、封钜、岐伯——都是传说中的黄帝之臣，岐伯被后世传为医药行业的祖师。 东泰山——即今之“沂山”，在山东临朐南。 凡山——应作“丸山”，在今山东临朐东。 合符——与上天所显示的征兆相适应。 ㊳禅祠石闾——在石闾小山祭祀地神。石闾：小山名，在今山东泰安南。闾：里巷的门，通常也用以指里巷。 ㊴其后五年——天汉三年（前98）。 复至泰山修封，还过祭恒山——梁玉绳认为以上三句乃“后人妄增”，“《史》讫‘太初’，安得叙至‘天汉’已下乎？” ㊵薄忌太一及三一、冥羊、马行、赤星，五——以上五个需要祭祀的对象。赤星：即前文所谓“灵星”。 宽舒之祠官以岁时致礼——由史宽舒所主管的祠官负责祭祀。 ㊶行过则祠，行去则已——第二个“行”字衍，应作“去则已”。 ㊷今上封禅，其后十二岁而还，遍于五岳、四渎矣——其后十二岁而还：词语不顺，意即自开始封禅的十二年来。汉武帝自元封元年（前110）开始封禅，至天汉三年（前98），共十二年。遍于五岳、四渎：汉武帝在这十二年间共登封泰山三次，又祭过华山、嵩山、天柱山（号曰南岳）、恒山，是五岳皆已祭过。 ㊸羁縻不绝——意即虽不热心，但亦不完全放弃。羁縻：束缚，拘系。

太史公曰：余从巡祭天地诸神名山川而封禅焉，入寿宫侍祠神语，究观方士、祠官之意。[①]于是退而论次自古以来用事于鬼神者，具见其表里。[②]后有君子，得以览焉。若至俎豆珪币之详，献酬之礼，则有司存。[③]

（以上为第七段，是作者的论赞，作者以目击者的身份，对武帝君臣所进行的种种迷信活动,表现了深深的厌恶之情。)

①入寿宫侍祠神语——曾在寿宫里陪侍皇帝,听过皇帝的祭神祈祷。　究观方士、祠官之意——究观:深入观察。按:赵生群认为“入寿宫侍祠神语”的人当是司马谈而不应是司马迁。司马谈时为太史公,常和祠官宽舒讨论有关祭祀的事,是参与制订礼仪的重要决策人物。《封禅书》赞语中的“太史公”,和文中数次出现的“太史公”“太史”一样,都是司马谈的自称。　②论次——罗列其事,论证其理。次:排比,编列。　具见其表里——清楚地看到了其具体活动并明白其实际用心。　③俎豆珪币之详,献酬之礼——指祭祀活动的具体仪式、章程细节。献酬:指向鬼神献牲敬酒。　有司存——主管官员那里有具体条文规定。

[**简评**]　祭祀天地、祖先是历代统治者格外重视的大典,这与其说是出于他们对天地、祖先的孝敬,不如说是对其本族以及全国臣民实行统治的一种手段更为准确。早在先秦的儒家经典中就有所谓“国之大事,在祀与戎”,说的就是这个意思。因此早在《尚书》《诗经》《国语》《左传》中,就一直充斥着连篇累牍、惹人生厌的这种自欺欺人把戏的记载。《史记》是第一部史学意识非常明确的巨著,它记政治、记军事、记天文、记地理,自然也要记“祭祀”这种国家的大典,这是情理之必然,也是历史家的责任。更何况司马氏父子所任的“太史令”,本身就有管理祭祀事务的职能,因此《史记》中出现《封禅书》是理所当然的。

“封禅”就是祭祀天地,从这个意义上说和“郊祀”的意思相同,但是“封禅”出现的年代较晚,而且所祭祀的场合也比较固定,所以二者还是有区别的。祭祀天地主要有两方面的意思,其一是寻求天地的福佑,其二是表现对天地慷慨赐予的感谢,而谁来担当这种祭祀的职责呢?是皇帝,于是归根到底,这种活动本质就是一种权力的象征。用《封禅书》里的话说就是“受命”。

对于以上性质的祭祀活动,作者是赞成的,甚至在此后两千多年里，整个封建社会最进步的历史家、思想家也没有异议。而作者所不赞成的、所深恶痛绝的，是秦始皇与汉武帝加进去的其他的东西，其一是炫耀他们的“成功”。在作者看来，秦始皇与汉武帝都还不是“功德完满”的帝王，都还不够进行“封禅”的资格；其二是他们改变了“封禅”的性质，即把一般的寻求福佑、报谢神赐变成了祈求个人的长生不死。秦始皇与汉武帝在这方面的表现是非常愚蠢的，但因为他们手中有权力，于是便在这些问题上搞得乌烟瘴气，许多行为表现令人哭笑不得。作者将他们的这些荒唐行径像写小说一样载之入史，其批判性是不言而喻的。《封禅书》像一面镜子，它不仅显现了秦始皇与汉武帝“不伟大”的一面，同时也给此后两千年来倚仗权势寻求长生不死的人提出了深刻的教训。作品在这些方面所展示的哲理，所剖析的世态人情，直到今天仍是鲜活的。

［**集评**］《太史公自序》：“受命而王，封禅之符罕用，用则万灵罔不禋祀。追本诸神名山大川礼，作《封禅书》第六。”

钟惺曰：“盖武帝雄主，甘心求神，必有一段微言妙理，足以深入而先夺之。太史公舍其微妙者不言，而娓娓谈方术，皆不出虚秽之语，如梦，如呓，如谑，如儿戏，如街谈，写人主迂呆惑溺，全在事理明白易晓处见之。所谓‘欣然’‘庶几遇之’‘羁縻不绝’‘冀遇其真’数语，是其胎骨中贪痴种子，疑城欲海，累劫难断，怪迂阿谀苟合之徒接踵而中之，往无不获，其原在此。篇末一语曰‘然其效可睹矣’，意兴飒然，断案悚然，此一篇长文字最恰好结语，却妙在含蓄泠泠，无极力收括之迹。”（《史怀》）

李晚芳曰：“武帝雄才大略，只以‘不死’二字私据胸中，以为古真有不死之人如黄帝等，必欲觏之，冀得其秘，痴心牢结，甫挑则动，屡破仍迷，于是言神仙则信神仙，言致神仙必由郊祀则信郊祀。一时郊畤、郊雍，祠太一、祠五帝，诸事纷然，遂浸寻而及封禅。案此书,封禅乃古帝王用报受命之典,与求神仙以祈不死者有何关涉?太史亦知其无关涉也,但以身常扈从,亲见当时历历实有其事,虽属荒唐,业已主信国从,明著令典,职司载笔,若阙一不纪,何足为信史?故借此大题目而详写之。……由典礼而入禨祥,由禨祥而入符瑞,由符瑞而入方怪,由方怪而入神仙,将唐虞历代祀典与封禅牵合为一,将封禅与神仙牵合为一,将封禅、神仙与白麟、宝鼎、房芝、德星牵合为一,将河决、匈奴、两越诸事与求仙牵合为一,处处微词点讽,以为眼目,全用活笔描写,虚字翻弄,通篇无一实笔,无一板句。事本镜花水月,文亦镜花水月,虽有附会纽造之奇,绝无附会纽造之迹。……结句含蓄淡远,令佞神者意兴索然,如水浇背,则自三代以下及秦数君之佞神者,皆当作如是观也。”(《读史管见》)

郭嵩焘曰:“《封禅书》以‘封禅’为名,而实备具当时祀典;班氏仍史公之旧而正其名曰‘郊祀’,而亦泛及诸鬼神事。三代典礼,至秦而废灭无复存矣。乃以天子命祀之严,怅怅焉莫知所适从,而天地百神之祀亦皆出于方士之说,垂至于今。方士假天以惑世,诬民而渎天之纪,二千余年而未有已,则甚矣;秦、汉以来命祀不经,其贻害亦烈矣。后儒但知此书为讥刺武帝而作,由君子观之,三代礼乐之不复见于世,汉世君臣亦岂能辞咎哉?《礼》曰:‘因名山升中于天,择吉土以享帝于郊。’‘享帝于郊’,则‘郊祀’也;‘升中于天’,则巡狩之礼也,自汉儒者已不能知,伤哉!”“《封禅书》以‘封禅’为大纲,妖祠鬼神,纷然以起。史公以为草木鸟兽之妖,三代有之矣,闻修德以胜之,未闻有因而祠祀之者也。国之将亡,渎神与慢神其失均也。所谓‘祇敬’无他,修德以胜之而已。而托为鬼神之说者,因是以神其事,而祠祀兴矣。”(《史记札记》)

河渠书第七

《夏书》[①]曰：禹抑洪水十三年，过家不入门。陆行载车，水行载舟，泥行蹈毳，山行即桥。[②]以别九州，随山浚川，任土作贡。[③]通九道，陂九泽，度九山。[④]然河灾衍溢，害中国也尤甚，唯是为务。[⑤]故道河自积石历龙门，南到华阴，东下砥柱，及孟津、雒汭，至于大邳。[⑥]于是禹以为河所从来者高，水湍悍，难以行平地，数为败，乃厮二渠以引其河。[⑦]北载之高地，过降水，至于大陆，播为九河，同为逆河，入于勃海。[⑧]九川既疏，九泽既洒，诸夏艾安，功施于三代。[⑨]

自是之后，荥阳下引河东南为鸿沟，以通宋、郑、陈、蔡、曹、卫，与济、汝、淮、泗会。[⑩]于楚，西方则通渠汉水、云梦之野，东方则通沟江淮之间。[⑪]于吴，则通渠三江、五湖。[⑫]于齐，则通菑济之间。[⑬]于蜀，蜀守冰凿离碓，辟沫水之害，穿二江成都之中。[⑭]此渠皆可行舟，有余则用溉浸，百姓飨其利。[⑮]至于所过，往往引其水益用溉田畴之渠，以万亿计，然莫足数也。[⑯]

西门豹引漳水溉邺，以富魏之河内。[⑰]

而韩闻秦之好兴事，欲罢之，毋令东伐，乃使水工郑国间说秦，令凿泾水自中山西邸瓠口为渠，并北山东注雒三百余里，[⑱]欲以溉田。中作而觉[19],秦欲杀郑国。郑国曰:“始臣为间,然渠成亦秦之利也。[20]”秦以为然,卒使就渠[21]。渠就,用注填阏之水,溉泽卤之地四万余顷,收皆亩一钟。[22]于是关中为沃野,无凶年,秦以富强,卒并诸侯,因命曰“郑国渠”。

(以上为第一段,写秦代以前的水患、水利史。)

①《夏书》——这里即指《尚书》中的《禹贡》。 ②泥行蹈毳(qiāo)——毳:通“橇”,如船而短小,两头微起,人曲一脚,可在泥上行进。 山行即桥——桥:即“梮”(jú),谓以铁如锥头,长半寸,施之履下,上山,前齿短,后齿长;下山,前齿长,后齿短。即后世谢灵运所穿之“谢公屐”。也有说“梮”即今四川之“滑竿”。 ③别九州——划分九州的疆界。九州:即冀州、兖州、青州、徐州、扬州、荆州、豫州、梁州、雍州。 随山浚川——顺着山形以疏导河水。浚:疏通。 任土作贡——任其土地所有以定贡赋之等级。 ④通九道——通九州之道。 陂(bēi)九泽——围着各个湖泊修筑堤防。陂:堤岸,这里用作动词。 度九山——相度山势所趋,以知水之所会。也有说指估测诸山的物产。按:以上六句见《尚书·禹贡》。 ⑤河灾衍溢——黄河水泛滥成灾。 唯是为务——所以大禹要对此专门治理。 ⑥道河——疏导河水。道:疏导,治理。 积石——山名,在今青海省东南部,黄河自其南侧、东侧流过。 龙门——山口名,在今陕西韩城东北、山西河津西北,有龙门山夹峙黄河两岸。相传此山口即大禹所开凿,故亦称“禹门口”。 华阴——汉县名,在今陕西华阴东,黄河自北方流来,至华阴东北折而东下。 砥柱——小山名,原在河南三门峡东的黄河河道中,历来为行船的危险之地。 孟津——也作“盟津”,黄河上的渡口名,在今河南洛阳孟津区东、孟州西南。 雒汭(ruì)——雒水汇入黄河的河口,在今河南巩义东北。 大邳(pī)——山名,旧说在今河南荥阳西北,胡渭、杨守敬皆认为在今河南浚县东,也称黎阳山。按:“道河”以下数句见《尚书·禹贡》。 ⑦湍悍——水流迅疾。 数为败——指所修的堤防屡屡被河水冲毁。 厮二渠以引其河——厮:分。意即自大邳山开始将黄河分成两条水道:其一引而北,为大河之主流;其一东流,为漯(tà)川。“漯川”自黄河分出,东行经河南濮阳、范县入山东,

经聊城、临邑、滨州等地入海。 ⑧北载之高地——意即引黄河的主干道向北流。载：行。 降水——即漳水，东流汇入古黄河。 大陆——也称巨鹿泽，在今河北隆尧、巨鹿、任泽之间，当时的黄河在此泽的东侧流过。 播为九河——意谓古黄河在今河北省境内分成许多河道，分别入海。播，散。 逆河——因其入海口处，常有潮水倒灌现象，故曰"逆"。 入于勃海——谓黄河与其所播之九河，皆入于渤海。 ⑨九川——九州的大川。 九泽既洒——"洒"字应作"陂"，意即给湖泊修好堤防。 诸夏——犹言中原各地。 艾（yì）安——艾：通"乂"。平安。 功施（yì）于三代——其功勋一直泽及夏、商、周三代。施：延续。

⑩荥阳——汉县名，县治在今河南荥阳东北。 鸿沟——也称"大沟""狼宕渠"，战国时魏国开凿的运河，西起今荥阳引黄河水东流，经今中牟、开封北折而南流，经今许东、太康西，至淮阳东南入颍水，颍水下通淮水。 宋、郑、陈、蔡、曹、卫——都是西周至春秋时代的诸侯国，后来即用以指该国当年所处的地区。宋：国都商丘，在今河南商丘南；郑：在今河南新郑；陈：国都在今河南周口淮阳区；蔡：国都在今河南上蔡西南；曹：国都在今山东菏泽定陶区西北；卫：国都在今河南淇县，后来东迁至今河南濮阳县东南。 与济、汝、淮、泗会——意谓使黄河与此四水连通起来。 ⑪楚——国都郢，在今湖北荆州市荆州区西北。

汉水——源于今陕西省西南部，东南流入湖北省，至武汉市汇入长江。 云梦——古代泽薮名，据汉、魏人记载，云梦泽在南郡华容县（今湖北潜江西南），范围并不是很大。 通沟——义同上句之"通渠"。本句所说的"江淮之间"最著名的古代运河为邗（hán）沟，乃吴王夫差所开凿。 ⑫吴——国都在今江苏苏州，后代通常即以"吴"指称今江苏南部地区。 通渠三江、五湖：即指在三江、五湖一带又开凿了许多沟渠。三江：有说指松江、东江、娄江；有说指北江、中江、南江，其他不录。五湖：有说即今太湖，也有说指太湖与其周围的一些小湖。

⑬齐——国都临菑（今山东淄博临淄区西北），后世通常即用"齐"指称今山东中部与东部地区。 通菑济之间——在菑水与济水之间又修了许多渠道。 ⑭蜀——汉郡名，郡治在今成都。 蜀守冰——李冰，战国时代卓有贡献的水利专家，曾修筑都江堰及其他许多灌溉与航运

工程。李冰曾在秦昭王时期担任蜀郡太守。　离碓(duì)——河床上的小山名,一说在今四川乐山;一说在今四川汉源。　辟——排除,分解。　沫水——也称“溦水”,即今大渡河,主流大金川西源麻尔柯河出青、川两省边境果洛山,东源梭磨河出红原县,两源汇合后称“大金川”,在丹巴纳小金川,始称大渡河。　二江——指郫江与检江,二水皆自都江堰分岷江水而来,分别流经今成都之南北两方,至城东南又合而南流。　⑮此渠——这些渠道,指上述鸿沟与楚地、吴地、齐地、蜀地所开凿的各主干沟渠。　溉浸——即今所谓“灌溉”。　飨——通“享”,享受。　⑯所过——这些主干渠道流经的地方。　往往引其水益用溉田畴之渠——大意谓,在这些主干渠道流经的地方,人们又从这些干渠引出了作为灌溉用的小沟渠。　莫足数——不必细数,无法细数。　⑰西门豹——战国初期魏人,任邺县(今河北临漳西南)令,对破除迷信、兴修水利有重要贡献。　引漳水溉邺——引漳河水灌溉民田。　魏之河内——约当今河南黄河以北及与之邻近的河北南部地区。当时称今河南黄河以北地区为“河内”,称黄河以南为“河外”。⑱韩——国都在今河南新郑。　欲罢之——欲耗费其人力物力,使之疲敝。罢:通“疲”。　毋令东伐——使其没有力量再向东方诸国进攻。　郑国——人名,当时为韩国的水利工程人员。　间说秦——为进行间谍活动而劝说秦王(即日后之秦始皇)。　泾水——源于今宁夏回族自治区六盘山,东南流经甘肃泾川、陕西彬州,至西安高陵区境入渭水。　自中山西邸瓠(hú)口——自中山西行抵达瓠口。邸:通“抵”。中山:也称“仲山”,在今陕西淳化与泾阳交界。瓠口:也称“谷口”,即郑国渠的西端。　并北山——沿着北部的山势东行。　东注雒——东向连通雒水。　⑲中作而觉——意谓正在开凿的过程中,郑国的间谍活动被发觉。　⑳始臣为间——开始我是以间谍的身份为秦国修渠。　然渠成亦秦之利也——郑国云:“臣为韩延数岁之命,为秦建万世之功。”　㉑卒使就渠——让他最终修成此渠。　㉒用注填阏(è)之水——引用饱含泥沙的黄水。填阏:即淤泥。　泽卤——盐碱地。　收皆亩一钟——亩产六石四斗。钟:古代的量器名,一钟等于六石四斗,在当时为少有的好收成。

汉兴三十九年，孝文时河决酸枣，东溃金堤，于是东郡大兴卒塞之。[①]

其后四十有余年，今天子元光之中，而河决于瓠子，东南注巨野，通于淮、泗。[②]于是天子使汲黯、郑当时兴人徒塞之，辄复坏。是时武安侯田蚡为丞相，其奉邑食鄃。[③]鄃居河北，河决而南则鄃无水灾，邑收多。蚡言于上曰："江河之决皆天事，未易以人力为强塞，塞之未必应天。"而望气用数者亦以为然，于是天子久之不事复塞也。

是时郑当时为大农，言曰："异时关东漕粟从渭中上，度六月而罢，而漕水道九百余里，时有难处。[④]引渭穿渠起长安，并南山下至河三百余里，径，易漕，度可令三月罢；[⑤]而渠下民田万余顷，又可得以溉田：此损漕省卒[⑥]，而益肥关中之地，得谷。"天子以为然，令齐人水工徐伯表，悉发卒数万人穿漕渠，[⑦]三岁而通。通，以漕，大便利。其后漕稍多，而渠下之民颇得以溉田矣。

其后河东守番系言："漕从山东西，岁百余万石，更砥柱之限，败亡甚多，而亦烦费。穿渠引汾溉皮氏、汾阴下，引河溉汾阴、蒲阪下，度可得五千顷。[⑧]五千顷故尽河壖弃地，民茭牧其中耳，[⑨]今溉田之，度可得谷二百万石以上。谷从渭上，与关中无异，而砥柱之东可无复漕。[⑩]"天子以为然，发卒数万人作渠田。数岁，河移徙，渠不利，则田者不能偿种。久之，河东渠田废，予越人，令少府以为稍入[⑪]。

其后人有上书欲通褒斜道及漕[⑫]，事下御史大夫张汤。汤问其事，因言："抵蜀从故道，故道多阪，回远。[⑬]今穿褒斜道，少阪，近四百里；而褒水通沔，斜水通渭，皆可以行船漕。漕从南阳上沔入褒，褒之绝水至斜间百余里，以车转，从斜下下渭。[⑭]如此，汉中之谷可致，山东从沔无限，便于砥柱之漕。[⑮]且褒斜材木竹箭之饶，拟于巴蜀。"天子以为然，拜汤子卬为汉中守，发数万人作褒斜道五百余里。[16]道果便近，而水湍石，不可漕。[17]

其后庄熊罴言："临晋民愿穿洛以溉重泉以东万余顷故卤地。[18]诚得水，可令亩十石。"于是为发卒万余人穿渠，自征引洛水至商颜山下。[19]岸善崩[20]，乃凿井，深者四十余丈。往往为井，井下相通行水。水颓以绝商颜，东至山岭十余里间。[21]井渠之生自此始。穿渠得龙骨，故名曰龙首渠。作之十余岁，渠颇通，犹未得其饶。

自河决瓠子后二十余岁，岁因以数不登，而梁楚之地尤甚。[22]天子既封禅巡祭山川，其明年，旱，干封[23]少雨。天子乃使汲仁、郭昌发卒数万人塞瓠子决。于是天子已用事万里沙，则还自临决河，沈白马玉璧于河，令群臣从官自将军已下皆负薪置决河。[24]是时东郡烧草，以故薪柴少，而下淇园之竹以为楗。[25]

天子既临河决，悼功之不成，[26]乃作歌曰："瓠子决兮将奈何？皓皓旰旰兮闾殚为河！[27]殚为河兮地不得宁，功无已时兮吾山平[28]。吾山平兮巨野溢，鱼沸郁兮柏冬日。[29]延道弛兮离常流，蛟龙骋兮方远游。[30]归旧川兮神哉沛，不封禅兮安知外！[31]为我谓河伯兮何不仁，泛滥不止兮愁吾人？齧桑浮兮淮、泗满，久不反兮水维缓。[32]"一曰："河汤汤兮激潺湲，北渡污兮浚流难。搴长茭兮沈美玉，河伯许兮薪不属。[33]薪不属兮卫人罪，烧萧条兮噫乎何以御水！[34]颓林竹兮楗石菑，宣房塞兮万福来。[35]"于是卒塞瓠子，筑宫其上，名曰"宣房宫"。而道河北行二渠[36]，复禹旧迹，而梁、楚之地复宁，无水灾。

自是之后，用事者争言水利。朔方、西河、河西、酒泉皆引河及川谷以溉田[37]；而关中辅渠、灵轵引堵水；[38]汝南、九江引淮；[39]东海引巨定；[40]泰山下引汶水[41]：皆穿渠为溉田，各万余顷。佗小渠披山[42]通道者，不可胜言。然其著者在宣房[43]。

（以上为第二段，写西汉前期水利、水害的历史。）

①汉兴三十九年——即文帝十二年（前168）。　酸枣——汉县

名,县治在今河南延津西南。 东溃金堤——向东冲垮了黄河的大堤。金堤:西汉时指东郡、魏郡、平原郡界内黄河两岸用石筑的河堤。 东郡——郡治在今河南濮阳西南,当时的酸枣县即属东郡。 ②河决于瓠子——事在元光三年(前132)。瓠子:地名,在今河南濮阳县西南,处于当时的黄河东岸。 巨野——当时的湖泽名,在今山东巨野北。通于淮泗——意谓黄水泛滥,一直和东南方的泗水、淮水连成一片。③武安侯田蚡(fén)——武帝之舅,王太后的同母异父弟,以佐立武帝功,被封为武安侯。 奉邑食鄃(shū)——意谓田蚡有一块领地在鄃县(今山东平原县西南),地处当时黄河决口的另一侧。奉邑:收其地之赋税以为俸禄。 ④大农——后改称"大司农",九卿之一,主管粮食、货币以及盐铁方面的事务。 异时——前者,过去。 关东漕粟——指东部地区向首都长安水运粮食。关东:函谷关以东,泛称今河南及邻近的大片地区。 从渭中上——从黄河西上进入渭水,再逆渭水上抵长安。 度六月而罢——估计运送一趟要用六个月的时间。度:料,估计。 漕水道——运粮所经由的水路。漕:水路运粮。 九百余里——按:此语似有误,由陕县(今河南三门峡陕州区)起程也只有五百里。 时有难处——经常遇到难以通行之处。 ⑤并南山下至河——意谓自长安傍南山向东修渠,直通黄河。南山:南侧之山,即今之终南山、华山。 径——直,抄近路。 可令三月罢——可以缩短到三个月运一趟。 ⑥损漕省卒——缩短时间,节省劳力。 ⑦水工徐伯表——徐伯:水工之名。表:师古曰:"巡行穿渠之处而表记之,今之竖标是。" 漕渠——运粮使用的渠道。 ⑧河东守番(pó)系——河东郡的太守番系。河东:汉郡名,郡治在今山西夏县西北。 漕从山东西——谓从山东运漕而西行入关。 更——经,经过。 砥柱之限——犹言"砥柱之险"。限:阻隔,障碍。 汾——汾水,山西省内的大河。 皮氏——汉县名,在今山西河津西。 汾阴——古邑名,在今山西万荣荣河镇西南庙前村北古城,其地有祭祀"后土"的坛台。 蒲坂——汉县名,在今山西永济西南的蒲州镇。 度可得五千顷——估计可以灌溉五千顷地。一顷等于一百亩。 ⑨河壖(ruán)弃地——河道边的废弃土地。壖:河边之地。 茭牧——刈草放牧。 ⑩谷从渭上,与关中无异——意谓将这些河东地区收获的粮食,经由渭水运到长安,其近便的程度几乎与在关中当地的生产运输没有差别。 砥柱之东可无复漕——这样一来,就用不着再让东方各地逆黄河经由砥柱西上给长安运送粮食了。 ⑪予越人,令少府以为稍入——词语不顺。越人:此处似指居今温州一带的“东越”人,“东越”为避“闽越”的攻击,于建元三年(前138)北迁于“江淮之间”,或亦有更北迁于河东者。少府:九卿之一,主管山林湖海之收入,为皇帝私家理财。 ⑫欲通褒斜道及漕——想修治褒斜道的交通,并开渠将褒、斜二水连通起来以利运输。褒斜道:由关中通往汉中的交通要道,北起今陕西眉县,沿斜水南行,至斜水源头,复沿褒水下行,直至今汉中。 ⑬抵蜀从故道——意谓从关中入蜀(这里指从关中入汉中),过去总是经由故道。故道:翻越秦岭的山路名,北起陈仓(今宝鸡东),西南至凤县,经略阳(今甘肃秦安东北)、剑门(今四川剑阁东北)入蜀。若从凤县东南折,入褒谷道,则可至汉中。 多坂——多行山坡之路。 回远——绕远。从长安到汉中,方向是正西南。如果走故道,则须先西行至宝鸡,而后西南折至凤县,再由凤县东南折至汉中,正好走一个“弓背”,故曰“回远”。

⑭南阳——汉郡名,郡治在今河南南阳。 上沔(miǎn)入褒——由沔水进入褒水。沔水:古代通称汉水为沔水。 褒之绝水——意即褒水的源头,在今秦岭之太白山。 至斜间百余里——意即距斜水百余里。斜水源头在今秦岭之太白山。 以车转——把从褒水运来的东西,用车运到斜水岸边。 从斜下下渭——沿斜水而下,再进入渭水。

⑮山东从沔无限——意谓关东地区的货物,通过沔水运入长安,可以不受任何阻碍。无限:无阻。 便于砥柱之漕——比经由黄河之砥柱要方便容易。 ⑯汤子卬——张汤的儿子张卬。 汉中守——汉中郡的太守。 ⑰水湍(tuān)石——意即水流急,且又河道多石。湍:水急。 不可漕——无法运粮。 ⑱临晋——汉县名,县治在今陕西大荔东。 穿洛——即引出洛水。陕西的洛水下游也称“漆沮水”。重泉——汉县名,在今陕西蒲城东南,地处于洛水的转弯处。 卤地——盐碱地。 ⑲征——汉县名,县治在今陕西澄城西南。 商颜——小山名,在今大荔北,当时在征县西南的洛水边上。 ⑳岸善

崩——指所穿渠之岸常崩塌。 ㉑水颓以绝商颜——水从地下流过商颜山。《集解》引臣瓒曰:“下流曰颓。”绝:穿过,越过。因地面“岸善崩”,故使水行地下。 东至山岭——向东达到商颜山。 ㉒数不登——连续得不到收成。登:指庄稼成熟。 梁楚之地——指今河南省东部和与之邻近的安徽、江苏两省北部地区。 ㉓干封——这里即指干旱。当时方士公孙卿有所谓帝王筑坛祭天后,上天会故意大旱,以晒干祭坛之土的说法。封:这里即指祭坛,元封元年(前110)在泰山顶修有祭天之坛。 ㉔于是——这时。 已用事万里沙——指在万里沙已祭祀过神灵。万里沙:地名,也是这里的祠庙名,在今山东莱州东北,濒临渤海。 沈白马玉璧于河——以此祭祀河神。沈:同“沉”。 将军已下——指“大将军”以下的所有文武百官。“大将军”以上只有“丞相”一人。 负薪置决河——背柴草以填于决口。 ㉕淇园——在今河南淇县西北,以种竹闻名。 楗——这里指竹笼。旧注皆谓“楗”是在决口处下桩,是堵塞决口常用的方法。 ㉖河决——黄河决口处。

悼功之不成——伤悼以往二十多年塞河无功。 ㉗皓皓旰旰(hàn)——水势浩大的样子。 闾殚(dān)为河——大体上都成了一片泽国。闾:大率、大抵。也有曰“闾”即“州闾”,意即村落、街巷全部淹没在大水中。 ㉘功无已时——塞河的辛劳无止无休。 吾山——也作“鱼山”,在今山东东阿西南,正当黄水的冲击之下。也有人解“吾山”为“我的山”,说是山都被水荡平了,极言其破坏力之大;也有说是为了凿石堵决口,山都快被凿平了,极言其花费力气之大,都可以说通。

㉙巨野溢——由于黄水的灌注,使巨野泽的水漾了出来。 沸郁——王念孙认为读为“沸渭”,犹“纷纭”,鱼众多之貌。 柏冬日——逼近冬日,言灾民的日子将更加困难。柏:通“迫”,逼近。

㉚延道——应作“正道”,正常的河道。 弛——毁坏。 离常流——离开了正常的流通之道。 方远游——正在远出游荡。按:《汉书》作“放远游”,即任意到处游荡。 ㉛归旧川兮神哉沛——还是让河水回到原来的河道上去吧,你看神的力量有多么伟大啊!沛:指神力伟大。

不封禅兮安知外——按:汉武帝是为掩盖其寻鬼神、求长生的四出无名,故而才到此决口视察。 ㉜齧(niè)桑——古邑名,在今江苏沛县西南。 浮——漂浮,被淹。 久不反——指河水二十多年未回归固有的河道。 水维——控制河水的缰绳,这里指堤岸。 ㉝汤汤(shāng)——大水急流貌。 潺湲(chán yuán)——水势汹涌的样子。 北渡污兮——“污”字应作“迂”,即水面辽远,难以北渡。 浚流——应依《汉书》作“迅流”,整句谓水面既宽,水流又急,难以横渡。 搴长茭——长茭:祭品名。方苞曰:“祭川必沉玉,疑‘搴长茭’亦为祭也。” 河伯许兮薪不属——师古曰:“沈玉礼神,见许福祐,但以薪不属逮,故无功也。”薪不属:塞河用的草供应不上。属:连续。 ㉞卫人罪——即上文所说当地人都把草做了烧柴。春秋时代的卫国都城即在汉代东郡之郡治濮阳。 烧萧条——师古曰:“烧草皆尽,故野萧条然也。” 噫乎——叹息声。 ㉟颓林竹——即砍伐淇园的竹林。楗石菑——三字含义不清,有曰以竹笼装石投入决口当桩用。菑:木桩。姚苎(zhù)田则认为:斩竹镵(chán)石,即竹石之灾耳。 宣房塞兮万福来——宣房:也作“宣防”,祭宫名,旧址在今河南滑县西南的瓠子堤上。宣房塞:意即堵住了瓠子决口,并在堤上修筑了宣房宫。㊱道河北行二渠——意即重新让黄河向北流,效法当初大禹的“厮二渠以引其河”。二渠:一指东行的漯水,一指北行的黄河干道,亦即后来所说的“大河故渎”。 ㊲朔方——汉郡名,郡治在今内蒙古杭锦旗北。 西河——汉郡名,郡治平定(今内蒙古准格尔旗西南)。 河西——约指今青海、甘肃二省的黄河以西地区。 酒泉——汉郡名,郡治在今甘肃酒泉。 ㊳辅渠——亦称“六辅渠”,约起自今陕西淳化西南,至泾阳西北,在郑国渠的南侧。 灵轵(zhǐ)——灵轵渠,在今陕西周至东灵轵原下。 堵水——应作“诸水”,即当地的各条河流。㊴汝南——汉郡名,郡治平舆(今河南平舆北),地处淮水支流汝水流域。 九江——汉郡名,郡治在今安徽寿县,地处淮水流域。 ㊵东海——疑是“北海”之误。北海:汉郡名,郡治营陵,在今山东昌乐东南。 巨定——汉县名,在今山东广饶东北;也是当时的湖泊名,在今广饶东。 ㊶汶水——源于今山东济南莱芜区北,西南流入巨野泽。 ㊷披山——劈开山岩。 ㊸然其著者在宣房——但最大的水利工程还是堵塞瓠子的黄河决口。

太史公曰：余南登庐山，观禹疏九江，遂至于会稽太湟，[①]上姑苏[②]，望五湖；东窥雒汭、大邳、迎河，[③]行淮、泗、济、漯、洛渠；[④]西瞻蜀之岷山及离碓[⑤]；北自龙门至于朔方。曰：甚哉，水之为利害也！余从负薪塞宣房，悲《瓠子之诗》而作《河渠书》[⑥]。

（以上为第三段，是作者的论赞，表现了作者对全国水利、水患问题的深切关心，以及对武帝治河问题的深深感慨。）

①会稽——汉郡名，郡治在今江苏苏州。　太湟——有说即"太湖"，然与下文之"五湖"重复。　②姑苏——山名，在今苏州西南。　③雒汭（ruì）——雒水汇入黄河的河口，在今河南巩义东北。　迎河——即前文之所谓"逆河"，泛指今河北省境内流入渤海的多条河流。　④行——巡视。　淮、泗、济、漯（tà）、洛渠——引淮、泗、济、漯、洛诸水的各条渠道。　⑤岷山及离碓（duì）——岷山在今四川省北部与甘肃省东南部的交界处，岷江即由此山发源，而李冰父子兴修的水利工程离碓在今成都西北的岷江上，故史公言"西瞻岷山及离碓"。⑥悲《瓠子之诗》而作《河渠书》——这句话的隐含意思是，对汉武帝治理河渠是褒还是贬，不同的人理解不一。

［**简评**］　这是我国古代最早、最系统的一篇水利发展史，开头叙述了历代水利兴作，而主体部分则是叙述了汉代，尤其是武帝时期的水利与水害情形。大禹是我国古代以治水闻名的圣贤，也是我国第一个治水取得成效，第一个率领劳动人民战胜自然，创造人类幸福的伟大领袖，所以史公在本文中将他奉为楷模，文章以禹开头，以禹作结，这不仅表现了自己对大禹功业、人格的无尚崇敬，同时也是对后世关心民瘼的帝王将相的一种激励与期待。漕运与灌溉都是关系国计民生的重大问题，而有关开河通渠的记载，最早乃见于春秋末期的吴王夫差通邗沟，其后则有西门豹、史起、李冰、郑国等。春秋以前的传说只有大禹，而大禹的活动则主要是疏导黄河。史公将战国以来的治河修渠情

况概书于史，足见其对这些关乎国计民生大问题的高度重视。史公对武帝的征伐四夷、平准均输以及封禅、求仙等多持批判、否定态度，唯有对其兴修水利有贬有褒，如实叙述。武帝之“塞瓠子”一节，原不是有计划地专程而往，乃是为文过饰非而顺便前去看看，司马迁对此原是有保留的；但武帝到达瓠子决口的具体表现，则的确相当感人，他有决心、有气魄，亲自率领官民与洪水进行了殊死搏斗，并取得了最后胜利，充分展现了他伟大政治家的光辉形象。司马迁对此也是很受感动的，他的如椽大笔也如实而生动地记录了这一盛举。

［**集评**］《太史公自序》：“维禹浚川，九州攸宁；爰及宣防，决渎通沟。作《河渠书》第七。”

王世贞曰：“汉武诛匈奴，平荡滇、越、辽、蜀，固不爱通侯之赏，而亦重修其罚，大者抵罪，小者夺爵。而所任汲仁、郭昌、郑当时，不以河故而少贬其秩，乃至亲临祭，令群臣从官自将军已下皆负薪寘（填）决河，功成而歌咏之，盖真见夫治河之艰于治边也。”（《弇州山人四部稿》）

钟惺曰：“武帝塞宣房，实有一段畏天悯人之意，所谓以秦皇之力行尧、汤之心，功成而利亦普，未可概以‘好’‘大’二字抹杀之。所以武帝纷纷制作，太史公皆有贬词，而此书独无讥刺也。”（《史怀》）

郭嵩焘曰：“《河渠》一书，叙武帝通渭引汾，通褒斜之道，穿洛，而终之以塞决河，复禹旧迹，其勤民甚矣，而言水利者遂遍于天下，此两汉富强之业所由开也。儒者徒知《史记》为‘谤书’，而瑕瑜固不相掩，在善读者究观而知其故耳。武帝雄才大略，秦、汉以来所未有也。”（《史记札记》）

姚苎田曰：“《封禅书》极写武帝荒侈，《河渠书》极写武帝励精，其雄才大略，正复彼此可以参看，非彼绌而此伸也。特采《瓠

子》两歌，缠绵掩抑，格自沉雄，先辈谓子长所以能成《史记》者，亦以当时文章足供摭拾，谅哉言也。”（《史记菁华录》）

范文澜曰：“水利工程是发展农业的一个重要基础，自传说中的大禹以下，治水常是大的政治措施，但巨大规模的治水，却自汉武帝开始。……汉武帝大规模治水，对中国北部广大地区的农业生产，具有重大的进步作用。”（《中国通史简编》）

钱穆曰：“自春秋战国下迄汉唐盛世，中国史上最灿烂最光荣的时期，便在黄河流域发皇滋张。那时的长江，在历史上还占不到重要位置。自唐代天宝以后，中国史渐渐走上衰运，而长江流域却渐渐见其重要。……原来黄河为害中国之信念，亦恰起于中唐天宝之后，经宋元明清历代之相传而其说益坚。那时黄河流域的文化，逐渐衰颓，中国人的智慧力量，已是不再能运用黄河了，而才说黄河为中国之害。依照最近事况，长江流域的文化，日趋倒退堕落之境，中国人的智慧力量，又渐渐地表示不能再运用长江了。若循此下去，老还是筑堤抢险，拼命效法共工伯鲧的故智，来防御长江之水害，恐怕在不久将来，便会再有一个长江为害中国之新信念，深印在我们不长进的中国人脑里。”（《水利与水害》）

平准书第八

汉兴，接秦之弊[①]，丈夫从军旅，老弱转粮饷，作业剧而财匮[②]，自天子不能具钧驷[③]，而将相或乘牛车，齐民无藏盖。[④]于是为秦钱重难用，更令民铸钱，一黄金一斤[⑤]。约法省禁，而不轨逐利之民，蓄积余业以稽市物[⑥]，物踊腾粜[⑦]，米至石万钱，马一匹则百金。

天下已平，高祖乃令贾人不得衣丝乘车，重租税以困辱之。孝惠、高后时，为天下初定，复弛商贾之律，然市井[⑧]之子孙亦不得仕宦为吏。量吏禄，度官用，以赋于民。而山川园池市井租税之入，自天子以至于封君汤沐邑，皆各为私奉养焉，不领于天下之经费。漕转[⑨]山东粟，以给中都官[⑩]，岁不过数十万石。

至孝文时，荚钱[⑪]益多，轻，乃更铸四铢钱，其文为“半两”，[⑫]令民纵得自铸钱[⑬]。故吴[⑭]，诸侯也，以即山铸钱，富埒[⑮]天子，其后卒以叛逆。邓通，大夫也，以铸钱财过王者。故吴、邓氏钱布天下，而铸钱之禁生焉。

匈奴数侵盗北边，屯戍者多，边粟不足给食当食者。于是募民能输及转粟于边者拜爵[⑯]，爵得至大庶长[⑰]。

孝景时，上郡[⑱]以西旱，亦复修卖爵令，而贱其价以招民；及徒复作,[19]得输粟县官[20]以除罪。益造苑马[21]以广用,而宫室列观舆马益增修矣。

至今上即位数岁,汉兴七十余年之间,国家无事,非遇水旱之灾,民则人给家足,都鄙廪庾皆满,[22]而府库余货财。京师之钱累巨万,贯朽而不可校[23]。太仓之粟陈陈相因,充溢露积于外,至腐败不可食。众庶街巷有马,阡陌之间成群,而乘字牝者傧而不得聚会,[24]守闾阎者[25]食粱肉,为吏者长子孙[26],居官者以为姓号[27]。故人人自爱而重犯法[28],先行义而后绌耻辱[29]焉。当此之时,网疏而民富,役财骄溢[30],或至兼并豪党之徒,以武断于乡曲[31]。宗室有土[32]公卿大夫以下,争于奢侈,室庐舆服僭于上,无限度。物盛而衰,固其变也。

(以上为第一段,写自刘邦建国以来,以至武帝时期的社会经济发展,和与此相应的国家制度、社会风气的变更。)

①汉兴,接秦之弊——柯维骐、姚鼐等都认为此处起笔突然,前面无所承接;以为后面的“太史公曰”一段应调到这里,作为文章的开头,其说详见后面。 ②剧——繁重,艰苦。匮(kuì)——空乏。 ③钧驷——同一种颜色的四匹马。钧:通“均”。驷:一车四马。《汉书·食货志》作“醇驷”,“醇”与“纯”同义,纯一色也。 ④齐民——平民。藏盖——犹言积蓄。 ⑤一黄金一斤——一锭黄金的标准重量为一斤。改变了秦以前以一镒(二十四两)为一锭黄金的旧法。 ⑥蓄积余业以稽市物——指从事商业活动囤积居奇。余业:犹言“末业”,指商业。稽:囤积。 ⑦物踊腾粜(tiào)——物价猛涨的时候卖出。踊腾:指物价猛涨。粜:卖粮食,这里指卖出东西。 ⑧市井——即市场。这里指商人。古人常于井边借早晨汲水人多时进行交易,故称市井。 ⑨漕转——运输。船运曰漕,车运曰转。 ⑩中都官——京师里的各个官府。 ⑪荚(jiá)钱——汉初通行的一种又轻又薄的钱币。荚:榆荚,俗称榆钱。 ⑫铢——重约一百黍;有说为一百四十四粟。 其文为“半两”——实际只重四铢。而字面写半两,也当半两使用,因而铸钱有利,私铸者遂多。 ⑬令民纵得自铸钱——按:文略不顺,应作

“纵民令得自铸钱”。纵:放任。 ⑭吴——高祖侄子刘濞(pì)的封地,约当今之江苏、浙江一带,都广陵(今江苏扬州)。刘濞于高祖十二年(前195)被封为吴王,于景帝前元三年(前154)举兵叛乱被讨平。 ⑮埒(liè)——相比,相等。 ⑯募民能输及转粟于边者拜爵——按:这是汉文帝采纳晁错的意见所实行的一项政策,可参见晁错的《论贵粟疏》。此处所实行的是卖爵,而不是卖官。输:指缴粟与国家。 ⑰大庶长——爵名,第十八级。据《汉书·食货志》,入粟六百石可为上造(第二级),入四千石可为五大夫(第九级),入一万二千石可为大庶长。 ⑱上郡——汉郡名,辖地约当今陕西北部及内蒙古乌审旗一带,郡治肤施(今陕西榆林东南)。 ⑲徒——指被判徒刑的人。 复作——已弛其刑,但尚未服满劳役的犯人。复:除。有人说“复作”专指女徒,此说非是。居延汉简有所谓“复作大男丛市”“复作大男王建”云云,知“复作”不光指女徒。 ⑳县官——指国家、政府。 ㉑造苑马——谓造苑养马。苑:牧场。 ㉒都鄙——都城及边邑。 廪庾——有屋之仓曰廪,露积之仓曰庾。这里泛指仓库。 ㉓贯朽而不可校(jiào)——极言铜钱之多,而又长年不动,故至贯朽不可数也。贯:穿铜钱的绳子。校:点、数。 ㉔字牝(pìn)——亦作“牸牝”,母马。 傧——通“摈”,排斥,摈弃。不得聚会——谓不允许其参加集会。 ㉕守闾阎者——看守里巷大门的人,指低级的吏役。闾阎:里巷的门。 ㉖为吏者长子孙——做官的人久于其任,以至自己的子孙都已经长大了而自己还不得迁调。 ㉗居官者以为姓号——居官年久,遂以其官职为姓号。如管仓库的人遂以“仓”“庾”为姓号。 ㉘重犯法——不敢轻于犯法。重:看重,不轻于。 ㉙先行义而后绌耻辱——意谓人人讲礼义,就会不屑干那些不光彩的事。后绌:放弃不取。有曰此“后”字似衍文。 ㉚役财骄溢——占有财产的人骄奢放纵。役:支配,占有。 ㉛以武断于乡曲——靠着势力横行于乡里。乡曲:犹言“乡里”,古代居民的编制单位,二十五家为一里,十里为一乡。 ㉜有土——有封地的人。

自是之后,严助、朱买臣等招来东瓯,①事两越②,江淮之间萧然[3]烦费矣。唐蒙[4]、司马相如开路西南夷，凿山通道千余里，以广巴蜀，巴蜀之民罢焉。彭吴贾灭朝鲜，置沧海之郡，则燕齐之间靡然发动[5]。及王恢设谋马邑，[6]匈奴绝和亲，侵扰北边，兵连而不解，天下苦其劳，而干戈日滋。行者赍[7]，居者送，中外骚扰而相奉[8]，百姓抏弊以巧法[9]，财赂衰耗而不赡。入物者补官，出货者除罪，选举陵迟[10]，廉耻相冒[11]，武力进用，法严令具。兴利之臣[12]自此始也。

其后汉将岁以数万骑出击胡，及车骑将军卫青取匈奴河南地，[13]筑朔方[14]。当是时，汉通西南夷道，作者数万人，千里负担馈粮，率十余钟致一石[15]，散币于邛僰以集之[16]。数岁道不通，蛮夷因以数攻，吏发兵诛之，悉巴蜀租赋不足以更[17]之。乃募豪民田南夷[18]，入粟县官，而内受钱于都内[19]。东至沧海之郡，人徒之费拟于南夷[20]。又兴十万余人筑卫朔方，转漕甚辽远，自山东[21]咸被其劳，费数十百巨万，府库益虚。乃募民能入奴婢得以终身复[22]。为郎增秩[23]，乃入羊为郎，始于此。

其后四年[24]，而汉遣大将[25]将六将军，军十余万，击右贤王，获首虏[26]万五千级。明年，大将军将六将军仍再出击胡，得首虏万九千级。捕斩首虏之士受赐黄金二十余万斤，虏[27]数万人皆得厚赏，衣食仰给县官[28]；而汉军之士马死者十余万，兵甲之财转漕之费不与焉。于是大农陈藏钱经耗[29]，赋税既竭，犹不足以奉战士。有司言：“天子曰：‘朕闻五帝之教不相复而治，禹汤之法不同道而王，所由殊路，而建德一也。北边未安，朕甚悼之。日者[30]，大将军攻匈奴，斩首虏万九千级，留蹛无所食[31]，议令民得买爵及赎禁锢[32]免减罪。’请置赏官[33]，命曰武功爵[34]。级十七万，凡直三十余万金[35]。诸买武功爵官首者试补吏，先除[36]。千夫如五大夫[37]，其有罪又减二等[38]。爵得至乐卿，以显军功[39]。”军功多，用越等[40]，大者封侯卿大夫，小者郎吏。吏道杂而多端，则官职耗废[41]。

自公孙弘以《春秋》之义绳臣下取汉相，[42]张汤用峻文决理为廷尉，[43]于是见知之法生[44]，而废格沮诽穷治之狱用矣。[45]其明年[46]，淮南、衡山、江都王谋反迹见，[47]而公卿寻端治之，竟其党与，而坐死者数万人[48]，长吏益惨急而法令明察[49]。

当是之时，招尊方正、贤良、文学[50]之士，或至公卿大夫。公孙弘以汉相，布被，食不重味[51]，为天下先。然无益于俗，稍骛于功利矣[52]。

其明年[53]，骠骑[54]仍再出击胡，获首四万。其秋，浑邪王率数万之众来降[55]，于是汉发车二万乘迎之。既至，受赏，赐及有功之士。是岁费凡百余巨万。

（以上为第二段，写汉武帝发动战争给国家造成的经济凋敝，以及官吏选拔制度的败坏。）

①严助——原名庄助，因避汉明帝刘庄之讳，东汉人称之为严助。严助曾劝导汉武帝用事于东越。　朱买臣——武帝时先为中大夫，后又为会稽太守，劝导并实际参加了对东越用兵。　招来——招纳。来：亦作“徕”，招纳。　东瓯——今浙江温州一带的小国。　②两越——指闽越和南越，约当今福建和广西、广东一带。汉武帝平定东瓯、闽越在元封元年（前110），事见《东越列传》；平定南越在元鼎五年（前112），事见《南越列传》。　③萧然——骚然，烦苦的样子。　④唐蒙——武帝时人，先曾为番阳（今江西鄱阳东北）令，后以中郎将发巴蜀之民开路以通西南夷（当时居住在今云南、贵州境内的少数民族）。⑤“彭吴贾灭朝鲜”三句——汉武帝打朝鲜事在元封二年（前109），见《朝鲜列传》。唯于生事诸臣中，无彭吴贾其人。《汉书·食货志》云：“彭吴穿秽貊、朝鲜，置沧海郡。”王念孙曰：“‘贾’仍当依《汉志》作穿。”穿灭：即开其道而灭之。靡然：犹言“纷纷然”，劳扰的样子。⑥王恢——武帝时将领。　马邑——在今山西朔州。王恢设谋伏兵马邑以袭匈奴未成，事在武帝元光二年（前133），见《韩安国列传》《匈奴列传》。　⑦赍（jī）——携带。　⑧相奉——指供应战争需要。⑨抏（wán）弊以巧法——不顾廉耻，行巧诈以避法令。抏弊：摧挫，棱角磨灭。这里指没有廉耻。　⑩选举陵迟——用人制度愈来愈坏。陵

迟:衰败。 ⑪廉耻相冒——廉洁者与无耻者相混杂。冒:蒙混。⑫兴利之臣——为皇帝谋求财利的人,指孔仅、桑弘羊等。 ⑬卫青——武帝时名将,《史记》有传。 河南地——秦汉时期称今内蒙古河套以南为“河南”。汉收河南地在元朔二年(前127)。 ⑭朔方——汉郡名,郡治在今内蒙古杭锦旗北。 ⑮率十余钟致一石——大体是起运时十余钟(每钟六石四斗),运到时剩一石。极言其路途之远,沿途消耗之大。率:大致。 ⑯散币于邛僰(qióng bó)以集之——谓发钱给邛、僰一带的边民,以稳定其心。邛:即临邛,汉县名,县治在今四川邛崃。僰:僰道,古邑名,在今四川宜宾西南安边镇。集:通“辑”,安定、和睦。 ⑰更——偿,抵补。 ⑱田南夷——在南夷地区种植庄稼。南夷在今贵州省境内。 ⑲内受钱于都内——意谓让田于南夷者将粮食在当地交官,以充边用,再到京城都内令丞处领取粮钱。都内:指都内令丞,大司农的属官。 ⑳“东至沧海之郡”二句——意谓西起巴蜀,东至沧海郡,人们所负担的兵役劳役,和南夷差不多。沧海郡:即古秽貊(huì mò)国,秽貊族人分布在今东北松嫩平原、鸭绿江流域及朝鲜半岛。沧海:也作“苍海”。人徒:指伕役。拟:比,相等。 ㉑自山东——指整个崤山以东,包括今河南、河北、山东等广大地区。㉒复——免除徭役。 ㉓为郎增秩——本身为郎者,若向国家献纳奴婢,则为其提高官级。增秩:犹言“升级”。按:从这些规定可见当时事功的繁剧和劳动力的缺乏。 ㉔其后四年——汉武帝元朔五年(前124)。 ㉕大将——“将”下脱“军”字。大将军指卫青。 ㉖首虏——斩获的敌人首级。首:用作动词,斩敌之首。 ㉗虏——指被俘获的匈奴人。 ㉘仰给县官——都靠国家供应。 ㉙大农陈藏钱经耗——按:此句疑有讹误。意思是大司农掌管的国库中的钱财都已用尽。陈藏:犹言旧有。经耗:尽耗。 ㉚日者——前者,昔日。 ㉛留蹛(zhì)无所食——意思是由于大司农手中无钱,因而拖欠着不能赏赐有功将士。蹛:通“滞”,停滞。食:喂养,供给。 ㉜禁锢——因犯罪而不准做官。 ㉝赏官——赏功的官爵,其实也是卖钱的官爵。㉞武功爵——共十七级,今所知者有:一级曰造士,二级曰闲舆卫,三级曰良士,四级曰元戎士,五级曰官首,六级曰秉铎,七级曰千夫,八级曰乐卿，九级曰执戎，十级曰左庶长，十一级曰军卫。 ㉟“级十七万”二句——按：对此二句，各家的解释纷纭。胡三省曰：“盖级十七万者，卖爵一级，为钱十七万；至二级，则三十四万矣。自此以上乌得不每级而增乎？王莽时黄金一斤直钱万，以此推之，则三十万金，为钱三十余万万矣。此当时鬻武功爵所直之数也。”而中井积德之意乃以为汉代卖爵，每升一级须交十七金。二说录以备考。 ㊱“诸买武功爵官首者”二句——按：“官首”下应增“以上”二字，意思是说武功爵第五级以上的可以优先被任为吏。除：拜官授职。 ㊲千夫如五大夫——武功爵第七级的千夫，和秦时二十级爵第九级的五大夫享受同等待遇。㊳其有罪又减二等——意谓有千夫爵的人如果犯了罪，可以减轻二等处置。 ㊴“爵得至乐卿”二句——指花钱买爵的人只能买到第九级乐卿，最高的两级非有军功不能得到。之所以这样规定，是为了尊显有军功的人。 ㊵用越等——可以超越等级。 ㊶“吏道杂而多端”二句——言进身为吏的门路多而杂，官吏的职责也就愈来愈乱套、荒废。耗：衰败。 ㊷公孙弘——武帝时人，先为吏后学《春秋》，登上了丞相的高位，是汉武帝时期多项政策的制定者与推行者。他是司马迁最反感的人物之一。公孙弘为相后，曾建议各级官府都要选择儒生为属吏；官吏的升迁，也要看他们对儒家经典的掌握如何。所谓“绳臣下”即指此。 绳——约束，以此为准则。 ㊸张汤——武帝时的著名酷吏，事见《酷吏列传》。 峻文——意同“酷法”。 决理——犹言“判案”。 廷尉——官名，九卿之一，为最高司法机构长官。 ㊹见知之法——处治那种知道别人犯罪而不告发的人的法令。《酷吏列传》云：“与张汤论定诸律令，作见知，吏传得相监司用法益刻，盖自此始。” ㊺废格——搁置天子的命令而不执行。 沮诽——沮毁政事，诽谤君上，“见知之法”与“废格沮诽”是张汤等酷吏所采用的罗织陷害人的两种罪名。 ㊻其明年——武帝元狩元年(前122)。 ㊼淮南——指淮南王刘安。刘邦之孙，刘长之子。 衡山——指衡山王刘赐，刘安之弟。 江都王——指刘非，景帝之子。 ㊽“而公卿寻端治之”三句——寻端：寻根究底，找茬子。按：三句可见史公对此事的反感。 ㊾明察——这里是“苛察”“严苛”的意思。 ㊿方正、贤良、文学——汉武帝时选拔人才的三种科目。 ⑤①食不重味——吃的饭菜没有两种味道的东西，即只要一个菜。 ⑤②稍骛（wù）于功利矣——渐渐地愈来愈追求功利了。按：此指武帝政治而言。骛：追求。 ⑤③其明年——武帝元狩二年（前121）。 ⑤④骠骑——指骠骑将军霍去病，西汉名将，《史记》有传。 ⑤⑤浑邪王率数万之众来降——据《匈奴列传》云："单于怒浑邪王、休屠王居西方，为汉所杀虏数万人，欲召诛之。浑邪王与休屠王恐，谋降汉。汉使骠骑将军往迎之。浑邪王杀休屠王，并将其众降汉，凡四万余人，号十万。""浑邪"又作"浑耶"。

初，先是往十余岁河决观[①]，梁楚之地固已数困，而缘河之郡堤塞河，辄决坏[②]，费不可胜计。其后番系欲省底柱之漕[③]，穿汾、河渠以为溉田，作者数万人；郑当时为渭漕渠回远，[④]凿直渠自长安至华阴，作者数万人；朔方亦穿渠，作者数万人，各历二三期[⑤]，功未就，费亦各巨万十数。

天子为伐胡，盛养马，马之来食长安者数万匹，卒牵掌者[⑥]关中不足，乃调旁近郡。而胡降者皆衣食县官，县官不给[⑦]，天子乃损膳，解乘舆驷[⑧]，出御府禁藏以赡之。

其明年，山东被水灾，民多饥乏，于是天子遣使者虚郡国仓廥以振贫民。犹不足，又募豪富人相贷假。尚不能相救，乃徙贫民于关以西，及充朔方以南新秦中[⑨]七十余万口，衣食皆仰给县官。数岁假予产业[⑩]，使者分部护之[⑪]，冠盖相望[⑫]。其费以亿计，不可胜数。于是县官大空。

而富商大贾或蹛财役贫，[⑬]转毂百数[⑭]，废居居邑[⑮]，封君[⑯]皆低首仰给。冶铸煮盐，财或累万金，而不佐国家之急，黎民重困。于是天子与公卿议更钱造币以赡用，而摧浮淫并兼之徒。是时禁苑有白鹿而少府多银锡。[⑰]自孝文更造四铢钱，至是岁四十余年，从建元以来，用少，县官往往即多铜山而铸钱，民亦间盗铸钱，不可胜数。钱益多而轻，物益少而贵。有司言曰："古者皮币[18]，诸侯以聘享。金有三等，黄金为上，白金[19]为中，赤金[20]为下。今半两钱法重四铢，而奸或盗摩钱里取鋊[21]，钱益轻薄而物贵，则远方用币烦费不省。”乃以白鹿皮方尺，缘以藻缋[22]，为皮币，直四十万。王侯宗室朝觐聘享，必以皮币荐璧[23]，然后得行。

又造银锡为白金。以为天用莫如龙[24]，地用莫如马[25]，人用莫如龟[26]，故白金三品：其一曰重八两[27]，圜之，其文龙，名曰“白选”，直三千；二曰以重差小[28]，方之，其文马，直五百；三曰复小，椭之，其文龟，直三百。令县官销半两钱，更铸三铢钱，文如其重。盗铸诸金钱罪皆死，而吏民之盗铸白金者不可胜数。

于是以东郭咸阳、孔仅为大农丞，[29]领盐铁事；桑弘羊以计算用事，侍中。咸阳，齐之大煮盐；孔仅，南阳大冶，皆致生[30]累千金，故郑当时进言之。弘羊，雒阳贾人子，以心计年十三侍中。故三人言利事析秋豪矣[31]。

法既益严，吏多废免。兵革数动，民多买复及五大夫，征发之士益鲜[32]，于是除千夫、五大夫为吏[33]，不欲者出马；故吏皆適令伐棘上林，作昆明池[34]。

其明年，大将军、骠骑大出击胡，得首虏八九万级，赏赐五十万金，汉军马死者十余万匹，转漕车甲之费不与焉。是时财匮，战士颇不得禄矣。

有司言三铢钱轻，易奸诈，乃更请诸郡国铸五铢钱，周郭其下[35]，令不可磨取鋊焉。

大农上盐铁丞孔仅、咸阳言[36]：“山海，天地之藏也[37]，皆宜属少府，陛下不私，以属大农佐赋[38]。愿募民自给费，因官器作煮盐，官与牢盆[39]。浮食奇民[40]欲擅管山海之货，以至富羡，役利细民。其沮事[41]之议，不可胜听。敢私铸铁器煮盐者，钛左趾[42]，没入其器物。郡不出铁者，置小铁官[43]，便属在所县[44]。”使孔仅、东郭咸阳乘传举行天下盐铁，[45]作官府[46]，除故盐铁家富者为吏。吏道益杂，不选，而多贾人矣。

商贾以币之变，多积货逐利。于是公卿言："郡国颇被灾害，贫民无产业者，募徙广饶之地。陛下损膳省用，出禁钱以振元元，宽贷赋，而民不齐出于南亩[47]，商贾滋众。贫者畜积无有，皆仰县官。异时算轺车贾人缗钱皆有差，[48]请算如故。诸贾人末作贳贷卖买，居邑稽诸物，及商以取利者，虽无市籍，各以其物自占[49]，率缗钱二千而一算[50]。诸作有租及铸，率缗钱四千一算[51]。非吏比者三老、北边骑士，轺车以一算[52]；商贾人轺车二算；船五丈以上一算。匿不自占，占不悉[53]，戍边一岁，没入缗钱。有能告者，以其半畀[54]之。贾人有市籍者，及其家属，皆无得籍名田[55]。以便农。敢犯令，没入田僮[56]。"

（以上为第三段，叙述了汉武帝为解决经济困难而实行铸钱、盐铁官营，以及实行算缗的情况。）

①初，先是往十余岁河决观——意谓早在十多年前，黄河在观县决口。初，先是往：泷川资言曰："'初''往'二字，校勘者旁注误入本文，《汉志》无。"观：汉县名，县治在今河南清丰南。 ②堤塞河，辄决坏——按：此处行文不顺，似应作"塞河，堤辄决坏"。 ③番(pó)系——人名，武帝时曾任河东太守。 底柱之漕——东方各地经过砥柱运往关中的粮船。底柱：即"砥柱"，黄河中的石山，在今河南三门峡北黄河中。番系欲省砥柱之漕的计划是开渠引河水、汾水以发展河东(今山西西南部)地区的农业。底：同"砥"。 ④郑当时——人名，武帝时官至大司农，《史记》中有传。 回远——曲折绕远。 ⑤期(jī)——周年。 ⑥卒牵掌者——犹言"牵掌之卒"，管马的士兵。 ⑦不给——不足，供给不上。 ⑧解乘舆驷——卸掉皇帝车上的马。乘舆：皇帝的车驾。驷：原指一车四马，这里指拉车的马。 ⑨新秦中——古地区名，在今内蒙古河套一带。公元前215年，秦始皇派蒙恬打退匈奴，取得其地。因其地富饶，新得，又与故秦地相接，世称新秦中，属朔方郡。 ⑩数岁假予产业——意谓一连几年都是由国家供给这些移民生产、生活的物资。 ⑪使者分部护之——国家派专人分区监督管理。分部：按区，按片。护：监护，监督。 ⑫冠盖相望——极言

所派的使者之多,道上络绎不断,前后都可以互相望见。盖:车盖,这里指车。 ⑬蹛(zhì)财——囤集财货。蹛:通“滞”。 役贫——奴役穷人。 ⑭转毂百数——使用着上百辆的车做生意。毂(gǔ):车轴,此处代指车。 ⑮废居居邑——在城镇上贮存货物,以待时取利。废居:贮存。 ⑯封君——指公主、列侯等。时公主、列侯虽有封邑,而无余财,其朝夕所需者,皆仰赖富商大贾供给。 ⑰禁苑——天子的园林,如上林苑。 少府——官名,九卿之一,负责为皇帝私家理财,掌管山海池泽的收入和皇室手工制造。 ⑱皮币——皮指狐貉之裘,币指缯帛之类,是古代诸侯往来时所用的礼品。 ⑲白金——指银。 ⑳赤金——指铜。 ㉑奸或盗摩钱里取鋊(yù)——意谓有的坏人偷着磨取铜钱背面的屑重新铸钱。钱里:没有文字的钱面,即背面。摩:通“磨”。鋊:铜屑。 ㉒缘以藻缋——加上彩色的花边。缋:通“绘”。 ㉓皮币荐璧——用皮币衬托着玉璧。荐:衬垫。 ㉔天用莫如龙——《易》曰:“行天莫如龙。”天用:用天,行于天上。 ㉕地用莫如马——《易》曰:“行地莫如马。” ㉖人用莫如龟——《礼记》云:“诸侯以龟为宝。”人用:用于人事交往。 ㉗其一曰重八两——姚范认为:“重八两”“重差小”“复小”上,皆衍“曰”字。按:姚说是。 ㉘二曰以重差小——“曰以”二字皆衍文。差小:略小。 ㉙东郭咸阳——复姓东郭,名咸阳。本为大盐商,资财累千金。 大农丞——大农令的属官。 ㉚致生——获利。生:利息。 ㉛言利事析秋豪矣——指为统治者谋利,秋毫不遗。 ㉜征发之士益鲜——可征调从军服役的人越来越少,因为凡是爵至五大夫者即可免役。鲜:少。 ㉝除千夫、五大夫为吏——按:当时法令严酷,为吏者极易遭罪,故有爵者常不欲为吏。 ㉞昆明池——故址在今陕西西安西南斗门镇东南一片洼地。 ㉟周郭其下——《汉书·食货志》作“周郭其质”,钱的外沿有一圈厚出钱体的边缘。郭:一作“廓”,边缘。 ㊱大农上盐铁丞孔仅、咸阳言——谓大农令将其属官孔仅、东郭咸阳之言上奏于天子。 ㊲山海,天地之藏(zàng)也——意谓山海之利,是大自然为我们准备的宝库。藏:府库。 ㊳佐赋——谓归国用,以补充赋税之不足。按:少府为皇帝私人理财,大农令管理全国的财政收支。山海之利原属少府,后因对外用兵,财力不足,而转归大农,故二人有所谓“不私”“助赋”之说。 ㊴因官器作煮盐,官与牢盆——牢盆:煮盐用的大盆。一说,牢为储盐之所,盆为煮盐之器。 ㊵浮食奇民——游手好闲不务正业的人。奇:多余的,奇民即指士农工商四民以外的人。 ㊶沮(jǔ)事——谓阻止盐铁官营的事。沮:阻止。 ㊷釱(dì)左趾——一种刑罚,用铁钳箍住左脚。㊸小铁官——官职名,主管熔化废铁以铸造日常用具。因为当时禁民私铸,故这等事也得设官主之。 ㊹便属在所县——谓这些小铁官属其所在县管辖。方苞认为:“在所”,应为“所在”,误倒也。 ㊺传(zhuàn)——传车,古代驿站的专用车辆。 举行——全面地巡行视察。 ㊻作官府——指设立主管盐铁的地方官府。 ㊼不齐出于南亩——不积极从事农业。齐:皆,尽。南亩:《诗·豳风·七月》:“同我妇子,馌彼南亩。”后世遂常以“南亩”泛指农田。 ㊽异时——昔日。

算轺(yáo)车——让有轺车的人纳税。算:汉代一种赋税的名称。算赋本为人头税,一算为一百二十钱,商人与奴婢加倍。轺车:一马驾驶的轻便车。 贾人缗(mín)钱——让商人按资产的数目纳税。缗:穿铜钱的丝绳。缗钱在这里指商人的资产。按:汉武帝元光六年(前129)曾让商车纳税,算缗当亦有之。 ㊾自占——估算自己货物的价值而上报官府。占:估算。 ㊿率缗钱二千而一算——一概按照有两千文的资产就要纳一算的税。率:大概,一概。算:税款单位,合一百二十文。 51“诸作有租及铸”二句——诸作:各种工业作坊,这里指下述的煮盐、冶铁两项。姚鼐认为:自占者,有物若干,值钱若干,自言于官也,直二千则一算。然则缗者,犹今商贾言货本,以钱准之耳,而手力所作者无本钱,则以其所作,直四千乃一算。 52“非吏比者三老、北边骑士”二句——此处意思不明,诸说不一。师古曰:“比,例也。身非为吏之例,非为三老,非为北边骑士而有轺车,皆令出一算。”三老:县、乡掌管教化者。 53占不悉——自报的资产不实,不够数。 54畀(bì)——赐,赠。 55无得籍名田——籍名田:使土地归其名下,即购买、占有土地。泷川资言曰:“贾人多财,使之得买田,则兼并之弊生,农民失产,是豫防之也。”籍:登记,上簿。名:用作动词,使之归己。56没入田僮——没收其土地以及在其土地上劳动的僮仆入官。

天子乃思卜式之言，召拜式为中郎[①]，爵左庶长，赐田十顷，布告天下，使明知之。

初，卜式者，河南[②]人也，以田畜为事。亲死，式有少弟，弟壮，式脱身出分[③]，独取畜羊百余，田宅财物尽予弟。式入山牧十余岁，羊致千余头，买田宅。而其弟尽破其业，式辄复分予弟者数矣。是时汉方数使将击匈奴，卜式上书，愿输家之半县官助边。天子使使问式："欲官乎？"式曰："臣少牧，不习仕宦，不愿也。"使问曰："家岂有冤，欲言事乎？"式曰："臣生与人无分争。式邑人贫者贷之，不善者教顺之，所居人皆从式，式何故见冤于人！无所欲言也。"使者曰："苟如此，子何欲而然？"式曰："天子诛匈奴，愚以为贤者宜死节于边，有财者宜输委[④]，如此而匈奴可灭也。"使者具其言入以闻。天子以语丞相弘。弘曰："此非人情。不轨[⑤]之臣，不可以为化而乱法[⑥]，愿陛下勿许。"于是上久不报式[⑦]，数岁，乃罢式。式归，复田牧。岁余，会军数出，浑邪王等降，县官费众，仓府空。其明年，贫民大徙，皆仰给县官，无以尽赡。卜式持钱二十万予河南守，以给徙民。河南上富人助贫人者籍，天子见卜式名，识之，曰："是固前而欲输其家半助也。"乃赐式外繇四百人[⑧]。式又尽复予县官。是时富豪皆争匿财，唯式尤欲输之助费。天子于是以式终长者，故尊显以风[⑨]百姓。

初，式不愿为郎。上曰："吾有羊上林中，欲令子牧之。"式乃拜为郎，布衣屩[⑩]而牧羊。岁余，羊肥息[⑪]。上过见其羊，善之。式曰："非独羊也，治民亦犹是也。以时起居，恶者辄斥去，毋令败群。"上以式为奇，拜为缑氏令试之，缑氏便之。迁为成皋令，将漕最[⑫]。上以为式朴忠，拜为齐王太傅。

而孔仅之使天下铸作器，三年中拜为大农，列于九卿。而桑弘羊为大农丞[⑬]，管诸会计事[⑭]，稍稍置均输[⑮]以通货物矣。

始令吏得入谷补官，郎至六百石[⑯]。

自造白金五铢钱后五岁，赦吏民之坐盗铸金钱死者数十万人，其不发觉相杀者，不可胜计[17]；赦自出者百余万人，然不能半自出[18]，天下大抵无虑[19]皆铸金钱矣。犯者众，吏不能尽诛取，于是遣博士褚大、徐偃等分曹循行郡国，举兼并之徒守相为利者[20]，而御史大夫张汤方隆贵用事，减宣、杜周等为中丞[21]，义纵、尹齐、王温舒等用惨急刻深为九卿，而直指[22]夏兰之属始出矣。

而大农颜异诛。初，异为济南亭长，以廉直稍迁至九卿。上与张汤既造白鹿皮币，问异。异曰："今王侯朝贺以苍璧，直数千，而其皮荐反四十万，本末不相称。"天子不说。张汤又与异有郤，及有人告异以它议[23]，事下张汤治异。异与客语，客语初令[24]下有不便者，异不应，微反唇[25]。汤奏当[26]异九卿见令不便，不入言而腹诽，论死。自是之后，有腹诽之法比[27]，而公卿大夫多谄谀取容矣。

天子既下缗钱令而尊卜式，百姓终莫分财佐县官，于是杨可告缗钱[28]纵矣。

郡国多奸铸钱，钱多轻，而公卿请令京师铸钟官赤侧[29]，一当五，赋官用[30]非赤侧不得行。白金稍贱，民不宝用，县官以令禁之，无益。岁余，白金终废不行。

是岁也，张汤死而民不思。

其后二岁，赤侧钱贱，民巧法用之，不便，又废。于是悉禁郡国无铸钱，专令上林三官[31]铸。钱既多，而令天下非三官钱不得行，诸郡国所前铸钱皆废销之，输其铜三官。而民之铸钱益少，计其费不能相当，唯真工大奸乃盗为之。

卜式相齐，而杨可告缗遍天下[32]，中家以上大抵皆遇告。杜周治之，狱少反者[33]。乃分遣御史廷尉正监分曹往，[34]即治郡国缗钱[35]，得民财物以亿计，奴婢以千万数，田大县数百顷，小县百余顷，宅亦如之。于是商贾中家以上大率破，民偷[36]甘食好衣，不事畜藏之产业，而县官有盐铁缗钱之故，用益饶矣。

益广关[37],置左右辅[38]。

(以上为第四段,写汉武帝尊卜式,任酷吏,行告缗,进一步地加紧搜刮,致使吏治败坏,民不聊生。)

①中郎——帝王的侍从人员,属郎中令。 ②河南——汉郡名,郡治雒阳(今河南洛阳东北)。 ③脱身出分——单人由家中分出。 ④输委——交纳给国家。 ⑤不轨——这里指不按制度、常规办事。 ⑥不可以为化而乱法——意谓不能树之为榜样以教人,而且会搞乱国家的赏罚之法。 ⑦久不报式——长时间没有回答卜式的请求。报:回答,批示。 ⑧赐式外繇四百人——指赐给卜式四百人免除戍边劳役所纳的钱数。外繇:戍边。 ⑨风——暗示,诱导。 ⑩屩(juē)——草鞋。 ⑪肥息——肥壮而且繁殖得多。息:孳息,生长。 ⑫将漕最——管理漕运成绩最好。将:统领,管理。成皋地临黄河、雒水,故有漕事。 ⑬大农丞——大司农的属官,佐令掌钱谷财货等财政收入和支出。 ⑭诸会计事——指各项财政收入。 ⑮均输——官名,属大司农。主管调剂全国各地的上贡物资,并负责收购和卖出货物,沟通各地有无,目的是稳定物价,不使商人操纵市场。 ⑯"始令吏得入谷补官"二句——师古曰:"吏更迁补高官,郎又就增其秩,得至六百石。" ⑰"赦吏民之坐盗铸金钱死者数十万人"三句——按:此处文字不顺,似有讹误。大意是说,因盗铸钱而犯了死罪的人,光是经国家宣布赦免的就有几十万;至于那些未被发现,其实也是犯有死罪的,就无法计算了。 ⑱"赦自出者百余万人"二句——意谓因其自首而被赦罪的有百余万,但是这种自首的人,占不了实际犯罪人数的一半。自出:自首。下句"自出"二字为衍文。 ⑲大抵无虑——"大概""差不多"之意。 ⑳举兼并之徒守相为利者——意即揭发那些身为郡守和诸侯国相而贪求利益、肆行兼并的人。举:揭发。为利:指非法地聚敛财富。 ㉑中丞——御史大夫的副贰,居中兰台,为宫掖近臣,掌监察执法,管图书秘籍、文书档案。 ㉒直指——即绣衣直指,为汉朝中央派出的巡察地方各郡国的官员。这些人的品级不高,但权力甚大。所谓直指,即不阿私徇情,照直办事之意。 ㉓它议——他事,其他问题。 ㉔初令——新令。指造白鹿皮币事。 ㉕微反唇——嘴唇稍稍

动了一下。 ㉖当——判处。 ㉗法比——法规,条例。茅坤认为:此一段摹写酷吏兴利转辗相成处,曲尽变化。 ㉘告缗钱——告发他人上报资产不实。缗钱:犹今之所谓“资产”“资金”。 纵——犹言“行开了”。 ㉙令京师铸钟官赤侧——令京师仿照钟官所造的赤侧钱来铸钱。钟官:武帝时所置的主管铸钱的官吏,属水衡都尉。赤侧:又作“赤仄”,一种铸工精致、铜质精良的五铢钱。因将边缘进行磨锉,露出铜色,故称“赤侧”。 ㉚赋官用——指向官府交纳赋税。 ㉛上林三官——主管上林苑的水衡都尉的三个属官,即上林均输、钟官、辨铜令。 ㉜卜式相齐,而杨可告缗遍天下——元鼎三年(前114),西汉政府发布“告缗令”,对隐匿财产不报或报而不实的,没收其财产,并鼓励告发,查实之后给以所没收财产之半。在杨可的主持下,派使者至各地加以贯彻,结果造成杨可告缗遍天下,中家以上大抵皆遇告,没收的财物以亿计,奴婢以千万数,田大县数百顷,小县百余顷,中等以上的商贾大批破产。泷川资言曰:“卜式相齐,不在京师,无复言聚敛之害者。前后呼应,是史公文章之妙。” ㉝狱少反者——一经判罪,就难得再翻案、平反。 ㉞御史——御史大夫的属官,主管纠弹。 廷尉正监——廷尉正和廷尉监,都是廷尉的属官,主管司法刑狱。 ㉟即治郡国缗钱——到各郡国去就地审理告缗的案件。 ㊱偷——苟且,苟活。 ㊲益广关——为扩大关中地盘,将原处于今河南灵宝东北的函谷关东移到今洛阳新安东。 ㊳置左右辅——设置京畿左右二郡,即左冯翊和右扶风。左冯翊、右扶风,再加上首都的京兆尹,合称“三辅”。

初,大农管盐铁官布多,[①]置水衡[②],欲以主盐铁;及杨可告缗钱,上林财物众,乃令水衡主上林。上林既充满,益广,是时越欲与汉用船战逐,乃大修昆明池,列观环之。治楼船,高十余丈,旗帜加其上,甚壮。于是天子感之,乃作柏梁台,高数十丈。宫室之修,由此日丽。

乃分缗钱诸官,而水衡、少府、大农、太仆各置农官,往往即郡县比没入田田之。[③]其没入奴婢,分诸苑养狗马禽兽,及与诸官。诸官益杂置多，徒奴婢众，而下河漕度四百万石，[4]及官自籴乃足。

所忠[5]言："世家子弟富人或斗鸡走狗马，弋猎博戏，乱齐民[6]。"乃征诸犯令，相引数千人，命曰"株送徒"[7]。入财者得补郎，郎选衰矣[8]。

是时山东被河灾，及岁不登数年，人或相食，方一二千里。天子怜之，诏曰："江南火耕水耨[9]，令饥民得流就食江淮间，欲留，留处[10]。"遣使冠盖相属于道，护之，下巴蜀粟以振之。

其明年[11]，天子始巡郡国。东度河，河东守不意行至，不辨[12]，自杀。行西逾陇，陇西守以行往卒，[13]天子从官不得食，陇西守自杀。于是上北出萧关，从数万骑，猎新秦中，以勒边兵而归。新秦中或千里无亭徼[14]，于是诛北地太守以下，而令民得畜牧边县，官假马母，三岁而归，及息什一[15]，以除告缗，用充仞新秦中[16]。

既得宝鼎[17]，立后土、太一祠，公卿议封禅事，而天下郡国皆豫治道桥，缮故宫，及当驰道县[18]，县治官储，设供具，而望以待幸。

其明年，南越反，西羌侵边为桀[19]。于是天子为山东不赡[20]，赦天下，因南方楼船卒二十余万人击南越，数万人发三河以西骑击西羌[21]，又数万人度河筑令居[22]。初置张掖、酒泉郡[23]，而上郡、朔方、西河、河西开田官、斥塞卒六十万人戍田之。中国缮道馈粮，远者三千，近者千余里，皆仰给大农。边兵[24]不足，乃发武库工官兵器以赡之。车骑马乏绝，县官钱少，买马难得，乃著令，令封君以下至三百石以上吏，以差出牝马天下亭，[25]亭有畜牸马[26]，岁课息[27]。

齐相卜式上书曰："臣闻主忧臣辱。南越反，臣愿父子与齐习船者往死之。"天子下诏曰："卜式虽躬耕牧，不以为利，有余辄助县官之用。今天下不幸有急，而式奋愿父子死之，虽未战，可谓义形于内。赐爵关内侯，金六十斤，田十顷。"布告天下，天下莫应。列侯以百数，皆莫求从军击羌、越。至酎[28]，少府省金[29]，而列侯坐酎金失侯者百余人[30]。乃拜式为御史大夫。

式既在位，见郡国多不便县官作盐铁，铁器苦恶[31]，贾[32]贵，或强令民卖买之。而船有算，商者少，物贵，乃因孔仅言船算事[33]。上由是不悦卜式。

汉连兵三岁，诛羌，灭南越，番禺以西至蜀南者置初郡十七，且以其故俗治，毋赋税。南阳、汉中以往郡，各以地比给初郡吏卒奉食币物，传车马被具[34]。而初郡时时小反，杀吏，汉发南方吏卒往诛之，间岁[35]万余人，费皆仰给大农。大农以均输调盐铁助赋[36]，故能赡之。然兵所过县，为以訾给毋乏而已，不敢言擅赋法矣[37]。

其明年，元封元年，卜式贬秩为太子太傅。而桑弘羊为治粟都尉，领大农[38]，尽代仅管天下盐铁。弘羊以诸官各自市，[39]相与争，物故腾跃，而天下赋输或不偿其僦费，[40]乃请置大农部丞[41]数十人，分部主郡国，各往往县置均输盐铁官，令远方各以其物贵时商贾所转贩者为赋，而相灌输。置平准[42]于京师，都受天下委输。[43]召工官治车诸器，皆仰给大农。大农之诸官尽笼天下之货物，贵即卖之，贱则买之。如此，富商大贾无所牟大利，则反本，而万物不得腾踊。故抑天下物，名曰“平准”。天子以为然，许之。于是天子北至朔方，东到太山，巡海上，并北边以归。所过赏赐，用帛百万余匹，钱金以巨万计，皆取足大农。

弘羊又请令吏得入粟补官，及罪人赎罪。令民能入粟甘泉各有差，以复终身，不告缗[44]。他郡国各输急处，而诸农[45]各致粟，山东漕益岁六百万石。一岁之中，太仓、甘泉仓满。边余谷诸物均输帛五百万匹。民不益赋而天下用饶。于是弘羊赐爵左庶长，黄金再百金[46]焉。

是岁小旱，上令官求雨。卜式言曰：“县官当食租衣税而已，今弘羊令吏坐市列肆，贩物求利。亨弘羊，天乃雨[47]。”

（以上为第五段，写汉代统治者的骄奢淫逸，兴功生事，为进一步加紧搜刮聚敛而实行平准法。）

①官布——官钱。布：泉布，即指钱。 多——谓事务繁多。陈直认为：武帝时有钱之称，无布之称，旧注皆非也。盖谓大农所管盐铁官分布甚多。按：陈说可供参考。 ②水衡——指水衡都尉，管理上林苑的官员，经济权力甚大。 ③即——就，到某地去。 比没入田——不久前没收来的土地。比：刚刚、不久前。 ④下河漕——由黄河下游向上游运粮。 度（duó）——推算，估计。 ⑤所忠——人名，汉武帝的宠臣。 ⑥齐民——平民。 ⑦株送徒——犹言“株连犯”。 ⑧“入财者得补郎”二句——泷川资言曰：“‘入财者’以下，别是一事。” ⑨火耕水耨（nòu）——先以火焚野草，而后植之以苗，灌之以水。及杂草再生，则于水中除之。耨：除草。 ⑩欲留，留处——愿意留居该地者，则准许留居。 ⑪其明年——武帝元朔四年（前125）。 ⑫不辨——没准备好迎驾工作。辨：通“办”。 ⑬陇西——汉郡名，郡治狄道（今甘肃临洮）。 行往卒——谓天子来得太突然。卒：后多作“猝”。 ⑭亭徼（jiào）——岗亭塞堡。泛指边境上的防卫工事。 ⑮及息什一——待至生下小马，十匹交给公家一匹。 ⑯以除告缗，用充仞新秦中——拿废除告缗令的办法，来充实新秦中的居民。充仞：充实、充满。仞：通“牣”，充满。中井积德曰：“除告缗，特谓边县畜牧出息之民也，非总罢告缗，下文入粟处，亦言不告缗，可以见。” ⑰既得宝鼎——武帝元鼎元年（前116）五月，得鼎于汾水，由此改年号为元鼎，称此年为元鼎元年。 ⑱当驰道县——驰道所经过的各县。驰道：专供天子车驾出巡所走的大道。 ⑲为桀——逞暴，行凶。 ⑳不赡——不足，因多年闹灾所致。 ㉑数万人发三河以西骑击西羌——泷川资言曰：“《汉志》无‘数万人’三字，似当衍。即有，亦宜在‘骑’字下。”三河：指河东、河内、河南三郡。 ㉒令居——汉县名，县治在今甘肃永登西北，地当湟水流域，是关中通往河西走廊的要冲。 ㉓初置张掖、酒泉郡——王先谦认为：酒泉字误，当作敦煌。 ㉔边兵——边塞上需用的兵器。 ㉕以差——按等级。 牝（pìn）马——母马。 ㉖亭有畜牸（zì）马——各个亭都要繁殖小马。牸：泛指雌性牲畜。

㉗岁课息——每年征收小马,作为利息。 ㉘酎(zhòu)——多次重酿的醇酒,用于祭祀。这里指祭祀。 ㉙省金——检查诸侯们送交皇帝用于助祭的金子的分量和成色。 ㉚坐酎金失侯者百余人——事在元鼎五年(前112)。当时规定,凡皇帝祭祀宗庙,各侯王都要献金助祭,此金称为酎金。凡酎金的分量不足或成色不好的,都要受到严厉的惩罚。其实这是汉武帝为打击诸侯王和列侯所采用的一种手段。 ㉛苦(gǔ)恶——粗劣。苦:粗劣,不坚固。 ㉜贾——后作"价"。 ㉝言船算事——谓提议取消船算法。 ㉞"南阳、汉中以往郡"三句——意思是,南阳、汉中以南的各郡,因为它们和那些新设郡相邻近,因此就让它们给新设郡的吏卒供应俸食币物,为驿站供应各种车马用具。比:邻近。给:供应。被具:披挂用具。按:若将"给"字移至"初郡"后,则此句含意较现在为明。但《史记》中多有这种两个以上动词并列使用的句法。 ㉟间岁——隔年,实则这里指一年之内。 ㊱以均输调盐铁助赋——使用各郡国均输官的运输能力,调动各地盐铁业的收入,来资助南方兵徭的费用。 ㊲"兵所过县"三句——为以:似应作"以为"。訾给:供应。訾:通"资"。不敢言擅赋法矣:按,此句含义不清,《汉志》作"不敢言轻赋法矣"。何焯认为:"轻",《史记》作"擅",谓常法正供外,擅取诸民,以訾给所过军也。方苞认为:军所过,县吏擅赋法以多取于民,而众亦不敢以为言也。郭嵩焘认为:言武帝雄心稍戢,不更侈用以求急功也。姑录之以备参考。 ㊳领大农——代行大司农的职权。 ㊴诸官——指掌管各种方物的各个官府。 自市——自己负责买卖。 ㊵赋输——谓国家所得的赋税收入。 僦(jiù)费——运费。 ㊶大农部丞——大司农下面分主各事的属官。 ㊷平准——指平准令,大司农的属官,主管全国范围内的调拨物资,平衡物价。 ㊸都受——汇集,集中。都:总。 委输——运送,运输。 ㊹不告缗——指不受告缗之害。 ㊺诸农——大司农所属的各官署。 ㊻再百金——二百金。 ㊼亨弘羊,天乃雨——亨:"烹"的本字。

太史公曰:农工商交易之路通,而龟贝金钱刀布之币兴焉。[①]所从来久远,自高辛氏[②]之前尚矣,靡得而记云。故《书》道唐虞之际[3],《诗》述殷周之世[4],安宁则长庠序,[5]先本绌末,以礼义防于利;事变多故而亦反是。是以物盛则衰,时极而转,一质一文,终始之变也。《禹贡》九州[6],各因其土地所宜,人民所多少而纳职[7]焉。汤武承弊易变,使民不倦,各兢兢所以为治,而稍陵迟衰微。齐桓公用管仲之谋,通轻重之权[8],徼山海之业[9],以朝诸侯[10],用区区之齐显成霸名。魏用李克[11],尽地力,为强君。自是之后,天下争于战国,贵诈力而贱仁义,先富有而后推让。故庶人之富者或累巨万,而贫者或不厌糟糠[12];有国强者或并群小以臣诸侯,而弱国或绝祀而灭世。以至于秦,卒并海内。虞夏之币,金为三品,或黄,或白,或赤;或钱,或布,或刀,或龟贝。及至秦,中一国之币为二等[13],黄金以溢名[14],为上币;铜钱识[15]曰半两,重如其文,为下币。而珠玉龟贝银锡之属为器饰宝藏,不为币。然各随时而轻重无常。于是外攘夷狄,内兴功业,海内之士力耕不足粮饷,女子纺绩不足衣服。古者尝竭天下之资财以奉其上,犹自以为不足也。无异故云,事势之流相激使然,曷足怪焉[16]。

(以上为第六段,论证了经济发展与政治的关系,指出了经济法则对社会生活的决定作用。)

①龟贝——龟甲贝壳,古代用来充当货币。　刀布——古代钱币名。　②高辛氏——即帝喾,我国远古传说中的帝王,五帝之一。　③《书》道唐虞之际——《尚书》中有《尧典》《舜典》等篇,叙唐尧、虞舜之事。　④《诗》述殷周之世——《诗经》中有《商颂》《周颂》等篇,叙述了殷、周之世的事情。　⑤长——先,摆在前头。　庠序——古代学校名,殷曰庠,周曰序。　⑥《禹贡》九州——《禹贡》是《尚书》里的一篇,讲大禹治水的事情。当时把中国划分成九州,后世遂常以九州代指全国疆土。　⑦纳职——犹言"进贡"。职:贡。　⑧通轻重之权——掌握物价高低的变化法则,不让商人操纵市场,要使利权归国家。轻重:指物价的低高。　⑨徼(yāo)山海之业——获得了山海的利益,如鱼盐等大量收入。徼:同"邀",求取。　⑩朝诸侯——使诸侯来朝。

⑪李克——战国时魏人,佐魏文侯“尽地力之教”,使魏国富强一时。有云:李克应作“李悝(kuī)”。 ⑫不厌糟糠——连糟糠都不够吃。不厌:不足。厌:后作“餍”,饱,满足。 ⑬中一国之币为二等——把全国的货币分为两种。中:均分。 ⑭黄金以溢名——计算黄金数目,以镒为单位。一镒为二十两,有说二十四两。溢:通“镒”。 ⑮识(zhì)——标志,写明。 ⑯“无异故云”三句——意思是说,没有别的原因,这是由于事物的发展变化使它如此的,有什么可奇怪的呢?柯维骐认为:太史公此赞,乃《平准书》之发端耳。上述三代贡纳之常,中言管仲、李克富强之术,下及嬴秦虚耗之弊,次及汉事,文理相续;不然,则此书首云“汉兴,接秦之弊”,似无原由。重赞不叙汉事,似欠结束。《汉书·食货志》颇采此文,条理甚明。乃知俗本非太史公旧也。

［**简评**］ 本文从历史的发展叙述了经济与国家政治、军事、法律、道德等方面的相互影响与依赖关系,重点对汉武帝的“多欲”政治,以及由于实行这种政治而导致的劳民伤财、生灵涂炭的严重后果进行了尖锐批评。作者重视经济问题,从历史学家的角度把它提到了治国平天下的关键地位来研究,这是对先秦史学的重要发展,同时也为我们研究西汉经济保存了重要史料。

［**集评**］ 《太史公自序》:“维币之行,以通农商;其极则玩巧,并兼兹殖,争于机利,去本趋末。作《平准书》以观事变,第八。”

李贽曰:“史迁传《货殖》则羞贱贫,书《平准》则厌功利。利固有国者之所讳与,然则太公之《九府》、管子之《轻重》非欤?夫有国之用与士庶之用孰大?有国者之贫与士庶之贫孰急?汉自高帝围于冒顿,高后辱于嫚书,文、景困于中行说,堂堂天朝,犬戎侮之,至妻以公主而纳之财,犹且不得免也。烽火通甘泉,边城昼警,入粟塞下,募民徙边,积谷屯田,殆无虚岁矣。武帝固大有为不世出之主也,于此肯但已乎?……富商大贾羡天子山海陂泽之利,以自比于列侯都君,而不以佐国家之急……此桑弘羊均输之法所以为国家大业,制四海安边足用之本,不可废也。”“又于京师置平准以平物价,使之不至腾跃,而后买贱卖贵者无所售其赢利,其势自止,不待刑驱而势禁之也。弘羊既有心计,又能用人。其所用者,前有爵赏之劝,后有诛罚之威,是以铢两之利,尽入朝廷,奸吏无所措其手足,不待加赋而国用自足。”“武帝之雄才如何哉?甚矣,孝武之未可以以轻议也。……呜呼!桑弘羊者,不可少也。”(《藏书》)

王夫之曰:“武帝之劳民甚矣,而其救饥民也为得。虚仓廥以振之,宠富民之假贷者以救之。不给则通其变,而徙荒民于朔方、新秦者七十余万口,仰给县官,给予产业,民喜于得生而轻去其乡,以安新邑,边因以实。此策晁错尝言之矣,错非其时而为民扰,武帝乘其时而为民利,故善于因天而转祸为福。国虽虚,民以生,边害以纾,可不谓术之两利而无伤者乎!《史》讥其‘费以亿计,不可胜数’,然则疾视民之死亡而坐拥府库者为贤哉?司马迁之史,谤史也,无所不谤也。”(《读通鉴论》卷三)

毛泽东曰:“高祖之后,史家誉为文景之治,其实,文、景二帝乃守旧之君,无能之辈,所谓‘萧规曹随’,没有什么可称道的。倒是汉武帝雄才大略,开拓刘邦的业绩,晚年自知奢侈、黩武、方士之弊,下了罪己诏,不失为鼎盛之世。”(《毛泽东读书笔记解析》)

李晚芳曰:“此谤书也。当时弊政甚多,将尽没之,则不足为信史,若直书之,又无以为君相地。太史于是以敏妙之笔,敷绚烂之辞,若吞若吐,运含讥冷,刺于有意无意之间。使人赏其绚烂,而不觉其含讥;赞其敏妙,而不觉其冷刺。笔未到而意已涵,笔虽煞而神仍浑。前用隐伏,将种种包孕,如草芽之在土;后用翻笔显笔,而节节回应,若绿缛之逢春,每于提处,或推原,或突起,用凌空之笔,醒纷更之不一,每段小驻,或绾或含,用慨笔,留不尽之神,令人远想其味外之味。将数十年种种弊政布于万余言之中,乱若散钱而不可收拾,乃或离或合,忽断忽接,或错综叙去,或牵连并写,起伏转接,痕迹俱化,浑如一线穿成,是何等笔力!《八书》中,惟此《书》出神入化。骤读之,无一语径直;细案之,无一事含糊;总括之,无一端遗漏。使当时后世皆奉为信史,而不敢目为谤书,煞是太史公惨淡经营之作。"(《读史管见》卷二)